INVESTINDO EM VALOR SOCIAL

Gerando valor social com investimentos

Howard W. Buffett e William B. Eimicke

INVESTINDO EM VALOR SOCIAL

Gerando valor social com investimentos

FGV EDITORA

Título original: *Social Value Investing: a Management Framework for Effective Partnerships*

FGV EDITORA
Rua Jornalista Orlando Dantas, 37
22231-010 | Rio de Janeiro, RJ | Brasil
Tels.: 0800-021-7777 | 21-3799-4427
Fax: 21-3799-4430
editora@fgv.br | pedidoseditora@fgv.br
www.fgv.br/editora

Impresso no Brasil | *Printed in Brazil*

1ª edição – 2020

Preparação de originais: Ronald Polito
Revisão tipográfica: Fatima Caroni
Índice remissivo: Gabriella Russano
Projeto gráfico e diagramação: Abreu's System
Capa: Studio 513

Dados internacionais de Catalogação na Publicação (CIP)
Ficha catalográfica elaborada pelo Sistema de Bibliotecas/FGV

Buffett, Howard W., 1983-
Investindo em valor social : gerando valor social com investimentos / Howard W. Buffett e William B. Eimicke ; tradução Pedro Sette-Câmara. – Rio de Janeiro : FGV Editora, 2020.
448 p.

Tradução de: Social value investing : a management framework for effective partnerships.
Inclui bibliografia.
ISBN: 978-85-225-2203-3

1. Parceria público-privada. I. Eimicke, William B. II. Fundação Getulio Vargas. III. Título.

CDD – 658.046

Elaborada por Amanda Maria Medeiros López Ares – CRB-7/1652

HWB

Para Lili, por seu apoio e amor infinitos,
e Thomas, pelo brilhante futuro que virá adiante.

WBE

A Karen, Annemarie, Balsam e Sugar Ray.

Sumário

Prefacio à edição brasileira

Em nome do Columbia Global Center no Rio de Janeiro, é com enorme prazer e orgulho que apresento aos leitores brasileiros este importante livro sobre parcerias público-privadas para resolver grandes problemas das sociedades modernas. Os autores são, ambos, professores da School of International and Public Affairs (SIPA), da Universidade de Columbia na cidade de Nova York.

Este novo livro traz para nós um arcabouço teórico junto com estudos de casos de parcerias ao redor do mundo (inclusive do Brasil), algumas muito bem-sucedidas, outras nem tanto. A importância deste volume é nos fazer refletir que governo, setor privado, setor filantrópico e entidades da sociedade civil podem sim somar forças para lidar com problemas que parecem ser insuperáveis, tais como saúde, segurança, pobreza rural e infraestrutura. Além disso, este livro é de um rigor acadêmico impressionante, com uma relevância inegável para a vida real, e nos deixa mais otimista a respeito do nosso futuro compartilhado.

Vale a pena chamar atenção para as credenciais dos autores, cujo trabalho aparece pela primeira vez na língua portuguesa. Sua experiência no mundo de parcerias ou, melhor, parcerias multissetoriais, é formidável. Howard Buffett é neto do importante investidor, Warren Buffett, que tem acumulado grande experiência no mundo da filantropia (Howard G. Buffett Foundation) e na esfera de políticas públicas. Ele atuou tanto na área de combate à pobreza rural em Afeganistão e Iraque como na Casa Branca, prestando assessoria ao presidente Obama em questões de parcerias multissetoriais. William Eimicke tem grande experiência dentro e fora da sala de aula. Participa atualmente do conselho da ONG que zela pela manutenção do famoso Parque Central em Nova York, já foi alto executivo para política habitacional no estado de Nova York e, mais tarde, atuou como diretor para planejamento estratégico do governo municipal da cidade de Nova York.

O livro nos presenta uma abordagem teórica e, sobretudo, prática do conceito de investimento em valor social. Essa abordagem, por sua vez, é inspirada na teoria e prática de *value investing*, uma técnica no mercado financeiro que chama atenção para o valor inerente em boas empresas que muitas vezes é ignorado ou subestimado pelos investidores, atuando com o objetivo apenas de enxergar lucros no curto prazo. Traduzindo para o mundo de investimento social, a tese de Buffett e Eimicke é de que investimentos bem planejados em valor social trazem enormes benefícios para a sociedade em termos de melhoras de padrões de vida, educação, saúde, e de outras áreas também. Obter realmente esses benefícios sociais no contexto do mundo real tão complexo requer um modo de pensar diferenciado sobre parcerias e metodologias rigorosas para, então, poder escolher o melhor caminho entres muitos projetos alternativos. O arcabouço de investimento em valor social apresentado por Eimicke e Buffet neste volume preenche muito bem tal requerimento.

Escrito numa linguagem clara e acessível aos não especialistas, o público-alvo que mais vai tirar proveito desse conteúdo talvez seja composto por funcionários públicos, entidades filantrópicas, empresas privadas e, sobretudo, pesquisadores e professores dedicados aos temas de gestão pública. Estes, sim, vão valorizar a elegância e a simplicidade da abordagem teórica que chama atenção para cinco áreas prioritárias: processos, gente, lugares, portfólio e desempenho (em inglês estes são os cinco "Ps": *process*, *people*, *place*, *portfolio and performance*). Cada área é apresentada para nós de uma forma clara e rigorosa, e, na sequência, ilustrada com um ou outro estudo de caso minucioso extraído do mundo real e da experiência pessoal dos autores.

O leitor certamente vai se beneficiar muito ao absorver as lições do caso da Índia, envolvendo telemedicina ou biometria para aumentar inclusão social. Os casos de Nova York, sobre parcerias para resgatar espaços verdes em grandes centros urbanos e outras mais para diminuir os incêndios que acabam em mortes, são de uma leitura obrigatória.

Mas o que torna este livro de um valor substancial para o leitor brasileiro talvez seja a inclusão de dois estudos de parcerias extraídos de experiências no Brasil. O primeiro deles é sobre a ONG chamada Comunitas, em São Paulo, que muito tem feito para melhorar a governança de governos municipais ao redor do Brasil à base de parcerias público-privadas quase que inéditas no Brasil. As conquistas do programa da Comunitas, denominado Juntos pelo Desenvolvimento Sustentável, derivaram de uma aliança frutífera entre empresários filantrópicos, entidades da sociedade civil e governos municipais. Os autores citam o trabalho da Comunitas por ter trazido muitos benefícios para os cidadãos em áreas como saúde, planejamento urbano, administração fiscal e combate à corrupção. O segundo estudo brasileiro relata as desavenças de outra parceria, no Rio de Janeiro, para preparar para as Olímpiadas de 2016 e cujos resultados positivos foram, em certo sentido, ofuscados por uma falha de participação comunitária e um nível de transparência aquém do desejável.

Este livro, que sai agora para o púbico brasileiro, chega em muita boa hora para o Brasil. Atolados por severas e graves restrições fiscais, governos em todas as esferas públicas mal podem continuar a financiar o fornecimento de serviços públicos básicos. Muito menos pensar em grandes investimentos públicos em novos serviços sociais deque o povo tanto precisa. Se os investimentos públicos pudessem ser viabilizados, poderiam gerar um altíssimo retorno social.

Em tais circunstâncias, Buffett e Eimicke vêm para dizer que há soluções mesmo nas condições atuais do Brasil. Partem do princípio de que o governo não pode tudo sozinho, mas pode muito bem contar com os atores privados definidos para incluir entidades filantrópicas, ONGs atuando na esfera social e empresas privadas que trazem consigo recursos financeiros e talentos que podem atenuar graves problemas sociais.

A abordagem teórica de Buffett e Eimicke não é aplicável em todos os casos, como os autores mesmos nos alertam. Ao mesmo tempo, o livro que nos apresentam mostra melhores práticas em formação de parcerias, como definir melhor objetivos e estabelecer cronogramas, como calcular benefícios esperados e, talvez mais importante, como envolver a sociedade civil na busca de novas e inovadoras soluções de que o povo do Brasil tanto precisa.

Se este livro conseguir trazer mais otimismo para o Brasil, mostrando que muitos dos seus problemas podem ter soluções, já será uma grande contribuição à sociedade e ao mundo.

Thomas J Trebat
Outubro 2019

Uma mensagem de otimismo

WARREN E. BUFFETT

Sou otimista, um otimista muito realista. Você pode perceber isso lendo os relatórios anuais da Berkshire e os artigos de opinião que escrevi ao longo dos anos. Para começar, acredito que os padrões de vida no mundo continuarão a melhorar muito no futuro, como vêm melhorando nos Estados Unidos desde que nossos antepassados descobriram o molho secreto do país.

Os Estados Unidos estiveram à frente com um sistema inovador de mercado baseado num estado de direito e na igualdade de oportunidades. Essa combinação trouxe um crescimento incrível durante a minha vida — o PIB real *per capita* aumentou seis vezes desde meu nascimento em 1930. E nossa economia continuará a beneficiar-se de uma liberação constante de potencial humano.

Nunca isso é tão evidente quanto quando encontro alunos universitários. Todo ano, grupos de 40 faculdades e universidades visitam-me em Omaha para falar do mundo que herdarão e melhorarão. Minha mensagem é sempre a mesma: apesar de dificuldades que enfrentemos, confio que nossos netos viverão num mundo com muito mais abundância do que temos hoje. Depois de nossas conversas, sempre saio me sentindo ainda mais otimista quanto ao futuro.

Para alunos como esses, este livro será um recurso útil. Ele se baseia numa abordagem bem pesquisada e bem testada, que servirá de arcabouço para a construção de parcerias. À medida que você for aprendendo com as estratégias buscadas nas histórias a seguir, você entenderá por que tenho tantas esperanças para o futuro. Você vai gostar deste livro, e aposto que também será inspirado por sua mensagem de otimismo e de ação.

Introdução

HOWARD W. BUFFETT E WILLIAM B. EIMICKE

No meio de Nova York há um espaço verde, vasto e aberto — algo que faz parte da essência de Manhattan tanto quanto a silhueta de seus arranha-céus. Todo ano o Central Park recebe mais de 40 milhões de visitantes do mundo inteiro.[1] Muitos enxergam nele um parque de projeto paisagístico perfeito, com manutenção imaculada. Porém, não muito tempo atrás, ele era uma das áreas mais perigosas daquilo que era então a capital dos homicídios dos Estados Unidos. Nos filmes populares — *Forasteiros em Nova York*, *Noivo neurótico, noiva nervosa*, *Seis graus de separação* — o Central Park simbolizava o motivo de pouca gente querer viver em Nova York, de os europeus serem aconselhados a não visitar a cidade, e de nenhum nova-iorquino safo se aventurar a sair depois que escurecia.

O que mudou? Nas décadas de 1980 e de 1990, a comunidade em torno mobilizou-se para criar a Central Park Conservancy (CPC), recrutou centenas de voluntários, obteve milhões de dólares de apoio, contratou líderes e funcionários qualificados e apaixonados, e fez uma parceria com a prefeitura para gerir o parque como se fosse seu. O governo da cidade* ainda é dono do parque, e ele está aberto a todos de graça — mas a CPC o gere e levanta o dinheiro para pagar a maior parte de seus custos operacionais e de capital. Foi uma abordagem incomum na época, mas esse tipo de parceria criativa entre setores está se tornando cada vez mais comum. Ela não aconteceu da noite para o dia, e demandou uma liderança constante, incansável e visionária dos membros da CPC e do governo da cidade. Por melhor que seja essa abordagem, os parceiros ainda estão tentando melhorá-la — e estão ajudando outros parques ao redor do mundo a replicar seu sucesso.

---

* A expressão *city government* denota não apenas a prefeitura, mas também a Câmara Municipal. (N. do T.)

A algumas quadras dali, em Chelsea, perto de Hell's Kitchen, bairro que já teve péssima fama e já foi muito perigoso, há um parque construído sobre os trilhos abandonados de uma linha aérea de trem de carga que outrora transportava carne. Uma organização comunitária bem organizada com líderes inspirados convenceu a cidade a não demolir os trilhos, e, juntos, comunidade e prefeitura construíram um belo parque com vistas panorâmicas que atrai quase 8 milhões de visitantes por ano.[2] Assim como a CPC, a organização sem fins lucrativos Friends of the High Line cuida do parque para a cidade, e levanta fundos de doadores para cobrir a maioria dos custos operacionais, bastante consideráveis.

A Central Park Conservancy e a Friends of the High Line são excelentes exemplos de parcerias entre setores: colaborações voluntárias entre organizações dos setores público, privado, ou filantrópico que realizam objetivos acordados mutuamente. Hoje, parcerias oferecem bens e serviços de maneira mais eficiente e mais eficaz, e com maior benefício para a sociedade, do que uma organização jamais poderia fazer sozinha. Os dois parques também mostram como as parcerias entre setores diferentes — nesses casos, organizações sem fins lucrativos em parceria com o governo — com frequência conseguem superar as limitações que constrangem organizações num setor isolado. As organizações do setor privado também trazem contribuições específicas para as parcerias, em geral obtendo resultados melhores para programas que beneficiam o público, para além de seu propósito lucrativo.

Na School of International and Public Affairs da Columbia University, onde damos aula, exploramos parcerias entre setores como estudos de caso. Nossos alunos de pós-graduação são incrivelmente inteligentes e diversos; nossos ex-alunos espalham-se por mais de 150 países, e têm currículos profissionais em organizações governamentais, lucrativas e filantrópicas.[3] Porém, todos unem-se em torno do objetivo comum de aprimorar a sociedade. Em nossos cursos de gestão pública eficaz, de inovação e de filantropia, com frequência descrevemos parcerias entre setores como um caminho mais eficaz para atender o interesse público. Do inovador parque urbano High Line no coração de Nova York aos muitos outros exemplos deste livro — a transformação digital dos serviços governamentais na Índia, as revitalizações econômicas e agrícolas no Afeganistão, e daí por diante —, organizações de todos os três setores estão se unindo de maneiras diferentes para atingir os objetivos de suas organizações individuais e servir o bem maior.

POR QUE PRECISAMOS DE PARCERIAS?

A visão tradicional de como as sociedades gerenciam a si mesmas está mudando. O governo, por si, não tem conseguido cuidar das responsabilidades e dos custos crescentes dos problemas que enfrenta no mundo moderno: segurança pública, bem-estar social, relações internacionais, geração de empregos, moradias, energia, proteção ambiental, transportes, exploração espacial, pesquisa científica, justiça, e daí por diante. Além disso, a maioria dos indivíduos e das comunidades locais não quer que esses problemas importantes sejam tratados sem que eles sejam ouvidos, por mais bem-intencionado que seja o governo. Geralmente, uma comunidade terá melhores soluções cotidianas do que as autoridades, desde seus pontos de observação na prefeitura, ou longe na capital.

A descentralização das decisões governamentais no nível local pode ajudar, mas as decisões econômicas são cada vez mais influenciadas por desenvolvimentos globais, os quais têm implicações tanto positivas quanto negativas.[4] Do lado bom, a globalização melhorou as vidas de bilhões de pessoas no mundo todo, e grande parte desse benefício foi possibilitado por organizações com parcerias que atravessam setores e fronteiras nacionais.[5] Ao mesmo tempo, a globalização contribuiu para a crise financeira de 2008 e para seu duradouro rescaldo: proprietários de imóveis deslocados, contas de aposentadoria esvaziadas, acesso limitado a financiamentos e desemprego estrutural.[6]

Até agora, a globalização parece ter reduzido a desigualdade em muitos países e exacerbado-a em outros. As inovações e as eficiências possibilitadas pela globalização também criaram um futuro incerto para muitos trabalhadores no mundo inteiro. Por exemplo, a era vindoura da automação poderia funcionar como uma segunda revolução industrial nas décadas a seguir, com o potencial de aumentar significativamente a eficiência e a conveniência. Simultaneamente, milhões de trabalhadores podem ser substituídos por robôs, piorando níveis já perigosos de desigualdade.[7]

Como discutimos no capítulo 1, o governo costumava ser o líder na resposta a grandes desafios na sociedade, como a pobreza durante a Grande Depressão. No mundo de hoje, porém, as burocracias governamentais parecem lentas, rígidas, desajeitadas, e muitas vezes são paralisadas por conflitos e impasses partidários. Pessoas demais em nosso país (e no mundo inteiro) estão subempregadas, prejudicadas e frustradas. O plebiscito do Brexit na Grã-Bretanha e a eleição presidencial de 2016 refletem o pessimismo dos eleitores da classe trabalhadora e de renda média, não apenas quanto a seu futuro, mas também quanto às perspectivas para seus filhos e netos.[8]

Muitas pessoas ao redor do mundo acreditam que nossos desafios são grandes demais e complexos demais para serem resolvidos. Esses desafios não serão resolvidos por nenhum país, organização, ou mesmo setor individuais, mas mesmo assim *existem* soluções para esses desafios. Líderes de organizações de todos os tipos vêm desenvolvendo novas estratégias e juntando-se para enfrentar os problemas mais arraigados e intratáveis do nosso mundo atual — progresso esse bem documentado no livro *The great surge*, do economista Steven Radelet. Somente nas últimas décadas, a pobreza extrema diminuiu pela metade,[9] bilhões de pessoas passaram a ter acesso a água potável,[10] e a mortalidade de crianças com menos de cinco anos caiu quase 60%.[11] Sem dúvida, um progresso incrível, mas muito mais é necessário.

Nos capítulos seguintes, você lerá a respeito de como parcerias intersetoriais estão se tornando o método mais eficaz para realizar o bem público em larga escala no século XXI — melhorando dramaticamente programas ao compartilhar responsabilidades que os governos, sozinhos, não suportam. Porém, a implementação dessas novas abordagens exige inovação sem precedentes, inclusividade e soluções sustentáveis, e elas só terão sucesso caso se concentrem em criar valor para todos os envolvidos.

MUDANÇAS NO HORIZONTE

Grandes alterações nas características de nossas populações, de seus valores e da distribuição de riqueza estão acontecendo à nossa volta. Por exemplo, a geração do *baby boom* foi superada em tamanho e em influência pela dos *millenials.*[12] Ao mesmo tempo, espera-se que cerca de US$ 60 trilhões de riqueza global mudem de mãos nos próximos 50 anos,[13] e 86% dos futuros herdeiros estão interessados em investimentos sustentáveis[14] — incluindo ações ou avanços, por parte das empresas, que melhoram a sociedade.[15] Segundo Deloitte, 2013 marcou o primeiro ano em que os *millennials* começaram a determinar que o objetivo primário das empresas era gerar valor social — não gerar lucros.[16] Apenas entre 2012 e 2014, o investimento socialmente responsável aumentou mais de 76%,[17] e, em 2016, constituiu mais de um entre cada quatro dólares investidos por gestores profissionais.[18] Um estudo do Pew Research Center verificou que 84% dos *millennials* afirmam que fazer uma diferença positiva no mundo é mais importante para eles do que o reconhecimento profissional.[19] O que esses números indicam não é uma tendência temporária ou passageira, mas uma mudança de paradigma em como a sociedade valora a si própria — o valor sendo definido pelo propósito e não por uma marcha incansável na direção do lucro.

A crise crescente da desigualdade econômica nos Estados Unidos é para alguns um claro exemplo de "sucesso" — mas que possivelmente está se tornando desastrosa para todos nós. Joseph Stiglitz, vencedor do Prêmio Nobel, concorda, dizendo que a solução real para a crise da desigualdade é concentrar-se na comunidade e não no interesse individual:

> De fato, somos uma comunidade, e todas as comunidades ajudam aqueles que são menos afortunados em seu meio. Se nosso sistema econômico produz tantas pessoas sem empregos, ou pessoas com empregos que não proporcionam o rendimento mínimo para se viver, pessoas que dependem do governo para alimentar-se, isso significa que nosso sistema econômico não funcionou como deveria.[20]

COMO PODEMOS OBTER RESULTADOS MELHORES PARA TODOS?

A fim de estar à altura de nosso potencial coletivo de resolver esses complexos desafios, acreditamos que um valor nuclear de *compartilhamento de sucesso* — entre organizações, indivíduos, comunidades locais e nosso ambiente — permitirá à sociedade transformar a maneira como define e realiza seus objetivos. O professor Stiglitz esboçou políticas que poderiam aumentar o crescimento e a igualdade econômica, criando aquilo que ele chama de "prosperidade compartilhada".[21] Concordamos que a sociedade consegue fazer melhor, e de maneiras nem sempre notadas já estamos realizando grandes coisas, frequentemente por meio de colaborações novas e empolgantes. É este, de fato, o tema deste livro. Discutimos o quanto é importante que os parceiros estabeleçam objetivos claros e mutuamente benéficos, concordem a respeito de medidas de desempenho apropriadas e factíveis, unam aqueles que conseguem fazer o serviço, identifiquem lugares que querem ajuda e precisam dela, e implementem processos que levarão ao sucesso.

A tecnologia e a inovação, por si, não nos farão progredir. O economista Robert Gordon atraiu muita atenção para sua teoria de que a taxa de inovação está diminuindo dramaticamente, e, portanto, devem-se baixar as expectativas para o aprimoramento futuro da raça humana.[22] Mesmo que a taxa de inovação diminua, ainda podemos melhorar substancialmente nossas sociedades por meio de um gerenciamento centrado no desempenho. Boas mensurações de sucesso podem afetar dramaticamente nossos resultados. Como escreveu Drucker no começo da década de 1970, "cabe a *esta* geração de gerentes fazer com que as instituições da sociedade de organizações, começando com a empresa comercial, atuem em prol da sociedade e da economia; em prol da comunidade; e em prol também do indivíduo".[23]

Aquilo que Drucker dizia 40 anos atrás é semelhante àquilo que os *millennials* dizem hoje: as empresas privadas devem ganhar dinheiro e fazer o bem ao mesmo tempo.[24] Drucker também defendia a colaboração intersetorial com o setor sem fins lucrativos para tornar o mundo um lugar melhor.[25] Ao longo das últimas décadas, o número e a influência das organizações não governamentais (ONGs), incluindo agências de assistência sem fins lucrativos, organizações comunitárias, fundações e organizações de *advocacy*, aumentaram quase exponencialmente na maioria dos países ao redor do mundo.[26] De pequenas associações de bairro a megafundações e a organizações de serviço globais, esses grupos estão alimentando os famintos, abrigando os sem-teto, curando os doentes, ensinando as crianças e promovendo a sustentabilidade. Em muitos casos, quando as iniciativas filantrópicas se ampliam, são feitas em parceria com o governo.

Esforços cooperativos como esses não são um fenômeno do século XXI. Há séculos os governos contratam organizações com fins lucrativos e sem fins lucrativos para concluir projetos, fornecer bens e prover serviços. O que distingue os modelos de parceria atuais e futuros são os motivos pelas quais as partes se unem, a maneira colaborativa com que projetam e implementam seus acordos, e como medem o sucesso individual e coletivo.

O INVESTIMENTO EM VALOR SOCIAL PODE AJUDAR A PRODUZIR RESULTADOS MELHORES

Uma mensagem importante deste livro é que devemos ser mais inteligentes em nossas tentativas de fazer do mundo um lugar melhor. "Estar indo bem não nos dispensa de tentar melhorar",[27] e, ao longo deste livro, exploramos novas maneiras de agregar ou de aumentar o valor para a sociedade melhorando-se a gestão, o planejamento e a mensuração de desempenho. Não somos os primeiros a tentar ser mais analíticos quanto aos efeitos de nossos investimentos públicos ou filantrópicos, e esperamos contribuir para este campo de rápido desenvolvimento. Argumentamos que parcerias que combinam as forças de múltiplos setores — governo, empresas e filantropia — podem render o maior benefício público, especialmente quando estruturadas com integridade e inclusão.

Este livro apresenta um arcabouço para criar valor social cujo modelo vem de um dos paradigmas de investimento de maior sucesso na história: o investimento em valor. Assim como o investimento em valor, o *investimento em valor social* emprega uma estratégia de investimento de longo prazo que tenta destravar o valor oculto ou intrínseco, e concentra-se na gestão eficaz por meio de uma abordagem de cinco elementos: processo, pessoas, lugar, portfólio, e desempenho.

No capítulo 2, apresentamos este arcabouço e descrevemos suas origens, sua história e seu desenvolvimento. Os capítulos que se seguem apresentam estudos de caso de parcerias intersetoriais, cada uma das quais exemplificando um dos cinco elementos do arcabouço. Esses casos são pareados com uma análise e com as bases teóricas de cada elemento. Em todos os casos, excetuando um, as parcerias que descrevemos foram desenvolvidas de modo independente e sem conhecimento da abordagem de investimento em valor social. Se não são necessariamente uma adaptação perfeita do arcabouço, acreditamos que essa independência reforça a validade da ampla aplicabilidade do modelo.

Esse novo arcabouço de gestão começa com o primeiro elemento: a necessidade de um *processo* eficaz que estruture parcerias bem-sucedidas entre organizações. Isso é especialmente importante em situações complexas que exigem ação coordenada e programas abrangentes. Os parceiros precisam desenvolver uma abordagem plenamente integrada, dependente de organizações de vários setores, para desenvolver soluções que permanecerão além de seus investimentos iniciais. A fim de ilustrar esse elemento, no capítulo 3 apresentamos uma alternativa na Índia projetada para incentivar o crescimento econômico e as oportunidades por meio de uma parceria liderada pelo governo nacional. A iniciativa fornece identificação biométrica oficial para 1,3 bilhão de residentes do país, resultando numa distribuição mais eficiente, eficaz e honesta de benefícios financiados publicamente. Esses programas também facilitam a poupança, o investimento e a geração de empregos, e elevam o padrão de vida para famílias de baixa renda. Dando seguimento a esse caso, no capítulo 4 detalhamos o primeiro elemento e tiramos exemplos das parcerias na Índia.

Nos capítulos 5 e 6 discutimos como as parcerias intersetoriais dependem de *pessoas*, as quais são seus mais importantes ativos. Os líderes devem montar equipes de capital humano diverso e trabalhar com outros líderes de maneira colaborativa, sustentada e descentralizada. A fim de entender como isso pode funcionar bem no mundo real, consideramos a liderança da Central Park Conservancy e a rede de parceiros que criou a High Line. Hoje a CPC estabelece parcerias com outras *conservancies* em cidades dos Estados Unidos para trazer recursos e conhecimento privado para o gerenciamento de espaços públicos. A CPC trabalhou com a Universidade de Colúmbia e com outras universidades para projetar e implementar programas de treinamento e de certificação para gestores de parques urbanos — incentivando a próxima geração de líderes, que ajudará a trazer as melhores práticas da CPC para parques do mundo inteiro.

Nos capítulos 7 e 8, ilustramos como parcerias bem-sucedidas empoderam constituintes enquanto coproprietários de resultados usando uma estratégia baseada no *lugar* e uma mentalidade de planejamento cooperativo. Isso enfatiza a importância de projetar, operar e implementar os esforços de uma parceria tendo em vista objetivos desenvolvidos pelas partes interessadas. A fim de avaliar melhor as oportunidades e os desafios de aplicar esse elemento, exploramos uma parceria intersetorial para o fortalecimento da economia rural no Afeganistão ocidental apesar de décadas de conflito.

Nos capítulos 9 e 10, discutimos maneiras como parceiros de setores distintos podem coinvestir seus recursos num *portfólio* para diversificar o risco e obter maior impacto. A fim de ilustrar esse aspecto do investimento em valor social, descrevemos o trabalho de uma ONG inovadora, composta de líderes do setor privado no Brasil, chamada Comunitas. Esses líderes criaram um programa chamado Juntos, que une o conhecimento empresarial e as finanças, doadores filantrópicos e a equipe da Comunitas numa parceria com prefeituras interessadas para aumentar a eficiência e a eficácia de programas governamentais selecionados em conjunto — tudo em colaboração direta com os habitantes locais.

Por fim, nos capítulos 11 e 12, discutimos o quinto elemento do investimento em valor social, que se volta para a projeção e para a mensuração do desempenho a fim de entender o valor intrínseco que um programa ou uma parceria pode criar para a sociedade. Documentamos como o ex-prefeito

Michael Bloomberg, de Nova York, usou parcerias baseadas em desempenho para revolucionar a segurança pública, salvando vidas e propriedades, e aumentando dramaticamente a qualidade de vida na cidade. Então apresentamos uma fórmula que pode ajudar parceiros — seja no setor público, privado, ou filantrópico — a comparar o impacto social positivo previsto de diferentes programas que servem o bem público. Ao levar em conta variáveis-chave e um objetivo mensurável de impacto social (em áreas como segurança contra incêndios, energia renovável, ou a pequena agricultura), os parceiros podem calcular uma taxa de retorno de impacto por dólar gasto. Capacitar os parceiros para comparar programas similares que visam produzir resultados positivos significa que eles podem determinar quais opções trarão o maior benefício para a sociedade. A fórmula é um ponto de partida e um passo importante para uma metodologia acessível e robusta de mensuração de parcerias intersetoriais.

Acreditamos que todo o potencial do arcabouço de gestão de *processo*, *pessoas*, *lugar*, *portfólio* e *desempenho* pode realizar-se quando aplicado por meio de parcerias intersetoriais. Nossos estudos de caso e suas análises ilustram como os talentos e os recursos de um parceiro podem complementar os outros e ampliar o impacto social positivo, além da eficiência de uma empreitada.

Porém, nem todas as parcerias têm sucesso. No capítulo 13, exploramos a história admonitória dos complexos investimentos público-privados para as Olimpíadas de Verão de 2016 no Rio de Janeiro. Esse capítulo examina as parcerias capitaneadas pelo governo para revitalizar a área portuária e o sistema de transporte público da cidade, dilapidados. Nesse caso, vários elementos do arcabouço ficaram faltando, e os resultados foram desiguais: veio a corrupção, algumas partes interessadas perderam direitos, e muitas instalações olímpicas foram praticamente abandonadas ou viraram ruínas.

COMO CHEGAMOS AQUI E POR QUE ISSO IMPORTA?

O modelo moderno de parceria intersetorial desenvolveu-se ao longo de quase um século de experimentações no envolvimento do governo com os setores privado e filantrópico, começando com os programas do New Deal capitaneados pelo presidente Franklin D. Roosevelt. A Grande Depressão deixou na pobreza milhões de famílias que anteriormente se sustentavam, e somente as agências governamentais tinham o tamanho, o escopo, o poder e a liderança para associar-se a empresas privadas e a organizações de caridade para aliviar sua pobreza. Enquanto muitos países deterioraram, caindo na anarquia e na ditadura, o governo americano fez com que empresas privadas e organizações de caridade trabalhassem juntas para a recuperação. A Segunda Guerra Mundial aumentou a autoridade do governo para "liderar" seus parceiros privados e para atender a demanda de armas e de provisões para todas as Forças Aliadas. Porém, as décadas resultantes de parcerias capitaneadas pelo governo incharam o setor público, e a confiança do público na capacidade de realizar trabalhos importantes de maneira eficiente foi perdida.

Seguiu-se o movimento de privatização. Ronald Reagan e Margaret Thatcher lideraram o crescente tsunami antigovernamental, e seguiram-se os projetos públicos com gestão privada. Muitos desses programas andavam mais rápido, custavam menos ao governo e produziam resultados visíveis. Porém, a privatização tinha suas próprias limitações, incluindo um foco predominante em lucros de curto prazo, deixando de lado outras considerações importantes, licitantes que exageraram seus resultados e fornecedores que evitaram trabalhar duro para alcançar comunidades e eleitores (que muitas vezes tinham a maior necessidade). Alguns estudiosos afirmam que em certos casos a privatização simplesmente substituiu um monopólio público ineficiente por um monopólio privado, oferecendo aos consumidores pouco mais a preço maior.[28]

O fenômeno de reinvenção do governo da década de 1990 concentrou-se em melhorar como o governo funciona, e não em substituí-lo por empresas privadas. Essa reinvenção incluiu alguma descentralização da tomada de decisões, maior participação comunitária e novos contratos com organizações sem fins lucrativos para entrega de serviços. Sob muitos aspectos, ela preparou o cenário para a ascensão das parcerias intersetoriais ao ressaltar as relações de sucesso entre governos e organizações comunitárias, assim como colaborações entre órgãos federais, estaduais e municipais, e, ocasionalmente, empresas privadas. Porém, a reinvenção também reforçou a ideia hoje antiquada de que o governo deveria ser a única fonte de novas ideias de políticas, de desenvolvimento de programas, e ser o arquiteto das mensurações do sucesso. A reinvenção também não antecipou o crescimento substancial no financiamento e nas soluções inovadoras de políticas sociais e públicas que viriam do setor filantrópico no século XXI.

Hoje, grandes fundações e organizações sem fins lucrativos lideram parcerias com a disposição de oferecer capital sem custo e a baixo custo a longo prazo, e com um fogo aguçado em impacto social mensurável. Aqui também existem desafios, como discutiremos, e aquilo que essas organizações percebem como valor social desejado pode diferir daquilo que querem as partes interessadas de cada comunidade.

Para resolver muitos dos mais importantes desafios que hoje enfrentamos — seja a desigualdade desestabilizadora, a queda no número de empregos com um salário suficiente para se viver, solos degradados e produção alimentar, a mudança climática nociva, ou uma carência de escolas e de moradias acessíveis e de qualidade para todos —, temos de trabalhar em parceria. Isso porque nenhum setor isolado, agindo sozinho, está devidamente equipado para projetar as abordagens de longo prazo necessárias, para empregar as vastas quantidades de capital necessárias e para catalisar um programa de desenvolvimento liderado pelas comunidades.

As parcerias têm o potencial de maximizar os atributos positivos de cada setor ao mesmo tempo que minimizam suas fraquezas. As parcerias que limparam o Central Park e criaram a High Line, entre outras que discutimos em maiores detalhes, nos oferecem exemplos úteis de parcerias intersetoriais que produziram um valor social maior do que um setor conseguiria sozinho. Ao mesmo tempo, nesses casos e nos outros que discutimos, é fácil ver que pode ser difícil formar e manter parcerias de sucesso.

A CONSTRUÇÃO DE UM MUNDO MELHOR LEVARÁ TEMPO

Os problemas fundamentais da fome, da pobreza e da desigualdade não podem ser resolvidos com abordagens de curto prazo. Progresso significativo para a transformação do mundo num lugar melhor para todos exige estratégias de longo prazo e arcabouços de gestão mensurados por quão bem compartilhamos o sucesso. Muitos dos nossos maiores problemas, aqueles que mais valem a pena resolver, podem não ser resolvidos em nossa vida — *mas eles podem ser resolvidos.*[29] Será necessário investimento em todo tipo de gente para estimular sua capacidade de ter sucesso. Serão necessários processos ponderados, contextualmente apropriados, que alinham os objetivos das organizações com necessidades locais e globais. Isso significará investir tempo e recursos em comunidades de maneiras que transformam beneficiários em acionistas de seus resultados. E significará aplicar a mensuração e os sistemas de desempenho corretos, a fim de investir em oportunidades que têm o maior valor intrínseco para a sociedade.

Vivemos num mundo pós-recessivo, globalizado, colaborativo, jovem, hiperconectado.[30] Hoje, mais do que em qualquer época anterior, temos as ferramentas, a ciência, as melhores práticas, a energia e a motivação para produzir mudanças positivas em escala global. Muitos de nós — de *baby boomers* a *millennials* — acreditamos que nossa nova realidade apresenta desafios, mas que temos o conhecimento, a tecnologia, os recursos e novas maneiras de nos organizamos para atender nossas necessidades com mais eficiência e equidade. Como autores, representamos um desses dois grupos muito grandes e influentes, e compartilhamos a forte convicção de que de fato podemos melhorar dramaticamente nosso mundo. Acreditamos que isso começa pela união e pela *redefinição do sucesso*. Nossa esperança é que as gerações futuras se concentrarão menos em definições tradicionais como riqueza, poder, ou fama, e estarão igualmente ou mais interessadas em causar um impacto positivo em suas comunidades — tanto local quanto globalmente.

Desenvolvemos estas observações ao longo de uma década de pesquisas, de estudos, de ensino e de trabalho com parcerias intersetoriais ao redor do mundo. Esperamos que este livro inspire o leitor a aprender como, pelo trabalho em conjunto, podemos fazer do mundo um lugar melhor.

CAPÍTULO 1

A evolução das parcerias intersetoriais

HOWARD W. BUFFETT E WILLIAM B. EIMICKE

Durante a Grande Depressão e depois dela, gigantescos investimentos governamentais reativaram o crescimento econômico nos Estados Unidos. A modernização durante as guerras mundiais do século XX resultou em melhorias dramáticas na capacidade de produção e de infraestrutura dos Estados Unidos. Em seguida, o movimento de privatização da década de 1980 e as reformas de reinvenção do governo na década de 1990 buscaram redefinir e reduzir o papel do governo na sociedade. No século XXI, organizações sem fins lucrativos de todos os formatos e tamanhos estão desempenhando um papel cada vez maior naquilo que anteriormente era considerado a alçada do governo. Hoje, parcerias intersetoriais estão realizando grandes projetos de infraestrutura e programas sociais, às vezes em escala internacional. Apesar de seu alcance global, grande parte dessa atividade de parcerias é um fenômeno relativamente recente e subestudado.

A começar pela década de 1980, líderes dos setores público e privado, promotores de mudança social e pesquisadores acadêmicos deram cada vez mais atenção à realização de objetivos de larga escala por meio de parcerias público-privadas. Essas PPPs, como são amplamente conhecidas, ficaram um tanto "na moda" e mais comuns nos anos que se seguiram.[1] Nos termos mais simples, as parcerias público-privadas são acordos operativos entre um governo e uma organização não governamental para atingir um objetivo compartilhado, alinhado com os termos jurídicos de um contrato.[2]

Há uma quantidade substancial de estudos sobre parcerias público-privadas, mas só mais recentemente os pesquisadores voltaram-se para parcerias intersetoriais que incluem organizações sociais, filantrópicas e não governamentais cujo propósito primário é servir o bem público.[3] Essas parcerias intersetoriais concentram-se numa vasta gama de objetivos, que incluem pesquisa e desenvolvimento, crescimento econômico local, alívio da pobreza e saúde pública.

Além disso, esses tipos de parcerias agem como um mecanismo crucial de capacitação para a realização de objetivos que de outra maneira seriam impossíveis, ou para abordar desafios anteriormente insolúveis e complexos.[4]

As parcerias intersetoriais, incluindo aquelas perfiladas neste livro, são um desenvolvimento importante porque ajudam atores numerosos e diversos a convergir para a busca de atividades socialmente valiosas.[5] Elas empoderam tanto parceiros quanto partes interessadas a superar problemas de ação coletiva[6] e a identificar melhor e a rastrear as externalidades negativas e positivas de seu trabalho.[7] Acreditamos que essas parcerias podem ajudar a sociedade a ir além do comportamento rentista, mercenário e individualista que domina as visões tradicionais do interesse econômico.[8] Embora as parcerias intersetoriais talvez não sejam o modo mais fácil de garantir que coisas importantes sejam feitas,[9] mostramos que elas têm grande potencial para alavancar recursos dos três setores a fim de atender objetivos públicos com eficiência e eficácia numa escala inatingível de outra maneira.[10]

ATINGINDO UMA ESCALA GLOBAL

O surgimento e a proliferação de parcerias intersetoriais é um reflexo da incapacidade de um setor de abordar de modo eficaz muitos dos nossos desafios sociais mais significativos. Independentemente dessas limitações, foram feitos esforços colaborativos importantes. Um exemplo são os Objetivos de Desenvolvimento do Milênio (ODMs) da ONU. Nos anos 2000 a 2015, esse esforço representou a tentativa mais importante da sociedade de realizar uma ação coletiva positiva em escala global. Os ODMs e seu chamado à ação resultaram num "arcabouço coerente para todo o sistema ONU [que inclui governos, empresas e organizações não governamentais — ONGs] colaborar para objetivos compartilhados, comuns".[11]

Entre os oito ODMs havia muitos objetivos historicamente considerados responsabilidade do governo, incluindo a erradicação da pobreza e da fome, a educação primária universal, a igualdade de gênero e a sustentabilidade ambiental. A agenda global subsequente da ONU, os Objetivos de Desenvolvimento Sustentável (ODSs), expandiu essa lista para 17 objetivos, junto com 169 alvos mensuráveis.[12] Os ODSs também incluem um objetivo inteiramente dedicado à promoção de parcerias como meios de fortalecer a colaboração da sociedade para realizar os outros objetivos. Ainda mais do que antes, indivíduos e organizações de todos os tipos estão empenhados no programa dos ODSs, e desempenhando papéis notavelmente ativos apoiando-se uns aos outros. Por exemplo, Bill e Melinda Gates reuniram cerca de 300 participantes em fins de 2017 — incluindo ativistas, jornalistas, investidores, filantropos, executivos, autoridades e mais — a fim de aumentar a visibilidade dos objetivos e de ampliar o envolvimento do público. Com o nome de "Goalkeepers", esse grupo ajuda a monitorar e a reportar anualmente o progresso dos ODSs, defendendo maior ação governamental e promovendo o compromisso sustentado de todos os setores.[13]

Uma abordagem inclusiva é importante por muitos motivos, particularmente porque não existe um setor "melhor" para liderar grandes parcerias intersetoriais. Nenhum setor, nenhuma organização pode, também, entregar com eficiência os muitos e variados bens e serviços necessários para cumprir importantes desafios nacionais e globais, seja na sustentabilidade, no crescimento econômico, ou na desigualdade.[14] Não há dúvida de que organizações de todos os tipos e tamanhos têm de unir-se, e as parcerias desempenharão um grande papel na consecução de resultados complexos, de larga escala, como os ODSs.

À medida que as parcerias intersetoriais aumentam em tamanho e em prevalência, podemos aprender com importantes lições históricas. Por exemplo, o estado atual das parcerias foi profundamente influenciado pela evolução da colaboração liderada pelo governo nos Estados Unidos ao longo dos últimos 160 anos. Embora os setores público, privado e filantrópico dos Estados Unidos tenham sido e continuem sendo independentes, há uma longa história de cooperação formal entre eles. Acreditamos que essa colaboração ajudou a moldar as parcerias modernas nos Estados Unidos e ao redor do mundo, e este capítulo discute grandes desenvolvimentos da história americana desde o século XIX.

O COMEÇO DAS PARCERIAS PÚBLICO-PRIVADAS

No começo do século XIX, o individualismo tosco tornou-se a ideologia popular dos Estados Unidos: pioneiros e caubóis "conquistando" o oeste por meio de sua criatividade e do suor de seu rosto. Na realidade, foram a Lei Morrill e a Lei de Terras de 1862, e emendas posteriores, mais a parceria público-privada para construir um sistema ferroviário de costa a costa que conectasse o povo e os mercados da nação, que permitiram o florescimento do oeste. A Lei de Terras, apesar de longe da perfeição, criou 270 milhões de acres de terra pública a serem reivindicados e ocupados por cidadãos privados, incluindo imigrantes, mulheres solteiras e ex-escravos.[15] O governo federal também ofereceu uma série de incentivos para alavancar o capital e o trabalho privados para construir a ferrovia transcontinental: concessões de terra, apropriações diretas para as empresas envolvidas na construção, dispensas e modificações de tributos e de regulamentações, contratos para serviços e garantia governamental de títulos empresariais.[16]

A política pública de construir um sistema ferroviário nacional veio no começo daquilo que Robert Gordon denominou uma era de "Grandes Invenções" e de rápido crescimento econômico.[17] Entre 1870 e 1940, o lar americano passou de isolado a concectado: eletricidade, gás, telefone, água e encanamento. Os Estados Unidos estavam transformando-se de rurais em urbanos, de subdesenvolvidos em desenvolvidos. Nossas expectativas e qualidade de vida aumentaram dramaticamente.

Muitas dessas inovações transformadoras foram motivadas por financistas e por empreendedores privados, e pelas corporações expansionistas que criaram. Muitas vezes conhecidos como *robber barons* ["barões ladrões"], foram Carnegie, Edison, Mellon, Phipps, Rockefeller, Vanderbilt (e outros) e as empresas que criaram que permitiram a modernização dos Estados Unidos. Porém, como aprendemos com o colapso do mercado em outubro de 1929, a modernização e a expansão rápidas e monopolizadas (junto com a febre de investimentos que resultou dessas inovações que mudaram o mundo) podem levar ao desastre.

"A ÚNICA COISA A TEMER É O PRÓPRIO MEDO"

Em 1932, os Estados Unidos estavam nos estertores da pior depressão econômica da sua história: desemprego em 25%, corridas bancárias, fechamento de empresas e o começo do desastre da Dust Bowl* que abortou as safras de grande parte dos produtores de grãos do país. O presidente Franklin Delano Roosevelt prometeu aos americanos um New Deal, e usou o púlpito intimidador da presidência (e o poder cada vez maior das redes de rádio) para

* Período de seca causado por tempestades de poeira que durou 10 anos. (N. do T.)

incentivar a esperança. Como disse, na sua famosa frase, "a única coisa a temer é o próprio medo".

Eleito em novembro de 1932, FDR fez muito mais do que pronunciar discursos inspiradores e conversar em programas de rádio. Como afirmou Mario Cuomo, ex-governador de Nova York, ele "se levantou da cadeira de rodas para levantar esta nação dos joelhos".[18] Roosevelt reuniu uma equipe dos melhores e mais inteligentes do país de todos os setores, dos dois partidos, e de todas as origens (incluindo Frances Perkins como secretária do Trabalho, a primeira mulher nomeada a uma posição ministerial na história americana).[19] Ele os levou a inovar e a experimentar incansavelmente para colocar o país de novo nos trilhos. Roosevelt buscava salvar o capitalismo reinventando-o — recompondo a vida das pessoas por meio de uma sopa de letrinhas de agências e da multidão de parcerias que elas formavam com as empresas.

O governo de FDR regulou os bancos muito mais estritamente, mas o governo também garantiu as poupanças em bancos privados e iniciou programas de garantias hipotecárias e de compras que permitiram que milhões de famílias se tornassem proprietárias de casas e de fazendas. Essas parcerias lideradas pelo governo com bancos privados mudaram o país para sempre — muitos dos locatários da nação tornaram-se proprietários, com um empenho de longo prazo no sistema.[20] Durante essa época, o público americano tornou-se verdadeiro acionista da economia dos Estados Unidos.

O governo federal financiou imensos projetos de obras públicas — represas, pontes, eletrificação rural e até a Autoridade do Vale do Tennessee (uma empresa governamental de desenvolvimento econômico) — que criaram demanda por produtos manufaturados privadamente e estimularam o crescimento econômico por meio de energia barata e de acesso onipresente a estradas e a pontes públicas. Programas de Seguridade Social e o Seguro-Desemprego ofereciam apoio obrigatório para os aposentados e para os que estavam sem trabalho, e eram pagos pelas contribuições de trabalhadores e de empregadores, melhorando as vidas de milhões de americanos e estimulando a economia.

O maior incentivo econômico veio do compromisso de FDR de abastecer as Forças Aliadas na Europa, mobilizando as empresas americanas para construir tanques, aviões, jipes e armas, e a produzir suprimentos, que com frequência eram financiados por empréstimos do Tesouro Americano. O esforço de guerra efetivamente encerrou a Depressão e simultaneamente financiou a estrutura manufatureira que permitiu ao país tornar-se a potência produtora que atenderia o consumo global pelas décadas vindouras. Essa conexão entre segurança nacional e crescimento econômico doméstico continuaria, pois FDR tinha mostrado como grandes projetos com propósito público poderiam ser bem-sucedidos se o setor privado se empenhasse mais como parceiro do que no papel limitado de parte contratada.

UMA PARCERIA NOVA E IMENSA ENTRE ESTADOS

Nas duas décadas que se seguiram à Segunda Guerra Mundial, os três presidentes americanos seguintes iniciaram programas governamentais que usavam a capacidade do setor privado para estimular dramaticamente a economia americana e melhorar a vida de milhões de americanos. O presidente Dwight David Eisenhower pegou um plano de geração de empregos e de desenvolvimento de infraestrutura de FDR — uma superestrada nacional — e fez dele talvez seu mais importante legado. A Lei Nacional de Rodovias Interestaduais e Defesa de 1956 conclamou à criação de aproximadamente 65 mil quilômetros de novas rodovias interestaduais cruzando o país, com o custo da parcela federal estimado inicialmente em US$ 24,8 bilhões (cerca de US$ 230 bilhões em 2018).[21]

Atualmente, o sistema tem mais de 80 mil quilômetros, e um exame federal em 1991 estimou seu custo (incluindo acréscimos que não estavam no plano original) em US$ 58,5 bilhões em dólares de 1957 (cerca de US$ 549 bilhões em dólares de 2018).[22] Desde o começo, o projeto era uma parceria. O governo federal autorizou a construção e forneceu 90% dos fundos para os estados. Os estados em geral pagavam os 10% restantes, e assim recebiam a propriedade das rodovias dentro de suas fronteiras e a responsabilidade de mantê-las.[23] Os estados, por sua vez, em geral contratavam empresas privadas para construir as estradas. Embora a defesa nacional seja frequentemente associada com a lei, seus benefícios (e alguns diriam "custos") primários foram a expansão econômica, o espalhamento da população e o estímulo da interconectividade do país.

Um dos maiores projetos de obras públicas do país, hoje conhecido como o Sistema Nacional Dwight D. Eisenhower de Estradas Interestaduais e de Defesa, nosso programa de rodovias federais não apenas facilitou o movimento de pessoas e de bens, mas também ampliou a segurança nacional e aprofundou nossa identidade nacional. Assim como o New Deal, esta parceria liderada pelo governo, conectando o país de novas maneiras, recordou aos americanos que estamos todos na mesma equipe, nos esforçando por um propósito comum.

O presidente Eisenhower ajudou a criar uma das parcerias de infraestrutura de maior sucesso na história americana, mas ele se preocupava com os riscos de parcerias entre um governo grande e grandes empresas. Em seu discurso de despedida à população, transmitido pela TV, Eisenhower advertiu para a ascensão de um "complexo militar-industrial" — uma parceria que compartilhava um interesse comum no negócio da guerra, que ele via como um *trade-off* nítido e potencialmente prejudicial. "O custo de um bombardeiro pesado moderno [poderia financiar] uma escola moderna de tijolos em mais de trinta cidades [...] Pagamos por um único contratorpedeiro com casas que podiam ter abrigado mais de oito mil pessoas."[24]

A NOVA FRONTEIRA

Com o agravamento da Guerra Fria no começo da década de 1960, o controle do espaço sideral tornou-se um dos principais campos de batalha entre os Estados Unidos e a União Soviética. A União Soviética assumiu a liderança, estrategicamente e em termos de prestígio global, com o lançamento do Sputnik em 1957, e manteve essa liderança no começo dos voos espaciais tripulados. O presidente John F. Kennedy achou a situação tão ruim que, em 25 de maio de 1961, fez um pronunciamento especial numa Sessão Conjunta do Congresso dos Estados Unidos[25] pedindo até US$ 9 bilhões de novos financiamentos para que "esta nação se comprometa a atingir o objetivo, antes do fim da década, de levar o homem à Lua e trazê-lo em segurança de volta à terra".[26]

O chamado à ação de JFK e seu programa Nova Fronteira resultaram no programa Apollo da Nasa, a agência espacial americana. O presidente Kennedy não viveu para ver o astronauta Neil Armstrong proclamar "Este é um pequeno passo para o homem, e um salto gigantesco para a humanidade" da superfície da lua em 20 de julho de 1969, às 22h56 EDT. Porém, sua visão realizou-se por causa da cooperação público-privada, e foi testemunhada por mais de meio bilhão de pessoas, que assistiam à TV ao vivo.

A Nasa manteve o programa Apollo com fundos do governo federal, mas a missão não poderia ter sido cumprida sem várias empresas privadas parceiras, como a North American Aviation, a Grumman, a General Dynamics/ Convair e outras. A forte lógica de defesa nacional do programa Apollo ditou o financiamento federal e uma estrutura vertical de parcerias que centralizava o poder no governo. Alguns observadores acreditam que essa parceria dominada pelo governo negligenciou oportunidades de transferência de tecnologias comerciais. Isso poderia ter compensado custos e talvez estimulado abordagens mais inovadoras, mas, no contexto de competição com a União Soviética da Guerra Fria, a redução de custos não era prioridade.[27] A iniciativa inicial de JFK, de US$ 9 bilhões, aumentou para US$ 12 bilhões em 1963, e excedeu os US$ 21 bilhões quando Armstrong pisou na superfície da Lua, assim limitando o futuro da exploração espacial tripulada daquela era.[28]

No século XXI, a Nasa e especialistas de fora dela hoje concordam que parcerias mais equilibradas são essenciais para desenvolver um programa de exploração espacial bem-sucedido e sustentável.[29] Empresas privadas como a SpaceX e a Orbital ATK já estão enviando veículos robotizados para abastecer a Estação Espacial Internacional e talvez logo venham a transportar astronautas. A SpaceX desenvolveu um foguete reutilizável, que poderia reduzir dramaticamente os custos da exploração espacial, ao mesmo tempo que oferece à empresa um lucro significativo.[30] Marte, Europa (a lua de Júpiter), que provavelmente tem água líquida, estão no programa dos exploradores e empreendedores espaciais.[31] Não podemos prever quando isso acontecerá ou o que aprenderemos, mas temos um razoável grau de certeza de que as parcerias intersetoriais serão essenciais para chegarmos lá. Há também grandes riscos na exploração espacial, como aprendemos no começo do programa Apollo, em 27 de janeiro de 1967, quando os astronautas Chaffee, Grissom e White foram perdidos no teste do foguete Apollo I — e reaprendemos nas explosões da Challenger e da Colúmbia.[32]

A GRANDE SOCIEDADE

Lyndon Baines Johnson tomou posse como presidente em 22 de novembro de 1963, após o assassinato de John F. Kennedy. Johnson era um político habilidoso, particularmente no Congresso, e aproveitou a oportunidade, usando a tragédia para concretizar várias iniciativas de JFK. Johnson então usou esse sucesso para iniciar seu próprio programa para erradicar a pobreza, para baratear a educação e o acesso à saúde, e para gerar empregos — mesmo que fossem necessários subsídios do governo federal. Johnson referia-se a isso como uma guerra contra a pobreza, projetada para criar uma Grande Sociedade para todos.

Assim como o New Deal, a Grande Sociedade abrangia dezenas de novas iniciativas; algumas funcionaram, mas muitas não funcionaram. A Grande Sociedade incluiu vários programas que mudaram os Estados Unidos para melhor para sempre, incluindo a Medicare, a Medicaid, a Head Start, a PBS, a Rádio Pública Nacional, e um aumento dramático na assistência federal para a moradia urbana e para o desenvolvimento de comunidades. A Guerra do Vietnã essencialmente encerrou a Grande Sociedade e a presidência de Johnson, em contraste com o fim da Segunda Guerra Mundial, em que o New Deal tinha assegurado o objetivo central de Roosevelt de revitalizar a economia americana.

A Grande Sociedade de Johnson também marcou o fim da era das parcerias dirigidas pelo "Governo Grande". A Medicare e a Medicaid dependiam do sistema de saúde privado para cuidar de seus pacientes, e as iniciativas de educação e de empregos da Grande Sociedade eram geralmente parcerias entre os três níveis de governo: municipal, estadual e federal. Os programas habitacionais, de desenvolvimento de comunidades e de formação profissional de Johnson dependiam de organizações sem fins lucrativos, muitas vezes baseadas nas comunidades, como parceiros para sua implementação, o que era uma abordagem bastante distinta. O Programa de Ação Comunitária criou até mesmo agências baseadas em comunidades para combater a pobreza e para dar empregos às pessoas. Muitos dos programas habitacionais da Grande Sociedade ofereceram financiamentos diretamente a organizações comunitárias sem fins lucrativos, para que adquirissem, reabilitassem, possuíssem, ou gerenciassem moradias acessíveis em cidades por todos os Estado Unidos.

A ERA DA DESCONTINUIDADE

Em 1969, Peter Drucker, um professor de administração da New York University, escreveu que a era da descontinuidade estava no horizonte. Novas tecnologias já estavam surgindo, a economia internacional era agora uma economia global, grandes instituições (particularmente o governo federal) tinham perdido a confiança do público, e o conhecimento se tornaria a forma de capital mais importante nos anos seguintes.[33] Drucker acreditava que a nova economia mundial era "a única realização positiva do período posterior à Segunda Guerra Mundial", que ela era uma criação das empresas e do governo, e que ela oferecia uma tremenda oportunidade de crescimento econômico e era uma força de unidade global.[34]

Drucker escreveu que o governo nunca foi tão proeminente — o maior empregador praticamente em toda parte, "permeando tudo" —, mas também que isso era "doentio". Após décadas de sucesso liderado pelo governo, Drucker afirmava que o governo era mais grande do que forte, e que tinha perdido a confiança das pessoas, especialmente dos jovens. O governo era um mau gestor, aleijado pela burocracia e por exigências inúteis, dotado de um sistema de recompensas baseado na lealdade e não na performance.[35]

A solução de Drucker para esse dilema pode surpreender o leitor. Acreditamos que ela abriu a porta tanto para o movimento de privatizações de Ronald Reagan e de Margaret Thatcher, para a filosofia alternativa de "reinvenção do governo" defendida por Bill Clinton e por Al Gore, e para a abordagem de parcerias intersetoriais que hoje propomos.

Drucker dizia que o governo deveria concentrar-se em governar — em tomar decisões fundamentais ao concentrar as energias da sociedade civil: dramatizar questões, apresentar escolhas e estabelecer um curso coerente com a vontade popular. Nos Estados Unidos, esse é um processo essencialmente colaborativo, porque decisões fundamentais demandam a anuência de um presidente e um congresso eleito pelo povo, o qual é projetado para representar nossa população diversa de maneira equilibrada. A implementação dessas decisões — a execução, as operações e o desempenho — deveria ficar com instituições não governamentais como empresas, universidades e hospitais (que eram os exemplos dele). Nesse construto, o governo estabelece grandes objetivos, e os setores privado e sem fins lucrativos buscam atingir os resultados pretendidos. Drucker chamava essa abordagem de "reprivatização".[36]

As empresas são independentes do governo. Elas tanto inovam quanto abandonam porque o mercado força uma mensuração baseada em desempenho — o lucro. O lucro é fácil de entender, claro de enxergar, exige reconhecer e assumir riscos, e oferece consequências importantes para o sucesso ou para o fracasso. Drucker também acreditava que as organizações não empresariais têm sua própria lógica para implementar com eficiência objetivos governamentais. Ele citava o Banco Mundial e o Fundo Monetário Internacional (FMI) como exemplos de reprivatizações bem-sucedidas. Esses grupos eram organizados e financiados por governos e por grandes instituições financeiras do mundo inteiro, mas operavam de maneira independente, seguindo sua missão e princípios sociais e empresariais sólidos.

Drucker concluía que precisamos de "um governo forte e muito ativo", mas um governo que aja como maestro de uma orquestra, não como um "virtuose do século XVIII que [...] consiga — e deva — tocar todas as partes simultaneamente".[37] Como o leitor verá nas páginas a seguir, Reagan e Thatcher aplicaram uma versão extrema e um tanto distorcida das teorias de reprivatização de Peter Drucker, o que levou ao paradigma da reinvenção criado por David Osborne e por Ted Gaebler, e implementado por Bill Clinton e por Al Gore.

O GOVERNO É O PROBLEMA

Em 20 de janeiro de 1981, Ronald Reagan fez seu discurso de posse para um país cansado de uma recessão que se agravava, de inflação alta e da crise dos reféns no Irã. Ao contrário de muitos presidentes antes dele, Reagan não considerava que enormes gastos e programas de governo fossem a resposta. Ele disse: "o governo não é a solução do nosso problema; o governo é o problema".[38] Naquele mesmo discurso, Reagan disse que sua solução seria reduzir o ônus governamental sobre a indústria privada, reduzir o tamanho do governo e cortar impostos. Ao longo do tempo, e muitas vezes em dupla com Margaret Thatcher, sua contemporânea e primeira-ministra conservadora do Reino Unido, Reagan promoveu aquilo que se tornou um movimento global para "tirar o governo do caminho" e maximizar o papel do setor privado na sociedade, fortalecendo assim a escolha do consumidor e fazendo as coisas de maneira mais eficiente.

Ao longo das décadas de 1980 e de 1990, governos do mundo inteiro venderam ativos públicos para empresas privadas, incluindo companhias aéreas, empresas de telecomunicação, siderúrgicas, estaleiros, portos, empresas de energia, de água, e até estradas, pontes, escolas e prisões. Aquilo que hoje se conhece como movimento de privatização reduziu dramaticamente o tamanho do governo globalmente, e mudou a maneira como todos pensamos a respeito de oferecer serviços públicos. O movimento tinha um impacto maior na Europa, onde a propriedade governamental de grandes serviços era muito mais dominante do que nos Estados Unidos.

De fato, foi só em 1987 que o presidente Reagan criou a Comissão para a Privatização; naquela época, apenas a Conrail, o serviço nacional de fretes ferroviários, tinha sido vendida. Reagan tinha sido mais bem-sucedido em transferir empregos do serviço civil federal para empresas privadas (que às vezes empregavam as mesmas pessoas), com um total de 38 mil empregos transferidos e uma poupança informada de US$ 602 milhões por ano.[39]

Essa tendência a terceirizar serviços governamentais acelerou-se depois que Reagan saiu do cargo, e transformou-se num princípio-chave do movimento de reinvenção do governo do presidente Bill Clinton.

A privatização também alterou dramaticamente o Reino Unido, a Alemanha reunificada, grande parte do Leste europeu, e muitos países da Ásia e da Oceania (Singapura, Austrália, Nova Zelândia, Coreia do Sul e até a China) ao mover indústrias e serviços de órgãos públicos para empresas privadas. Reagan e Thatcher também lideraram um movimento internacional de apoio ao livre comércio, que pareceu funcionar à medida que desaparecia o pessimismo prevalescente na década de 1970, e um espírito de otimismo e de determinação aumentava ao longo da década de 1980.[40]

Parcerias de grande escala, e muitas vezes lideradas pelo setor privado, multiplicaram-se ao longo das décadas de 1980 e de 1990, operando no terreno intermediário entre o New Deal e a Grande Sociedade, dominados pelo governo, e o mantra estritamente antigovernamental de Reagan e de Thatcher. Exemplos enormes e bem conhecidos proliferaram durante essa época. O Eurotunnel foi iniciado em 1986, e é uma das maiores parcerias lideradas pelo setor privado da história moderna, envolvendo dois países, 10 empresas de construção, cinco bancos e várias companhias de seguro e agências governamentais.[41] Isso contrasta com o desenvolvimento frequente e continuamente perturbado do Canal do Panamá um século antes, que fracassou várias vezes como iniciativa estritamente privada, e continua a ter dificuldades como empresa dominada pelo governo.

Nos Estados Unidos, projetos como a Chicago Skyway e a Indiana Toll Road muitas vezes são chamados de privatizações, mas eram parcerias público-privadas estruturadas como arrendamentos de longo prazo do governo. Outras grandes parcerias de infraestrutura de transportes nos Estados Unidos incluem a ferrovia metropolitana Denver Eagle P3, o VLT Hudson-Bergen em Nova Jersey, e o AirTrain JFK na cidade de Nova York. Várias parcerias de grande escala estão acontecendo no mundo inteiro, incluindo a substituição da ponte Tappan Zee na região metropolitana de Nova York. Esse projeto, necessário há muito tempo, não saiu do papel várias vezes ao longo de mais de uma década por ser caro demais, mas agora parece estar a caminho de concluir-se graças a uma parceria liderada pelo setor privado.

As parcerias público-privadas são uma grande categoria de projetos de obras públicas que muitos observadores rotulam de privatização. Ainda mais espalhados são os contratos entre agências governamentais, incentivos fiscais a empresas privadas que promovem um programa de políticas de desenvolvimento de infraestrutura, e iniciativas de organizações privadas com e sem fins lucrativos para entregar bens e serviços anteriormente entregues por servidores públicos. Esses esforços são considerados privatizações condicionais caso sejam limitados pela duração do tempo do contrato e pelas provisões de serviços, e caso a responsabilidade pelo programa seja devolvida ao setor público na conclusão do contrato.

Outros exemplos de serviços do governo prestados por empresas privadas hoje incluem a construção e a gestão de moradias de baixo custo, creches, cuidados com idosos, treinamento profissional, sistemas de água, ensino básico e secundário, atendimento aos sem-teto, transportes, prisões e apoio de campo não relacionado a combate aos militares. Alguns dos críticos mais ardentes da privatização abraçaram a terceirização a fim de fazer o governo funcionar melhor e custar menos. De fato, Bill Clinton e Al Gore usaram essa abordagem de terceirização a fim de conter o custo do governo federal e transferir as decisões e a entrega de serviços sociais para governos locais e para organizações com e sem fins lucrativos.

REINVENÇÃO PARA O GOVERNO

Em meados da década de 1980, David Osborne, jornalista e escritor, estava tão desalentado com o desempenho doméstico da presidência de Reagan que se voltou para os governos estaduais a fim de avaliar o que estava sendo feito. Para sua alegria, estavam acontecendo inovações significativas, incluindo a inovação educacional trazida por um governador pouco conhecido no pequeno estado do Arkansas e a inovação habitacional feita por Mario Cuomo, governador mais conhecido do grande estado de Nova York.[42]

Osborne expandiu sua exploração da inovação para o governo municipal quando fez uma parceria com Ted Gaebler, gerente municipal pioneiro em novas maneiras de gerir o governo mais como uma empresa. Em 1993, Osborne e Gaebler publicaram um *bestseller* improvável, *Reinventing government* [Reinventando o governo], que em última instância teve grande influência no governo vindouro de Clinton e Gore.[43] Os autores discordavam de Reagan e de Thatcher quanto à solução dos problemas mundiais ser livrar-se do governo. Antes, eles ficavam do lado de Peter Drucker, afirmando que o governo era crucial para melhorar a sociedade, mas que o governo precisava ser mais eficiente, menos custoso e formar parcerias com outras organizações de todos os três setores para tornar o mundo um lugar melhor.

Osborne e Gaebler esboçaram 10 princípios de reinvenção; os princípios não eram novos na época, nem são surpreendentes hoje, mas, juntos, estabelecem um papel para o governo muito diferente daquele das épocas do New Deal / New Frontier / Grande Sociedade, e igualmente distinto da filosofia da privatização de Reagan, de Thatcher e de George H. W. Bush. Em suma, os 10 princípios são os seguintes: o governo deveria ficar no leme e não remar (deixar os outros "fazerem"); empoderar mais do que servir; criar competição na prestação de serviços; concentrar-se na missão e não nas regras; financiar resultados e não investimentos; deixar que os consumidores definam o desempenho; concentrar-se em ganhar, não apenas em gastar; prevenir em vez de remediar; descentralizar; e alavancar mudanças no mercado.[44] Bill Clinton ficou impressionado com isso, criou uma comissão de reinvenção, a National Performance Review, e nomeou o vice-presidente Al Gore como seu líder. Tendo como membros funcionários federais e voluntários de fora, assim como David Osborne, o relatório da comissão começou em setembro de 1993 e serviu de projeto para os esforços operacionais de reforma ao longo de seus oito anos.[45]

O impacto de curto prazo da reinvenção no governo americano não foi muito diferente de esforços anteriores de reforma do governo: orçamentos foram cortados, menos trabalhadores foram contratados, algumas regulamentações foram eliminadas, processos de contratação e de aquisição foram um tanto agilizados, e algumas camadas de gestão foram eliminadas. Mais profunda e de mais longo prazo foi a descentralização da autoridade em muitos programas de bem-estar social para governos estaduais e municipais. Por sua vez, esses governos locais escolheram contratar organizações comunitárias sem fins lucrativos (e algumas empresas maiores, com fins lucrativos). Essa tendência foi particularmente pronunciada nos programas geralmente referidos como *welfare to work*,[*] e muitas vezes os contratos pagavam por resultados de desempenho — obtenção e manutenção de empregos — em vez de fazer pagamentos mais tradicionais, por tempo e por materiais.

Outra inovação significativa durante a era da reinvenção foram a teoria e as práticas de Stephen Goldsmith, então prefeito de Indianápolis, Indiana. Goldsmith fez campanha como defensor da privatização, mas assim que

---

[*] Programas que almejavam dar empregos a seus beneficiários, os quais deixariam de ser beneficiários. (N. do T.)

assumiu convenceu-se de que a competição entre órgãos públicos já existentes e empresas privadas interessadas poderia trazer os melhores serviços públicos ao menor custo para os pagadores de impostos. Durante seus oito anos de mandato, Goldsmith realizou dezenas de competições, que chamou de *marketization*, para atividades governamentais, do tapamento de buracos das estradas à cobrança por serviços de esgoto, ao tratamento de águas, à gestão do aeroporto e ao reboque de carros abandonados. Às vezes uma agência do governo reconquistava seu trabalho, às vezes a empresa privada vencia, mas em geral a cidade conseguia oferecer serviços melhores a um custo mais eficiente. O prefeito e seus líderes sindicais acabaram ganhando um prêmio da inovação da Harvard Kennedy School por terem realizado essas inovações ao mesmo tempo que garantiam que os trabalhadores ou mantinham seus empregos ou assumiam novas posições.[46]

As ideias e as lições da reinvenção não se limitaram aos Estados Unidos. Osborne e seus colaboradores incentivaram outros ao redor do mundo a adotar os princípios. No Reino Unido, na Austrália e na Nova Zelândia, os governos aceleraram a terceirização de serviços, aumentaram a competição entre empresas e agências governamentais e estruturaram agências governamentais como "empresas" independentes, muitas vezes conhecidas como empresas estatais. Como filosofia, os princípios baseados na reinvenção incentivavam a cooperação e a colaboração entre setores e níveis de governo.

Lenta mas seguramente os princípios da reinvenção provocaram experimentos em todos os níveis de governo, muitos dos quais começaram a ter a aparência e as ações de parcerias intersetoriais. A privatização evoluiu para a terceirização, depois surgiu a terceirização competitiva (com os próprios órgãos do governo como licitantes), e agora vemos o desenvolvimento de uma cultura de inovação e de colaboração entre os três setores.[47] Acreditamos que é o começo de uma grande mudança na maneira como o governo interage com outras organizações — passando de diretor primeiro a regulador, e enfim a parceiro.

GOVERNAR POR MEIO DE PARCERIAS

Experimentos com parcerias intersetoriais ocorreram durante os governos dos presidentes George W. Bush e Barack Obama. Por exemplo, o governo federal buscou agressivamente contratos com organizações confessionais para executar uma ampla gama de programas sociais, incluindo moradia, atendimento aos sem-teto, formação profissional e ensino. A fim de incentivar essas parcerias, o presidente Bush estabeleceu uma Agência de Iniciativas Confessionais e Comunitárias (renomeada pelo presidente Obama como Agência de Parcerias Confessionais e de Bairro). A agência trabalhou cruzando as fronteiras tradicionais das agências para redirigir, por meio dos estados, fundos de programas de serviço social e moradia, financiados pelo governo federal, para contratos com organizações comunitárias sem fins lucrativos de afiliação religiosa. Embora os fundos federais não pudessem ser usados para fins religiosos, os recipientes de financiamentos beneficiavam-se ao alavancar outros fundos, instalações e a confiança de organizações religiosas e comunitárias locais. A Casa Branca deixou claro que as organizações confessionais podiam receber financiamentos federais e trabalhou com elas, e com as agências federais, para garantir que essas organizações se candidatassem a financiamentos competitivos. Por causa disso, o número e a quantidade de financiamentos para organizações confessionais aumentaram 38% (em número de financiamentos) e 21% (total de financiamento concedido) de cinco agências diferentes (Health and Human Services [HHS], Housing and Urban Development [HUD], Department of Justice [DOJ], Department of Labor [DOL] e o Department of Education [ED]) apenas entre 2003 e 2005.[48]

O governo George W. Bush também criou a Millennium Challenge Corporation (MCC) para aprimorar os resultados dos programas americanos de assistência estrangeira. A MCC usa um processo competitivo para a escolha de países, e prioriza soluções conduzidas pelo país e uma implementação conduzida pelo país. O objetivo era atingir um progresso transformador em governança, em crescimento econômico e melhorias sociais em países que avançavam mas ainda enfrentavam desafios significativos. No começo de 2018, a MCC tinha investido mais de US$ 13 bilhões em 20 convênios completos e conduzidos pelos países, tinha 11 em andamento, e só tinha terminado dois projetos. Mais de US$ 3 bilhões tinham ido para projetos de infraestrutura, incluindo geração de energia e transportes (incluindo portos).[49]

A MCC é diferente de muitos outros programas de assistência estrangeira. Ela busca reduzir a pobreza por meio do crescimento econômico local, muitas vezes financiando parcerias público-privadas focadas em infraestrutura que abordam prioridades de desenvolvimento local.[50] A MCC também exige mensurações de desempenho e avalia o sucesso dos projetos com base em análise independente, avaliando se o retorno econômico de um projeto superou o custo do investimento da MCC.[51] Com base em dados disponíveis para o público, os relatórios indicam que mais de 90% dos fundos da MCC foram investidos em projetos que atingem benefícios econômicos mensurados que superam os custos dos projetos.[52] A MCC atraiu apoio bipartidário ao longo dos governos Bush e Obama, e acreditamos que essa metodologia intersetorial baseada em resultados poderia ser expandida para outros programas de assistência.

Analogamente, o Plano de Emergência para a Redução da Aids deu mais de US$ 7 bilhões para ajudar as pessoas afetadas pela Aids, especialmente na África, canalizando os recursos por meio de países locais e trabalhando com organizações não governamentais. Os temas desses programas — mensuração, recompensa por desempenho, responsabilidade local, escala de impacto, eficiência e parceria — ilustram que os princípios descritos por Drucker e Osborne continuam a ecoar décadas depois de terem sido originalmente articulados.

Em 2008, o governo assumiu um papel decididamente expandido em colaborações com várias partes interessadas ao lançar o Global Partnership Center no Departamento de Estado americano. Inicialmente estabelecido pela secretária de Estado Condoleezza Rice e por um comitê consultivo voltado para novas formas de diplomacia transformadora, essa agência cresceu dramaticamente após a transição para o governo Obama. Sua missão era empenhar "organizações empresariais, filantrópicas, e comunitárias [...] para promover objetivos de política exterior e expandir o escopo e a eficácia do Departamento".[53] Esses primeiros esforços ofereceram uma base importante para o desenvolvimento da futura doutrina de parcerias durante o governo Obama, em que o Center foi expandido para o Office of Global Partnerships, subordinado diretamente ao secretário de Estado.

Em 2009, o presidente Obama estabeleceu um novo Office of Social Innovation and Civic Participation, ligado à Casa Branca. Encarregada de ajudar o governo a fazer negócios de um jeito diferente, essa agência trabalhou para estabelecer novas parcerias com cidadãos, com organizações sem fins lucrativos, empreendedores sociais, fundações privadas e empresas para obter progressos quanto aos maiores desafios da nação. A agência estava no topo da reinvenção do governo, ilustrando que esses princípios realmente tinham se firmado em nível nacional (discutimos isso mais longamente no cap. 2).

De fato, membros da comunidade de segurança nacional também compartilham essas opiniões. Em 2013, Ashton Carter, vice-secretário de defesa, e o almirante James Winnefeld, vice-presidente do Estado Maior, divulgaram um memorando para todo o departamento defendendo parcerias entre o Departamento de Defesa e entidades não federais. Eles pediam mais uso e maior escopo em "colaborações voluntárias, não contratuais" com organizações de fora, de todos os tipos, a fim de "atingir objetivos mutuamente acordados".[54] Além disso, a Doutrina Comum da defesa americana apoia que divisões ou diretórios inteiros em comandos combatentes do Departamento de Defesa concentrem-se no desenvolvimento de parcerias, como no caso do Comando Americano do Pacífico e do Comando Americano do Sul.[55] O relatório *Global trends* de 2017, publicado pelo National Intelligence Council, identificou um "multilateralismo de multipartes interessadas" como motor nuclear da mudança na dinâmica de poder nas próximas décadas.[56] Nele, a comunidade de inteligência afirma que as formas tradicionais de "poder material — normalmente medidas pelo PIB, pelo gasto militar, pelo tamanho da população e pelo nível de tecnologia" — não vão mais definir "os agentes mais poderosos do futuro". Esses agentes serão os "Estados, grupos e indivíduos capazes de alavancar capacidades materiais, relações e informações de maneira mais rápida, integrada e adaptável do que em gerações pregressas".[57] Em outras palavras, o poder ficará cada vez mais descentralizado, e o sucesso num mundo globalizado exigirá a ação coordenada de muitos tipos diferentes de organizações e de pessoas.[58]

COMPARTILHANDO O SUCESSO: DESAFIOS GLOBAIS, OPORTUNIDADES GLOBAIS

Muitas das questões mais importantes de hoje são globais e cruzam fronteiras nacionais: desigualdade, mudança climática e clima extremo, práticas e desequilíbrios comerciais, conflitos e pessoas deslocadas, migração e imigração, direitos humanos, pobreza, disponibilidade de comida e água, transporte, gerenciamento de recursos naturais e desastres naturais. Não apenas essas questões atravessam fronteiras nacionais, como as fronteiras nacionais podem ser parte do problema. Desafios globais exigem soluções globais. Instituições como a ONU, o Banco Mundial, o FMI, a Corporação Financeira Internacional (CFI), o G-20, e organizações regionais, como o Banco Interamericano de Desenvolvimento (BID) e a Associação de Nações do Sudeste Asiático (Ansea), podem liderar e lideram iniciativas globais.[59] Porém, essas parcerias multilaterais, lideradas por governos, podem facilmente atolar-se em procedimentos e em regulamentações burocráticas. Felizmente, muitas ONGs e empresas hoje também são globais, e estão liderado novas parcerias e impulsionando soluções de maneiras que não eram possíveis anteriormente. Grandes desafios estão diante de nós enquanto comunidade global, e vemos o governo, as empresas e o setor social associando-se de novas maneiras a fim de enfrentar nossos desafios atuais com eficiência e eficácia.

Ao longo deste livro, você verá exemplos de como organizações de todos os três setores podem atingir grandes objetivos públicos que de outro modo talvez fossem inatingíveis. Cada tipo de organização traz vantagens naturais e certas limitações na abordagem de questões nacionais e internacionais, mas as novas formas atuais de parcerias podem amplificar essas vantagens ao mesmo tempo que minimizam as limitações.

Vimos uma evolução das estruturas de parceria ao longo das últimas décadas, e acreditamos que há um potencial enorme na maneira como o capital público, privado e filantrópico, atual e futuro, pode ser usado para resolver os problemas da sociedade. Esse tipo de *investimento em valor social*, como descrevemos nos próximos capítulos, oferece oportunidades para que as organizações criem abordagens mais inclusivas e abrangentes para desafios globais. À medida que nosso mundo continua a transformar-se, também transformar-se-ão nossas organizações e instituições. Por meio de colaborações melhores, e compartilhando o sucesso mediante parcerias intersetoriais, a progressão seguinte dessa evolução levará a melhoras significativas na qualidade de vida de bilhões de pessoas ao redor do mundo.

CAPÍTULO 2

Investimento em valor social: uma narrativa pessoal

HOWARD W. BUFFETT

Este capítulo apresenta a narrativa pessoal do autor, descrevendo a história e o desenvolvimento do dito arcabouço de investimento em valor social.

O papel do governo federal na construção e na formatação das políticas públicas e da infraestrutura por meio de parcerias com os setores privado e filantrópico evoluiu significativamente ao longo dos últimos séculos — e também o escopo, a escala e a abordagem da filantropia mesma nos Estados Unidos.

Os ditos filantropos da Era de Ouro, ou filhos da riqueza industrial — Rockefeller, Carnegie, Eastman e outros —, fizeram contribuições caritativas sem precedentes em suas vidas.[1] Essas contribuições iniciaram uma era de filantropia moderna, também conhecida como filantropia profissional, que continua a influenciar as contribuições de hoje em dia. Nos últimos 35 anos, homens de negócio e empreendedores, incluindo Paul Newman, Ted Turner e Mark Zuckerberg e Priscila Chan, comprometeram vastas porções de sua riqueza privada com a filantropia.[2]

Um evento particularmente digno de nota aconteceu em 26 de junho de 2006, na Biblioteca Pública de Nova York. Meu avô, Warren Buffett, fez o anúncio seminal de que deixaria sua fortuna quase inteira, à época estimada em aproximadamente US$ 44 bilhões, para o benefício da humanidade.[3] Esse anúncio não apenas chocou o mundo da filantropia — o noticiário saudou-o como o começo de uma nova era de megafundações[4] —, como também estonteou o mundo das finanças. Meu avô representa o ápice do sucesso no campo de investimentos; sua realização foi construída numa economia capitalista que mede o sucesso por quanta riqueza você acumula — não por quanta riqueza você doa. Ao dar esse passo, ele estabeleceu um exemplo para os outros que continuará a ter efeitos imprevistos por muitos anos.

Numa história bem conhecida, meu avô construiu sua fortuna por meio das operações de negócios da Berkshire Hathaway, Inc., utilizando os princípios de investimento em valor. O investimento em valor foi desenvolvido originalmente na década de 1920 pelos professores Benjamin Graham e David Dodd, da Universidade de Colúmbia.[5] Na década de 1950, meu avô frequentou uma disciplina chamada Gestão de investimentos e análise de títulos, dada por Dodd, e no semestre seguinte participou de um pequeno seminário dado por Graham.[6] Esses cursos, mais os livros *Security analysis* (1934) e *The intelligent investor* (1950), de Dodd e Graham,[7] ofereceram o arcabouço necessário para o começo daquilo que se tornou um dos paradigmas de investimentos mais duradouros e bem-sucedidos de todos os tempos.

Embora a abordagem se baseie num rigoroso e complexo arcabouço de análise de títulos, muitos dos princípios essenciais da metodologia de investimento em valor são simples. Por exemplo, ao alocar capital, procure investimentos que estejam "à venda" — investimentos que têm valor intrínseco além do que aparece em seus balanços. Presuma que as curvas de oferta e demanda do mercado com frequência estão mal informadas para investimentos; os investidores precisam estabelecer um desconto mínimo, ou margem de segurança, antes de considerar fazer uma compra. Além disso, os investidores devem resistir à tentação de reagir a modas midiáticas ou à histeria do mercado. Por fim, e talvez mais importante, a abordagem depende de uma estratégia de investimento de longo prazo.[8]

Seguindo esses e outros princípios, meu avô construiu uma das mais bem-sucedidas *holdings* de investimentos e juntou aquilo que já chegou a ser a maior fortuna do mundo.[9] Com sua decisão de 2006, essa fortuna tornou-se uma das maiores doações da história.[10] Tradicionalmente, uma doação como essa iria para uma fundação homônima sob o controle direto e pessoal do doador. Porém, meu avô escolheu uma abordagem distinta, anunciando que faria distribuições anuais de valores da Berkshire Hathaway para cinco fundações caritativas distintas. A maior parte das contribuições vai para a Fundação Bill & Melinda Gates, e outros compromissos importantes vão para a Fundação Susan T. Buffett, e para fundações para cada um dos filhos do meu avô.

A doação de meu avô fez com que cada uma dessas fundações tivesse de enfrentar um desafio novo e importante: dispondo de recursos significativos para fazer algo grandioso no mundo, o que deveria ser feito? A doação de 2006 não veio com diretrizes estritas e estipulações excessivamente pesadas, mas meu avô ofereceu um conjunto de sugestões estratégicas para as fundações numa carta que acompanhava cada doação.[11]

As cartas incentivavam as fundações a concentrar seus novos fundos e energias em relativamente poucas atividades, e a adotar uma perspectiva ampla ao avaliar onde poderiam fazer uma diferença importante no mundo. As cartas também sugeriam uma concentração de recursos em necessidades que não seriam atendidas sem os esforços específicos da fundação, reconhecendo o papel específico e flexível que o capital filantrópico pode desempenhar ao tratar de desafios urgentes. À luz dessa flexibilidade, essas cartas também incentivavam que erros fossem cometidos, afirmando que nada importante na vida é realizado apenas com decisões "seguras". Por fim, os recipientes eram incentivados a concentrar-se no impacto que poderiam causar enquanto estavam vivos e ativamente envolvidos nas operações de suas fundações, de modo que pudessem aprender com seus erros, adaptar-se e levar adiante as lições.[12]

Essas sugestões serviram como guiamento informal para as fundações, incluindo a do meu pai, a Fundação Howard G. Buffett (FHGB). As ideias que meu avô transmitiu eram importantes, especialmente a última, que incentivava um sentido de propósito e de urgência no trabalho da fundação. Alinhado com essa sugestão, e de maneira quase inédita entre as fundações, meu pai instituiu uma cláusula de ocaso, encerrando as atividades da fundação aproximadamente cerca de 40 anos após o anúncio de 2006.[13] Saber que sua fundação não funcionará perpetuamente incentivou meu pai a assumir riscos inteligentes, a aprender o mais rápido possível, e a operar de um modo que parece maximizar o impacto de cada dólar que a fundação distribui.

Tive a grande sorte de meu pai ter-me envolvido muito intimamente com o trabalho de sua fundação. Ao longo de 20 anos, viajei para mais de 70 países — quase sempre com meu pai, trabalhando para a fundação — a fim de aprender diretamente com as pessoas e as comunidades que visitávamos. Observei em primeira mão muitos dos desafios do mundo, e testemunhei a dedicação de meu pai a ser o melhor guardião que pode ser dos recursos que seu pai lhe deu. Também observei que ele é tão fortemente motivado por esse senso de dever — a condução eficiente da filantropia — quanto meu avô por seu dever para com os acionistas da Berkshire. Conheço poucos indivíduos que exibem um compromisso mais forte com suas missões autodescritas, e, como testemunha, juntei muitas intuições ao longo da vida de suas abordagens um tanto paralelas nos mundos das finanças e da filantropia.

Até 2006, as operações comerciais da fundação eram um tanto limitadas. A FHGB tinha uma equipe relativamente pequena, equivalente a mais ou menos dois funcionários em tempo integral; ela distribuiu US$ 6 milhões em doações em 2005.[14] As doações aumentaram quase 10 vezes no ano seguinte ao anúncio do meu avô, chegando a quase US$ 60 milhões.[15] O influxo de financiamento e o aumento de atividade provocaram algumas mudanças organizacionais imediatas e importantes. Quase de um dia para o outro as distribuições anuais da fundação aumentaram dramaticamente. Ela acrescentou funcionários para atender a um aumento imediato na concessão de doações, diligência, operações e supervisão de programas. Precisava de escritórios mais espaçosos e começou a explorar novos processos de gestão a fim de lidar com fluxos de trabalho mais acelerados. Mais importante, ela precisava identificar recipientes adicionais, oportunidades com grandes recompensas e desafios de longo prazo para abordar, incentivada pelas sugestões feitas por meu avô na carta que acompanhava sua doação.

Várias mudanças programáticas aconteceram também entre 2005 e 2007. Em seus primeiros anos, uma parte da concessão de doações da fundação estava financiando programas de proteção contra a degradação ambiental e programas para salvar espécies selvagens ameaçadas. Muitas doações foram feitas na forma de doações individuais a organizações individuais, e eram pequenas em escala e em sua capacidade de resolver problemas disseminados por causa do tamanho limitado do orçamento anual para doações da fundação.

Em 2006, meu pai desenvolveu cartas internas de posicionamento sobre cada uma das principais áreas programáticas da fundação, apoiadas por pesquisas, por lições aprendidas em atividades pregressas e nas perspectivas de recipientes anteriores e atuais. Ele também explorou uma profunda análise da teia de relações de causas subjacentes, onde sempre viu maneiras como um problema piorava outro. As doações cada vez maiores da fundação permitiram que meu pai adotasse uma perspectiva mais abrangente, e novos financiamentos concentraram-se quase integralmente em esforços humanitários, em preservação de água e em programas de segurança alimentar global. Talvez o mais importante, essa visão cada vez mais ampla levou a três grandes mudanças na abordagem operacional geral da organização.

Primeiro, a fundação começou a aprofundar sua visão dos recipientes como parceiros em sua missão filantrópica geral, com papéis que iam além do de terceirizados ou de recipientes de doações.

Segundo, para ter impacto duradouro, meu pai concluiu que a fundação precisava trabalhar colaborativamente com parceiros e incentivá-los a incorporar e a priorizar a responsabilidade comunitária local dos projetos apoiados pela fundação.

Terceiro, a fundação começou a voltar-se para oportunidades de financiar iniciativas maiores ou grupos de organizações que trabalhavam por objetivos comuns em vez de projetos isolados ou de tempo limitado. Isso permitiu à fundação desenvolver uma estratégia mais robusta ao longo do tempo, refocando sua missão e suas atividades nos indivíduos cujas vidas esperava melhorar. Também permitiu que a fundação definisse melhor seus temas-alvo e procurasse causas primeiras mitigadoras de desafios, como a causalidade entre conflito, pobreza e fome.

Muitas das mudanças organizacionais que se seguiram desse aumento de financiamento em 2006 sutilmente espelhavam valores operacionais particulares que tinham gerado o incrível sucesso da Berkshire Hathaway. Por exemplo, em 2007 a fundação lançou um esforço multiorganizacional de US$ 150 milhões chamado de Global Water Initiative (GWI).[16] O objetivo era melhorar as políticas de gestão de água, a pesquisa, o investimento e os recursos de conhecimento para a produção agrícola sustentável e aumentar a segurança alimentar — especialmente na África e na América Latina.

A convite da fundação, os gerentes seniores das principais organizações não governamentais (ONGs) ligadas à água, assim como outros financiadores, vieram de países do mundo inteiro para desenvolver em conjunto uma estratégia que almejasse ser abrangente e flexível.[17] As organizações com que a fundação acabou por trabalhar foram selecionadas a partir de suas competências e de seu histórico, e segundo suas capacidades e seus ativos complementares, a fim de resolver a teia de problemas envolvida na melhoria da qualidade da água ao mesmo tempo que esta era conservada como recurso limitado. O grupo encontrou caminhos para que as forças ou experiências relativas de uma organização contrabalançassem as lacunas ou limitações de outra, e vice-versa.[18] A fundação estabeleceu um portfólio de ONGs parceiras, na esperança de destravar valor por meio da crença de que seus esforços coordenados valeriam mais do que a soma de suas atividades isoladas.[19]

Por causa do aumento da dotação da FHGB, ela pôde desenvolver e financiar planos de implementação plurianuais como a GWI. Ao fazer isso, a FHGB pôde adotar um foco de investimento de prazo relativamente longo, o que contrastava com os típicos horizontes do setor sem fins lucrativos, que podem não ir além da rodada seguinte de levantamento de fundos. Essas novas estratégias, que foram desenvolvidas com várias partes interessadas, priorizaram a inclusão de comunidades locais no desenho e no desenvolvimento de soluções, para que elas pudessem assumir melhor a corresponsabilidade pelos investimentos filantrópicos.[20] Além disso, a fundação instilou grande confiança e autonomia na liderança nessas organizações. Ao reconhecer que esses gerentes seriam os guardiães do capital filantrópico, a FHGB buscou maneiras de incentivá-los a trabalhar juntos para realizar os objetivos compartilhados por todos em vez de abordar o levantamento de fundos com uma mentalidade de soma zero.

Embora isso possa inicialmente não parecer análogo ao estilo de investimento em valor da Berkshire, meu pai estava seguindo regras similares àquelas seguidas por seu pai. Os ingredientes-chave estavam presentes, mas foram aplicados à filantropia e não às empresas, usando uma abordagem de investimentos focada no longo prazo, que tentava destravar valor oculto ou intrínseco por meio de sua estratégia de alocação. Mais importante é como a metodologia da FHGB espelhou uma vasta aplicação de muitos dos princípios de gestão que tornaram a Berkshire Hathaway tão bem-sucedida por meio de sua estratégia de operações.

Consideremos os seguintes elementos-chave do paradigma operacional da Berkshire, que levaram a esses sucessos.

1. *A Berkshire é uma parceria de empresas diversas mas complementares, que contribuem coletivamente para sua criação de valor de longo prazo.*[21]
   Em outras palavras, o *processo* operacional da Berkshire expande e alinha os esforços de suas subsidiárias de maneira mutuamente colaborativa, muitas vezes baseando-se em forças comparativas.

2. *A equipe da Berkshire é uma rede de gestores descentralizados que operam suas subsidiárias independentes — estas abrangem uma gama de forças variadas, mas estão alinhadas para objetivos compartilhados.*[22]
   Desse modo, a Berkshire investe em um de seus ativos mais importantes — suas *pessoas*, os gestores que operam seus negócios — e apoia sua capacidade coletiva de liderar e de ser bem-sucedidos.[23]

3. *A Berkshire incorpora os acionistas como proprietários-parceiros da empresa — não apenas como investidores — ao construir sua confiança e priorizar seus melhores interesses.*[24]
   O manual de operações da empresa convida os investidores a ficar com ela para sempre, exatamente como se "fossem donos de uma fazenda ou [...] de uma casa em parceria com seus familiares". Esse conceito de comunidade permanente, ou de copropriedade baseada em *lugar*, é evidente na relação única entre a empresa e seus acionistas.[25]

4. *A Berkshire se vale de um conjunto combinado de instrumentos financeiros, de ativos e de passivos que diversifica o risco e aumenta seu balanço ao longo do tempo.*[26]
   Em outras palavras, a Berkshire mistura tipos diferentes de capital financeiro — incluindo capital próprio, dinheiro na mão, tributos diferidos, flutuação de seguros, dívidas etc. — espraiando-se por um *portfólio* versátil e coordenado de investimentos.

5. *A Berkshire identifica oportunidades com valor intrínseco relativamente alto (especialmente em relação ao valor líquido contábil) que estejam alinhadas com os princípios da empresa, e investe nessas oportunidades.*[27]
   Por meio dessa abordagem, a empresa prevê a performance relativa *futura* de um conjunto de investimentos e aloca o capital com base em suas prioridades e objetivos.

O diagrama a seguir oferece uma descrição básica da abordagem de investimento em valor da Berkshire por meio de cinco aspectos de sua metodologia de gestão. Esses cinco elementos — *processo, pessoas, lugar, portfólio* e *desempenho* — são também a base do arcabouço que chamo de *investimento em valor social.*

Nos capítulos a seguir, exploramos as maneiras como esse arcabouço combina os princípios do investimento em valor com as intenções e com os objetivos da filantropia e do setor público para criar parcerias que trazem um impacto significativo e positivo para a sociedade. No restante deste capítulo, explorarei brevemente a maneira como o arcabouço de investimento em valor social evoluiu ao longo de algumas fases distintas.

Os cinco elementos do investimento em valor social

AS ORIGENS DO INVESTIMENTO EM VALOR SOCIAL

Minhas primeiras ideias sobre o investimento em valor social surgiram enquanto eu frequentava o mestrado em políticas públicas e administração da Universidade de Colúmbia, estudando sob a tutela de Bill Eimicke, meu coautor. Bill e eu passamos muitas horas fora da sala de aula discutindo teoria da gestão, casos interessantes como o do Central Park, e maneiras como práticas bem-sucedidas de gestão de um tipo de organização poderiam ser modificadas e adaptadas para outras organizações. Embora não soubéssemos então, aquelas conversas moldaram o desenvolvimento inicial do arcabouço de investimento em valor social.

Cheguei a Colúmbia mais de cinco anos depois de meu avô ter frequentado a universidade, e quase imediatamente depois de seu anúncio de 2006. Por volta dessa época, filantropias e ONGs enfrentavam os desafios de como aumentar a escala de seu impacto e de como medir esse impacto e determinar, em termos quantificáveis, a eficiência no uso do dinheiro do doador.[28] Durante meu mestrado, trabalhei num arcabouço analítico customizado, flexível e expansível para definir e comparar o impacto social potencial das doações filantrópicas. Muito mudou desde sua primeira iteração, pois refinei o instrumento até ele tornar-se o que hoje chamo de Balanço de Impacto.

O Balanço de Impacto oferece um modo uniforme de analisar e comparar a qualidade esperada de impacto que um programa ou projeto pode entregar, com base num conjunto customizado de limitações e preferências. Num sentido, o arcabouço oferece *insights* do valor social potencial intrínseco de um programa, definido por seus objetivos pretendidos. Além disso, os princípios subjacentes e a estrutura analítica desse instrumento ajudam os parceiros a definir o sucesso num linguajar comum, que usa métodos similares de mensuração. Isso permite que parceiros com objetivos diferentes planejem melhor atividades, aloquem recursos e melhorem o desempenho relativo ao impacto. Esse instrumento é parte da metodologia de investimento em valor social e está incorporado numa nova fórmula que denomino Taxa de Retorno de Impacto (cap. 8).[29]

Morar na cidade de Nova York enquanto fazia o mestrado deu-me a oportunidade de trabalhar com uma vasta gama de organizações espalhadas pelos setores público, privado e filantrópico, e de aprender com elas. Muitos dos líderes com quem trabalhei pareciam estar fazendo uma pergunta em comum: "Como podemos combinar nossos recursos com outras organizações para realizar melhor objetivos compartilhados?".

Um indivíduo com quem trabalhei foi Amir Dossal, à época diretor executivo do Escritório das Nações Unidas de Serviços para Projetos (Unops).[30] Dossal e eu tínhamos nos conectado num encontro um pouco ao acaso, e ele me convidou para trabalhar em seu escritório como assessor de parcerias. O secretário-geral da ONU estabeleceu que o Unops serviria como portal para parcerias e para alavancar recursos externos, apoiando a agenda global da ONU.[31] Entre outros programas, ele cuidava do Fundo das Nações Unidas para Parcerias Internacionais e facilitava a colaboração intersetorial, a partir da doação de US$ 1 bilhão anunciada por Ted Turner em 1997.[32] Dossal e sua equipe procuravam maneiras de combinar programas do setor privado, capital filantrópico, ativos da família ONU e outros doadores governamentais para objetivos coordenados e alinhados. Esse tipo de fusão de ativos de organizações e setores distintos resultou numa abordagem coordenada de portfólio.[33] (Discutimos esse aspecto do investimento em valor social no cap. 7.)

PROJETANDO UM PROCESSO DE CONSTRUÇÃO DE PARCERIAS

Muitos aspectos do componente de processo do investimento em valor social foram expandidos e formalizados durante meu trabalho no governo federal após a eleição presidencial de 2008. Isso pode parecer um oximoro, porque o governo federal americano costuma ser considerado um colaborador ineficiente — frequentemente atolado em regras ou regulamentações que o impedem de trabalhar de maneira bem-sucedida atravessando organizações e setores. Porém, a crise financeira de 2008 mandou uma mensagem clara para o governo presidencial por vir: esteja preparado para fazer mais ou menos e para envolver um amplo espectro de partes interessadas. Desde o começo de sua eleição, o presidente Barack Obama tornou prioridade de seu governo encontrar novas maneiras de o governo colaborar com organizações públicas e privadas para a solução dos desafios do país.[34]

Essa mentalidade colaborativa começou nos primeiríssimos dias do governo Obama. Depois da campanha presidencial de 2008, juntei-me aos esforços da equipe de transição presidencial para ajudar a preparar a mudança de funcionários e desenvolver a agenda dos 100 primeiros dias do presidente. A equipe de transição também estava encarregada de produzir estratégias inovadoras e inclusivas para responder rapidamente à Grande Recessão, que ainda se desenrolava. Isso em última instância contribuiu para a Lei de Recuperação e Reinvestimento Americanos, conhecida como "o Estímulo", que foi assinada menos de um mês depois de o presidente Obama ter assumido.[35] Um fio comum atravessava essas políticas: a importância de empenhar-se em parcerias intersetoriais significativas no governo e no país.

Também, durante essa época, o Grupo de Trabalho de Políticas de Tecnologia, de Inovação e de Reforma do Governo (PTIR) foi encarregado de desenvolver maneiras específicas como a Casa Branca e seus departamentos executivos poderiam formar parcerias melhores com organizações sem fins lucrativos, com fundações, filantropos, empresas e empreendimentos sociais de todos os tipos e tamanhos.[36] A fim de promover o Programa de Inovação do presidente, esse grupo estabeleceu um conjunto de objetivos que acabaria por compor as prioridades do único órgão recém-criado da Casa Branca — o Escritório de Inovação Social e Participação Cívica (EIPC) —, onde trabalhei como assessor de políticas públicas para Sonal Shah, seu primeiro diretor.[37]

Durante os primeiros 18 meses do governo, o EIPC desenvolveu vários programas e iniciativas em todo o governo que priorizavam parcerias significativas e dependiam delas para o sucesso. Por exemplo, o EIPC estabeleceu o primeiro Fundo de Inovação Social do governo, criado para financiar parcerias que apoiassem as áreas-chave de política doméstica do governo.[38] O escritório também fez uma série de Conferências de Inovação em Energia, reunindo dúzias de organizações e de agências, em que o Departamento de Energia anunciou US$ 60 milhões em novos financiamentos para projetos num programa chamado Inovação em Energia Limpa de Pequenas Empresas.[39] O EIPC também lançou uma iniciativa de Líderes da Nova Geração voltada para o incentivo a parcerias colaborativas entre líderes *millennials* do país inteiro.[40] Interno ao Escritório Executivo do Presidente, o EIPC promoveu programa de parcerias do presidente ao estabelecer um grupo de trabalho interagências sobre o assunto, chamado Parcerias para a Inovação. Esse grupo compartilhava informação entre 15 agências do Poder Executivo, a fim de desenvolver novas parcerias intersetoriais e estratégias de inovação para ampliar a colaboração entre a Casa Branca, os departamentos federais, as agências, organizações com fins lucrativos e sem fins lucrativos, e fundações. Em meu papel nessas iniciativas, obtive conhecimento relevante e guiamento, desde várias perspectivas, e aprendi lições quanto ao desenvolvimento de parcerias intersetoriais eficazes.

Com informações fundamentais de agências como o Departamento de Estado e a Administração de Pequenas Empresas, a equipe do EIPC codificou essas novas práticas e lições no arcabouço interno de políticas do presidente para empenhar o Poder Executivo numa estratégia coordenada de parcerias intersetoriais. Esse esforço e o trabalho a que ele levou inspiraram muitos dos princípios, definições e modelos relacionados com o desenvolvimento de parcerias que estão refletidos em meu arcabouço de investimento em valor social. Exploramos alguns destes princípios no capítulo 4, que resume o processo com que os parceiros criam uma estratégia abrangente para abordar desafios complexos.

DESENVOLVENDO ESTRATÉGIAS DE RESPONSABILIZAÇÃO BASEADA EM LUGAR

Após meu trabalho na Casa Branca, juntei-me a uma equipe única de desenvolvimento econômico, pertencente ao Departamento de Defesa (DdD). Boa parte dos esforços do DdD na época concentravam-se em áreas de conflito no Afeganistão e no Iraque, e a missão dessa equipe era promover diversas operações de estabilidade econômica em regiões que atravessavam os dois países.[41]

Como líder do programa de desenvolvimento agrícola da equipe, refinei ainda mais os princípios do arcabouço de investimento em valor social. Uma área focal era a criação de estratégias de desenvolvimento econômico liderado pela comunidade na região de Herat, no oeste do Afeganistão. Após a crise do preço alimentar de 2007-2008, o governo priorizou o investimento nos sistemas agrícolas do Afeganistão como modo direto de reduzir o desemprego e a fome, e de promover a segurança e a estabilidade da região.[42]

A equipe de desenvolvimento agrícola trabalhou junto com cada uma das comunidades empenhadas na iniciativa e com suas *shuras* (que são semelhantes a conselhos comunitários). Estabelecemos ou apoiamos a criação de empresas locais de propriedade de mulheres, associadas com novas cooperativas agropecuárias desenvolvidas na região. Empenhamos os governos municipais e provincial para obter seu apoio e desenvolver políticas e recursos necessários para as iniciativas de longo prazo.[43] Em última instância, cada dólar do programa foi gasto, cada projeto capital foi construído e cada equipamento foi obtido em consulta com os habitantes locais e com o seu guiamento. A Universidade Herat, as cooperativas agropecuárias e ONGs e associações locais assumiram a responsabilidade legal pelos nossos investimentos, com o objetivo de transformar os "beneficiários" em verdadeiras partes interessadas nos resultados dos programas. As parcerias intersetoriais que desenvolvemos entre o DdD, financiadores externos, comunidades e ONGs locais, e universidades também criaram uma estrutura permanente de treinamento e uma base de conhecimentos necessária para o sucesso de longo prazo do programa.[44] Isso levou a um importante desenvolvimento de capacidades e de infraestrutura para o setor agropecuário da região.

O terceiro elemento do arcabouço de investimento em valor social — o apoio à responsabilidade das comunidades locais nos lugares onde os parceiros trabalham e investem — é discutido em detalhes no capítulo 8. Mergulhamos nesse assunto estabelecendo princípios cooperativos para o desenvolvimento de estratégias de base local, para que as organizações e as comunidades possam coinvestir seus recursos no sentido de um resultado desejado. Um conjunto de melhores práticas para compartilhar o sucesso entre várias organizações é esboçado nesse capítulo, assim como maneiras de equilibrar a autoridade de tomar decisões entre financiadores, implementadores e comunidades locais.

Além disso, discutimos como os parceiros podem planejar e sequenciar atividades estrategicamente, e construir modelos colaborativos de avaliação para alocar recursos compartilhados.

EMPREGANDO NOVOS INVESTIMENTOS EM PESSOAS

Após o tempo que passei no Departamento de Defesa, comecei um período de dois anos como diretor executivo da FHGB. Durante esse tempo, a organização passou por um breve processo de planejamento estratégico, pois trabalhei para incorporar princípios de investimento em valor social em seus programas e operações. A equipe da fundação discutiu maneiras de reestruturar objetivos numa abordagem mais abrangente e desenvolveu aquilo que chamamos de nosso Espectro de Segurança Alimentar Global, a fim de oferecer guiamento temático para os programas (fig. 2.1).

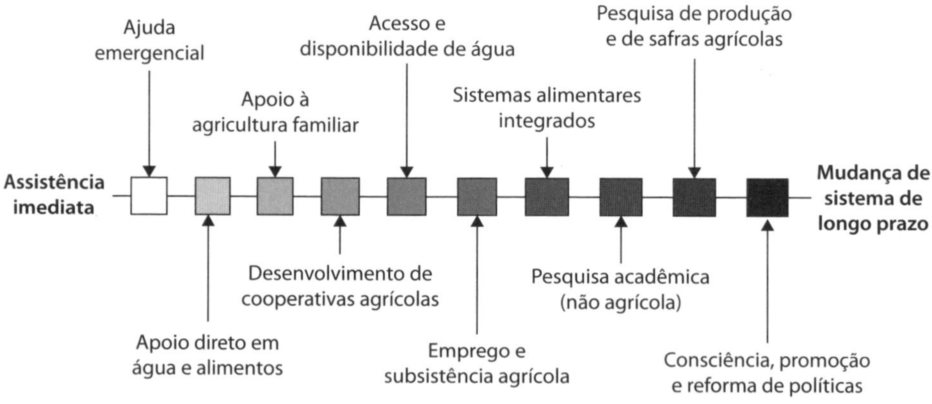

Figura 2.1 O Espectro de Segurança Alimentar da Fundação Howard G. Buffett ilustra uma gama de atividades e de programas interconectados abrangidos pela missão da organização

A ponta esquerda dessa faixa representava a ajuda imediata, e a ponta direita, a mudança de longo prazo nos sistemas. Vários tipos de atividades ou iniciativas preenchiam os espaços no meio, como o gerenciamento de recursos de água, ou o desenvolvimento de sistemas alimentares integrados. A equipe ordenava essas atividades com base na longevidade do impacto do programa, em sua complexidade e na experiência da fundação com aquele trabalho específico.

Na extrema ponta direita da gama listamos atividades como consciência e promoção, tópicos que a fundação estava explorando com frequência cada vez maior. Observamos que o impacto de larga escala exige esforços coordenados de vários financiadores, do governo, de influenciadores, e o apoio do público em geral. Além disso, consideramos maneiras de aumentar a visibilidade de questões que a fundação tinha priorizado.[45]

Também durante esse período, passamos muito tempo refletindo sobre o trabalho da fundação na década anterior e sobre as experiências com que mais tínhamos aprendido. Acabamos concluindo que essas experiências poderiam servir para impulsionar a consciência do público quanto a desafios da fome global, e a fundação começou a trabalhar num livro que narrasse as intuições e as lições aprendidas a respeito dos complexos problemas enfrentados por nosso mundo.

Meu pai e eu escrevemos *40 Chances: finding hope in a hungry world* [40 oportunidades: encontrar a esperança num mundo faminto] para criar uma conversa sobre o que estava e o que não estava funcionando, especialmente na comunidade de desenvolvimento e assistência. Foi uma oportunidade de compartilhar nossas observações e nossos fracassos ao longo da década anterior, mas também esperamos inspirar maior empenho público em questões locais e globais que pudessem levar a importantes mudanças de políticas nos Estados Unidos e no exterior. Foi também uma oportunidade para que eu discutisse alguns aspectos da abordagem de investimento em valor social.[46]

Ao organizarmos os capítulos do livro, ficou claro que estávamos contando as histórias de pessoas de lugares do mundo inteiro onde a fundação tinha grandes investimentos. Essas pessoas eram os verdadeiros heróis. Ao longo dos anos, construímos uma rede de "gerentes" de sucesso, dedicados a atingir os objetivos compartilhados pela fundação, e que colocavam suas missões e suas esperanças altruístas acima de si.

Um exemplo de destaque é Kofi Boa, fazendeiro e conservacionista ambiental de Gana que dedicou a vida a promover práticas agrícolas sustentáveis na África.[47] Boa é um defensor incansável, mas de fala mansa, de técnicas aprimoradas de produção, e a fundação recentemente fez uma parceria com ele para lançar o primeiro Centro de Agricultura de Plantio Direto da África. Por nossa confiança em Boa, estruturamos uma parceria intersetorial única, desenhada para aumentar a produtividade e a sustentabilidade de pequenos agricultores por meio de técnicas baseadas na conservação — primeiro em Gana, e, depois, esperávamos, em boa parte da África.

Os objetivos da parceria com Boa são complexos porque as questões agrícolas que ela aborda são multifacetadas e difíceis de resolver. Por exemplo, o Banco Mundial estima que quase 80% dos pobres do mundo vivem em áreas em que a agricultura é a atividade econômica primária — áreas que com frequência precisam de investimentos por meio da cadeia de valor agrícola.[48] Porém, se forem bem-feitos, esses investimentos podem ser muito fecundos. O Banco Mundial estima que o desenvolvimento do setor agrícola é até quatro vezes mais eficaz para aumentar a renda de indivíduos pobres do que investimentos em qualquer outro setor.[49] Além disso, essa eficácia pula para até 11 vezes mais na África subsaariana.[50]

Trabalhando proximamente a Boa e aos pequenos agricultores de sua comunidade, a FHGB orquestrou parceiros que desenvolvessem uma suíte de instrumentos apropriados ao contexto (como um novo modelo de plantadores de pequena escala, baseados em conservação, manufaturado por John Deere), recursos (como recomendações customizadas de sementes e de coberturas vegetais baseadas em topografia e em tipos de solo) e melhorias de infraestrutura baseadas no setor agrícola. O programa abarcou trabalho que vai além daquilo que muitos projetos tradicionais de desenvolvimento exigem, mas perdurou por causa dos parceiros da FHGB, do comprometimento do grupo coletivo, e especialmente por causa de Boa, que entende que o sucesso e a escalabilidade dessa parceria podem ter implicações de longo alcance.[51]

Boa e sua equipe lideram todos os aspectos do projeto do programa e dos programas e das operações do centro, procurando o parecer da fundação somente quando necessário. Outro aspecto central dessa parceria é alcançar e influenciar o comportamento dos agricultores de maneiras significativas mas cotidianas, a fim de incentivá-los a adotar práticas baseadas na conservação por meio de *workshops* presenciais e de transmissões de rádio. Graças à reputação de Boa junto aos agricultores de Gana, ele está numa posição especial para capturar a atenção deles e falar com autoridade sobre o assunto. O trabalho de Boa e sua história pessoal são discutidos no capítulo 35 de *40 Chances: finding hope in a hungry world.*

Em 2012, no meio do período que passei na fundação, houve ainda outro anúncio — o financiamento vindo da dotação de 2006 do meu avô para os filhos seria dobrado.[52] Meu pai começou a procurar oportunidades para aumentar ainda mais seus investimentos e expandir seu impacto, e por novos parceiros para ajudar a empregar o capital. A fundação passou a depender de seus gestores mais do que nunca. Em 2014, as doações totais da fundação aumentaram para mais de US$ 150 milhões por ano, e sua capacidade de assumir desafios novos e empolgantes aumentou também.[53]

Este exemplo ilustra a importância do capital humano e como os líderes podem investir e empoderar as pessoas tanto de sua equipe quanto de uma parceria. No capítulo 6 discutimos o papel do líder no trabalho eficaz com parceiros e equipes descentralizadas. Também discutimos a importância de diversas qualidades de liderança e do entendimento das influências emocionais e intelectuais subjacentes que motivam as equipes. Por fim, discutimos maneiras como os líderes podem inspirar a energia e o ímpeto de sua equipe ao longo do ciclo de vida de uma parceria.

O ARCABOUÇO DE INVESTIMENTO EM VALOR SOCIAL

Os capítulos a seguir dão mais exemplos do arcabouço de investimento em valor social e de como ele reflete princípios da abordagem do investimento em valor. Essa adaptação é evidente no nível mais básico do arcabouço, como esboçado no paradigma de processo / pessoas / lugar / portfólio / desempenho. Ao mesmo tempo, muitos dos paralelos variam significativamente por causa da óbvia natureza da adaptação — ela é uma tradução de princípios de um construto puramente financeiro para construir valor monetário para um construto que oferece guiamento para maneiras eficientes de colaborar para a criação de valor social.

O arcabouço estabelece uma série de precondições para o planejamento e para a construção de parcerias eficazes entre organizações de todos os tipos. Porém, a lista não é abrangente e nem todos os aspectos da abordagem se aplicam a toda parceria. Trata-se de um arcabouço propositadamente generalizado, e os princípios esboçados são amplos, a fim de serem largamente aplicáveis. Os casos discutidos, assim como os textos e os documentários em vídeo que os acompanham, demonstram como essas lições se aplicam, mas os princípios e as observações não são o resultado final.[54] Em vez disso, esperamos que eles ofereçam um ponto de partida para que outros expandam e aprimorem nossas ideias, que estabeleçam conjuntos de objetivos comuns, criem uma visão de futuro mais inclusiva e mais comunitária, e comecem a explorar maneiras novas e mais eficientes de investir em valor social.

PROCESSO

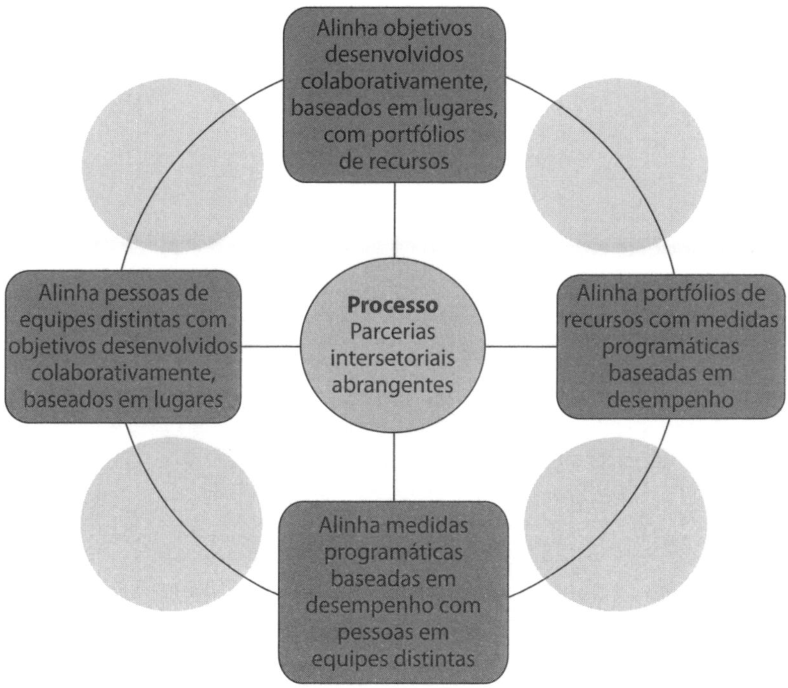
Alinha objetivos desenvolvidos colaborativamente, baseados em lugares, com portfólios de recursos
Alinha pessoas de equipes distintas com objetivos desenvolvidos colaborativamente, baseados em lugares
Processo
Parcerias intersetoriais abrangentes
Alinha portfólios de recursos com medidas programáticas baseadas em desempenho
Alinha medidas programáticas baseadas em desempenho com pessoas em equipes distintas

CAPÍTULO 3

O caso do processo: a revolução digital e a telemedicina na Índia

WILLIAM B. EIMICKE

Por toda a Índia, várias parcerias expansivas estão ocorrendo para conectar os cidadãos com importantes serviços do governo. Em troca, os cidadãos estão recebendo cuidados de alta qualidade com a saúde e acesso a contas bancárias, o que está simultaneamente estimulando a economia da Índia e reduzindo uma forma de corrupção frequentemente chamada de *skimming*.* Um conjunto de parcerias é amplamente conhecido como Digital India, uma suíte de iniciativas relacionadas que almeja fornecer a cada um dos mais de 1,3 bilhão de residentes da Índia uma carteira de identidade segura com a qual eles podem acessar uma rede nacional de serviços públicos e privados.

O governo trabalha com vários parceiros em investimentos iniciais consideráveis numa estratégia de longo prazo que levará muitos anos para ser plenamente implementada. Esses programas destravarão um valor intrínseco significativo ao longo do tempo, tornando o governo mais eficiente e honesto e dando aos cidadãos acesso direto a serviços públicos essenciais. Por exemplo, usando segurança biométrica, os residentes podem fazer operações bancárias e acessar registros pessoais importantes, como provas de identidade, registros eleitorais, títulos e licenças, carteiras de motorista e registros de automóveis. Tudo isso pode ser entregue por meio de um *smartphone* relativamente barato, servindo cidadãos de vários níveis de renda e até das áreas rurais mais remotas.

A partir desses investimentos, o governo também trabalha em proximidade com o setor privado para oferecer serviços avançados de saúde de alta qualidade a cidadãos pobres e da classe trabalhadora. Por meio de parcerias intersetoriais, o governo está dando aos residentes de toda a Índia acesso a cuidados médicos de baixo custo em clínicas e em centros de serviço locais usando a internet e práticas e tecnologias médicas avançadas. O governo está

* Na Índia, o *skimming* consiste na clonagem de cartões a partir de dados roubados. (N. do T.)

atuando em parcerias com programas privados, como o Apollo Telemedicine, e também com empreendedores locais para desenvolver colaborativamente um plano estratégico e aplicar programas complexos. Este capítulo discute como o Digital India e o Apollo Telemedicine usaram um processo bem estruturado e altamente descentralizado para atender uma população enorme e muito diversa num país do tamanho de um pequeno continente.

A ASCENSÃO DA ÍNDIA

Independente desde 1947, a Índia é uma democracia relativamente jovem, estabelecida depois de vários séculos de relações tumultuadas com a Grã-Bretanha. A Grã-Bretanha efetivamente governou grandes partes da Índia de 1600 a 1857 por meio da East India Company, independente e diretamente como colônia britânica entre 1858 e 1947, período muitas vezes referido como o *Raj* britânico.[1] O imperialismo e o colonialismo são amplamente desacreditados e vilipendiados no século XXI, mas a democracia indiana, seu serviço civil muito respeitado (e frequentemente criticado), e até dois de seus grandes líderes modernos, Gandhi e Nehru, foram moldados pelas experiências do Raj.[2]

A Índia atual reflete seu passado e busca transformar-se numa nação líder do século XXI,[3] e ocupa a posição de terceira maior economia do mundo.[4] O número de pessoas muito pobres na Índia está diminuindo, e sua posição no índice de Gini — um *ranking* de desigualdade relativa — está melhorando, mas o país continua pobre, com uma grande disparidade entre ricos e pobres. A pontuação da Índia no índice de Gini (a pontuação mais baixa é "melhor" ou "mais igual", a mais alta, pior), é 35,2, em comparação com 26,8 para a Noruega, 45 para os Estados Unidos e 49,7 para o Brasil.[5] A Índia atualmente tem menos desigualdade de renda do que os Estados Unidos ou o Brasil; porém, mais de 21% da população ainda vive com US$ 1,90 por dia ou menos.[6] Centenas de milhões de indianos permanecem extremamente pobres, representando cerca de ⅓ dos pobres do mundo.[7]

Contudo, existem bons motivos para estar otimista quanto ao futuro da Índia. Ao longo das últimas três décadas, a Índia transformou seu setor agrícola, tornando-se uma exportadora líquida de muitos produtos agrícolas, em vez de importadora líquida. É hoje a sexta maior importadora líquida do mundo, particularmente de arroz, algodão, açúcar e carne (búfalo). O crescimento de suas exportações foi o mais alto de qualquer país em épocas recentes, com duas vezes mais exportações do que os 28 membros da União Europeia, e fica atrás apenas dos Estados Unidos em exportações de algodão.[8] A Índia tornou-se um *player* global nas áreas da saúde, de remédios, de processamento de dados, de tecnologias espaciais, e é um "*back office*" de primeira classe para *call centers*, processamento de cartão de crédito, trabalho jurídico e radiologia, entre outras áreas. Além disso, a Índia logo terá uma das forças de trabalho mais numerosas e mais jovens do mundo.[9] Em 2014, elegeu uma nova primeira-ministra, Narendra Modi, que teve grande sucesso em nível estadual usando parcerias público-privadas para impulsionar o crescimento econômico e reduzir a pobreza. Como primeira-ministra, Modi prometeu usar técnicas bem-sucedidas do nível estadual no governo nacional para integrar as parcerias público-privadas por meio de programas como o Digital India.

DIGITAL INDIA

A partir das bases desenvolvidas por seu antecessor Manmohan Singh, Modi desenvolveu o Digital India, centrado na Identificação Aadhaar, por meio da qual a Índia pode entregar um portfólio sempre em expansão de serviços complementares ao longo do tempo — subsídios de renda para aquecimento e para gás de cozinha, registros e contabilidade por meio do DigiLocker, serviços de saúde pela telemedicina, e ainda mais por vir. Ingredientes-chave do arcabouço de investimento em valor social podem ser encontrados constantemente no caso do Digital India. Por exemplo, a parceria tem uma estratégia de investimento de longo prazo — a construção da rede de banda larga e dos centros locais de serviços, e a conexão de todos os cidadãos a eles por meio da Aadhaar. O Digital India está destravando valor oculto ou intrínseco por meio de programas como a parceria da saúde com a telemedicina. Esses métodos estão alinhados com o arcabouço de investimento em valor social porque integram as partes interessadas locais no desenho e na entrega do programa. Os programas usam bancos locais para oferecer uma ampla gama de serviços financeiros até mesmo aos cidadãos mais pobres nas comunidades mais remotas, por meio de contas em celulares e em *smartphones*. Essas redes de organizações oferecem um serviço de saúde potencialmente de primeira classe para todos, prestado por empresas privadas, como a Apollo Hospitals Enterprise Ltd., e também uma gama completa de benefícios baseados em trabalho como salários, seguros e pensões, e serviços governamentais diretamente a empregados e a cidadãos por meio de seus dispositivos móveis.

O Digital India[10] é uma série de iniciativas relacionadas criadas (ou renomeadas) em 2014 pela primeira-ministra Modi que foram projetadas para reinventar o setor público do país usando tecnologia de informação de último tipo.[11] A visão de Modi é transformar a Índia numa sociedade conectada, dotada de conhecimentos e baseada em informação, por meio de "estradas" de banda larga, de acesso universal a conectividade móvel, de entrega eletrônica de serviços públicos, da expansão dramática de acesso a serviços de saúde de qualidade, e de serviços bancários — mesmo em áreas rurais e remotas — e de oportunidades de emprego em tecnologia da informação (incluindo a manufatura de eletrônicos).[12] Um elemento-chave para a consecução dessa visão é a Aadhaar,[13] "carteira" de identidade que consiste num número aleatório composto de 12 dígitos emitido pela Autoridade Única de Identificação do governo da Índia.[14]

De maneira voluntária e sem custo, qualquer residente da Índia pode obter um número Aadhaar único. A segurança e a veracidade são garantidas pela informação demográfica — nome, data de nascimento verificada ou idade declarada, gênero, endereço, número opcional de celular, e-mail e informação biométrica — que inclui as 12 digitais, dois *scans* de íris e uma fotografia facial (fig. 3.1). Disponível *online*, a Aadhaar pode potencialmente oferecer aos residentes uma vasta gama de serviços e benefícios de praticamente qualquer lugar de maneira segura e com um risco muito menor de clonagem e de fraude.[15]

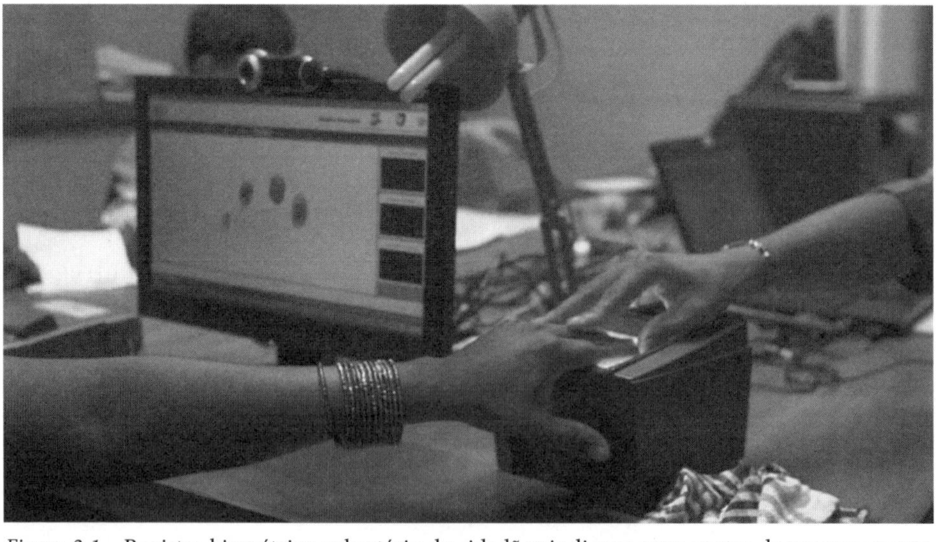

Figura 3.1 Registro biométrico voluntário de cidadãos indianos num centro de processamento Aadhaar. Foto de Richard Numeroff, cortesia da SIPA Case Collection.

Provar a identidade é um desafio importante há muito tempo na Índia, particularmente para os pobres, num país de 1,3 bilhão de habitantes, majoritariamente hindu (80%) e muçulmano (14%), mas também com um número significativo de cristãos, *sikhs*, budistas e jainistas. Entre si, os indianos falam 22 línguas oficiais, apoiadas pelo governo, e vivem em 29 estados e sete territórios.[16] Muitas pessoas têm documentação insuficiente para fazer negócios, abrir contas bancárias ou acessar programas do governo. Muitas identidades diferentes poderiam ser usadas para fins específicos, mas até recentemente apenas passaportes e identificações fiscais (carteiras PAN) eram amplamente reconhecidos, e poucos indianos dispõem deles.[17] Ainda em 2015, 57 milhões de pessoas tinham passaportes, 170 milhões tinham carteiras PAN, 600 milhões tinham títulos de eleitor, 150 milhões tinham carteiras alimentares e 173 milhões tinham carteiras de motorista.[18]

Uma das principais razões por que o governo indiano insistiu numa carteira de identidade única foi combater o problema dos "vazamentos". Esse tipo de corrupção ou de clonagem desvia uma parcela dos benefícios dos programas de bem-estar social do governo, muitas vezes para recipientes fora dos critérios (como autoridades governamentais locais que cobram "taxas", líderes tribais, ou parentes) ou por pedidos duplicados. As autoridades estimaram que os beneficiários suspeitos estavam entre 10% e 15% dos beneficiados, o que equivaleria a até meio bilhão de dólares por ano.[19] Um relatório do Banco Mundial de 2015 estimou em US$ 1 bilhão por ano o vazamento potencial de economias de um programa de transferência de renda agora coberto pelo Aadhaar.[20]

O Aadhaar foi desenvolvido a partir de uma série de iniciativas do governo nacional indiano para oferecer a seus residentes uma carteira de identidade única, verificável e multipropósito. Isso começou em 1993, com a emissão de carteiras de identidade com foto pela Comissão Eleitoral. Em 2003, o governo aprovou a criação de uma Carteira de Identidade Nacional Multipropósito (CINM). Foi só em 2006 que o governo começou a buscar uma carteira de identidade *única* por ordem executiva, por meio da Comissão Indiana de Planejamento. Essa nova iniciativa tinha interseção com o trabalho do Registro Geral da Índia no Registro Populacional Nacional e a emissão de uma Carteira de Identidade Multipropósito Nacional.[21] O dr. Manmohan Singh, então primeiro-ministro, criou um comitê multiagência para recomendar um plano de alinhamento dos dois projetos relacionados.

A partir de recomendações do comitê, o governo criou a Autoridade Única de Identificação da Índia (Audii), para que fosse responsável pela implementação da Aadhaar.[22] O Registro Nacional de População (RNP) permaneceu responsável pela criação de um banco de dados nacional de todos os cidadãos e residentes da Índia, segundo as provisões da Lei de Cidadania de 1955. Essa informação é então enviada à Audii para garantir que não há duplicata, e a Audii emite (ou documenta) o número Aaadhaar.[23]

Apesar de seu apelo visionário, o Aadhaar enfrentou grande oposição por várias razões, e de muitos lados. Havia oposição a partir de preocupações com a privacidade, de medo de que ele fosse usado para negar benefícios governamentais e não para estendê-los, e de que ele fosse beneficiar residentes ilegais e/ou imigrantes. Outras instituições, em especial o RNP, mas também o Congresso, temeram uma perda de controle e de autoridade entre si e perante seus "consumidores-cidadãos".[24]

As perspectivas do Aadhaar mudaram dramaticamente para melhor quando Nandan Nilekani, empresário bilionário de tecnologia, foi nomeado presidente da Audii em julho de 2009 (fig. 3.2). Ele decidiu fazer uma parceria com uma ampla gama de parceiros do setor privado para tudo, de infraestrutura a mais de 70 mil prestadores diretos terceirizados inscritos. A Audii fez parcerias com empresas privadas, com governos estaduais, com bancos e com companhias de seguros para escanear dados biométricos e armazená-los. Até a gestão da Audii envolvia um misto de funcionários públicos e de executivos emprestados do setor privado.[25]

Figura 3.2 Primeiro-ministro Narendra Modi com Nandan Nilekani, líder empresarial do setor de tecnologia recrutado para tornar bem-sucedida a parceria do Aardhaar. Narendramondi.in.

A HCL Infosystems Ltd. (HCL), empresa gigantesca de gestão e terceirização de sistemas informáticos, foi escolhida para ajudar a construir e a gerir o *hardware*, a rede e o *software* do Aadhaar, vencendo os competidores internacionais Accenture e Wipro — até a IBM e a HP saíram antes da rodada final. A HCL construiria o depósito central de identidades e gerenciaria o banco de dados. A HCL também garantiria que o Aadhaar fosse compatível com sistemas governamentais já existentes e novas aplicações emergentes nos sistemas bancário, agrícola e jurídico. A equipe do Aadhaar assumia a responsabilidade pela verificação, pela segurança, pela manutenção e pelo atendimento ao público.[26]

Com o aumento de inscritos, o governo indiano começou a oferecer programas que funcionavam com as identidades dos membros do Aadhaar. A partir do fim de 2012, o governo nacional iniciou um programa de transferência de renda associado ao Aadhaar para portadores de identidade com direito a receber subsídios de gás de cozinha, alimentos e fertilizantes. Após uma fase piloto bem-sucedida em 2013, o programa foi disponibilizado nacionalmente em 2014. Pesquisas iniciais no programa de gás indicaram que as transferências de renda para contas bancárias associadas ao Aadhaar, mais resistentes à corrupção, estavam poupando ao governo entre 11% e 14%[27] (até 2015, as economias tinham sido estimadas em US$ 2 bilhões só nesse programa).[28] Outro estudo do impacto cumulativo de todos os programas de subsídios convertidos em transferências de renda por meio do *link* bancário da identidade Aadhaar estimou que ele ultrapassaria US$ 11 bilhões em eficiências anuais.[29]

Jhagdiwsh Bhagwati e Arvind Panagariya, renomados economistas e especialistas em Índia, defendem com vigor a mudança dos benefícios em bens. Eles observaram: "Podem ser obtidos ganhos significativos de eficiência ao trocar o sistema de distribuição pública por transferências de renda. [...] A vantagem da transferência de renda é que ela minimiza enormemente o vazamento ao longo da cadeia de distribuição, e também elimina o vasto desperdício que caracteriza o sistema de distribuição pública".[30] Os governos indianos subsidiam uma ampla gama de itens — arroz, trigo, açúcar, água, fertilizante, eletricidade, transporte ferroviário e gás de cozinha — de modo que as eficiências e o aumento de bem-estar para os necessitados poderiam ser tremendos. Os vazamentos no querosene subsidiado para o programa de luz doméstica podem ultrapassar os 40%.[31] Cumulativamente, esses subsídios chegam a mais de 4% do PIB da Índia, o suficiente para elevar os níveis de consumo dos pobres da nação acima da linha de pobreza caso sejam distribuídos por esse processo mais eficiente.[32]

Além do processo de parceria bem-sucedido que foi usado, o Digital India ilustra princípios fundamentais subjacentes do investimento em valor social: o investimento em programas num horizonte de longo prazo que destravam valor social intrínseco. Esses aspectos estão acelerando a modernização indiana e ajudando a elevar o padrão de vida da maior concentração de pessoas do mundo que vive na pobreza. Investimentos públicos de longo prazo em infraestrutura estão construindo uma "supervia digital" pela nação inteira, conectando centros de serviço locais, agências do governo e bancos com residentes por meio do Aadhaar. Uma vez conectados, os cidadãos podem beneficiar-se de um novo sistema eletrônico de transferência de renda que garante que eles recebam a quantia total dos pagamentos dos programas governamentais que os servem, praticamente eliminando a corrupção relacionada. Como dito, essa redução na corrupção teria um impacto significativo nos níveis de consumo dos pobres da nação. O processo de parceria reflete diversos elementos da abordagem de investimento em valor social ao integrar as lideranças locais às operações do programa e ao usar bancos locais para oferecer uma ampla gama de serviços financeiros, construindo desse modo riqueza comunitária e apoiando a estabilidade e a prosperidade econômicas.

JAM

Em 2014, uma equipe da Universidade de Colúmbia visitou a Índia para filmar nosso estudo de caso dessas parcerias (fig. 3.3). Desde essa época, o escopo e o impacto dos programas organizados debaixo do guarda-chuva do Digital India aumentaram. Os programas sociais amarrados ao Aadhaar são com frequência referidos como JAM — Jan Dhan, Aadhaar, Mobile. Jan Dhan é a iniciativa de Modi para oferecer serviços bancários aos indianos: contas, crédito e seguros. Mobile são as transferências monetárias feitas diretamente aos beneficiários em seus dispositivos móveis. Até o começo de 2016, o número de contas bancárias Jan Dhan passou de 210 milhões, com mais de 70% de usuários ativos. Mais de 170 milhões de contas estão associadas a cartões de débito, e os participantes estão começando a fazer seus próprios depósitos, a pedir empréstimos e a comprar seguros.[33]

Figura 3.3 Primeiro-ministro Modi (*centro*) com Arvind Panagariya (*esquerda*). Panagariya atuou como vice-presidente de Modi na Instituição Nacional para Transformação da Índia [National Institution for Transforming India], órgão do governo responsável pelo Digital India. Foto da AP, cortesia de Arvind Panagariya.

Em 2018, o número de identidades Aaadhaar superou 1,2 bilhão,[34] e o número de usuários de telefonia celular na Índia passou de 1 bilhão, 350 milhões dos quais usuários de *smartphone*.[35] No começo de 2017, a Índia tinha se tornado o maior mercado de usuários do Facebook.[36] Alguns analistas também enxergam uma conexão direta entre o aumento do uso de *smartphones* e crescimento econômico.[37]

Os desafios à maximização do potencial do JAM continuam. A combinação de um grande conjunto de benefícios nacionais e estaduais para pessoas selecionadas por critérios de renda com os portadores Aadhaar que cumprem os requisitos e então conectar esses portadores a contas bancárias acessíveis em dispositivos móveis é uma obra em progresso. A extensão dessas redes bancárias à Índia extremamente rural também está em progresso, mas ainda não se materializou.

Em 2015, o primeiro-ministro Modi anunciou uma série de novas iniciativas para expandir o Digital India e chegar a mais pessoas de muitas maneiras, criando uma supervia digital nacional.[38] Consideradas em conjunto, as iniciativas deveriam disponibilizar *online* mais serviços do governo, expandir a conectividade e o acesso digital em áreas rurais, e expandir o setor de manufaturas eletrônicas da nação. Num discurso para executivos do Vale do Silício em San Jose, na Califórnia, no outono de 2015, Modi disse que o Digital India deixaria a governança "mais transparente, mais responsabilizável, mais acessível e mais participativa", e que o programa "tocaria as vidas dos cidadãos mais fracos, mais distantes e mais pobres da Índia, e também mudaria a maneira como nossa nação viverá e trabalhará".[39]

Na formulação do ministro das Comunicações, "se o governo de Atal Bihari Vajpayee é lembrado por ter feito as rodovias nacionais, o governo de Narendra Modi será conhecido por ter construído a estrada digital do país".[40] Os detalhes da iniciativa incluíam um novo *data center*, oito novos parques de tecnologia de *software* e "aldeias digitais" em áreas rurais que oferecem instalações de telemedicina, aulas virtuais e *hotspots wi-fi* movidos a energia solar. Mais amplamente, Modi insistiu na expansão do acesso a conexões de internet de alta velocidade em boa parte da Índia.[41]

O governo Modi também se compromete a usar o Aadhaar para disponibilizar um DigiLocker para todos os cidadãos, a fim de guardar documentos importantes, como a carteira de motorista, o registro do carro, os certificados escolares e títulos. Semelhante ao armazenamento em nuvem oferecido por empresas como Microsoft, Apple e Google, o DigiLocker tem a dupla vantagem de estar associado à identidade Aadhaar e de ser protegido por múltiplos níveis de segurança.[42] Ele é facilmente acessível por um dispositivo móvel — não é preciso entregar a carteira de motorista ou o documento do carro para um policial ou para outra autoridade.[43] O DigiLocker guarda documentos nos formatos PNG, JPEG e PDF, de modo que eles sejam fáceis de compartilhar, e está associado a serviços governamentais e a contas de benefícios financeiros. O DigiLocker oferece medidas de segurança de último tipo, incluindo encriptação SSL de 256 *bits*, acesso a documentos baseado no Aadhaar, hospedagem de um *data center* com segurança com certificado ISO 27001, *backup* com redundância de dados, desconexão cronometrada, auditorias externas de segurança e compartilhamento de dados apenas com o consentimento explícito do usuário.[44] No começo de 2018, o DigiLocker tinha 9,5 milhões de usuários registrados, 14 milhões de documentos carregados pelos usuários e acesso a outros 2 bilhões de documentos relacionados — apenas um começo, mas muito impressionante.[45]

Em conjunto, o JAM está seguindo um processo particular de parceria intersetorial. Ele criou um sistema que conecta um número gigante de usuários e de recipientes com serviços essenciais públicos e privados numa enorme área geográfica, e usa o melhor da tecnologia de ponta do setor privado em sua implementação. Como financiador primário, o governo ofereceu autoridade reguladora e recursos financeiros expansivos, e cada setor empenhou um grande número de empreendedores locais e de outras partes interessadas na entrega do programa.

A LUTA CONTRA A CORRUPÇÃO

O primeiro-ministro Modi também vê o Digital India como meio de combater a corrupção colocando *online* a competição por contratos públicos, de maneira aberta e transparente.[46] O suposto favoritismo na concessão de licenças de telecomunicações e de carvão pelo governo, antes da eleição de Modi, custou aos pagadores de impostos, segundo estimativas, mais de US$ 70 bilhões.[47] O Aadhaar protege os trabalhadores de baixa renda de vazamentos praticados por burocratas locais que deduzem uma "taxa de pagamento e de certificação" que costuma equivaler a ⅓ dos salários dos trabalhadores. Nas inovações do Digital India, esses trabalhadores podem tomar posse de seus salários por meio de um aplicativo em seu celular, pagável numa mercearia ou no centro local, com uma comissão fixa, equivalente a cerca de 60 centavos de dólar.[48]

O Digital India serve, portanto, aos interesses de muitas partes distintas. Oferece um campo mais equilibrado para aqueles que competem por contratos com o governo e aumenta a transparência. Também torna o governo mais eficiente ao ajudar a garantir que o valor total da renda e dos benefícios chega aos cidadãos de baixa renda, e cria uma oportunidade para que muitos indianos acessem serviços bancários pela primeira vez.

OBSTÁCULOS NA ESTRADA DIGITAL

O Aadhaar, grande esteio do Digital India, não é desprovido de críticas, e há obstáculos duradouros para sua universalidade e para seu sucesso de longo prazo. Embora esteja avançado no caminho da participação universal — mais de 1,1 bilhão dos 1,2 bilhão de residentes do país registraram-se até o outono de

2017 —, atualmente não há estratégia para servir os mais difíceis de alcançar, incluindo milhões de sem-teto.[49] Oficialmente, tanto o governo Modi quanto o Congresso querem exigir uma identidade Aadhaar para o acesso a vários benefícios públicos. Porém, diversas decisões da Suprema Corte determinaram, nos casos particulares que julgaram, que uma identidade Aadhaar não pode ser exigida.

Podem os dados biométricos tornar um Aadhaar um identificador único e confiável? Experiências no Reino Unido, na Austrália, na França, na Argentina e no Quênia indicam que aqueles que têm problemas de saúde, os idosos (a íris pode mudar com o tempo) e trabalhadores braçais podem enfrentar problemas de verificação.[50] Ram Sewak Sharma, diretor da Audii, disse à nossa equipe em 2015: "os especialistas dizem que nossa identidade pode atingir um nível de precisão de 99,99%. Infelizmente, 0,01% de 1,2 bilhão é 102 mil".[51] O diretor Sharma prosseguiu: "desde uma perspectiva de políticas públicas, mesmo na situação atual, em que o Aadhaar é voluntário, em que uma grande [parcela da] população tem Aadhaar, resta um subconjunto bem menor para monitorar".[52]

A liderança da Audii está concentrada em usar o Aadhaar para melhorar as vidas dos trabalhadores de baixa renda da Índia e de suas famílias, assim como dos muito pobres. Ao mesmo tempo, a Audii compartilha as preocupações apresentadas por defensores da privacidade, e por isso resistiu à exigência de informação de outras agências governamentais, especialmente organizações policiais. Uma decisão de 2014 da Suprema Corte decidiu em favor da posição da Audii de que ela não poderia ser obrigada a compartilhar dados Aadhaar sem o consentimento do indivíduo. A decisão também reafirmou as decisões anteriores do tribunal de que o Aadhaar deve permanecer voluntário.[53] Mesmo assim, em 2015, um tribunal de Délhi ordenou que os registros do Aadhaar poderiam ser acessados para identificar vítimas de atropelamento seguido de fuga.[54]

Um grande depósito de dados de valiosas informações de identidades de mais de 1 bilhão de pessoas apresenta graves preocupações de segurança, particularmente à luz das grandes invasões de bancos de dados públicos e privados no mundo inteiro, incluindo o Órgão de Gestão de Pessoal [Office of Personnel Management] do governo americano, a Receita Federal [Internal Revenue Service] americana e a Administração de Segurança Nacional [National Security Administration]. Vazamentos de dados também atingiram o Comitê Nacional do Partido Democrata e também empresas privadas como

Target, Yahoo!, Home Depot e outras. A Audii tem políticas estritas e múltiplos protocolos para proteger o Aadhaar e até agora teve bons resultados. Porém, em 2013, o escritório de Maharashtra da Audii perdeu os dados de 300 mil inscritos. Embora não tenham sido identificados indícios de danos, os indivíduos tiveram de reinscrever-se — e a fé no sistema foi abalada. Como Ajay Bhushan Pandey, vice-diretor geral da Audii, explicou à nossa equipe em 2015, "as pessoas sempre encontrarão maneiras de fraudar o Aadhaar. Nada é 100% seguro. Sempre alguém consegue achar uma brecha com alguma engenhosidade. Mas damos o Aadhaar a mais de 850 milhões de pessoas, e não enfrentamos nenhum número significativo de casos em que as pessoas tenham conseguido vencer o sistema".[55]

O governo Modi continua a avançar com o Aadhaar enquanto interface crucial entre cidadãos e governo. Em 2015, empresas do setor privado como a Air India e as estatais de aço e de petróleo foram instruídas a exigir que os empregados obtivessem uma identidade Aadhaar para servir como identificação básica para sistemas de ponto, de salários, de seguros e de benefícios.[56] Como vimos em vários exemplos, os bancos de dados públicos e privados são vulneráveis a ciberataques criminosos e políticos e a abusos governamentais, o que apresenta ameaças reais para o direito individual à privacidade. No caso do Aadhaar, é encorajador ver que os tribunais indianos têm atuado nessa área para proteger os direitos e a segurança de todos os indianos, e que o governo vem trabalhando de perto com seus parceiros corporativos para maximizar a segurança do banco de dados do Aadhaar.

TELEMEDICINA APOLLO: UMA PARCERIA PARA LEVAR SERVIÇOS DE SAÚDE DE QUALIDADE ALÉM DOS CENTROS URBANOS

Modi ainda tinha amplo apoio popular em 2018. Embora seu partido político, o BJP, tenha perdido algumas eleições fundamentais no nível estadual em 2015 e em 2016,[57] no começo de 2017 o BJP de Modi obteve uma importante vitória eleitoral no maior estado indiano, Uttar Pradesh, fortalecendo dramaticamente sua posição política.[58] Um relatório da Pew Research verificou que mais de 80% dos indianos tinham uma visão favorável do primeiro-ministro, e até uma maioria dos membros dos partidos de oposição pesquisados via-o positivamente.[59] Essa popularidade disseminada sem dúvida tem a ver com a taxa de crescimento econômico de 7,1% da Índia no trimestre encerrado em junho de 2016 (em comparação com 6,7% da China), o que torna a Índia a grande economia que mais cresce no mundo.[60] E é bem provável que o Aadhaar e a infraestrutura do Digital India que está sendo construída pelo governo Modi e por seus parceiros de tecnologia do setor privado incentivem a inovação do setor privado. Além disso, ela vai colocar dinheiro diretamente nas mãos de consumidores de renda baixa e moderada, para que eles comprem os bens e serviços criados pela inovação, assim fazendo a economia crescer a uma taxa ainda mais rápida.

Parcerias intersetoriais emergentes no setor de saúde pública da Índia poderiam melhorar a infraestrutura social ao tornar aquilo que será uma das maiores e mais jovens forças de trabalho da história humana mais saudável, e, assim, mais produtiva. Por exemplo, para promover serviços de saúde no país, o governo (por meio de Centros de Serviço Comum) fez uma parceria com a Apollo em 2013. A parceria almeja oferecer cuidados de saúde de última geração aos indianos que moram fora das grandes cidades por meio da telemedicina (fig. 3.4).[61] A Apollo opera uma cadeia de hospitais com fins lucrativos e uma das maiores organizações desse tipo no mundo, com 45 milhões de pacientes de 121 países, e 9.215 leitos em 64 hospitais.[62]

Centros de Serviço Comuns [Common Service Centers] (CSCs) são uma divisão do Departamento de Informação e Tecnologia [Department of Information and Technology] do governo central. Criados em 2005, os CSCs expandem a disponibilidade de serviços de e-governança baseados na web para todo o país, particularmente para áreas rurais. Baseados num modelo de parceria, a equipe dos CSCs vem de Empreendedores de Aldeias [Village Level Entrepreneurs] (VLEs) e de representantes do governo nacional e estadual. Os serviços incluem informações agrícolas; pagamentos de contas de eletricidade, de água e de telefone; serviços bancários; formulários e certificados do governo; impressão; e acesso à internet.[63] O governo Modi vê os CSCs como pedra fundamental do Digital India porque eles oferecem pontos de acesso a cada canto da Índia, e ao número cada vez maior de serviços e de assistências que, o governo espera, criarão uma sociedade muito mais inclusiva e melhorarão a qualidade de vida para a vastíssima população indiana de famílias e de indivíduos pobres.[64] A Apollo vê o programa como uma oportunidade de fazer o bem ao mesmo tempo que atrai novos consumidores e aperfeiçoa um novo modo de entregar serviços médicos. O governo também esperava servir o interesse público ilustrando como o Digital India poderia ajudar a fazer uma diferença real nas vidas de seus cidadãos mais necessitados e isolados.

Figura 3.4 (a): Especialistas médicos da Apollo dão uma consulta remota de telemedicina. (b) Um Centro de Serviço Comum (CSC), numa aldeia, onde consultas de telemedicina são oferecidas à comunidade. Fotos de Richard Numeroff, cortesia da SIPA Case Collection.

Os dois parceiros perceberam que o potencial era grande, mas que essa iniciativa era complexa e cara, com um risco relativamente alto de fracasso. A Apollo montou seus negócios oferecendo serviços de saúde de alta qualidade para indianos ricos e de classe média, e para pacientes internacionais a um custo muito inferior ao dos provedores americanos e europeus. Já em 2000, a Apollo fazia experiência com a telemedicina, como uma empreitada *pro bono* que servia as áreas rurais da Índia, usando tecnologia de satélite fornecida pela organização indiana de pesquisa espacial. Depois, a internet, o vídeo via Skype, os registros eletrônicos, os estetoscópios Bluetooth e os sensores sem fio permitiram que a Apollo expandisse seu negócio de saúde a taxas de mercado por meio da telerradiologia e de clínicas em grandes construções habitacionais na Índia, no Oriente Médio e na África, totalizando mais de 100 centros em 12 países.[65]

O desenvolvimento de um serviço de saúde pública por telemedicina para atender os pobres rurais da Índia é um desafio contínuo. A Apollo queria que a empresa fosse um negócio com fins lucrativos e com um impacto social positivo. Os líderes dos CSCs do governo visualizavam um serviço público e gratuito. Após muitas discussões, os parceiros concordaram em cobrar dos pacientes uma taxa baixa de 100 rúpias (US$ 1,60) por cuidados primários e 900 rúpias (US$ 14,40) por especialidades como neurologia e cardiologia.[66] As taxas são divididas entre 40% para a Apollo, 40% para os Empreendedores de Aldeias locais que facilitam o exame no centro local e 20% para o CSC do governo. Mesmo com essas taxas muito baixas, a liderança da Apollo acreditava que a organização poderia ao menos pagar-se no serviço inicial por causa do vasto número de pacientes. A longo prazo, eles também esperam que, assim que o acesso seja estabelecido e relacionamentos sejam construídos, o uso de serviços cobertos por seguros subsidiados pelo Estado tornaria a telemedicina um negócio viável na Índia.[67]

A telemedicina indiana ainda enfrenta desafios técnicos contínuos: fornecimento elétrico instável, acesso à internet inadequado, distorções de vídeo e problemas de *software*. Mesmo assim, a Apollo diz que os exames por telemedicina oferecem diagnósticos confiáveis para 80% dos pacientes, incluindo os casos neurológicos e craniológicos mais complicados. Os exames de telemedicina costumam ser gravados (com a permissão do paciente), dando ao médico a oportunidade de examinar ou "ver" o paciente várias vezes, a fim de garantir que o diagnóstico inicial estava correto e que nenhuma informação importante foi perdida.[68]

As perspectivas para a parceria de telemedicina permanecem boas, mas seu lançamento demorou algum tempo. O programa — Rede Nacional de Telemedicina [National Telemedicine Network] (RNT) — foi inaugurado oficialmente pelo Ministério das Comunicações e da Tecnologia de Informação e pela Apollo Hospitals em 25 de agosto de 2015.[69] Inicialmente, foram oferecidos serviços em 60 mil CSCs no país inteiro, concentrando-se em alcançar regiões remotas subatendidas. O governo também anunciou que os CSCs colaborariam com o Serviço Estatal de Remédios da Índia [Bureau of Pharma PSU* of India] (Seri), de modo que os pacientes da telemedicina pudessem pedir remédios genéricos *online* por meio da rede de CSCs.[70]

O compromisso do governo Modi com a telemedicina permanece forte em 2018, embora agora defenda uma abordagem nova e modificada para sua disseminação. O modelo original começou em 2015, e os CSCs continuam onde estão, mas agora o governo indiano apoia um novo projeto que envolve 164 Centros de Saúde Básica eUrbanos [eUrban Primary Health Centers] no estado de Andra Pradesh. A tecnologia para a entrega permanece a mesma, como no caso do modelo CSC, mas cada centro local é uma clínica comunitária com equipe profissional em pleno funcionamento, e não uma agência de gestão privada que oferece vários serviços. A Apollo usa a telemedicina remota para entregar cuidados especializados de seus médicos nos hospitais centrais, mas ela pode depender de equipes locais mais treinadas para apoio. O governo, cujo papel no modelo original dos CSCs era mais limitado, agora oferece o financiamento total dos custos operacionais de cada centro, e a Apollo é responsável pelas contratações locais e pela entrega dos serviços. A telemedicina remota permanece um componente nuclear do plano, permitindo que a maioria dos serviços seja realizada por enfermeiros registrados e treinados e por técnicos em telemedicina. Como rede de organizações e de comunidades, essa iniciativa evoluiu para uma parceria intersetorial abrangente e complexa, que oferece cuidados de saúde expansivos e de primeira categoria.

OLHANDO ADIANTE

Embora restem desafios, as iniciativas de telemedicina do governo indiano mostram claramente os grandes resultados de uma parceria financiada pelo governo, operada pelo setor privado e apoiada por uma comunidade que também se empenha nela. Há uma convergência de interesses entre os parceiros para expandir serviços de saúde acessíveis aos muito pobres, compartilhando o risco financeiro e as possíveis recompensas. Cada parceiro está fazendo investimentos de recursos para garantir um fluxo de renda confiável e sustentável sem que os preços excluam ninguém, e estão trabalhando para ter um impacto positivo maior nos resultados de saúde para os pobres do que seriam possíveis sem a parceria. Eles também têm uuma estratégia abrangente

* PSU: Public Sector Undertaking, o equivalente a uma empresa estatal. (N. do T.)

para a sustentabilidade do programa a longo prazo, plano que foi modificado várias vezes desde que a Apollo entrou no ramo da telemedicina em 2000.

A obtenção de viabilidade financeira para programas que atendem os pobres é algo que melhora à medida que o governo expande o número de serviços cobertos e desenvolve relacionamentos com provedores de seguro-saúde. Claramente, o investimento de longo prazo na construção de uma espinha de infraestrutura é essencial para o sucesso, e tanto o governo quanto a Apollo investiram em sua construção. No caso da telemedicina, o maior envolvimento da Apollo na fase de implementação rendeu resultados muito melhores.

Para as iniciativas Digital India e JAM, a legislação governamental, as regulamentações e o financiamento foram cruciais para o progresso. A construção da infraestrutura, a implementação do sistema e sua conexão com serviços para os residentes foram geridas por empresas privadas. É significativo que o sistema específico de identificação biométrica do Aadhaar, em que se baseiam o Digital India e o Jam, atingiu um novo nível de permanência e de legitimidade em 26 de março de 2016, quando Lok Sabha (Casa do Povo, Congresso Indiano) aprovou a Lei Aadhaar (Entrega Direcionada de Subsídios, Benefícios e Serviços Financeiros e de Outros Tipos) em 2016. A lei dá a todo residente o direito de obter uma carteira Aadhaar, mas não obriga. Qualquer entidade pública ou privada pode aceitar a carteira como prova de identidade, mas ela não é prova de cidadania nem de domicílio. A lei é importante porque permite que o governo associe a carteira a benefícios adicionais, e que os bancos a usem para eliminar contas falsas.[71]

Sob muitos aspectos, o Digital India, o Jam e a Apollo Telemedicine são parcerias que exibem múltiplos elementos do arcabouço de investimento em valor social. Ter as *pessoas* certas foi crucial. Sem a liderança do primeiro-ministro Modi, sem o empresário bilionário de tecnologia Nandan Nilekani e sem um dos líderes da Apollo, o dr. Krishnan Ganapathy, é improvável que o Digital India ou que a Apollo Telemedicine tivessem tido algo próximo do mesmo sucesso que já obtiveram. Essas parcerias ilustram o quanto pode ser importante o *processo* de parceria ao planejar e projetar colaborações intersetoriais complexas.

Esses exemplos também exibem os outros elementos do arcabouço de investimento em valor social, os quais descrevemos nos capítulos e casos a seguir. Várias organizações fizeram investimentos coordenados e tangíveis em comunidades individuais — uma abordagem bastante baseada em *lugar* — a partir de informações de residentes e de empreendedores locais. Cada parceiro tinha algo específico e importante para contribuir, compartilhando diversos aspectos do risco e também as possíveis recompensas dos resultados das iniciativas — o que se assemelha a uma estratégia da *portfólio*. Embora a entrega do programa fosse descentralizada e os parceiros viessem de setores diferentes, eles conseguiram compartilhar o sucesso ao maximizar o benefício público gerado para os cidadãos de toda a Índia por meio de indicadores mensuráveis de *desempenho*.

No capítulo seguinte, usamos os casos do Digital India e da Apollo Telemedicine para ilustrar nosso processo de parceria intersetorial. Em combinação com extensivas pesquisas relacionadas de outros, incluímos definições e descrições formalizadas de funções de parceria e de papéis de parceiros. Também discutimos os instrumentos que os parceiros podem usar para ajudar no planejamento abrangente para atingir seus objetivos compartilhados.

CAPÍTULO 4

O arcabouço de processo: parcerias eficazes em todos os setores

HOWARD W. BUFFETT

Desafios complexos de larga escala que se apresentam à sociedade não podem ser resolvidos por organizações que ajam sozinhas. Quando os grupos decidem trabalhar juntos, usar o melhor *processo* é crucial.[1] A maneira como as organizações desenvolvem estratégias abrangentes de parcerias é tão importante quanto sua disposição de empenhar-se no trabalho com terceiros.[2] Quando empresas do setor privado fazem parcerias, os arranjos colaborativos são diretos e usam estruturas jurídicas e precedentes bem estabelecidos. As empresas podem alinhar suas atividades por meio de aquisições ou de fusões, de *joint ventures*, de contratos de produtos ou serviços etc.[3] Na maioria dos casos, as organizações do setor privado colaboram para obter maiores retornos sobre o capital ao melhorar a eficiência operativa e reduzir os custos ou de curto ou de longo prazo.[4] Essas melhorias podem ser vistas diretamente de maneiras refletidas no balanço, ou indiretamente por meio de fatores como satisfação e lealdade do cliente, planejamento estratégico ou retenção da força de trabalho.

Quando as empresas fazem parcerias ou consolidam-se, podem valer-se de suas forças comparativas. Empresas em parceria normalmente são governadas por leis similares, operam sob princípios similares e concentram-se em gerar valor para partes interessadas similares — uma empresa-mãe, proprietários privados ou acionistas. Parcerias eficientes no setor privado alinham os objetivos da estratégia de nível superior e de alocação de capital com as operações de subsidiárias ou divisões de negócios, e também com os interesses dos acionistas. Mas como funciona a colaboração ao abordar desafios sociais mais complexos, em que o alinhamento de atividades ou a compatibilidade entre interesses públicos e privados pode ser menos direta?[5]

Nos casos do Digital India e da Apollo Telemedicine, a composição e a entrega dos programas evoluíram e expandiram-se com o tempo. O governo da Índia alocou capital por meio do investimento em treinamento e em infraestrutura, e estabeleceu objetivos de alto nível para o país. A Apollo Telemedicine, o parceiro do setor privado, concentrou-se na entrega de assistência médica por meio de uma rede geograficamente diversa de Centros de Serviço Comuns (CSCs), financiada pelo governo. Nos CSCs trabalham os Empreendedores de Aldeias (EAs) locais, que recebem parte das taxas pagas por serviços acessíveis aos residentes de baixa renda da comunidade. Esses residentes — partes interessadas em seu governo — recebiam acesso a serviços humanos cruciais, incluindo assistência médica básica. Esse processo de parcerias de colaboração mútua, baseado em operações distribuídas, permitiu que o programa se expandisse para mais de 60 mil CSCs de nível comunitário muito rapidamente, e levasse a mais de 160 grandes Centros de Saúde Básica eUrbanos novos.[6]

Esse processo de parceria descreve o caso da Índia em termos gerais. Porém, as observações e as lições dele aplicam-se de maneira bastante ampla a parcerias intersetoriais, especialmente quando essas parcerias incluem uma vasta gama de participantes. Os financiadores ou investidores dessas parcerias fornecem capital financeiro, os implementadores ou operadores realizam atividades de parceria, e as partes interessadas ou acionistas oferecem uma direção baseada em princípios e um guiamento para a parceria, e recebem benefícios de seus resultados.[7]

Quando as organizações dos setores público, privado e filantrópico decidem colaborar, não apenas as estruturas jurídicas e os princípios operativos serão diferentes, como também ainda podem diferir os objetivos finais de cada grupo, os objetivos provisórios ou os interesses das partes interessadas.[8] Meu avô observava ainda outro importante fator de diferenciação. Numa carta que escreveu para Bill e Melinda Gates, disse que "o sucesso na filantropia é medido de maneira diferente do sucesso nos negócios ou no governo".[9] Essa diferença define um desafio-chave no desenvolvimento de parcerias intersetoriais eficientes: a maneira como o sucesso é medido baseia-se em como o sucesso é definido. As organizações de setores em lados distintos definem sucesso usando terminologias diferentes, desenvolvem procedimentos de planejamento distintos a fim de trabalhar pelo sucesso e empregam métodos diversos para entregar estratégias organizacionais ou operacionais para obter sucesso.[10]

Este capítulo discute como parceiros potenciais podem superar essas diferenças, especialmente ao considerar as necessidades e os interesses do bem público. Ele começa esboçando uma definição formal do que significa entrar numa parceria intersetorial, assim como as principais características e vantagens de fazer isso. Em seguida, ele examina a função primária de uma parceria, os três principais papéis de parceiros e como modelar uma parceria. Por fim, ele aborda a questão do desenvolvimento de uma estratégia abrangente por meio de dois instrumentos análogos: uma teoria do processo de mudança para planejar no nível do programa e uma análise de cadeia de valor para identificar lacunas e fraquezas no nível do sistema. Cada um desses aspectos é um importante passo inicial para construir uma parceria de organizações diversas porém complementares, trabalhando alinhadas.

DEFININDO UMA PARCERIA INTERSETORIAL

Em anos recentes, *parceria* tornou-se um termo expansivo com uma vasta gama de interpretações.[11] Em alguns casos, a palavra tem implicações jurídicas, como quando cada parceiro "contribui com dinheiro, propriedade, trabalho, ou capacidades, e espera dividir os lucros e perdas da empresa".[12] Um exemplo disso é uma *joint venture.*[13] Em outros casos, grupos podem usar o termo de maneira mais informal, quando anunciam uma aliança política, obtêm um contrato de serviços, ou recebem uma doação. Essa falta de coerência e de formalidade cria desafios no começo mesmo do desenvolvimento de parcerias, especialmente quando duas organizações muito diferentes tentam colaborar — como uma empresa global com fins lucrativos e um provedor de serviços humanos local, comunitário e sem fins lucrativos.[14] Então, o que queremos dizer com *parceria intersetorial*?

Fundamentalmente, uma parceria intersetorial é uma relação de trabalho colaborativa entre duas ou mais entidades, e em nossos exemplos essas entidades abrangem dois ou mais setores.[15] Nosso trabalho e nossa pesquisa tratam de desafios significativos ou complexos que se apresentam à sociedade, muitas das parcerias intersetoriais descritas aqui são lideradas por organizações públicas ou filantrópicas, ou servem para beneficiar o bem público. Nossa definição de uma parceria intersetorial surge da crença de que muitos dos desafios da sociedade não podem ser abordados por apenas um setor ou organização isolada; é necessária ação coordenada para chegar a um impacto social coletivo e positivo.[16]

Considerando esse contexto, definimos uma parceria intersetorial como *uma colaboração voluntária entre organizações de dois ou mais setores que alavanca suas equipes e seus recursos respectivos para atingir objetivos mutuamente acordados e objetivos mensuráveis.*[17] Essa definição é tanto uma mentalidade quanto um processo, e exige maiores esclarecimentos.

- Por *voluntária*, queremos dizer que as organizações parceiras entram por opção própria na colaboração (e não como resultado de ações punitivas ou compulsórias). Os parceiros costumam começar com acordos claros que guiam o desenvolvimento de seu empenho. Alguns parceiros podem preferir documentos não vinculantes, especialmente nos primeiros estágios da cooperação.[18] Dito isso, a maior parte das colaborações intersetoriais é governada por uma estrutura formal, como uma carta de intenções (CDI). Outras podem usar um memorando de entendimento (MDE) para termos gerais, ou um memorando de acordo (MDA) para enumerar as atividades e o compartilhamento de recursos.[19] Posteriormente, este capítulo esboçará sete modelos de parceria que ilustram estruturas possíveis para compromissos colaborativos.

- Por *colaboração*, queremos dizer que o compromisso vai além do fornecimento direto de serviços ou de produtos entre organizações.[20] Ao contrário da terceirização tradicional ou das PPPs, as parcerias colaborativas, intersetoriais, envolvem múltiplos tipos de parceiros no desenho, no planejamento e na progressão do esforço geral.[21] Papéis e funções de parceiros estão bem definidos, como discutido neste capítulo, e a estratégia de parceria é desenvolvida em conjunto entre as equipes (usando instrumentos como uma teoria de mudança e análise de cadeia de valor esboçadas posteriormente).

- Por *equipes*, referimos o conhecimento coletivo e a experiência de liderança das pessoas que operam as organizações na colaboração. Equipes numa parceria intersetorial representam as perspectivas e os recursos peculiares à sua organização. Além disso, as equipes são responsáveis por promover os objetivos de sua organização e por manter o progresso, ao mesmo tempo que realizam os objetivos da parceria. Os líderes de vários times contribuem com um capital baseado em capacidades crucial (cap. 6) que complementa outros recursos investidos no sentido de resultados compartilhados.[22]

- Por *recursos*, referimos uma ampla gama de tipos diferentes de ativos ou de capital. Isso pode incluir um coinvestimento num portfólio de capital financeiro fusionado (cap. 10). Ou pode incluir acesso a ativos físicos, infraestrutura, propriedade intelectual, tecnologia, ou recursos naturais ou ambientais.[23] Ou então recursos coinvestidos podem incluir contribuições importantes, embora intangíveis, que criam valor intrínseco para participantes ou que promovem os objetivos da parceria.

- Com *objetivos mutuamente acordados*, queremos dizer que parceiros e partes interessadas trabalham juntos para desenvolver e priorizar objetivos específicos, marcos e o impacto desejado de longo prazo da colaboração. Juntos, esses grupos determinam as responsabilidades individuais e compartilhadas dentro do escopo geral da parceria.[24] Eles também codesenvolvem linhas do tempo e prioridades para a alocação de recursos baseadas em termos comuns e em padrões operativos (cap. 8).

- Por *mensuráveis*, queremos dizer que os parceiros são capazes de definir discriminadamente o sucesso usando métricas claras e relevantes, associadas diretamente a seus objetivos mutuamente acordados. Os objetivos específicos podem variar significativamente quando organizações de diferentes setores estão fazendo parcerias. Portanto, a parceria exigirá uma metodologia constante, mas flexível, que delineie e meça o desempenho de seus programas colaborativos.[25] Recomendamos usar uma abordagem customizável que combine medidas quantitativas e qualitativas na análise (como a metodologia de Taxa de Retorno de Impacto descrita no cap. 12).

Quanto mais uma parceria atenda ou supere os vários aspectos dessa definição, e as precondições delineadas ao longo do livro, mais bem posicionadas estarão para o sucesso as organizações participantes. Outras definições de tipos similares de parcerias podem variar,[26] mas o mais comum é que elas compartilhem termos ou provisões sobrepostos.[27] Tirando a terminologia, os compromissos na rubrica de parceria intersetorial de investimento em valor social exibem certas características importantes.[28]

- Elas se baseiam na convergência de interesses entre os parceiros que promovem os objetivos de cada organização respectiva. Esses interesses devem ser claros, justos, bem considerados, e podem ser ajustados segundo as necessidades.[29]

- Elas compartilham tanto os riscos quanto as recompensas potenciais para todos os parceiros por meio do investimento mútuo de vários tipos de recursos. O planejamento extensivo, os acordos e a coordenação de investimentos compartilhados durante a colaboração ajudam a reduzir o conflito potencial entre os parceiros;[30] e

- Elas se baseiam em alavancar capacidades e ativos de parceiros, produzindo resultados com impactos mensuráveis mais altos do que seriam obtidos de modo independente. Isso exige uma avaliação franca das forças e fraquezas de cada parceiro e também de restrições-chave de recursos.[31]

VANTAGENS DAS PARCERIAS

Acreditamos que as parcerias que seguem essa definição e que exibem essas características gozarão de claras vantagens.[32] Essas parcerias podem produzir um valor colaborativo significativo para todos os participantes.[33]

1. *Essas parcerias permitem que as organizações participantes realizem mais do que conseguiriam sozinhas.*[34]
   Ao combinar esforços, os parceiros podem alavancar seus respectivos recursos. Desde uma perspectiva financeira, esse aspecto das parcerias tem apelo para organizações que enfrentam déficits orçamentários, confiscos governamentais ou flutuações voláteis de mercado. Os parceiros também se beneficiam ao obter acesso aos ativos físicos dos outros (como espaço para reuniões), à propriedade intelectual, ou à capacidade de compartilhar informações amplamente por grupos sociais. No caso do Digital India, por exemplo, o governo tinha autoridade jurídica e escopo nacional, as empresas privadas tinham tecnologia e *expertise*, e os empreendedores comunitários ofereciam espaços locais de acesso para usuários potenciais do Aadhaar espalhados pelo subcontinente indiano.

2. *Essas parcerias permitem as organizações participantes acrescentarem* expertise *entre si.*[35]
   Organizações numa parceria beneficiam-se das competências nucleares e das capacidades únicas das equipes umas das outras. Isso oferece aos parceiros acesso a capacidades de liderança e a conhecimento que eles talvez não possuíssem de outro modo. Os parceiros podem valer-se das

experiências um dos outros na operação de tipos específicos de programas ou na entrega de serviços particulares, compartilhar lições pregressas já aprendidas e evitar repetir os erros dos outros. No caso da Apollo Telemedicine, a Apollo tinha equipes médicas com conhecimento especializado e também experiência tecnológica operando a plataforma de entrega. O governo tinha sistemas administrativos e equipes a postos que eram bem equipadas para lidar com os recursos financeiros da parceria e ajudar a operar as clínicas locais e os centros multisserviços da iniciativa.

3. *Essas parcerias permitem que as organizações aproveitem a atividade cooperativa e coordenada.*[36]
   Ao reunir novas coalizões de atores públicos e privados por meio de um processo interativo, as parcerias podem gerar atividades com um alcance mais amplo e com escala maior do que qualquer organização isolada poderia. Isso é especialmente importante quando a realização dos objetivos da parceria depende da ação cooperativa de múltiplos parceiros espalhados por vastas áreas geográficas ou entre comunidades diversas. Isso ficou evidente no sucesso tanto no caso do Digital India quanto no da Apollo Telemedicine, em que várias equipes descentralizadas executaram programas similares pelo país.

4. *Essas parcerias podem impulsionar um desempenho melhorado para cada organização.*[37]
   Os parceiros devem concordar quanto a marcos claros e específicos. Atividades coordenadas devem basear-se nas forças relativas de cada parceiro, e concentrar-se em monitorar o progresso e em progredir. Por exemplo, o alinhamento de atividades com partes interessadas externas que são mais ágeis pode aumentar a velocidade da realização de objetivos compartilhados, especialmente se os parceiros trabalharem em harmonia no sentido dos mesmos marcos. Em outros casos, alguns parceiros podem ser capazes de promover objetivos comuns porque são governados por regras ou por regulamentações menos onerosas. No caso do Digital India, o primeiro-ministro Modi estabeleceu cronologias agressivas e objetivos ambiciosos que o governo não teria conseguido atingir sozinho. Ele também usou sua posição privilegiada para incentivar todos os membros da parceria a trabalhar juntos, a progredir rapidamente e a oferecer responsabilização mútua.

5. *Essas parcerias beneficiam-se da inclusão de uma ampla gama de agentes diversos.*[38]
   Parcerias que priorizam a participação diversa e inclusiva no desenho e na execução de seu programa têm mais chance de resultar em efeitos duradouros. O planejamento colaborativo cria oportunidades para indivíduos, comunidades e organizações pequenas e médias participarem na resolução de problemas em escala maior. A inclusão de partes interessadas abre o acesso a informações cruciais, específicas de certas áreas, e a importantes nuances culturais que de outra maneira poderiam permanecer inacessíveis a outros parceiros.

Nos dois casos, o Digital India e a Apollo Telemedicine precisavam da participação de uma ampla variedade de organizações e de comunidades para ter sucesso. O governo federal, amplo e espalhado pela nação inteira, e os parceiros no setor privado forneceram tecnologias altamente sofisticadas e serviços administrativos, mas desenharam seus programas para atender as necessidades tanto de grandes cidades quanto de aldeias rurais no país inteiro. Os Empreendedores de Aldeias no exemplo da Apollo Telemedicine agiram como elo importante entre suas comunidades e os CSCs, assim oferecendo um contexto local para o alcance e para a entrega dos programas.

Esses traços valem em muitos cenários além daqueles discutidos na Índia, como o leitor verá neste livro. As parcerias intersetoriais existem em todos os formatos e tamanhos, mas essas cinco vantagens nucleares são vistas em todos os nossos exemplos.

AS FUNÇÕES PRIMÁRIAS DE UMA PARCERIA

Com definições comuns estabelecidas, e um processo orientado para resultados estabelecido para que as organizações mapeiem os objetivos pretendidos, os parceiros precisam identificar os objetivos "essenciais" que impulsionam suas motivações para estabelecer uma parceria. Três funções nucleares servem de critério para estabelecer um entendimento comum do que as organizações esperam obter por meio do processo de parceria:[39]

Coordenação de recursos. As parcerias com frequência formam-se para que as organizações possam combinar ou alavancar recursos. Uma organização pode ter um recurso que outra organização não tem e não pode adquirir com facilidade, como financiamento irrestrito, tecnologia, *expertise*, ou redes de distribuição. Ao coordenar esforços, os parceiros valem-se de fontes-chave de capital de cada um e beneficiam-se de suas vantagens comparativas como parte de um plano coordenado de parceria.[40]

Melhora da visibilidade ou da reputação. Algumas organizações formam parcerias com o propósito explícito de melhorar seu perfil público ou o de sua causa. A parceria efetiva pode concentrar-se na caridade, na educação, ou no desenvolvimento comunitário, por exemplo, mas um objetivo primário relaciona-se com a visibilidade ou com a percepção de uma marca, de um grupo, ou de um resultado social específico.[41]

Objetivos compartilhados de políticas públicas. Organizações em diversos setores trabalham por objetivos específicos de políticas públicas; isso pode significar mais financiamento governamental, ônus menores de relatórios, criação de incentivos comportamentais, eliminação de impostos ou de penalidades etc.[42] Programas de políticas públicas são relevantes para toda organização, quer elas possam agir a partir deles, quer não possam. Esses programas podem incluir a manutenção de um *status quo*, o aumento da fiscalização de uma política ou do financiamento disponível, ou a redução de uma política ou da restrição de um programa.[43]

OS PAPÉIS PRIMÁRIOS DENTRO DE UMA PARCERIA

A fim de executar essas funções, as organizações dentro de uma parceria costumam assumir um entre três papéis. *Financiadores* são doadores ou investidores que financiam as atividades da parceria ou as despesas de capital. *Implementadores* ou operadores executam ou gerenciam as atividades e os programas da parceria. *Partes interessadas* são aqueles que recebem um benefício dos resultados da parceria ou têm um forte interesse neles. Grupos de partes interessadas muitas vezes incluem comunidades em escala local, em que se concentra o investimento das parcerias.

Financiadores

Os financiadores podem ser fundações (fundações familiares, corporativas, comunitárias ou operativas), governos (municipais, estaduais ou nacionais), organizações bilaterais, organizações multilaterias (como a ONU), empresas e outros agentes do setor privado (de empresas multinacionais e instituições financeiras globais a investidores de fundos de risco e empreendedores), dotações unviersitárias, fundos de pensão ou fundos soberanos.[44]

Na parceria da Apollo com a Índia, o governo do país agiu no papel de financiador e facilitou a fiscalização do programa, sua entrega e algum financiamento por meio de sua rede de Centros de Serviço Comuns. Nesse caso, os CSCs serviram como ponte entre o financiador e o parceiro implementador, o que é comum em parcerias intersetoriais maiores ou mais complexas — particularmente aqueles que se estendem por uma ampla região geográfica.

Implementadores

Os implementadores normalmente são terceirizados, organizações não governamentais (ONGs), instituições acadêmicas, assessores ou especialistas externos, organizações confessionais, ou outros órgãos privados ou financiados pelo governo, ou iniciativas colaborativas encarregadas de executar as atividades identificadas na teoria de mudança da parceria (delineada posteriormente neste capítulo).[45]

Com o Digital India, o programa Apollo e sua rede de hospitais atuou como parceiro primário de implementação. Porém os CSCs do governo atuaram como mecanismos de entrega para os serviços oferecidos. Os Empreendedores de Aldeias ajudaram a operar os CSCs e atuaram como ponte entre os parceiros primários de implementação e as comunidades onde estavam localizados os CSCs.

Partes interessadas

Por fim, as partes interessadas de uma parceria podem incluir os gerentes localmente empenhados, especialistas baseados no local, qualquer número de instituições comunitárias, de universidades ou de escolas, de igrejas e de outros locais de culto, de associações de bairro, ou os indivíduos de uma comunidade. Em algumas parcerias, as partes interessadas podem ser definidas como pagadores de impostos, eleitores, constituintes, membros de um bairro, ou participantes de um projeto ou de um programa específico, relacionado com a colaboração.[46] Na maioria dos casos, os compromissos colaoborativos derivam da liderança ativa ou da participação das partes interessadas com grande interesse nos resultados da parceria.[47]

Eram muitas as partes interessadas na parceria Apollo. Não apenas elas incluíam os habitantes de todas as comunidades em que os CSCs estavam entregando novos serviços de saúde da Apollo, mas também os Empreendedores de Aldeias, que eram habitantes locais e que recebiam a mesma porcentagem das taxas do programa que a Apollo. Isso beneficiou a comunidade local de várias maneiras — e uma das mais significativas foram os melhores resultados de saúde e as economias trazidas por cuidados preventivos. Isso também apoiou o clima geral para pequenas empresas em cada área e incentivou a geração de riqueza local.

Muitas vezes as organizações sobrepõem-se entre essas descrições. Por exemplo, uma ONG pode atuar como implementadora numa parceria e como cofundadora em outra. Ou um parceiro de implementação, como um Empreendedor de Aldeia, pode operar uma organização comunitária com interesses de partes locais. Porém essas generalizações valem quando os grupos são categorizados com base nas atividades primárias que realizam e em suas responsabilidades em relação aos outros participantes na parceria.

COMO OS PARCEIROS ESTRUTURAM SUA COLABORAÇÃO

As organizações que trabalham juntas para formar parcerias devem estruturar as atividades de maneira que coordenem suas forças respectivas e ofereçam um ambiente para um impacto sustentado e coletivo.[48] Como as funções de uma parceria podem variar, e como pode haver múltiplos parceiros nos vários papéis, a estruturação de uma colaboração pode ser incrivelmente complexa. Financiadores, implementadores e partes interessadas podem modelar compromissos de parcerias de diversos modos. O conjunto de exemplos a seguir, escrito e adaptado a partir de descobertas e de análises do 2009 Collaboration Prize, representa modelos distintos de como as organizações podem trabalhar juntas e promover seus objetivos comuns.[49]

Programas conjuntos

Financiadores, implementadores ou organizações comunitárias com frequência fazem parcerias para entregar programas novos ou aprimorados, o que pode acontecer de uma entre duas maneiras (fig. 4.1).[50] Podem combinar programas que eram separados num só, especialmente se esses programas têm interseções importantes e se beneficiariam de economias de escala. Grupos que estão formando um esforço de programa conjunto para eliminar atividades duplicadas ou despesas operacionais se beneficiarão de ação coordenada no sentido de um objetivo comum. Por exemplo, um banco alimentar comunitário e uma clínica de saúde próxima podem realizar programas de nutrição separadamente — incluindo programas de apoio conflitantes ou concorrentes. Embora suas missões nucleares permaneçam distintamente diversas, esses grupos poderiam ser mais eficazes se esse aspecto de seus programas fosse desenvolvido em conjunto e executado em concerto.

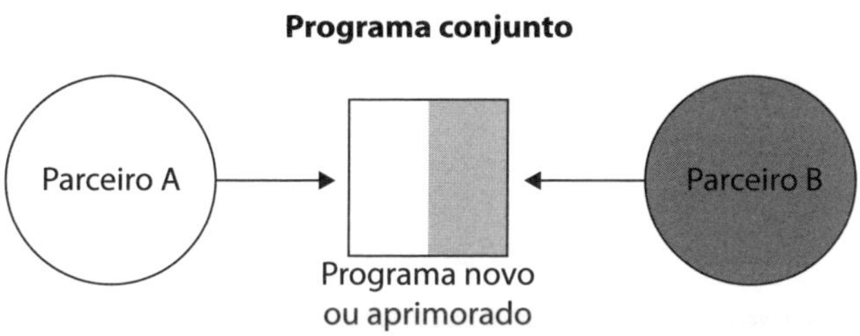

Figura 4.1 Programas conjuntos permitem que parceiros se beneficiem ao reduzir esforços duplicados ou ao alavancar atividades complementares para programas novos ou expandidos.

Esse modelo também pode ser usado quando os parceiros trabalham juntos para criar novos programas baseados em suas forças, em vez de combinar programas que já existem. Foi esse o caso no exemplo da Apollo Telemedicine, quando os CSCs fizeram uma parceria com os Empreendedores de Aldeias para entregar os novos serviços de saúde da Apollo.

Programas afiliados

Algumas organizações podem estar empenhadas em programas complementares, mas não duplicados, como no exemplo anterior.[51] Esses grupos podem empenhar-se num tipo de programa afiliado conjunto, trabalhando lado a lado para desenvolver projetos compartilhados (fig. 4.2). Isso pode ser eficaz quando existe uma interseção nos programas ou na entrega de bens ou de serviços, ou quando há uma conexão natural entre grupos. Por exemplo, uma organização comunitária sem fins lucrativos de desenvolvimento da juventude e uma agência de colocação profissional local podem desenvolver em conjunto programas para as mesmas partes interessadas em fases diferentes de suas vidas. Essa parceria pode resultar numa abordagem de esteira transportadora, oferecendo serviços a constituintes à medida que envelhecem ou que avançam em seus estudos e em sua formação profissional.

Programas afiliados

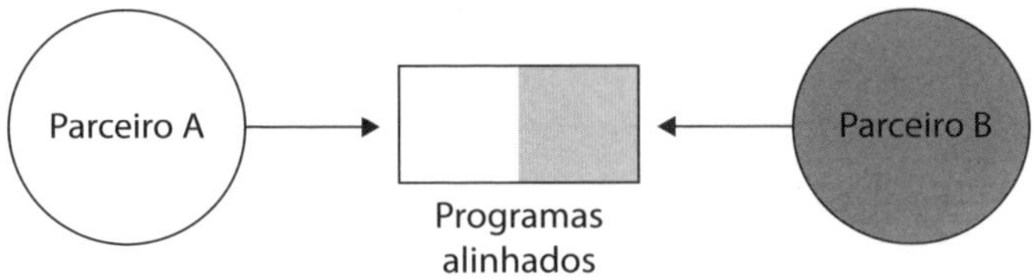

Figura 4.2 Quando os parceiros se empenham em programas afiliados, eles mantêm operações independentes, mas coordenam atividades a fim de cumprir melhor suas missões.

Promoção conjunta

Organizações múltiplas podem decidir trabalhar juntas e estabelecer uma parceria para a promoção conjunta de temas (fig. 4.3).[52] Isso pode ser feito quando grupos colaboram para ampliar a conscientização a respeito de um tema de importância compartilhada, como o desenvolvimento econômico numa comunidade de baixa renda. Esse tipo de colaboração pode ser um compromisso de curto prazo quando há necessidade de visibilidade concentrada a respeito de um assunto específico ou de uma mudança vindoura nas políticas públicas. Por exemplo, um produtor de automóveis híbridos e uma organização ambiental sem fins lucrativos podem trabalhar colaborativamente para aprovar medidas que tragam incentivos para os compradores de veículos de baixas emissões.

Promoção conjunta

Figura 4.3 Com uma parceria de promoção conjunta, as organizações trabalham para aumentar a conscientização de temas de interesse compartilhado, especialmente na medida em que se relacionem com mudanças em políticas públicas.

Fruto independente

Outra forma de parceria é quando as organizações combinam recursos numa entidade inteiramente nova e independente (fig. 4.4).[53] Isso pode acontecer quando um órgão conjunto de programas ou uma parceria para a promoção conjunta de temas amadurece ou cresce significativamente, e se beneficiaria ao otimizar suas próprias operações. Isso também vale se as organizações fundadoras não podem ou não querem assumir atividades adicionais internamente, ou se um programa conjunto se desenvolve fora do escopo das missões das organizações fundadoras. Por exemplo, uma fundação e uma universidade podem trabalhar conjuntamente para aumentar a conscientização a respeito da importância do estudo de ciências, tecnologia, engenharia e matemática (CTEM). Nesse caso, os programas e o tempo de trabalho das equipes, que são contribuições mútuas, crescem a um ponto em que a missão do programa se beneficiaria se ele fosse uma organização sem fins lucrativos operada de maneira independente.

Figura 4.4 As organizações podem formar uma entidade independente quando isso lhes permitir apoiar atividades relacionadas ou complementares ao mesmo tempo em que permanecem concentradas em suas missões nucleares.

Administração combinada

Com uma parceria administrativa ou de *back office* combinada, duas ou mais organizações identificam necessidades sobrepostas de recursos ou excessos de capacidade (fig. 4.5).[54] Isso poderia incluir equipes operacionais subutilizadas, excesso de espaço de escritório, ou acesso a tecnologia de custo proibitivo ou a alguma infraestrutura. Esses grupos podem juntar-se para compartilhar recursos sem criar novos programas ou entidades jurídicas separadas, e, ao fazê-lo, podem beneficiar-se de uma redução de custos ou de despesas gerais. Por exemplo, uma universidade e um grupo de pequenas empresas podem coinvestir em pesquisas avançadas e em equipamento de laboratório para apoiar necessidades similares de pesquisa e desenvolvimento. Ou duas organizações sem fins lucrativos podem simplesmente decidir compartilhar serviços contábeis e jurídicos de *back-end* que não conseguem aproveitar plenamente em separado.

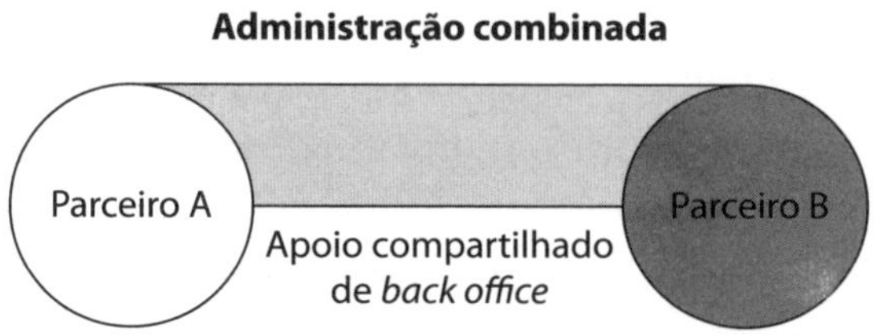

Figura 4.5 Mesmo quando os parceiros não criam programas novos ou expandidos, podem beneficiar-se operacionalmente ao combinar ou otimizar certas atividades administrativas ou de *back office*.

Confederação formal

Por meio de uma estrutura de confederação formal, uma organização-mãe ou entidade guarda-chuva fornece serviços e apoio a um grupo de membros parceiros (fig. 4.6).[55] Embora as estruturas variem muito, os grupos-membros podem pagar taxas ou de outro modo financiar as operações da organização coordenadora. Em troca, todos os membros recebem benefícios, incluindo a alavancagem de recursos e de visibilidade. Numa escala global, a ONU funciona como uma forma de confederação, fornecendo serviços diplomáticos (entre outras coisas) a seus Estados-nação soberanos. Uma organização de membros também pode reunir empresas, organizações sem fins lucrativos e fundações, todas trabalhando num campo similar, como assistência médica, e oferecem serviços para ampliar o compartilhamento de conhecimentos, o desenvolvimento da força de trabalho e as políticas públicas.

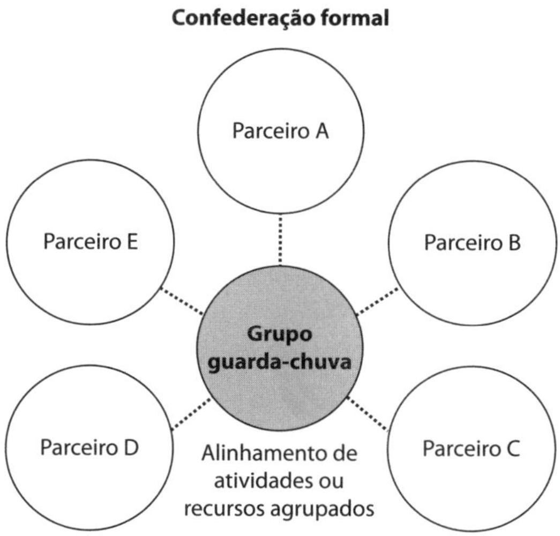

Figura 4.6 Uma confederação formal permite que as organizações façam parcerias diretas ou indiretas por meio de um grupo-mãe ou guarda-chuva, que oferece serviços coletivos ou benefícios aos membros.

Integração parcial

Por fim, duas organizações podem escolher fazer uma parceria por meio de uma integração parcial, ou no nível da organização ou do programa (fig. 4.7).[56] Nesse caso, a maioria dos programas de um grupo pode ser absorvida pelo outro parceiro de um modo que deixa intactas as marcas dos dois grupos, mas com uma nova história de parceria. Isso pode oferecer vantagens estratégicas distintas a cada organização, ao mesmo tempo que elimina a duplicidade e a concorrência. Uma organização pode voluntariamente gerar um programa específico que é adotado ou adquirido por outra organização. Por exemplo, imagine uma pequena organização comunitária concentrada principalmente em impedir a disseminação de doenças sexualmente transmissíveis. Um dos benfeitores do grupo lhes oferece uma casa para ser usada como lar temporário. Após um ano de dificuldades para operar a casa como um novo programa, a organização decide fazer uma parceria com uma organização maior sem fins lucrativos que já opera com sucesso várias instalações similares. O primeiro grupo transfere oficialmente a propriedade da casa para o novo parceiro, mas continua a oferecer seus serviços de prevenção. Esse é o exemplo menos típico dos tipos de parceria intersetorial discutidos aqui, mas ele acontece.[57]

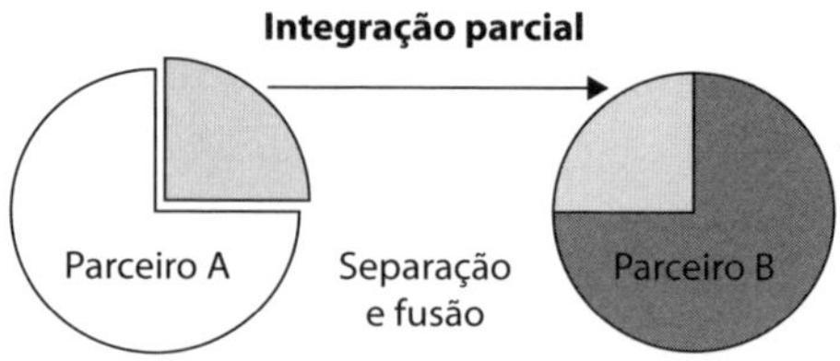

Figura 4.7 Por meio de uma integração parcial, as organizações estabelecem parcerias fundindo certos programas ou atividades ao mesmo tempo em que mantêm separadas as identidades de suas marcas e sua independência operacional.

DESENVOLVENDO UMA TEORIA DA MUDANÇA

Uma vez que os parceiros tenham estabelecido definições, objetivos e funções comuns, e um entendimento da lógica do outro na parceria, o foco se transfere para a estratégia de programa da parceria. Esta seção discutirá duas considerações para desenvolver soluções movidas por resultados atravessando um conjunto de diversas organizações que trabalham por objetivos comuns.

Ao longo de nossa obra, observamos um número surpreendente de organizações que não definem adequadamente (nem colaborativamente) cada aspecto da estratégia ou do escopo da parceria proposta. Frequentemente usada na comunidade filantrópica ou sem fins lucrativos, uma *teoria da mudança* é um esboço abrangente e uma visualização de um conjunto de resultados desejados.[58] Embora esses arcabouços possam variar enormemente dependendo de complexidade, preferências e necessidades, o processo para desenvolver uma teoria colaborativa da mudança deveria começar pelo fim: os parceiros devem definir seus objetivos comuns e os resultados sociais de longo prazo pretendidos para o esforço.[59]

Como passo seguinte, os parceiros então trabalham voltando para mapear quais passos intermediários estão entre a situação atual e os resultados esperados, muitas vezes acompanhados por rendimentos mensuráveis de um conjunto de atividades. Essas atividades precisam ser definidas, junto com os indicadores apropriados, e é preciso que a responsabilidade por elas seja atribuída. Teorias de mudança mais abrangentes articulam pré-requisitos do sucesso, organizados tematicamente, como a necessidade de desenvolver conhecimento, de mudanças de políticas, ou de investimentos em infraestrutura. Por fim, os parceiros devem criar uma lista abrangente dos recursos e dos *inputs* necessários para as atividades, e identificar quais desses recursos estão disponíveis e quais estão faltando entre os parceiros. A figura 4.8 ilustra o fluxo lógico de uma teoria de modelo de mudança. Embora muitas organizações passem por um tipo similar de planejamento estratégico para suas missões individuais, também é vital para parcerias multiorganizacionais planejarem assim.[60]

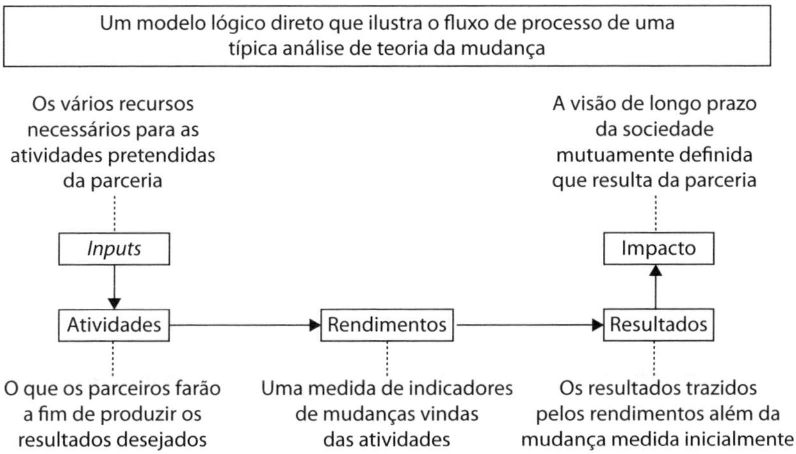

Figura 4.8 Um modelo lógico de teoria de mudança oferece às organizações em parceria um processo de planejamento que resulta numa visão geral e num fluxo lógico de *inputs* e de atividades necessárias para atingir um conjunto de resultados desejados e de impacto.

No caso da Apollo Telemedicine, por exemplo, os parceiros empreenderam uma análise de planejamento muito abrangente. Reconheceram que a parceria seria tanto complexa quanto expansiva e traria um risco relativamente alto de fracasso, considerando-se especialmente a natureza extensivamente descentralizada da entrega do serviço. A partir do modelo anterior, a figura 4.9 ilustra o que uma simples teoria de mudança poderia incluir no estudo de caso da Apollo Telemedicine. Na prática, o modelo lógico usado pelos parceiros em casos como o Digital India é muito mais multifacetado e aprofundado, e deveriam incluir uma cronologia detalhada (provavelmente na forma de um Diagrama de Gantt) associada às várias ações e estágios na teoria de mudança.

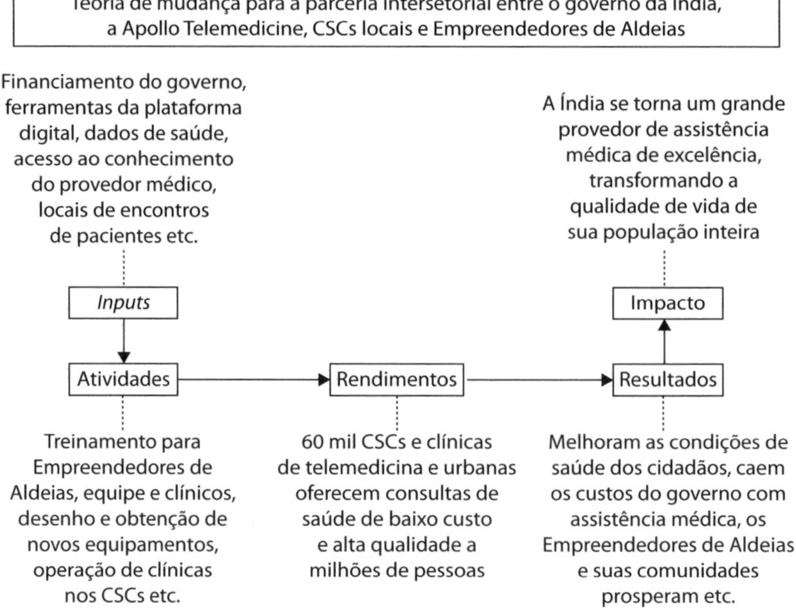

Figura 4.9 Esse exemplo de modelo lógico oferece uma ilustração simples de vários elementos de uma teoria de mudança aplicáveis à parceria do Digital India, perfilado no estudo de caso do cap. 3.

Desenvolver soluções permanentes de longo prazo para desafios complexos não costuma ocorrer sem uma abordagem desenvolvida e integrada colaborativamente que permita aos parceiros testar os pressupostos uns dos outros, planejar extensivamente as atividades e estabelecer caminhos para o sucesso.[61]

PLANEJAMENTO ABRANGENTE POR MEIO DE ANÁLISE DE CADEIA DE VALOR

Apenas completar uma teoria do processo de mudança não basta para desenvolver uma estratégia de parceria abrangente. Sendo um modelo concentrado no programa, ele delineia recursos para *inputs* e para as várias fases ou passos necessários para que se chegue a um dado resultado. Um processo analogamente importante mapeia o sistema geral das organizações e, com frequência, o fluxo de bens ou de serviços relacionados com os *inputs*, atividades e os resultados delineados na teoria de mudança. Isso pode incluir como vários programas interagem entre si, ou dependências entre programas e serviços. Pode exigir um entendimento de diferentes variáveis econômicas e contextualmente relevantes num determinado lugar ou geografia, e o mapeamento de *cadeias de valor* relacionadas com os objetivos da parceria.

A análise de cadeia de valor foi originalmente desenvolvida como instrumento para observar as "atividades estrategicamente relevantes" de uma organização por várias cadeias de fornecimento, e como esse processo leva, em última instância, valor aos consumidores.[62] Ampliamos a análise da cadeia de valor para incluir sistemas mais amplos, em que os desafios sociais estão sendo abordados, ou em que um bem público está sendo apoiado por uma parceria. Isso inclui as várias interações e funções operacionais que entram no desenvolvimento de uma parceria, bem como a produção e a entrega de produtos ou serviços relevantes que apoiam objetivos compartilhados. Definições expandidas podem incluir pesquisa e desenvolvimento, marketing e vendas, e outros apoios relevantes da indústria ou do setor a longo prazo.[63]

Muitos dos nossos exemplos de parcerias tratam de sistemas complexos, e o caminho para uma mudança no nível do sistema pode não ser imediatamente "linear, previsível, ou controlável".[64] Um planejamento abrangente exige um entendimento extensivo do contexto, da interconexão e das dependências entre organizações relevantes para os objetivos e para as atividades da parceria.[65]

Muitos desafios complexos no desenvolvimento global são sustentados por fatores similares: restrições imediatas de recursos, ausência de regulamentações apropriadas, ou falhas econômicas de mercado. As organizações mesmas podem ter restrições de recursos, concentrar-se em porções únicas ou isoladas de um desafio ou de uma "intervenção" específica que acontecem no contexto da falha de um sistema maior. Esse tipo de abordagem em silos é talvez uma causa primária do fracasso organizacional ou da disfunção de projeto, e existe em todos os setores apesar de ser um problema reconhecido.[66]

Um grande desafio é que poucos financiadores empolgam-se com a ideia de bancar pesquisas iniciais caras e que demandam tempo. Isso pode incluir pesquisas de campo para analisar as atividades existentes, estudos sobre as condições econômicas e regulatórias, e resenhas da literatura acadêmica. Também pode significar realizar teorias informadas de processos de mudança junto com outros financiadores, organizações locais, membros da comunidade e governos municipais ou provinciais.

Isso fica ainda mais desafiador se tentativas pregressas de planejamento aprofundado fracassaram. Os parceiros podem relutar em investir tempo e energia nesse tipo de análise caso o trabalho pregresso não tenha sido notado ou utilizado. Eles podem ter produzido relatórios que foram a lugar nenhum — juntaram pó nas prateleiras, sem leitura e sem estudo. Em ambientes de rápida mudança (como zonas de conflito durante esforços de recuperação que se seguem imediatamente a desastres), qualquer tipo de estudo aprofundado pode estar ultrapassado antes mesmo de ser concluído.

Apesar desses desafios, é necessária uma análise concertada caso um esforço multiorganizacional, implementado num longo período de tempo, espere ser bem-sucedido. Muitas iniciativas complexas, plurianuais, exigem fases distintas de pesquisa e de planejamento, começando com as definições dos problemas e a identificação das causas primárias.[67] Esse tipo de análise antecipada é ainda mais importante em áreas geográficas subdesenvolvidas porque uma análise de sistemas pode questionar os pressupostos dos parceiros e oferecer intuições inesperadas. Além disso, uma única ruptura numa cadeia de valor pode perturbar os esforços de toda uma colaboração. Não abordar as lacunas identificadas nessa análise significa que os recursos investidos acima ou abaixo dessa perturbação podem não ter um impacto sustentado.[68]

Por exemplo, considere um projeto de desenvolvimento rural de três anos num país pobre com economia agrícola. O projeto espera melhorar a produtividade dos pequenos produtores rurais, com o objetivo último de aumentar a safra dos produtores e assim aumentar a renda e o sustento do produtor.[69] Nesse exemplo, um programa de assistência de doações (gerido por uma ONG) recebe financiamento para fornecer sementes novas e fertilizantes para um grupo de 50 produtores, e lhes fornece assistência e assessoria técnicas. Nesse projeto exemplo, os produtores veem um aumento quase imediato nas safras, e a agência doadora emprega veículos e equipes para ajudar a transportar a safra ampliada da estação a mercados regionais e processadores de alimentos. Os produtores produzem mais, vendem mais, ganham mais dinheiro e investem no sustento das famílias. Por exemplo, os produtores podem comprar gado para produzir produtos adicionais e diversificar suas fontes de renda.

A figura 4.10 delineia uma versão genérica simples de uma cadeia de valor baseada na agricultura, incluindo as atividades exemplo do programa de assistência da ONG doadora.

Com base nos objetivos desse programa isolado, eles alcançarão sucesso para 50 agricultores e suas famílias. O implementador provavelmente escreverá um relatório para o financiador refletindo as realizações do programa e

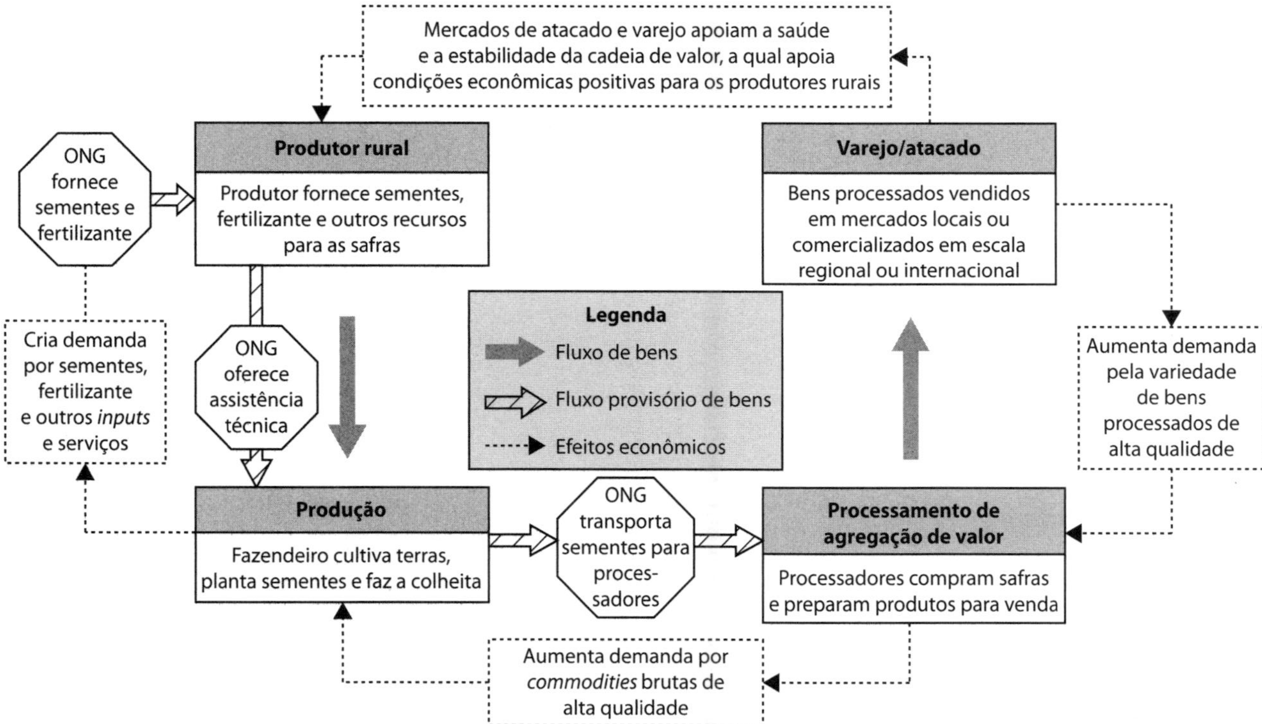

Figura 4.10 Modelos de cadeia de valor podem representar sistemas econômicos complexos e relações dependentes entre *inputs*, atividades e rendimentos. Nesse exemplo genérico de cadeira de valor baseada em agricultura, o apoio temporário do programa de uma ONG doadora ilustra a natureza problemática de soluções de curto prazo quando são necessários investimentos de longo prazo que capacitem o sistema.

as lições aprendidas, e eles considerarão que o projeto está completo. Porém, surgem algumas questões óbvias:

- O que acontece no quarto ano, quando termina o programa da ONG e novas sementes e fertilizante param de chegar?
- Mesmo que os produtores rurais tenham uma nova safra abundante, como eles vão transportá-la para o mercado sem os veículos da ONG e sem o apoio de sua equipe?
- O que acontece se os fazendeiros não tiverem um excesso de produtividade suficiente para alimentar seu gado? E se o gado ficar doente?
- E se um novo programa de monetização começar ali perto e destruir os preços locais de venda para os fazendeiros?

Perguntas como essas surgiram durante o desenvolvimento da parceria para o nosso estudo de caso no Afeganistão, que aparece depois no livro. No capítulo 7, você verá esse tipo de análise de cadeia de valor na prática.

É desafiador ter um efeito permanente e duradouro ao trabalhar em ambientes de difícil operação. Além disso, as organizações que trabalham isoladas não são capazes de enfrentar os desafios que necessitam de uma solução na escala dos sistemas, especialmente se não houver todo um sistema de apoio econômico para assumir quando o dinheiro das doações acaba.[70] Soluções de longo prazo não podem deixar de abordar elos de mercado, desperdícios de recursos, carências de mão de obra, aplicação de contratos, mitigação de desastres e todo um conjunto de outros bloqueios possíveis.

Planejar tendo em mente uma abordagem abrangente pode parecer apenas bom-senso, e certamente não é nada de novo, mas muitos programas sofrem sem um pensamento sistêmico ou deixam de abordar lacunas na cadeia de valor — especialmente quando essas lacunas estão fora de suas áreas nucleares de financiamento ou de programa.[71] Assim, o planejamento e a análise são componentes importantes na abordagem de investimento em valor social.

SUPERANDO OBSTÁCULOS

Empenhar-se no desenvolvimento eficaz de parcerias é obra difícil, que apresenta numerosos desafios.[72] Os líderes de algumas organizações simplesmente não entendem os benefícios potenciais de estabelecer parcerias, nem valorizam o que pode vir do trabalho. Alguns líderes ou administradores podem ser indiferentes. Em muitos casos, uma organização simplesmente carece de recursos ou da capacidade humana necessária para empenhar-se significativamente no desenvolvimento de parcerias. Ou ela pode não ter recebido dos financiadores ou da organização-mãe o mandado para isso. Alguns grupos terão tentado antes e falhado, e outros perdem interesse ao tentar novas parcerias. Construir colaborações intersetoriais de longo prazo é complexo e demanda tempo. Garantir que os parceiros comecem com um entendimento similar dos objetivos pretendidos por meio de um processo de desenho colaborativo é um dos primeiros pré-requisitos do sucesso. Os incentivos e as motivações das partes interessadas dentro de uma parceria podem ser muito diferentes; alinhá-los não é fácil, e deve ser abordado o mais cedo possível no processo colaborativo.

Organizações públicas, privadas e filantrópicas que trabalhem para desenvolver uma estratégia de parceria abrangente devem examinar a cadeia de valor completa da indústria em questão ou o conjunto de objetivos num dado lugar, e combinar essa análise com modelos lógicos apropriados, a fim de cobrir fatores capacitadores cruciais necessários para um impacto positivo sustentado. Esse planejamento permite que os parceiros mapeiem a teia interdependente de organizações que devem trabalhar juntas para que floresça um ecossistema inteiro de soluções.[73]

No estudo de caso do capítulo 3, descrevemos esforços colaborativos para modernizar a maneira como o governo da Índia entrega serviços sociais aos pobres. Descrevemos como um conjunto diversificado de parceiros, coordenando seus esforços ao longo da cadeia de valor de serviços de assistência médica, podia destravar um valor intrínseco maior do que a soma de suas atividades individuais e isoladas. Acreditamos que esses tipos de parcerias estratégicas e abrangentes podem trazer processos emergentes novos e importantes que são cruciais para o sucesso — e para resolver muitos dos problemas mais urgentes e persistentes do nosso mundo.

PESSOAS

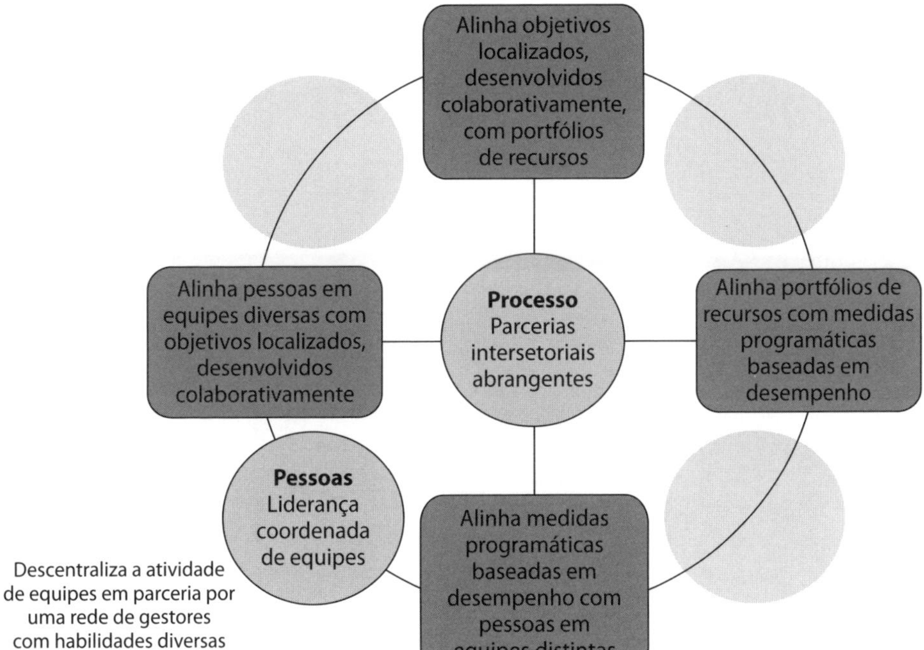
Alinha objetivos localizados, desenvolvidos colaborativamente, com portfólios de recursos
Alinha pessoas em equipes diversas com objetivos localizados, desenvolvidos colaborativamente
Processo
Parcerias intersetoriais abrangentes
Alinha portfólios de recursos com medidas programáticas baseadas em desempenho
Pessoas
Liderança coordenada de equipes
Alinha medidas programáticas baseadas em desempenho com pessoas em equipes distintas
Descentraliza a atividade de equipes em parceria por uma rede de gestores com habilidades diversas

CAPÍTULO 5

O papel das pessoas: como parques urbanos melhoram a vida na cidade grande

WILLIAM B. EIMICKE

Começamos este livro com a história do Central Park e da High Line porque eles demonstram de maneira dramática e visual como parcerias intersetoriais podem atingir resultados impressionantes simplesmente impossíveis para uma estrutura organizacional hierárquica, de setor único, mais tradicional. Essas histórias demonstram o poder das parcerias lideradas por *pessoas* com capacidades de liderança colaborativa. Não fosse por um punhado de líderes comprometidos, experientes e focados, o Central Park e a High Line talvez ainda fossem feios e perigosos, como eram não muito tempo atrás. Nos dois casos, uma organização sem fins lucrativos foi formada para resgatar ou criar esses parques emblemáticos. Em parceria com o governo da cidade de Nova York, com empresas e com organizações comunitárias, a Central Park Conservancy (CPC) e a Friends of the High Line operam e mantêm esses espaços públicos primariamente com seu próprio dinheiro, e sem cobrar dos visitantes taxas de admissão. Importantes, e refletindo muitos elementos do arcabouço de investimento em valor social, essas duas parcerias levaram a uma nova maneira de criar, reabilitar e operar parques públicos que pode ser replicada em cidades americanas e ao redor do mundo.

No capítulo 3, vimos processos eficazes de parceria operando por meio do Digital India e da Apollo Telemedicine. Essas parcerias foram bem-sucedidas sob a liderança forte e colaborativa do governo Modi em parceria com as maiores empresas de tecnologia da Índia, com as organizações globais de assistência médica Apollo e com empreendedores locais. Neste capítulo, veremos como Gordon Davis, do Departamento de Parques da Cidade de Nova York, e Betsy Rogers, da inexperiente Central Park Conservancy, construíram uma parceria lenta e metodicamente ao longo do tempo, por meio de uma liderança motivacional e de um compromisso incansável com uma visão compartilhada. Depois, sob a liderança colaborativa de Doug Blonsky, a Central Park Conservancy implementou um Sistema de Gerenciamento de Zonas inovador e maneiras mais eficientes de gerir o gramado, de cuidar de árvores e de plantas, de remover lixo e de reutilizar biolixo. Aplicando muitos aspectos do arcabouço de investimento em valor social — uma estrutura formal de parceria, operações mútuas e uma estratégia abrangente —, o sistema descentralizado de manutenção da zona do parque é operado por 49 equipes diversas no Central Park, cada qual com a experiência, as capacidades e a autonomia necessárias. Além disso, a CPC criou um instituto subsidiário de formação e treinamento para ajudar seu parceiro, o Departamento de Parques da Cidade de Nova York, a aplicar com sucesso essas técnicas inovadoras em dezenas de parques geridos diretamente por funcionários da prefeitura.

O sucesso da High Line é comparável ao da CPC, o que em grande parte pode ser atribuído a outra abordagem de equipe descentralizada implementada por um estilo de liderança igualmente extraordinário, colaborativo, mas um tanto diferente. Joshua David e Robert Hammond vieram da comunidade e formaram a Friends of the High Line, organização sem fins lucrativos, a fim de preservar e de reutilizar aquilo que percebiam como ativo comunitário potencial. David e Hammond também buscavam a maior participação possível do público e agiram como arautos da comunidade durante a parceria (alinhados com o elemento local do investimento em valor social, discutido nos caps. 7 e 8). Eles também recrutaram John Alschuler, consultor especialista imobiliário de renome nacional, para ajudar a definir e a quantificar indicadores mensuráveis de sucesso. Usando a CPC como modelo, eles desenvolveram um portfólio de financiamento e levantaram capital de risco de alguns filantropos de alto nível, trabalhando próximos a membros influentes e poderosos da equipe de Michael Bloomberg, prefeito de Nova York, incluindo Amanda Burden, presidente da Comissão de Planejamento Municipal [City Planning Commission], a vice-prefeita Patricia E. Harris, o vice-prefeito para desenvolvimento econômico Dan Doctoroff e o comissário de parques Adrian Benepe. Os líderes da cidade trouxeram o poder de zoneamento, dólares significativos de capital, conhecimento político e conhecimento de parques. A Friends of the High Line trouxe a visão, o apoio comunitário, dólares filantrópicos e a disposição de sustentar o projeto a longo prazo.

Tanto a restauração do Central Park quanto a criação da High Line foram possibilitadas por parcerias intersetoriais eficazes, encabeçadas por líderes colaborativos, que captavam as necessidades e as motivações de suas equipes. Esses líderes estabeleceram clara e mutuamente indicadores mensuráveis (ao compartilhar dados e informação livremente entre as organizações) e definiram o sucesso em torno de seus objetivos compartilhados. É importante reconhecer que em ambos os casos essas organizações fazem muito mais do que levantar muito dinheiro para a manutenção e para a operação dos parques. Elas gerem os parques com sua própria equipe e com seu próprio equipamento, usando técnicas inovadoras de gestão com seus parceiros, e subsequentemente ajudaram o Departamento Municipal de Parques [City Parks Department] a usar amplamente essas técnicas.

O PARQUE OITOCENTISTA ESSENCIAL

A maior parte das pessoas que passam por cima da ilha de Manhattan ao voar para Nova York fica impressionada com o tamanho do espaço verde no coração da cidade mais densamente povoada nos Estados Unidos, cidade essa muitas vezes referida como a Cidade dos Arranha-Céus. O Central Park é imenso para um parque urbano: 843 acres, quatro quilômetros de comprimento, e 800 metros de largura. Ele se estende da rua 59 — emoldurado por Columbus Circle de um lado da Quinta Avenida e pelo Plaza Hotel do outro — até a rua 110, em Morningside Heights, exatamente a sul da Universidade de Colúmbia e do Harlem. Ele está aberto todos os dias do ano das seis da manhã até uma da manhã.[1]

O Central Park foi projetado em 1858 por Frederick Law Olmstead, superintendente de sua construção, e pelo arquiteto inglês Calvert Vaux. O local foi separado para um parque público pelo governo, e Olmstead e Vaux foram escolhidos para projetá-lo por meio de uma competição aberta. Construído em suas dimensões atuais em 1873, a extensão original está em grande parte intacta até hoje.[2] Além das árvores e dos espaços verdes abertos, os arquitetos desenharam caminhos para pessoas e para cavalos, e caminhos para carruagens, junto com quatro estradas transversas, permitindo que carros passassem pelo parque sem perturbá-lo. A maior parte do parque é relativamente imperturbada por carros e ônibus até hoje.[3]

Os usos do parque mudaram um tanto nos últimos 150 anos, refletindo "os valores mais importantes da sociedade da época".[4] Construído como parque oitocentista essencial para a quieta meditação e a jubilosa celebração da natureza, no século XX o parque expandiu dramaticamente as oportunidades recreativas, incluindo mais de 20 *playgrounds* para crianças, ringues de patinação, uma piscina, quadras de tênis e campos para jogar bola. Hoje o parque é um componente importante da infraestrutura urbana. Ele atua como uma das principais atrações turísticas, um local para andar de bicicleta e para correr, e como quintal e "vista" para algumas das mais valiosas propriedades residenciais do mundo. Essas vistas ajudam a gerar centenas de milhões de dólares para o governo municipal e também impostos arrecadados de visitantes do mundo inteiro.

CICLO DE DECLÍNIO E RESTAURAÇÃO

Uma grande visão e um tremendo esforço possibilitaram o Central Park. Mantê-lo e protegê-lo da política, do oportunismo, do progresso e do subfinanciamento ao longo de toda a sua história mostrou-se igualmente difícil. Olmsted candidatou-se à posição de superintendente do Central Park em 1857, e foi contratado por um conselho do parque nomeado por um governo democrata e gerido por uma máquina política amplamente conhecida como Tammany Hall.[5] Nominalmente republicano, Olmstead era amplamente qualificado para o cargo, e o conselho viu a nomeação como uma oportunidade de satisfazer as demandas republicanas por um quinhão da verba controlada por Tammany Hall.[6] Foi a liderança visionária e inspiradora de Olmstead, seu conhecimento profissional e sua capacidade de navegar a política do conselho e do governo da cidade que lhe permitiram manter o parque em boas condições por tanto tempo.

Olmstead tentava gerir o parque de maneira profissional, mas era constantemente enredado nas tramas da política da cidade e do estado de Nova York. Entre 1870 e 1883, ele foi obrigado a sair e reintegrado; demitiu-se, voltou num cargo inferior; foi dispensado e contratado como consultor. Por fim, em 1883, ele se mudou para Boston e trabalhou na construção do sistema de parques da cidade.[7] A saída permanente de Omlsted e a morte de Calvert Vaux em 1895 marcaram o começo de um declínio lento mas constante nas condições do parque.[8]

Sob o controle de Tammany Hall, os parques da cidade tornaram-se "feudos para ganhos privados".[9] O resultado foi que os parques, incluindo o Central Park, tornaram-se "escaras no rosto da cidade".[10] Entre 1900 e 1934, os grandes gramados do parque foram tomados por ervas daninhas e viravam buracos de barro e lama quando chovia. Os caminhos e passagens estavam quebrados e cheios de lixo. Prédios, fontes, estátuas e muros estavam repletos de pichações, eram vandalizados e, em muitos casos, estavam literalmente desabando. Os trabalhadores dos parques municipais "complementavam a paisagem" com sua aparência.[11] As condições do parque pioraram com o começo da Grande Depressão, quando os sem-teto construíram mais de 200 barracos, onde habitaram, atrás do Museu de Arte Metropolitan.[12]

A época da depressão também marcou o começo da restauração do Central Park, com uma ajuda significativa do estado de Nova York e do governo federal. Em 1933, Fiorello H. La Guardia, republicano reformador e liberal que concorria na chapa Fusion, venceu outros dois candidatos com apenas 40% dos votos. Segundo o historiador Robert A. Caro, foi o apoio entusiasmado, mas de última hora, do conhecido e influente Robert Moses que deu a vitória a La Guardia. Em troca, La Guardia apoiou leis estaduais redigidas por Moses que consolidaram os departamentos de parques dos cinco distritos da cidade num único departamento para a cidade inteira, permitindo que Moses ocupasse ao mesmo tempo as posições de comissário de parques estaduais e municipais, e também várias outras comissões e autoridades relacionadas com parques e estradas.[13] Moses obteve um importante apoio financeiro para realizar as restaurações dos parques e empenhou vários órgãos federais, estaduais e municipais para fazer o trabalho necessário. Ele era um líder forte, mas não exatamente colaborativo, como atestam suas batalhas, muitas e muito públicas, e sua fama.

Em 19 de janeiro de 1934, Moses tornou-se comissário municipal de Parques da Nova York e começou o que seriam 26 anos de restauração e de inovação para o Central Park. Entre 1934 e 1938, ele usou dólares federais da Administração de Obras Civis [Civil Works Administration] (AOC) e da Administração do Andamento de Obras [Works Progress Administration] (AAO) para financiar arquitetos, engenheiros e milhares de operários que trabalhavam em três turnos, 24 horas por dia, sete dias por semana, inclusive no mais inclemente clima invernal, para restaurar a antiga beleza do Central Park.[14] Plantou árvores, flores e arbustos; consertou estradas e pontes; restaurou caminhos e modernizou *playgrounds*, campos para jogar bola e o paisagismo do "Grande Gramado" — ele até reinventou o Zoo do Central Park. Moses era com frequência celebrado na imprensa por essas realizações — "dinâmico", "brilhante", "o *New Deal* de Moses para os parques", "Moses fez florescer um deserto urbano" — e também pelo público em geral.[15]

Moses às vezes é criticado por ter mudado a aparência original do parque, trocando muitos dos materiais originais por tijolos vermelhos. Algumas de suas novas estruturas taparam vistas importantes projetadas por Olmstead e Vaux.[16] Do lado positivo, Moses restaurou o Central Park e trouxe uma era de gestão e manutenção profissionais. Ele também iniciou uma ampla gama de entretenimentos livres e de programas para crianças e para suas famílias, incluindo um Carnaval de Inverno, competições de dança, shows de mariontes e todo um distrito infantil (incluindo um relógio musical, o zoo, esculturas, a casa de barcos e concessões) e o festival Shakespeare in the Park, muito popular, produzido por Joseph Papp.[17] Ironicamente, foi uma batalha muito pública com Papp a respeito do futuro do Shakespeare in the Park que contribuiu para o fim da era Moses no Central Park.[18]

Moses demitiu-se do cargo de comissário municipal de Parques em 23 de maio de 1960 para aceitar a presidência da Exposição Mundial de 1964-1965 no Queens, em Nova York.[19] Muitos dos contratados de Moses permaneceram no Departamento de Parques, e o próprio Moses continuou a exercer alguma influência por trás dos panos, mas sua saída marcou o começo de quase duas décadas de forte declínio de infraestrutura, de limpeza e de segurança no parque.

Os movimentos e levantes sociais das décadas de 1960 e de 1970 frequentemente usavam o parque como local para reuniões e manifestações. A gestão frouxa permitia o uso pesado de esportes de alto impacto, com ou sem licença. Os gramados foram transformados em barro e lama, e sistemas de escoamento entupidos resultavam na frequente inundação de espaços abertos, de caminhos e de passagens de pedestres.[20] O declínio simultâneo da saúde fiscal da cidade de Nova York se desenrolava — a cidade quase faliu em 1975, e as manchetes dos tabloides locais anunciavam que o então presidente Ford disse a Nova York que poderia cair morta.[21] A perda da indústria manufatureira da cidade para os estados do sul, de custo mais baixo, e o êxodo massivo da classe média da cidade (por estradas e pontes construídas pelas autoridades públicas de Robert Moses), combinados com uma recessão nacional, desequilibraram fortemente o orçamento municipal. Os bancos cortaram o crédito da prefeitura e, em última instância, foi instalado um conselho de controle financeiro e de assistência estadual. O preço foi alto para a cidade, e os cortes orçamentários resultaram na perda de 6 mil policiais, de 6 mil professores e de 2,5 mil bombeiros.[22]

As consequências para os parques em geral, e para o Central Park em particular, também foram severas. O Conselho Municipal de Orçamento [City

Board of Estimate] tinha aprovado um fundo de reabilitação do Central Park de 7 milhões de dólares, mas Abraham D. Beame, o novo prefeito, decidiu usar o fundo para outros parques na cidade. Pouco depois, em 1975, a crise fiscal suspendeu todos os projetos de restauração de parques.[23] Para o Central Park, isso levou a vandalismo, pichações, lixo acumulado e atrasos na manutenção.[24]

Bancos e equipamentos de *playgrounds* e de iluminação quebrados e nunca consertados criavam um ambiente que convidava ao crime, como muitas vezes se descreve na teoria das janelas quebradas do policiamento.[25] Na descrição de Doug Blonsky, recente administrador do Central Park e presidente e CEO da Central Park Conservancy, "o caminho equestre tinha mais ratos do que gente, o Grande Gramado tinha virado o Grande Barro, o Lago de Tartarugas estava repleto do fedor de peixes mortos e o Castelo estava coberto de pichações, cercado por arame farpado e inacessível ao público".[26] O Central Park ficou tão dilapidado (fig. 5.1), que grandes filmes como *Noivo neurótico, noiva nervosa* e *Seis graus de separação* usaram-no como símbolo do declínio físico e da taxa de criminalidade perigosamente alta da cidade de Nova York.

Apesar da piora crescente da situação fiscal da cidade, o número de funcionários do Departamento Municipal de Parques de Nova York inchou para mais de 300 pessoas pagas pelo governo para trabalhar no Central Park. Sem um líder com a força, a dedicação e o domínio de Olmstead, Moses, ou Blonsky, e sem medidas de desempenho para responsabilizar esses funcionários, os parques continuaram seu declínio.[27] Talvez o ponto mais baixo na história do Central Park tenha sido o espancamento e o estupro de Trisha Meili — conhecido como o caso da Corredora do Central Park — que dominou as manchetes dos tabloides do mundo na primavera de 1989.[28]

Para muitas pessoas de fora, o Central Park é um símbolo muito visível e um barômetro do estado da cidade, e na década de 1980 e no começo da década de 1990 Nova York era um lugar muito perigoso. Em 1990, 2.245 pessoas foram mortas na cidade de Nova York, o maior recorde de todos os tempos, e um aumento de 17,8% em relação a 1989. Lee Brown, comissário da polícia à época, culpou drogas e armas por essas cifras absolutamente assustadoras.[29] Para colocar isso em perspectiva, 2015 foi um ano em que os homicídios aumentaram no país inteiro: Nova York teve 352 homicídios, e Chicago, cidade que tem um terço da população de Nova York, ficou na liderança das cidades americanas, com 488 homicídios. Hoje a mídia costuma representar Chicago como uma cidade muito perigosa, o que dá o senso de o quanto Nova York era realmente insegura em 1990.[30]

Figura 5.1 *(a)* O Castelo Belvedere com pichações antes da reforma de 1984; *(b)* o Grande Gramado dilapidado. Essas imagens ilustram as condições no parque antes da parceria entre o Departamento Municipal de Parques de Nova York e a Central Park Conservancy. Fotos de Sara Cedar Miller, cortesia da CPC.

Essas tragédias criavam medo na cidade e no país. O Central Park fica no coração de Manhattan, sendo facilmente acessível a residentes, a turistas e às pessoas que moram nos arredores.[31] Por causa de sua ambientação bela e pastoral no *midtown* de Manhattan, alguns dos mais caros e exclusivos prédios de apartamentos, hotéis e edifícios comerciais cercam seu perímetro. Esse local e seus vizinhos influentes tornavam o estado triste e perigoso do Central

Park nas décadas de 1970 e de 1980 um estado de coisas muito visível, muito discutido e muito perturbador.

Os ricos ocupantes e proprietários dos prédios que cercam o parque consideram o Central Park seu quintal — e suas condições têm um impacto material em sua qualidade de vida e no valor de seus substanciosos investimentos imobiliários. O perigo e a violência no Central Park eram perigo e violência em seu quintal, o quintal dos "ricos e famosos". Para combater esse declínio, várias organizações voluntárias e grupos de amigos do parque formaram-se para tentar devolver ao parque sua antiga glória.[32]

PARCERIAS PARA RESTAURAR O PARQUE

Um desses grupos, o Central Park Community Fund, liderado por dois abastados financistas, George Soros e Richard Gilder, encomendou um estudo da gestão do parque em 1974. Publicado em 1976, o estudo ficou conhecido como Relatório Savas, por causa do nome do autor, E. S. Savas, então professor da Escola de Negócios de Colúmbia (e que depois ficou conhecido como uma das forças intelectuais por trás do movimento de privatização).[33] O relatório fazia três grandes recomendações: primeira, criar um Chief Executive Officer para o Central Park (e para os outros grandes parques da cidade) com plena responsabilidade pela operação dos parques (o que enfatizava a liderança colaborativa); segundo, estabelecer um Conselho de Guardiães do Central Park responsável por desenvolver um plano estratégico (ou uma estratégia abrangente) para o parque e para garantir sua implementação; e, terceiro, promover o empenho cívico (e a responsabilização comunitária) por meio do processo de planejamento, incluindo levantamento de fundos privados para realizar o plano estratégico.[34]

Em 1978, Edward I. Koch, prefeito recém-eleito de Nova York, estava certo em concentrar-se em restaurar a saúde fiscal da cidade, equilibrando o orçamento e estabelecendo um plano fiscal sustentável, de longo prazo, ao mesmo tempo que mantinha a cidade habitável e assim fazia sua economia crescer. Seu mantra para os comissários que nomeava para as agências era o mesmo, repetido *ad nauseam*: "Façam mais com menos!".[35] Para liderar o Departamento de Parques e Recreação [Department of Parks and Recreation], Koch escolheu Gordon Davis (fig. 5.2), advogado diplomado em Harvard com experiência prévia no governo da cidade de Nova York, tendo trabalhado no mandato do ex-prefeito John Lindsay.

Figura 5.2 O Comissário de Parques da cidade de Nova York, Gordon Davis (nomeado em 1978), recrutou o primeiro administrador do Central Park, Betsy (Barlow) Rogers. Os dois lideraram a revitalização do parque ao estabelecer a parceria com a Central Park Conservancy. Foto cortesia da CPC.

A resposta de Gordon ao "Façam mais com menos!" de Koch foi "Me dá um tempo!"[36] O que o comissário Davis queria dizer era que o financiamento dos parques já tinha sido cortado dramaticamente. A equipe do Departamento de Parques tinha caído de 8 mil funcionários no tempo de Moses para 2.500 em 1978, de modo que haveria poucas economias e muitos riscos potenciais em novos cortes. Davis, em vez disso, desenvolveu uma estratégia multidimensional baseada em descentralização, colaboração e parcerias, bastante alinhada com nosso modelo de investimento em valor social.[37]

Internamente, Davis promoveu uma abordagem de equipe descentralizada para gerenciar os parques da cidade, criando o cargo de comissário distrital de Parques [Borough Parks Commissioner], que agia como chefe executivo de todos os parques em cada um dos cinco distritos da cidade (também conhecidos como condados). Ele também nomeou um administrador para cada parque grande, o que se mostrou crucial para o futuro do Central Park. A fim de lidar com a crise de pessoal, Davis alavancou fundos complementares da Lei Abrangente de Emprego e Formação (Laef) para criar novos empregos nos parques que foram pagos integralmente pela Laef durante os primeiros 18 meses para cargos qualificados para fundos federais de formação profissional garantidos pela lei.

Ele também trabalhou com o escritório do prefeito para obter autorização para uma nova classificação empregatícia, os guardas de Parques Urbanos, que estava fora dos títulos existentes de serviço civil, o que permitiu que Davis trouxesse indivíduos dedicados, com boa formação e com capacidades de gestão, e com uma atitude de atendimento ao cliente. Novos uniformes e profissionais jovens e amigáveis como presença visível nos parques, especialmente no Central Park, ajudaram a projetar a realidade de que as coisas estavam melhorando.[38] Um desses guardas, Adrian Benepe, veio a se tornar comissário de Parques e Recreação no mandato de Michael Bloomberg. Essa estrutura paralela à da organização e da equipe do Departamento de Parques tradicional continuaria a expandir-se à medida que a gestão do Central Park passasse da operação direta pela prefeitura para a parceria intersetorial que hoje a gere.

BETSY ROGERS E A CONSERVANCY

Talvez a mais importante inovação do comissário Davis tenha sido sua decisão de contratar Elizabeth "Betsy" (à época Barlow) Rogers — uma jovem urbanista formada em Yale, escritora e especialista em Olmstead — como a primeira administradora do Central Park em 1979. Antes de sua nomeação, ela fora diretora do programa do Grupo de Trabalho do Central Park para estagiários de verão, que trabalhava próximo ao Departamento de Parques.

Como administradora, Rogers era diretamente responsável por todos os aspectos das operações diárias, exatamente aquilo que era recomendado pelo Relatório Savas. Ao assumir o cargo, Rogers fez algumas perguntas racionais: onde fica meu escritório? Qual o orçamento? E quais são minhas responsabilidades? Davis lhe disse que não sabia se havia escritório, que não havia orçamento e que iam descobrir quais eram as responsabilidades dela com o tempo.[39]

Rogers (fig. 5.3), que se dizia "insanamente zelosa" quanto à importância do Central Park para o futuro de Nova York, amava a missão de devolver ao parque sua antiga grandeza.[40] Foi Rogers (com total apoio do comissário Davis) quem desenvolveu a visão de uma parceria intersetorial para restaurar e manter o Central Park primariamente com dólares privados. Ela obteve e usou uma pequena doação da Fundação Vincent Astor para contratar um horticultor, estagiários de verão com alguma formação em horticultura e um ambientalista, e concluiu várias restaurações pequenas, mas visíveis, a fim de mostrar ao público e a doadores potenciais que o Central Park estava voltando.[41] Desde o começo, Rogers usou uma abordagem de liderança colaborativa, unindo a administração da cidade, o Departamento de Parques, financiadores externos, líderes comunitários e voluntários que tinham a paixão de ajudar a restaurar o Central Park.

Figura 5.3 Betsy (Barlow) Rogers, a primeira Administradora do Central Park, e primeira presidente e CEO da Central Park Conservancy (cargos que ocupou simultaneamente). Foto cortesia da CPC.

Um ano depois, Rogers tornou-se presidente da recém-criada Central Park Conservancy, unindo dois grupos de promoção importantes que já existiam: o Grupo de Trabalho do Central Park e o Fundo Comunitário do Central Park (organização semelhante àquilo que era recomendado pelo Relatório Savas). Rogers alavancou magistralmente doações privadas para somar aos dólares de impostos da prefeitura a fim de ajudar o governo a gerir o parque; continuou como administradora do Central Park enquanto servia ao mesmo tempo como presidente da CPC. Alguns correligionários sugeriram que ela não podia criticar a prefeitura quando fosse necessário e apropriado, já que ela também estava do lado da prefeitura na mesa. A resposta dela era: "Não quero ser crítica. Quero trabalhar com a prefeitura".[42] Nesse espírito, o prefeito Ed Koch garantiu à Conservancy que não reduziria o empenho financeiro da prefeitura com o Central Park caso mais dólares privados fossem arrecadados e dados ao Central Park pela CPC. Ao compartilhar o sucesso dessa maneira, a CPC construiu sua credibilidade junto aos doadores, que sabiam que suas doações iriam acelerar a restauração do parque e não apenas proporcionar alívio orçamentário às finanças ainda combalidas da cidade de Nova York.

Inicialmente, o governo da cidade forneceu praticamente todos os fundos operacionais do Central Park, e a Conservancy — que tinha menos de 30 funcionários ainda em 1985 — concentrou-se em financiar o projeto e na preparação de grandes projetos cruciais, prontos para execução imediata, como a restauração e a renovação do Gramado das Ovelhas, da Leiteria, da fonte Cherry Hill e do Castelo Belvedere.[43] A equipe sabia que precisava de um sucesso grande e visível logo no começo para mostrar que havia razões para acreditar que o parque poderia ser resgatado, e Davis queria que o Gramado das Ovelhas fosse esse símbolo. Esse projeto, porém, custava muito mais do que eles conseguiam sonhar em levantar naquele momento. Por acaso, aconteceu de Hugh Carey, governador do estado de Nova York, também estar procurando um projeto de grande visibilidade para sinalizar esperanças no futuro da cidade. Para surpresa de Davis, Carey também decidiu-se pelo Gramado das Ovelhas e garantiu fundos estaduais para a restauração.[44]

O comissário Davis e a administradora Rogers reconheceram desde o começo que estavam formando uma parceria intersetorial que poderia transformar o Central Park pelas décadas futuras. Também reconheceram que havia grandes riscos: conflitos entre as duas forças de trabalho, diferenças significativas a respeito de prioridades e de políticas públicas, e questões reais e percebidas quanto a entidades privadas terem qualquer espécie de controle sobre espaços públicos, especialmente um espaço público tão importante quanto o Central Park. Parcerias, e até PPPs mais tradicionais, eram um tanto incomuns nos Estados Unidos na época e praticamente desconhecidas para a operação de grandes parques públicos, de modo que Davis e Rogers mantiveram a relação tão informal quanto possível. "Nada de aluguel... nenhum licenciamento."[45] Embora atuassem constantemente como líderes colaborativos com equipes complementares mas distintas, eles retardaram a formalização da parceria até terem obtido do público participação e apoio suficientemente grandes.

Rogers também agiu com cuidado em questões que diziam respeito à localização dos dois grupos de trabalhadores, às diferenças de treinamento e ao equipamento. Ela notou que muitos trabalhadores do serviço civil eram mal treinados e desmotivados, e havia ressentimento. Como recordava Rogers, inicialmente os funcionários da Conservancy não eram bem-vindos no prédio do Departamento Municipal de Parques, e eram obrigados a usar um pequeno galpão de pesticidas como "quartel-general".[46] Rogers preferiu contratar novos trabalhadores por meio da CPC, sem a burocracia do funcionalismo público e sem negociações com sindicatos de funcionários da prefeitura. Mesmo assim, ela trabalhou duro para manter a integridade e o respeito; e, com o tempo, as duas forças de trabalho se uniram.

A CPC E BLONSKY ASSUMEM A LIDERANÇA

O paisagista Doug Blonsky passou a fazer parte do escritório de Projetos Capitais da Conservancy em 1985. Seu conhecimento técnico e sua paixão pelo trabalho de campo, junto com suas habilidades de coordenador, fizeram com que ele subisse a escada gerencial da organização — passando de supervisor de projetos de construção a chefe de operações e chegando ao cargo de Betsy Roger, administrador do Central Park. Seu conhecimento íntimo da gestão e da manutenção de parques forneceu-lhe as habilidades de liderança cruciais para o sucesso. Desde 2004, ele também tem o título de presidente e CEO da Conservancy, responsável não apenas pela gestão e pelas operações do parque, mas também por levantar fundos.

Como Rogers, Blonsky supervisionou equipes tanto da Conservancy quanto do Departamento Municipal de Parques. É um verdadeiro desafio criar times diversificados de trabalhadores de duas culturas muito diferentes e estabelecer um conjunto unificado e padronizado de procedimentos operacionais, descrições de trabalhos e papéis e responsabilidades. Ouvindo, aprendendo e depois liderando, Blonsky estabeleceu uma cultura comum de profissionalismo e de inovação que caracteriza até hoje a equipe combinada da CPC e do Departamento de Parques.

Blonsky implementou uma estratégia abrangente de gestão (processo importante numa parceria) na CPC chamada de Gestão de Zona, que divide o parque em 49 zonas geográficas para fins de gestão. Cada zona é liderada por um jardineiro de zona, que supervisiona os técnicos e os voluntários em campo. Cada qual é responsável por sua área, segundo padrões de manutenção estabelecidos num plano de gestão e restauração. No fim da década de 1980 e no começo da década de 1990, a Conservancy usou o planejamento estratégico e indicadores mensuráveis de performance e de responsabilização para definir o sucesso. Ela também usou o contínuo levantamento de fundos para enfim criar uma parceria formal com o Departamento Municipal de Parques. Como comentou Blonsky,

> Éramos muito bons para ter os projetos preparados e prontos para a execução. Fazíamos os desenhos, completávamos os planos e, então, no fim do ano fiscal, a Prefeitura ia até o Departamento de Parques e dizia, "Temos esse balde de dinheiro, vocês têm algum projeto aí pronto?". Nós tínhamos, e esse se tornou um jeito realmente ótimo de conseguirmos que dinheiro da prefeitura fosse investido no parque, alavancado pelos dólares privados que usamos para os desenhos e planos.[47]

Em 1987, a Conservancy lançou sua primeira campanha de capital, que levantou US$ 50 milhões. Embora melhorias significativas no parque tivessem sido obtidas ao longo dos anos 1980, uma desaceleração na economia da cidade levou a grandes cortes na equipe e na manutenção do Departamento de Parques. Havia atrasos em projetos capitais e ficou mais difícil levantar doações privadas. Em 1990, Rogers disse: "Esta é a época mais difícil que vimos em 10 anos. O Grande Gramado é [outra vez] um grande barro, e o lago está quase completamente assoreado".[48]

Em resposta, Richard Gilder criou uma doação-desafio em 1993, a fim de apoiar a Conservancy e a cidade em sua segunda "Campanha Maravilha de Nova York". Essa campanha chegou ao objetivo de US$ 51 milhões — US$ 17 milhões de Gilder, US$ 17 milhões da prefeitura e US$ 17 milhões levantados pela CPC junto a outros doadores. A partir deste momento, a Conservancy forneceria ao menos ⅔ do orçamento de capital para o parque e uma parte cada vez maior do orçamento operacional e da equipe.[49]

Embora o crime na cidade tenha continuado a aumentar até 1990, o trabalho da Conservancy, ao começar a retomar e a reconstruir o Central Park, forneceu um símbolo bastante visível de esperança para a cidade como um todo. David Dinkins, prefeito de então, obteve financiamento do estado para aumentar significativamente o número de policiais fazendo patrulha por meio de sua iniciativa "Ruas seguras, cidade segura" [Safe Streets, Safe City]. Em 1994, a inovação da CompStat de Bill Bratton, comissário do Departamento de Polícia de Nova York (cap. 11), começou a reduzir significativamente o crime e a restaurar a qualidade de vida naquilo que se tornaria a cidade grande mais segura das Américas. Sob muitos aspectos, o trabalho da CPC no Central Park e o trabalho do Departamento de Polícia nas ruas da cidade foram esforços que se reforçaram mutuamente para tornar a cidade de Nova York outra vez habitável.

A colaboração entre a CPC e Nova York tornou-se uma parceria formal e estruturada em um contrato assinado em 1998. No acordo, de oito anos, a Conservancy, liderada por Doug Blonsky, administrador do Central Park, e por Ira Millstein, presidente da CPC, reportava-se a Henry Stern, comissário do Departamento de Parques no mandato do prefeito Rudolph Giuliani. A prefeitura contribuiria com até US$ 4 milhões anuais (a média era de US$ 3,7 milhões no contrato inteiro), contrastando com cerca de US$ 3 milhões na relação informal. Em troca, a CPC assumiria a plena responsabilidade pela operação e pela manutenção do parque, incluindo despesas operacionais que ultrapassassem a contribuição da cidade, e quase todos os custos de capital viriam do levantamento de fundos da CPC.[50] Blonsky não via problema no acordo porque realmente via o orçamento do parque como um grande pote. A CPC não era dona dos ativos. Para ele, criar e manter um grande parque era uma combinação de restauração de capital e de manutenção, de cortar a grama, de poder árvores e arbustos, de catar muito lixo, de segurança e de atendimento ao cliente. Para Blonsky, era um trabalhão, com um orçamentão.

Mesmo naquela época, houve quem receasse que a dependência da CPC de levantar fundos (e o sucesso em levantá-los) fosse tirar recursos públicos e privados do resto dos parques no sistema. Esses receios persistem ainda hoje, mas o verdadeiro compartilhamento de sucesso e a operação suave da parceria continuam a atrair muito mais elogios e apoio do que críticas. Do lado da prefeitura, como disse o vice-comissário de Parques Robert Garafola, a prefeitura ainda é dona do parque e o controla. Ela tem um contrato com a CPC para a gestão do parque e o Departamento de Parques garante o cumprimento do contrato e as operações mútuas.[51]

A CPC e a cidade de Nova York renovaram o contrato para operar o Central Park em 2006 por mais oito anos, e em 2013 para ainda mais oito anos, no que serão 24 anos de parceria formal e 19 anos de colaboração informal (1979-1998). Em 2017, a CPC forneceu aproximadamente 75% do orçamento operacional anual de US$ 67 milhões do Central Park. Desde 1980, a CPC investiu US$ 950 milhões no parque.[52]

GARANTINDO A SUSTENTABILIDADE DAS MELHORIAS

A liderança da CPC ressaltou uma abordagem estratégica de longo prazo desde o primeiro dia. Um relatório de 1985 encomendado pela CPC, "Reconstruindo o Central Park: um Plano de Gestão e de Restauração" tornou-se a base de uma estratégia abrangente para revitalizar e manter o Central Park. Essa abordagem estratégica, combinada com o sucesso de projeto a projeto e com a manutenção superior contínua, incentivou cada vez mais doadores privados, fundações e empresas a investir em reconstruir e em restaurar o Central Park (fig. 5.4).

Após as duas primeiras campanhas, de 1987 e de 1993, a Conservancy lançou a terceira, a Campanha pelo Central Park. Essa campanha terminou em 2008, tendo levantado US$ 120 milhões, o que permitiu que a CPC financiasse a implementação contínua do plano de restauração de 1985.[53] Além disso, a Conservancy criou uma dotação que, espera-se, encerrará definitivamente a história de declínio e de restauração cíclicos.[54] Em 23 de outubro de 2012, John A. Paulson (gestor de um fundo de investimentos) anunciou uma doação de US$ 100 milhões para a Central Park Conservancy, a maior doação na história do sistema de parques da cidade. Metade da doação foi para o apoio operacional de longo prazo, e a outra metade, para melhorias de capital.[55]

No verão de 2016, a CPC anunciou um ambicioso plano de 10 anos e US$ 300 milhões: "Para Sempre Verde: Garantindo o Futuro do Central Park".[56] A nova campanha ajudará a atender a necessidade contínua e crescente de manutenção num grande parque que agora também enfrenta a desafiadora realidade de mais de 40 milhões de visitantes, muitas vezes 250 mil num único dia. Entre os projetos a serem financiadaos pela nova campanha, estão a restauração do Castelo Belvedere, a dragagem e os reparos da Ravina nos Bosques do Norte, a troca e a revitalização de boa parte da Concha Acústica Naumburg, a restauração da Leiteria, em péssimo estado, e muitas outras necessidades urgentes de infraestrutura, como a melhoria dos sistemas de irrigação e de drenagem. Menos de um ano depois da campanha, o objetivo foi elevado para US$ 500 milhões, com aproximadamente US$ 300 milhões planejados para projetos capitais e US$ 200 milhões para apoio operacional e para a dotação. O projeto do calendário do orçamento de capital inclui a possibilidade de ser acelerado ou esticado, dependendo do tamanho da dotação e das demandas do orçamento operacional.[57]

Figura 5.4 O Grande Gramado (*a*; foto de Sara Cedar Miller) e o Castelo Belvedere (*b*; foto cortesia da CPC), foram plenamente restaurados graças ao sucesso e às operações sustentáveis da parceria entre os Parques Municipais de Nova York e a Central Park Conservancy.

AJUDANDO OUTROS PARQUES NA CIDADE E NO MUNDO

Ao longo dos últimos anos, a CPC criou e expandiu um novo programa, o Instituto de Parques Urbanos [Institute for Urban Parks], a fim de compartilhar o conhecimento e as ferramentas desenvolvidas ao longo de quase 40 anos de restauração e de manutenção do Central Park. O instituto forma e treina os usuários e gestores de parques urbanos na maneira como cuidar dos parques urbanos de Nova York, dos Estados Unidos e do mundo, por meio de mais de uma dúzia de seminários de gestão e de webinários anuais. O instituto também desenvolve programas e experiências educativas para crianças e suas famílias sobre a importância de parques urbanos, de como funcionam os ecossistemas e de como tornar-se usuários responsáveis e guardiães de parques urbanos.[58]

Além disso, o instituto oferece aprendizados, estágios e bolsas para aspirantes a gestores de parques. Serviços de consultas, incluindo manuais detalhados e sessões de treinamento sobre gestão de lixo, reciclagem e manutenção de grama, são oferecidos a gestores e a funcionários de parques na cidade inteira e em toda a região. O programa Equipe dos Cinco Distritos [Five Borough Crew] da Conservancy apoia 15 locais de parques urbanos em torno de Nova York, incluindo serviços diretos, programas de treinamento e planos de gestão. Apenas em 2014, a Conservancy gastou mais de US$ 2,6 milhões em serviços prestados a outros parques.[59]

Em 2015, o Instituto de Parques Urbanos da CPC começou a trabalhar com alunos e professores da Escola de Assuntos Internacionais e Públicos [School of International and Public Affairs] da Universidade de Colúmbia num programa piloto de formação, treinamento, exame e certificação para o Certificado em Gestão de Parques Urbanos (CGPU). Três turmas inaugurais sucessivas trabalharam na construção do programa piloto, e, na primavera de 2016, a CPC comprometeu-se a lançar uma turma de teste piloto para certificação durante 2017-2018.[60]

Em junho de 2016, a CPC e a Forest Park Forever, de St. Louis, realizaram em Nova York um Fórum Nacional sobre Sustentabilidade de Parques Urbanos e Parcerias Público-Privadas. Sete *conservancies*, uma aliança e uma fundação juntaram-se para explorar como poderiam trabalhar coletivamente para proteger e melhorar seus próprios parques ao longo das gerações futuras e compartilhar seu conhecimento com gestores de parques urbanos públicos e privados.

REDEFININDO O SUCESSO HÁ QUASE QUATRO DÉCADAS

Desde 1979, o Departamento Municipal de Parques de Nova York e a Central Park Conservancy associam-se para resgatar, restaurar e melhorar o Central Park para o povo de Nova York e para milhões de visitantes do mundo inteiro. Em 1978, Gordon Davis assumiu como comissário de Parques quando ele e Betsy Rogers eram talvez as únicas pessoas que conseguiam visualizar aquilo de que desfrutamos hoje. Trabalhando juntos como líderes visionários, coordenados e colaborativos, Rogers e Davis forjaram aquilo que se tornou um modelo para notáveis parcerias intersetoriais como aquelas perfiladas e analisadas neste livro.

O sucesso da parceria vai além das fronteiras do Central Park. A economia da cidade estimula a restauração do parque todo dia, e os benefícios são muito maiores do que aqueles gerados pelos gastos dos turistas que visitam o parque durante suas estadias. Um estudo de 2007 verificou que o Central Park, revitalizado, acrescentou US$ 17,7 bilhões para os valores imobiliários em torno do parque, e um ágio de 18%, ou cerca de 8,1% do valor imobiliário total para toda Manhattan.[61] As estimativas anuais de atividade econômica e de arrecadação geradas para a cidade pelo Central Park ultrapassavam US$ 1 bilhão.[62] Em 2015, um estudo atualizado do impacto econômico estimou que o Central Park acrescentara US$ 26 bilhões aos valores imobiliários em volta do parque, e os impostos e as taxas pagas ao governo da cidade de Nova York atribuíveis à Conservancy e a empreitadas relacionadas com o Central Park chegaram a mais de US$ 1,4 bilhão apenas em 2014. A Conservancy, por si, emprega mais de 450 pessoas, com uma folha de pagamento de US$ 21,4 milhões.[63]

A CPC e o Central Park revitalizado fazem muito mais do que gerar tributos adicionais e aumentar valores imobiliários na área, por mais importante que isso seja para os nova-iorquinos. Em 2014, os 41,8 milhões de visitantes do parque incluíram 8,3 milhões de visitantes de fora dos Estados Unidos e 13,7 milhões de fora da região metropolitana, sustentando quase 1.900 empregos de tempo integral equivalentes e mais de US$ 200 milhões em rendimento econômico. Igualmente importante, os habitantes de Nova York fizeram aproximadamente 27 milhões de visitas ao Central Park em 2014 para atividades de exercícios, de recreação, culturais e de entretenimento, além de apreciar silenciosamente a natureza.[64]

Hoje o Central Park é valorizado por todos, um espaço que é tanto um refúgio da cidade que nunca dorme quanto um espaço livre e aberto desfrutado por muitos do mundo inteiro. Apesar do uso pesado, a atitude de tolerância zero da Conservancy para com lixo e pichações mudou a maneira como as pessoas agem no parque. Nas palavras da Conservancy, "o ideal americano de um grande parque público e sua importância como lugar para modelar e moldar o comportamento público e para aprimorar a qualidade de vida para todos os seus cidadãos outra vez define a medida de um grande município".[65]

Por meio dos esforços do Instituto de Parques Urbanos, a CPC está compartilhando suas receitas de sucesso com departamentos de parques, *conservancies* e aspirantes a profissionais e a voluntários de parques do mundo inteiro.[66]

A HIGH LINE

Logo do outro lado da cidade, e algumas quadras ao sul, "um par de zés-ninguém... empreendeu [uma] missão impossível":[67] usar as estratégias da Central Park Conservancy para criar um novo parque urbano acima de uma ferrovia elevada abandonada naquilo que então era um bairro difícil do West Side de Manhattan (fig. 5.5). Alguns anos depois, hoje existe um parque público conhecido como High Line, gratuito e aberto a todos. Já visitada por milhões de pessoas da cidade e do mundo, a High Line é uma parceria entre o governo da cidade de Nova York e a Friends of the High Line. Assim como o Central Park, a High Line é operada pela Friends of the High Line, e a maior parte dos fundos operacionais vem de doações privadas.

A Linha do West Side um dia foi uma linha ferroviária comercial muito ativa no lado oeste de Manhattan, atendendo fábricas, frigoríficos, leiterias e lojas de secos e molhados na área. A Western Electric construiu telefones ao lado das ferrovias, e depois a Bell Telephone Laboratories fez pesquisas ali até 1966, quando transferiu-se para Nova Jersey. Quando os caminhões tomaram o lugar dos trens como método primário de distribuição nas décadas de 1950 e de 1960, o tráfego na West Line caiu vertiginosamente. Em 1960, a seção mais ao sul da West Line foi demolida. Em 1980, a Conrail parou de usar a metade restante da linha.[68]

Durante a década de 1970, uma tentativa de reutilizar a linha para o trânsito de passageiros fracassou, e aumentou o apoio para a demolição da estrutura ferroviária elevada. Ao mesmo tempo, os residentes do bairro começaram a

Figura 5.5 A High Line como linha ferroviária ativa na década de 1930 (*a*; foto de Fred Doyle); e abandonada e recoberta na década de 1980 (*b*). Foto cortesia da Friends of the High Line.

interessar-se pelo "jardim" selvagem natural que crescia ao longo da ferrovia. Em 1999, o governo da cidade de Nova York estava pronto para aprovar a demolição dos trilhos elevados que iam do norte da rua Gansevoort até a rua 34, passando por Chelsea e pelo West Village.

Um grupo de residentes, de preservacionistas, de naturalistas e de artistas do bairro teve outra ideia. Liderados pelos residentes Joshua David, redator e editor *freelancer* de revistas, e por Robert Hammond, que trabalhava para várias *start-ups* empreendedoras, eles formaram uma organização sem fins lucrativos chamada Friends of the High Line.[69] Em quase todos os aspectos, a criação e a maturação da Friends of the High Line refletem aspectos importantes de parcerias e de liderança intersetoriais colaborativas, as quais analisamos no capítulo 6.

Inicialmente, David e Hammond concentraram-se em apenas preservar a estrutura ferroviária. Usando a Central Park Conservancy como modelo, o grupo determinou que a melhor maneira de preservar a estrutura era levantar fundos privados e públicos para converter e operar o espaço como um parque linear e elevado, semelhante à Promenade Plantée em Paris (também construída numa ferrovia abandonada).[70] Um programa federal permitiria que a companhia ferroviária CSX transferisse a propriedade para a cidade de Nova York para fins de parque.[71] Se a cidade decidisse por isso, poderia trabalhar com a Friends of the High Line para desenvolver um bairro residencial e comercial revitalizado em torno do novo parque público.[72]

Fortuitamente, havia uma conexão pessoal entre a Friends of the High Line e a CPC — as famílias de Robert Hammond e de Betsy Rogers eram amigas desde tempos anteriores em San Antonio, Texas. Como disse Robert Hammond, "Betsy Barlow Rogers e a Central Park Conservancy sempre foram modelos para nós. O parque deles já existia, mas um grupo de cidadãos privados tinha aparecido, salvado-o da ruína, e depois tinha passado a geri-lo e a operá-lo, levantando a maior parte dos fundos para fazer isso".[73]

A fim de convencer a cidade de acompanhar sua visão, a Friends of the High Line precisaria encontrar um jeito de financiar tanto a construção quanto as operações e a manutenção continuadas. John Alschuler, consultor imobiliário bem considerado e nacionalmente conhecido (que posteriormente tornou-se presidente do conselho), assessorou a equipe da Friends na estruturação do projeto. Desenhá-lo como uma parceria intersetorial poderia entregar o parque e o espaço aberto a um custo menor do que a cidade poderia por conta própria, e, ao longo do tempo, traria um "lucro" significativo para a cidade, financeiramente falando, nos termos do aumento gradual de valores imobiliários, de desenvolvimento econômico, de turismo e de maiores renda, vendas e impostos sobre propriedades. Seria o mesmo efeito Central Park, que um estudo similar do Central Park encontrara.[74] Especificamente, o estudo de Alschuler verificou que, se a High Line seria cara de construir (sua primeira estimativa era baixa, prevendo apenas US$ 65 milhões), ela geraria uma arrecadação adicional significativa para a cidade durante os primeiros 20 anos de operação.[75] Originalmente, esse aumento em renda foi estimado em US$ 140 milhões e depois foi revisado para US$ 900 milhões, indicando a quantidade de valor inesperado destravado pela parceria.[76]

Alschuler tinha muita fé no poder das parcerias intersetoriais para construir e manter grandes cidades. Ele observava que o sistema de metrô da cidade de Nova York e os sistemas ferroviários regionais foram construídos com capital privado e agora são mantidos e operados por autoridades públicas. O Central Park foi construído e mantido originalmente com capital público, e foi restaurado e agora era mantido e melhorado primariamente com capital privado e gerido por uma entidade sem fins lucrativos. Ele acreditava que a High Line poderia seguir o mesmo plano comprovado de sucesso sustentável.[77]

O governo da cidade de Nova York, no mandato do prefeito Rudolph Giuliani, não favoreceu a visão da Friends para a High Line; aliás, a prefeitura já tinha iniciado planos de demolir a estrutura elevada. A Friends of the High Line entrou com um processo para impedir a ação, mas o governo da cidade nunca deu um passo. Os ataques de 11 de setembro de 2001 ocuparam a atenção do prefeito Giuliani e de sua equipe pelo resto de seu mandato.

Em janeiro de 2002, Michael Bloomberg, o novo prefeito, assumiu o cargo com a revitalização do sul de Manhattan como uma de suas grandes prioridades. Como empresário de sucesso, ele já estava ciente dos benefícios potenciais das parcerias intersetoriais, e era e é um grande apoiador da Central Park Conservancy. Ainda candidato, Bloomberg manifestara apoio pela High Line.[78] No começo de 2002, Bloomberg, sua vice Patricia E. Harris, o vice-prefeito para desenvolvimento econômico Dan Doctoroff, Amanda Burden, presidente da Comissão Municipal de Planejamento, e o comissário de Parques Adrian Benepe, todos tornaram-se apoiadores ativos do projeto da High Line.[79]

"O CENTRAL PARK DA NOSSA GERAÇÃO"[80]

A fim de capturar a atenção do público, em 2003 a Friends of the High Line lançou uma divertida competição em busca das melhores ideias para reutilizar a antiga ferrovia. O primeiro lugar para a melhor ideia foi para a construção de uma piscina esportiva que seguisse todo o comprimento de cerca de três quilômetros; o segundo lugar foi para uma montanha-russa da mesma extensão. Embora muitas das ideias fossem bobas, o principal objetivo — dirigir atenção para a High Line e empenhar a comunidade — foi bem-sucedido. Uma competição formal de *design* em 2004 selecionou James Corner Field Operations, Piet Oudlof e Diller Scofidio + Renfro como líderes do projeto paisagista.[81] A equipe tinha essencialmente uma tela em branco — mas desafiadora — na qual trabalhar.

Segundo Amanda Burden, a prefeitura considerava a Promenade Plantée em Paris um modelo e mandou a equipe de *design* visitá-la.[82] A Promenade Plantée segue o antigo caminho da ferrovia de Vincennes, que ligava a estação Bastille a Verneuil-l'Étang até 1969, sendo depois substituída por outra linha regional. Na década de 1980, a Promenade Plantée inteira foi reconstruída e a estação Bastille foi demolida e trocada pelo Opéra Bastille. O paisagista Jacques Vergely e o arquiteto Philippe Mathieux desenharam o parque para reutilizar a linha abandonada entre a Bastilha e o antigo portão da cidade em Montempoivre. As lojas abaixo do parque foram renovadas no final da década de 1980 e a Promendade Plantée foi oficialmente inaugurada em 1993.[83]

A Promenade Plantée foi uma abordagem interessante para o desenvolvimento da High Line. O governo da cidade de Nova York deu certos passos para viabilizar o parque e para garantir que a reconstrução tivesse um efeito econômico grande e positivo para a cidade como um todo, e criasse um bairro vibrante e diverso. Separado anteriormente para a indústria leve (a ponta sul é amplamente conhecida como Meatpacking District [Distrito dos Frigoríficos]), o novo distrito Special West Chelsea (da rua 16 à rua 30, entre a 10ª e a 11ª avenidas) permitiu uma mistura de indústria e de galerias de arte, e de construções residenciais e comerciais. A fim de obter o apoio de proprietários privados abaixo ou ao lado do parque elevado proposto, esses proprietários poderiam desenvolver seus direitos de construção a propriedades na 10ª e na 11ª avenidas, permitindo que os construtores fossem mais alto e assim ganhassem mais dinheiro.[84]

Esse aspecto do projeto foi crucial e substancial. Mudanças de zoneamento para permitir maior densidade e usos mais lucrativos de construções atraíram um investimento privado significativo, assim como as taxas e impostos imobiliários sobre valorizações imobiliárias maiores, as quais tornaram a High Line viável e sustentável financeiramente. Além disso, houve um bônus de zoneamento para exceder os limites de altura da zona, desde que o construtor pagasse uma taxa de US$ 50 por pé quadrado para o Fundo de Aprimoramento da High Line. Isso foi atraente, já que a taxa de mercado na área era de muitas centenas de dólares por pé quadrado. Para a cidade, as taxas e o impostos de valores imobiliários maiores ajudariam a financiar os custos de capital de longo prazo do parque. Os proprietários de uma grande construção na área — o Chelsea Market — convenceram a Comissão Municipal de Planejamento a expandir o distrito para o norte a fim de incluí-los. Em troca, o construtor concordou em pagar cerca de ⅓ da taxa de US$ 19 milhões para moradias acessíveis e programas educativos para moradias públicas no bairro.[85] No geral, o plano de financiamento da High Line levou a um portfólio importante de investimentos substanciais e complementares necessários para ajudar a superar limitações fiscais comuns de projetos "públicos".

CONSTRUINDO UM LUGAR ESPECIAL

A construção do projeto foi complicada pelo número de parceiros envolvidos. Superficialmente, tratava-se de uma parceria entre a Friends of the High Line e o governo da cidade de Nova York; na prática, Nova York envolveu quatro agências distintas — o Departamento de Parques e Recreação de Nova York, o Departamento Municipal de Planejamento, a Corporação de Desenvolvimento Econômico de Nova York e o Escritório do Prefeito. Apesar dos desafios de cinco assinaturas em cada questão significativa do projeto, como se prédios novos vendidos a preço de mercado deveriam ter entradas para o parque, e questões não tão importantes (quanto bancos de 12 ou 18 polegadas de largura), a construção da primeira seção começou em 2006. Essa primeira seção, de Ganesvort até a rua 20 Oeste, foi aberta ao público em 2009.[86]

Também em 2009, a Friends of the High Line assinou um acordo formal de licença de parceria com a Prefeitura de Nova York. No acordo, a prefeitura seria dona da estrutura elevada, em troca de financiar totalmente as três fases de construção e restauração. A Friends of the High Line concordou em levantar fundos de origens privadas para cobrir 90% dos custos anuais de operação e de manutenção do parque, dos programas públicos e de assistência comunitária.[87] Não é surpreendente que o acordo espelhe o acordo entre a cidade e a Central Park Conservancy.

Mesmo em 2009, a cidade de Nova York não tinha os recursos para financiar e gerir adequadamente os parques que já tinha (fig. 5.6). Ao mesmo tempo, muitos dos doadores que tinham ajudado a sustentar o projeto desde o começo só continuariam a contribuir se a visão e os compromissos da organização Friends tivessem um papel importante em suas operações. Assim, como disse Joshua David,

Nem Robert nem eu jamais achamos que ficaríamos de lado. Porém, ocupar em última instância o papel central, como o da Central Park Conservancy, significaria ir à frente e tornar-se o financiador primário do parque — basicamente, para sempre... Estávamos criando uma organização que almejava gerir um parque público em Nova York.[88]

Figura 5.6 Joshua David e Robert Hammond, fundadores da Friends of the High Line, antes de as transformações começarem. Foto de Joan Garvin, cortesia da Friends of the High Line.

A segunda seção do parque, da rua 20 Oeste até a rua 30 Oeste, foi aberta ao público em 2011. A construção das duas seções do parque custou, em conjunto, pouco mais de US$ 152 milhões,[89] dos quais quase 75% foram fornecidos pela prefeitura e mais ou menos a metade do resto por fontes de financiamento privadas e do governo federal (o estado de Nova York contribuiu com US$ 400 mil).[90] A terceira seção, conhecida como Rail Yards, abriu em setembro de 2014 e vai da rua 30 Oeste até a rua 34, e sua construção custou cerca de US$ 75 milhões.[91] Nas palavras do crítico Michael Kimmelman, do *New York Times*, "a fase 3, assim como o resto da High Line, custou mais por acre do que provavelmente qualquer parque na história humana".[92] Ao mesmo tempo, ele também disse: "Se a nova e última faixa da High Line não fizer você se apaixonar de novo por Nova York, realmente não sei o que dizer".[93]

O que ele não disse foi que cada vez mais o custo de criar e de manter a High Line era pago por contribuições privadas levantadas pela Friends of the High Line. Incentivados por Alex von Furstenberg, membro do conselho da Friends of the High Line, sua mãe, Diane von Furstenberg, e o marido dela, Barry Diller, visitaram uma exposição sobre a High Line em cartaz no Museum of Modern Art (MoMA). Logo seguiu-se uma proposta de financiamento. Antes do fim de 2005, von Furstenberg e Diller prometeram US$ 5 milhões de apoio.[94] Em 2008, apesar do começo da crise econômica mundial (com contribuições caritativas secando na cidade inteira), a família Diller-von Furstenberg fez uma doação-desafio de US$ 10 milhões.[95]

Em 2011, o prefeito Michael Bloomberg anunciou que a Fundação Familiar Barry Diller-Diane von Furstenberg estava fazendo uma doação de US$ 20 milhões para pagar pelo *design* da terceira fase e preparar uma dotação para o parque (isso além das doações anteriores).[96] Foi a maior doação jamais dada a parques de Nova York naquela época, antes da doação de US$ 100 milhões ao Central Park por John Paulson. Além de levantar fundos substanciais para despesas capitais e para uma dotação, a Friends of the High Linne continua a cobrir quase todo o orçamento operacional anual do parque.[97]

Assim como no caso do Central Park e da CPC, autoridades de prefeituras e construtores do mundo inteiro — de Roterdã, Hong Kong, Jerusalém, Singapura, Chicago, Memphis e Atlanta, para citar apenas alguns[98] — estão vindo ver a High Line, tanto pelo modelo de parceria quanto por seu projeto inovador e espetacular. A parceria formal entre a prefeitura e a Friends of the High Line é extremamente importante e é uma chave do vasto sucesso da High Line. John Aschuler, presidente emérito do conselho, também ressalta a importância do envolvimento comunitário. A parceria mais importante aqui é entre cidadãos apaixonados e empenhados e seu governo. Essas parcerias são econômicas. Estão dentro da lei. São cívicas. São maneiras para a paixão dos cidadãos empenhar-se na democracia que reflete seus valores.[99]

TODAS AS COISAS PARA TODAS AS PESSOAS?

A High Line já atraiu mais de 20 milhões de visitantes do mundo inteiro, e a organização Friends trabalhou duro para ser uma boa vizinha, como é parcialmente demonstrado pelos mais de 450 programas e eventos públicos realizados anualmente. Novos vendedores sazonais de comida servem refeições diárias para turistas e para pessoas que vivem e trabalham na comunidade. Mais de 120 artistas do mundo inteiro exibiram seus trabalhos no parque. Ele é também um jardim público, com mais de 350 espécies de perenes, gramas, arbustos, videiras e árvores, com muitos espaços para caminhar, sentar-se, ler, conversar, olhar o movimento, pintar, tirar fotos, ou apenas pensar. Por causa dos fortes esforços público-privados necessários para criar e para sustentar a High Line, hoje ela é um parque gratuito e público de propriedade da Prefeitura de Nova York.[100]

Assim como Alschuler previra, a High Line está se mostrando um ótimo investimento financeiro para o governo da cidade de Nova York e para os pagadores de impostos (fig. 5.7). As autoridades da prefeitura estimam que as primeiras duas seções, sozinhas, tenham gerado mais de US$ 2 bilhões em construções novas ou planejadas.[101] Em 2016, o *Wall Street Journal* reportou que a High Line estava tendo um "efeito halo" nas propriedades ao longo do parque, com preços de revenda 10 pontos percentuais acima de propriedades a apenas poucas quadras de distância.[102] Em 2016, quando os preços de revenda estavam abrandando por toda Manhattan, os preços perto da High Line (e do Central Park) continuaram a subir. Mais restaurantes e lojas atendiam o bairro, mais a área mantém sua imagem de "bacana".[103]

Figura 5.7 A High Line, como aparece agora, após sua renovação completa. Foto cortesia da Friends of the High Line.

Vinte apartamentos na vizinhança da High Line foram vendidos por US$ 10 milhões ou mais desde 2009, e o preço médio dos apartamentos subiu de US$ 1.000 por pé quadrado em 2009 para entre US$ 2 mil e US$ 3 mil em 2016. Em 2016, havia 11 projetos com 155 apartamentos sendo construídos, e nove mais, com 751 apartamentos, sendo planejados.[104] Interessante é que a área do parque da High Line criou a fama de área familiar, e os construtores estão produzindo apartamentos de tamanho familiar para atender essas necessidades. Segundo especialistas imobiliários, famílias que anteriormente concentravam suas buscas por casas em bairros familiares tradicionais no Upper East Side e no Upper West Side agora também estão olhando a High Line como local preferencial.[105]

A construção imobiliária em Nova York é muitas vezes controversa e política. Antes da High Line, Chelsea, o bairro em torno, provocava imagens de um lugar onde prostitutas eram uma visão familiar nas ruas em todas as horas do dia, onde drogas eram vendidas abertamente e com frequência acompanhadas por crimes violentos, e a notória gangue criminosa Westies vinha aventurar-se, vindo de Hell's Kitchen, ali do lado. O bairro continuou a melhorar à medida que a High Line foi construída e completada, e muitos observadores se preocuparam com preços crescentes, densidades maiores e gentrificação. John Alschuler viu as coisas de outro jeito.

> Uma das coisas grandiosas sobre Nova York é que nós todos coexistimos como parte de uma vizinhança diversa. É uma das razões pelas quais a habitação pública é tão essencial, [de forma] que, quando bairros tais como West Chelsea fazem transição, há importantes blocos de habitação que serão perpetuamente dedicados a pessoas de renda baixa ou moderada e a seu futuro num bairro diversificado.

Mesmo à medida que os bairros em torno da High Line continuem a atrair novos investimentos comerciais e residenciais (o que alguns chamariam de gentrificação), o bairro da High Line continua a ser o lar longevo e permanente de três grandes construções da Autoridade Municipal de Moradia de Nova York, com um total de 2 mil apartamentos. A Chelsea Houses tem dois prédios de 21 andares em 1,71 acres, inaugurados em 1964, localizados na 9ª avenida, entre as ruas 25 e 26. A Chelsea Houses Addition é uma torre de 14 andares para cidadãos da terceira idade completada em 1968, num lote de um acre na fronteira do Chelsea Park na rua 26 Oeste e da 10ª avenida. Elliott Houses, quatro arranha-céus, inaugurados em 1947, cobrem 4,7 acres entre a rua 25 Oeste, a 9ª e a 10ª Avenidas, e o Chelsea Park, e tira seu nome de John Lovejoy Elliott, que era apaixonado por um dos piores bairros da cidade e se tornou uma grande força para que as construções Elliott e Chelsea fossem feitas. Ele foi o fundador da Hudson Guild, que opera um programa de colônia de férias de verão para crianças da área. A Fulton Houses, 11 prédios que têm entre seis e 25 andares, foi inaugurada em 1965 em cinco acres localizados na 9ª Avenida entre as ruas 16 e 19 Oeste. O projeto tem o nome de Robert Fulton, que produziu o primeiro barco a vapor utilizável, o *Clermont*; sua primeira viagem bem-sucedida foi de New Harbor a Albany, cruzando o rio Hudson.[106]

Embora o bairro hoje tenha um dos maiores níveis de desigualdade da cidade, o grande número de unidades habitacionais públicas na comunidade também o torna um dos mais diversos economicamente. Graças ao empenho cívico vigilante e a políticas públicas responsáveis, os locais de moradias públicas nunca foram seriamente ameaçados de transferência de local, nem há nenhuma ameaça iminente. Um estudo de 2015 verificou que os residentes de moradias públicas da área beneficiam-se de ruas mais seguras e de escolas melhores, e as rendas dos residentes estão aumentando, provavelmente graças a melhores oportunidades de emprego no bairro. Os residentes também aproveitam os vários eventos gratuitos de entretenimento organizados pela Friends of the High Line. Mesmo assim, os residentes de muito tempo sentem falta das várias lojas locais cujos espaços hoje são ocupados por lojistas e restaurantes mais sofisticados. Muitos residentes precisam distanciar-se bastante do bairro para comprar itens mais baratos de mercearia e para encontrar restaurantes mais acessíveis.[107]

No geral, parece que a maior parte das pessoas acha que as coisas estão melhores para os residentes das moradias públicas como resultado da High Line e do desenvolvimento que ela trouxe. Como disse ao *New York Times* o vice-presidente da associação de locatários da Elliot Houses (e presidente do comitê consultivo da Hudson Guild), “Prefiro Chelsea como está hoje. Tem mais gente. Está mais clara, mais bonita, mais convidativa do que era. Temos muita sorte de poder ficar nas moradias e esperamos que elas não desapareçam”.[108]

PARQUES MELHORES POR MEIO DA LIDERANÇA COLABORATIVA

O renascimento do Central Park e a criação da High Line são sucessos realizados por parcerias intersetoriais e por uma licença colaborativa excepcional. Nenhum dos dois parques existiria se não fosse por autoridades esclarecidas (e pelos cidadãos que as apoiam), como Frederick Law Olmstead, administrador de Parques, o prefeito Fiorello La Guardia, o comissário de Parques Robert Moses, o comissário de Parques Gordon Davis, os prefeitos Ed Koch, David Dinkins, Rudy Giuliani e Michael Bloomberg, e os comissários de Parques Henry Stern e Adrian Benepe. Porém, mesmo com seus melhores esforços, até cidades com grandes receitas como Nova York simplesmente não têm os recursos para sustentar grandes parques com constância, e o apoio de parceiros e doadores privados mostrou-se indispensável.

As parcerias com a Central Park Conservancy e com a Friends of the High Line salvaram um grande parque e construíram um novo, graças a um grande número de doadores constantemente generosos e a um número de líderes incansáveis e colaborativos, destacando-se Betsy Rogers, Doug Blonsky e Ira Millstein no caso do Central Park, e John Alschuler, Joshua David, Robert Hammond e Phil Aarons no da High Line. A cidade não fez isso sozinha, nem poderia. O mesmo pode ser dito a respeito do Battery Park, Prospect Park, Brooklyn Bridge Park, Bryant Park e muitos outros grandes parques, do Forest Park em Saint Louis ao Golden Gate Park em San Francisco.

Com a maior parte da população mundial morando em cidades (e com a expectativa de chegar a 66% em 2050),[109] o mundo precisará de mais parques urbanos, que também sejam melhores — e serão necessárias parcerias como as do Central Park e da High Line para atender a demanda crescente.

Nos últimos anos, os prefeitos de Nova York Michael Bloomberg e Bill de Blasio aumentaram significativamente o financiamento público de parques, interrompendo décadas de cortes em dólares públicos. Bloomberg gastou centenas de milhões de dólares capitais da prefeitura para ajudar a criar a High Line, o novo Brooklyn Bridge Park e partes do Hudson River Park.[110] O prefeito de Blasio criou três programas para ajudar os parques que ainda não atraíram investimentos privados significativos. Cinco grandes parques, um em cada um dos cinco distritos, receberão US$ 30 milhões cada entre 2016 e 2020, e projetos nos parques serão escolhidos em colaboração com as comunidades locais. O segundo programa, a Iniciativa Comunitária de

Parques, investirá US$ 285 milhões em melhorias para 60 parques menores em torno da cidade. E o programa Parques Sem Fronteiras gastará US$ 50 milhões para tornar os parques mais acessíveis e convidativos, abrindo-os para as ruas do bairro e derrubando muros altos.[111]

Mitchell Silver (fig. 5.8), atual comissário de Parques, parceiro ativo da Central Park Conservancy e da Friends of the High Line, recentemente conquistou um aumento significativo na equipe do Departamento de Parques, o que não acontecia há algum tempo. Acreditamos que o sucesso das parcerias do Central Park e da High Line aumentou a consciência do público a respeito da importância dos parques urbanos para todos os nova-iorquinos. Isso, junto ao alívio orçamentário para o governo da cidade oferecido por todos os dólares privados que vão para os principais parques com parceiros privados, capacitou e incentivou as autoridades da cidade a oferecer muitos mais dólares de impostos a outros parques da cidade sem acesso a apoio privado.[112]

Figura 5.8 Formados do Programa de Treinamento em Jardinagem da Iniciativa de Parques Comunitários de 2017. Estavam presentes na cerimônia Mitchell J. Silver, Comissário Municipal de Parques de Nova York (*terceiro a partir da esquerda*), Ira Millstein, Presidente do Instituto de Parques Urbanos da CPC (*centro*), e Doug Blonsky, presidente da Central Park Conservancy (*primeiro à direita*). Foto cortesia da CPC.

O sucesso em parcerias intersetoriais é mais bem obtido quando todos coordenam seus esforços para obter o máximo de benefícios para o povo e para as comunidades que servem. Ele também é melhor quando cada parceiro contribui com sua justa parcela de recursos e de esforços para atingir o objetivo da parceria. E é exatamente por isso que tantos parques na cidade de Nova York estão melhores do que nunca — e que milhões de pessoas da cidade inteira e do mundo inteiro desfrutam deles todos os dias.

No capítulo 6, analisamos como as parcerias funcionam melhor quando os líderes agem colaborativamente, e suas organizações operam como equipes descentralizadas, cada qual com sua própria especialidade e com suas áreas de responsabilidade. Manter as organizações parceiras alinhadas para que trabalhem de maneira eficiente e eficaz por objetivos comuns é uma responsabilidade-chave dos líderes. Trata-se de uma tarefa complexa e difícil, e delineamos como os líderes podem operar eficazmente ao deparar-se com desafios e oportunidades inesperados.

CAPÍTULO 6

O arcabouço de pessoas: liderança para parcerias bem-sucedidas

HOWARD W. BUFFETT

As parcerias intersetoriais são muito adequadas para abordar desafios sociais complexos, mas só se as *pessoas* que as lideram são muito eficientes na coordenação dos esforços de suas equipes nas diferentes organizações em parceria.[1] Em muitas das parcerias que discutimos neste livro, as colaborações funcionam de maneiras similares. Os parceiros funcionam como uma rede composta de equipes descentralizadas, cada qual com capacidades, especialidades e responsabilidades diversas. Cada líder tem o poder de gerir sua equipe sem muita interferência dos demais parceiros, o que permite que os líderes façam aquilo que fazem de melhor — operar suas organizações com base no conhecimento e nas intuições que, por sua posição específica, podem oferecer. A sincronização de organizações e de equipes distintas de maneira descentralizada representa uma das tarefas mais complexas e difíceis na construção de parcerias eficientes.[2] Este capítulo ressalta observações comuns e características importantes de como as equipes e os líderes alinham seus esforços e concentram-se em objetivos compartilhados.[3]

A gestão de equipes descentralizadas por uma autoridade decisória compartilhada é relativamente comum no mundo dos negócios.[4] Essa estrutura com frequência caracteriza a relação entre uma empresa-mãe e suas subsidiárias, e é representativa de uma corporação multiproduto ou multisserviço que opera divisões empresariais distintas. Nesses casos, as linhas de autoridade e de comunicação entre as equipes de governança, de execução e de gestão costumam ser claras, assim como graus relativos de independência operacional.[5] A descentralização eficiente exige autoridade compartilhada para o processo decisório entre esses diferentes níveis de liderança, assim como uma capacidade para as equipes assumirem responsabilidades novas ou desconhecidas num ambiente operacional que não é excessivamente restritivo.[6]

Há muitos benefícios nessa abordagem, os quais também valem para equipes numa parceria intersetorial. Devido à autonomia resultante, a descentralização incentiva a motivação e a criatividade das equipes individuais.[7] Ela permite que grupos grandes e independentes concentrem perspectivas múltiplas e diversas num desafio comum. A estrutura permite flexibilidade na maneira como as equipes resolvem problemas e permitem abordagens distintas do desenvolvimento de ideias.[8] Muitas dessas vantagens eram evidentes em nosso exemplo de caso (cap. 5). Líderes de vários setores inspiraram suas equipes a estabelecer parcerias de sucesso em torno de objetivos e visões comuns a fim de melhorar os parques da cidade de Nova York. Isso foi o caso até mesmo internamente dentro do Central Park, onde Doug Blonsky implementou um Sistema de Gerenciamento de Zonas inovador. Sob a liderança de Blonsky, a Central Park Conservancy descentralizou a manutenção de parques sistematicamente, dispersando-a por 49 equipes, cada uma delas com a experiência, as capacidades e a autonomia necessárias para gerir e restaurar o parque com sucesso.[9]

Em nossos exemplos de parcerias intersetoriais, verificamos que os líderes exibem características similares em diversos estilos de gestão. Essas características são pré-requisitos para uma construção de parcerias altamente bem-sucedida[10] e incluem visão, ímpeto, integridade, ambição admirável, inteligência emocional e empatia.[11] Todas elas contribuem para a predisposição de um líder de colaborar com outros.[12] Líderes que exibem essa combinação de características estão bem equipados para motivar suas equipes, para trabalhar bem com diversas equipes parceiras e com outros líderes, e para entender restrições fundamentais de recursos e operacionais — assim como os benefícios — de tipos distintos de organizações.[13] Como construtores bem-sucedidos de parcerias, eles combinam essas características de liderança com uma consciência das necessidades de sua equipe, com a paciência e a perspectiva necessárias para entender a dinâmica das equipes em parceria e a resiliência necessária para manter a energia da equipe dirigida para o objetivo da parceria.[14]

Líderes de parcerias eficazes inspiram continuamente sua equipe a levar a parceria adiante, independentemente de dificuldades ou de desafios.[15] Eles têm de motivar a participação em sua organização inteira, assim como Betsy Rogers e Gordon Davis fizeram no caso do Central Park. Os líderes têm de comunicar sua visão interna e externamente, e empenhar eficazmente as partes interessadas da comunidade. Além disso, precisam estabelecer resultados mensuráveis, estar dispostos a aprender e a modificar estratégias, e a estabelecer e a seguir expectativas realistas para suas equipes e para si mesmos.

Essas atividades e essas qualidades de liderança são discutidas em maiores detalhes neste capítulo. A análise começa descrevendo papéis e recursos que tipos distintos de organizações e seus líderes podem trazer para uma parceria. O capítulo então delineia cinco tipos de habilidades de liderança que podem ser representados por líderes numa parceria, assim como um conjunto de experiências de liderança programáticas relevantes para a colaboração eficaz. Em seguida vem uma discussão de identidades grupais nucleares de uma equipe, e por que os líderes precisam conhecê-las e entendê-las. Por fim, o capítulo explica como os líderes podem motivar suas equipes e manter a energia de uma parceria. Este capítulo não pretende servir como instrumento de avaliação para a capacidade organizacional, para o impacto, ou para a liderança individual — já existem muitos instrumentos assim.[16] Antes, ele oferece um guiamento amplo quanto a importantes perspectivas de liderança num ambiente de equipes descentralizadas e algumas estratégias necessárias para compartilhar o sucesso entre organizações numa parceria.

VANTAGENS QUE PARCEIROS DIFERENTES TRAZEM PARA A MESA

O capítulo 4 descreveu os tipos de organizações que entram em parcerias intersetoriais e os papéis que elas costumam assumir. Fundações, agências governamentais, ou entidades do setor privado muitas vezes atuam como doadores ou investidores numa parceria. Nos casos do Central Park e da High Line, os financiadores eram tanto doadores privados, como John Paulson, e tomadores de decisão em agências governamentais, como o Departamento Municipal de Parques de Nova York e o Escritório do Prefeito. Terceirizados, ONGs, ou empresas de serviços com frequência atuam como implementadores de uma parceria. Isso incluía tanto a Central Park Conservancy quanto a Friends of the High Line, descritas no capítulo 5. Cada organização foi fundada para melhorar os parques e coordenar atividades de desenvolvimento, e seus líderes trabalharam de mãos dadas com financiadores, indo muito além de uma relação padrão de contrato ou doação. Por fim, as parcerias têm grupos de partes interessadas — como os residentes e as associações dos bairros que circundam cada parque — em torno das quais a parceria se concentra, ou onde são investidos os esforços da parceria.

Os parceiros de organizações distintas trazem perspectivas específicas e recursos para uma parceria, independentemente de seu papel. Porém, para que os líderes trabalhem bem com contrapartidas numa estrutura de equipe descentralizada, eles precisam entender as maneiras como organizações parcerias distintas contribuem com valor. Por exemplo, uma agência do governo estadual cumpre sua missão e opera programas de maneira muito diferente da maneira como uma pequena empresa privada de consultoria faz isso. Porém, cada organização tem capacidades particulares e vantagens específicas que pode dirigir para os objetivos da parceria. A seção a seguir delineia alguns tipos de organizações relacionados com colaborações perfiladas neste livro, discute suas forças num nível geral e como essas forças se aplicam à construção de parcerias.

Os líderes no setor público costumam criar condições jurídicas e de políticas públicas necessárias para sistemas ou mudanças comunitárias de longo prazo, e as agências do governo que eles operam têm o poder de regular mercados e agentes de mercado.[17] Agências governamentais em qualquer nível podem valer-se de orçamentos de escala relativamente grande e seus líderes podem usar prestígio ou poder para atrair atenção a fim de impelir o progresso numa parceria intersetorial.[18] Esses líderes também empenham-se em diplomacia e no desenvolvimento de acordos de comércio internacional que possam ser aplicáveis à construção de parcerias multinacionais. Muitas agências do governo têm acesso a quantidades significativas de dados que podem ser relevantes para parcerias, do nível comunitário à arena global. Além disso, cada ramo do governo desempenha um papel na aplicação de mudanças em políticas públicas ou na alteração de arcabouços legais, o que tem o potencial de aumentar a capacidade de outras organizações de servir o bem público.

No setor privado, os líderes podem contribuir para parcerias intersetoriais de várias maneiras. Podem fornecer sua agudeza empresarial ou acesso ao capital físico necessário para atingir os objetivos de uma parceria.[19] Esses líderes têm uma experiência valiosa de foco em inovações de produtos ou de serviços, e em satisfação e retenção de clientes. Os líderes do setor privado estão especialmente posicionados para alimentar e sustentar mercados econômicos relacionados com suas práticas empresariais.[20] Isso pode criar demanda por empregos, apoiar o crescimento do emprego em cadeias de valor relacionadas e ajudar a construir a riqueza individual e comunitária. O setor privado também investe em muita pesquisa e desenvolvimento, o que pode ser relevante para os objetivos de uma parceria. Porém, o conhecimento ou a tecnologia resultante normalmente se limita aos produtos ou serviços oferecidos pela empresa, e pode estar trancado por proteções de propriedade intelectual.[21]

Os líderes de organizações filantrópicas, como fundações ou doadores, têm experiência em pensar estrategicamente a respeito de maneiras eficientes de trabalhar com múltiplas partes interessadas a fim de melhorar as condições sociais.[22] Eles podem dirigir um capital paciente (ou de longo prazo) para uma parceria, ou seus ativos podem atuar como capital de primeira perda para o coinvestimento de uma parceria. Ao fazer isso, o capital filantrópico pode equilibrar o risco de curto prazo e incentivar o investimento de longo prazo do setor privado que de outro modo talvez não viesse.[23] Além disso, os líderes de fundações enfrentam menos forças externas de responsabilização (eles não têm partes interessadas diretas nem eleições públicas) e podem mais facilmente tentar esforços que têm alta possibilidade de fracasso.[24] Embora a maioria das fundações ainda tenha de valer-se do conjunto completo de instrumentos financeiros disponíveis para si (ver os exemplos delineados no cap. 10), sua estrutura permite uma flexibilidade importante para parcerias intersetoriais.

Os chefes de organizações comunitárias sem fins lucrativos, como bancos alimentares ou organizações religiosas, costumam ter uma importante experiência direta numa determinada área ou região. Devido à natureza de seu trabalho, esses líderes constroem e mantêm relações comunitárias que vão além daquelas de líderes com foco menos local.[25] Suas organizações podem ser eficientes na entrega de serviços, e elas com frequência inovam para realizar um bem social significativo com financiamento baixo ou restrito. Essas organizações e seus líderes precisam ser flexíveis para responder rapidamente a necessidades e recursos cambiantes nas comunidades. Os líderes dessas organizações tendem a ter um profundo entendimento dos desafios locais, uma percepção do contexto histórico importante, e a saber quais nuances culturais devem ser levadas em conta para que os investimentos de uma parceria façam uma diferença duradoura.[26]

As organizações acadêmicas e de pesquisas apresentam seu próprio conjunto de forças e de capacidades.[27] Muitas são instituições bem estabelecidas, com líderes concentrados no desenvolvimento de conhecimentos e na disseminação de ideias a longo prazo. Essas organizações podem estabelecer parcerias com outras, como *think tanks* ou fundações, a fim de ajudar a desenvolver a capacidade institucional para um determinado campo ou prática.[28] As universidades e faculdades comunitárias estão empenhadas no treinamento e na prontidão da força de trabalho por meio de seus programas acadêmicos ou profissionalizantes, e estão bem equipadas para desenvolver tecnologias novas e úteis para a sociedade e para transferir de maneira eficaz essa tecnologia externamente, para que ela seja escalada a fim de servir as necessidades de muitos.[29]

Esta não é uma lista exaustiva de todos os tipos de organizações, nem captura o pleno escopo de vantagens, habilidades, ou recursos que elas podem trazer para uma parceria. Porém, ela serve como delineamento representativo para considerar as alavancas potenciais que os líderes em equipes descentralizadas podem puxar para contribuir com os objetivos gerais de uma parceria.

CAPACIDADES DE LIDERANÇA QUE CONTRIBUEM PARA UMA PARCERIA BEM-SUCEDIDA

Líderes trabalham de maneira mais eficiente com suas contrapartidas em equipes descentralizadas quando são capazes de identificar e de entender as capacidades de liderança que seus pares possuem. Nossos exemplos de parcerias bem-sucedidas são geridos por equipes com líderes que têm formações, experiências e especialidades diversas.[30] A pesquisa sobre o que faz um bom líder, sobre a qualidade da liderança e sobre a gestão eficaz de equipes é expansiva, e este capítulo não resume nem replica esse trabalho.[31] Porém, as habilidades de liderança observadas em nossos exemplos podem ser destiladas em cinco categorias, delineadas nesta seção. Líderes com habilidades em cada uma dessas áreas também beneficiam-se de um *capital baseado em habilidades*,[32] que descreve as forças de liderança associadas em que eles podem se basear para contribuir para o sucesso de uma parceria.[33]

Liderança intelectual

Habilidades *intelectuais* de liderança costumam ser associadas a líderes que têm uma habilidade inata ou altamente desenvolvida de entender ideias ou conceitos importantes ou complexos.[34] Esses líderes usam ou alavancam o capital intelectual ou baseado em conhecimento por meio de sua profunda percepção, especialidade, ou experiência em relação à área de alguma questão, sistema, ou inovação de processo específicos. Eles também podem ser considerados líderes de pensamento num campo e podem ter a capacidade de influenciar as visões de outras pessoas. No exemplo da High Line do nosso caso dos parques de Nova York, John Alschuler, especialista imobiliário bem considerado e de renome nacional, ofereceu guiamento e *insights* cruciais sobre como estabelecer a parceria da Friends of the High Line. Não apenas ele prestou assessoria a respeito da complexa estruturação da iniciativa, como também ajudou a comunicar a visão, e trabalhou com representantes da comunidade, como o prefeito recém-eleito Michael Bloomberg.

Liderança representativa

Habilidades de liderança *representativa* são exibidas por líderes que são eficientes na representação das necessidades ou preferências de um segmento ou grupo específico de indivíduos.[35] Elas podem alavancar capital político por meio de seu papel, ou pelo acesso a indivíduos locais, estaduais, ou nacionais que são eleitos, contratados, ou nomeados para posições que podem influenciar ou informar melhor a política, a regulamentação, ou a gestão de recursos públicos.[36] No caso do Central Park, uma das decisões de liderança mais importantes do prefeito Edward Koch foi nomear Gordon Davis chefe do Departamento de Parques e Recreação. Koch deu a Davis um guiamento-chave: concentre-se na sustentabilidade financeira da cidade e do parque em seu papel de guardião do público. Em seu cargo nomeado, Davis construiu uma estratégia multidimensional concentrada em colaboração e em parcerias que levaram a um sucesso significativo para o Central Park.

Liderança transacional

Habilidades de liderança *transacional* estão associadas a líderes que são mais eficientes em negociar, especialmente quando barganhando pelo acesso aos recursos para uma parceria ou estruturando esse acesso.[37] Esses líderes podem ter controle ou influência sobre um capital financeiro significativo que pode ser dirigido ou coordenado para os objetivos de uma parceria, ou eles podem trazer um agudo entendimento de mercados-chave, ou o acesso a eles. Foi constante nos dois casos de parques de Nova York a importância de financiamento externo ou privado para apoiar as parcerias de cada parque. No caso da High Line, a experiência, a liderança e os relacionamentos do prefeito Michael Bloomberg ajudaram a inspirar importantes contribuições financeiras. Essa liderança continuou através das fases finais de construção, e apoiou o estabelecimento de uma dotação (que financia mais de 90% do orçamento operacional anual do parque).[38]

Liderança inspiracional

Habilidades de liderança *inspiracionais* são encontradas em líderes que inspiram confiança e ação em equipes, parceiros, ou grupos de partes interessadas.[39] Esses líderes com frequência possuem um capital social significativo, como um alcance profundo dentro de uma comunidade, ou um alcance amplo entre comunidades, por meio de redes tradicionais ou inovadoras.[40] Esses líderes têm grandes reputações e podem ser considerados uma voz confiável de seus pares.[41] Isso era óbvio no caso de Betsy Rogers, que era uma líder eficiente e inspiradora para os esforços do Central Park. Por meio de sua visão e de sua comprovada paixão, ela foi encarregada pela cidade e por seus residentes dos recursos que apoiaram melhorias cruciais no parque.

Liderança organizacional

Habilidades de liderança *organizacionais* são exibidas por líderes que compreendem processos que coordenam melhor o capital físico ou humano, ou que sequenciam o planejamento e as atividades no sentido de objetivos comuns da parceria.[42] Esses líderes podem ativar ou acessar recursos operacionais ou de infraestrutura significativos nas escalas local, regional, ou nacional, e podem ter entendimento de logística, de sistemas de informação, de planejamento estratégico, ou de gestão de instalações, por exemplo.[43] Essa qualidade era evidente nos esforços de liderança de Doug Blonsky ao estabelecer o Instituto de Parques Urbanos da Conservancy.[44] Ele foi o primeiro executivo a gerir tanto a Conservancy quanto a equipe do Departamento Municipal de Parques, o que exigiu que ele estabelecesse um conjunto unificado de procedimentos operacionais padronizados e que alinhasse os esforços de múltiplas equipes, organizações e departamentos em torno de uma visão comum.

EXPERIÊNCIAS DE LIDERANÇA EM EQUIPES DESCENTRALIZADAS

As estratégias de planejamento para o desenvolvimento de parcerias intersetoriais, incluindo um modelo da teoria de mudança para delinear os resultados desejados de uma colaboração, são discutidas no capítulo 4. A parte das *atividades* desse modelo descreve quais ações os parceiros tomam para produzir os rendimentos desejados em apoio dos objetivos da parceria. Os parceiros terão graus variados de experiência na condução de diferentes tipos de atividades programáticas. Portanto, os líderes que trabalham em equipes descentralizadas beneficiar-se-ão de entender o escopo e os tipos de experiências representados por suas contrapartidas. O que se segue é uma tipologia para identificar e categorizar conjuntos de experiências relevantes para as parcerias discutidas neste livro. Essa tipologia foi desenvolvida por uma análise conjunta da McKinsey & Company e da Fundação Annie E. Casey sobre as melhores práticas para a promoção de programas de impacto social. Aqui apresentamos uma adaptação dessa análise.[45]

Desenvolvimento de conhecimento.[46] Isso pode incluir a experiência "descobrindo, desenvolvendo, interpretando, ou compartilhando" novas informações ou dados para resolver desafios.[47] As atividades de desenvolvimento de conhecimentos podem tentar identificar causas raízes, subjacentes, de um desafio, ou aprimorar metodologias existentes de pesquisa científica ou de interpretação de dados relacionadas com os objetivos da parceria.[48]

No caso do Central Park, o esforço começou com um estudo comissionado da gestão do parque em 1974, conhecido como Relatório Savas.[49] O conhecimento desenvolvido por meio desse estudo traduziu-se em recomendações-chave de gestão e em parcerias, necessárias para a prosperidade futura do parque.

Mudança e implementação de políticas públicas. Isso pode incluir a experiência com atividades que promovem "uma mudança numa política"[50] ou regulamentação "governamental, multilateral, ou corporativa", ou que resistem a ela.[51] A atividade da parceria pode concentrar-se no empenho das primeiras fases, como a articulação clara das implicações de uma mudança proposta numa política pública, ou podem apoiar campanhas de base, esforços de *lobby*, ou litígios ligados à questão.[52]

Como vimos no caso da High Line de Nova York, a parceria beneficiou-se significativamente por trabalhar com incorporadores e com equipes da cidade para estabelecer novas regras de zoneamento. As políticas levaram o financiamento para o Fundo de Aprimoramento da High Line, que pagou os custos de capital da construção e levou a novas moradias acessíveis e a programas educacionais na área. Amanda Burden, ex-diretora de planejamento da cidade de Nova York, conseguiu unir as autoridades municipais e a liderança da Friends of the High Line de maneira colaborativa, resolvendo algumas questões de zoneamento muito controversas e complexas.

Plataformas e sistemas de capacitação.[53] Isso pode incluir a experiência trabalhando com organizações ou com corpos governamentais para criar padrões comuns, redes, ou infraestrutura física.[54] Exemplos dessas atividades podem ser parcerias que desenvolvem uma iniciativa importante de obras públicas, a criação de exigências ou especificações para um novo serviço técnico ou tecnologia, ou algum outro avanço ou arcabouço que atenda as necessidades ou demandas do público em geral.[55]

O desenvolvimento contínuo do Central Park e a construção da High Line servem de exemplos de desenvolvimento de infraestrutura. Além disso, a equipe do Instituto de Parques Urbanos da Central Park Conservancy concentra-se em trabalhar com outros parques e *conservancies* do mundo inteiro para compartilhar melhores práticas de sustentabilidade de parques urbanos.[56] Por meio disso, eles trabalham para aumentar uma rede de parceiros potenciais públicos, privados e filantrópicos com missões compartilhadas.

Programas organizacionais e de aprimoramento individual.[57] Isso pode incluir a experiência trabalhando com indivíduos ou com organizações para expandir suas capacidades educacionais ou profissionais, ou para incentivar comportamentos que resultam em ganhos positivos para a sociedade.[58] Parcerias podem apoiar atividades que vão do treinamento profissional e da assistência técnica no nível individual ao desenvolvimento de novos programas ou de treinamento executivo para equipes no nível organizacional, a, ainda, campanhas de serviço público por toda uma comunidade relacionadas com questões como segurança de bairro, eficiência energética, ou reciclagem.[59]

Graças à liderança de Doug Blonsky, a Central Park Conservancy agora oferece estágios, bolsas, atividades de aprendizado de serviços e formação de desenvolvimento de força de trabalho. Isso também é evidente no Instituto de Parques Urbanos da Conservancy e no programa subsequente de treinamento de Certificação de Gestão de Parque Urbano, que se baseou no conhecimento das equipes do Earth Institute da Universidade de Colúmbia.

Serviços humanos básicos ou comunitários. Isso pode incluir a experiência oferecendo serviços comunitários novos ou aprimorados, ou pode ser a entrega de bens básicos, como alimentos ou itens médicos, "a fim de atender necessidades não atendidas dos eleitores".[60] Essa atividade pode servir ao enriquecimento comunitário maior, como o apoio às artes performáticas ou à programação de um museu infantil.[61] Em todo caso, uma parceria existe para oferecer ou produzir algum conjunto de resultados em que o conhecimento da entrega de serviços ou produtos será relevante.[62]

Com a liderança de Betsy Rogers, a Central Park Conservancy restaurou e criou novos serviços comunitários no começo da parceria. A Conservancy renovou o Bosque das Ovelhas, o Ringue Wollmann, a Colina Cherry e o Castelo Belvedere no Central Park — oferecendo importantes serviços culturais e recreativos para a comunidade.

Parcerias intersetoriais podem incluir atividade fora desta lista; porém, essas categorias descrevem uma gama de conjuntos de experiências nucleares típicos relevantes para equipes e para líderes. O conhecimento e a familiaridade de um líder vão variar enormemente entre esses grupos de atividades. Portanto, outros líderes de equipes numa parceria precisam estar equipados para identificar lacunas cruciais na experiência e suplementar suas equipes nesse sentido.

COMO UM LÍDER DESENVOLVE A IDENTIDADE DA PARCERIA DE UMA EQUIPE?

Líderes eficazes sabem como olhar para fora, do outro lado da parceria, e entender as vantagens que outras organizações parceiras podem oferecer. Eles também sabem quais capacidades e experiências suas contrapartidas podem oferecer para complementar as suas próprias. Porém os líderes também devem olhar para dentro de suas próprias equipes e entender o que move e motiva o compromisso dos membros da equipe com o sucesso de uma parceria.[63]

Vimos isso com o desenvolvimento da parceria da Central Park Conservancy com a liderança de Betsy Rogers. O estilo de gestão de Rogers permitiu uma abordagem direta das atividades de sua equipe. Sendo alguém que se dizia "insanamente zelosa" do parque, o fato de ela trabalhar incansavelmente para fortalecer sua missão e refinar sues programas ajudou.[64] Seu foco na manutenção do parque e na criação de novos processos restaurativos resultou num orgulho quase ritualístico em sua equipe. Ela se valeu da lealdade da equipe — para com ela e com o parque — para inspirar progressos anteriormente não realizados nas complexas operações do parque. Rogers articulou uma nova visão para o futuro do parque, estabelecendo valores novos e empolgantes para a organização e para seus empregados. Por fim, Rogers foi capaz de construir experiências compartilhadas significativas para os membros de sua equipe — não apenas por meio de seu estilo de gestão, mas também celebrando sucessos cruciais de levantamento de fundos, elogiando melhorias visíveis e ressaltando os esforços da equipe.

Cada um desses exemplos representa maneiras diferentes como Rogers construiu e explorou as *identidades nucleares* subjacentes de sua equipe. Descritas em *Negotiating the nonnegotiable* [Negociando o inegociável], de Daniel Shapiro, as identidades nucleares representam o "espectro de características que definem você como indivíduo ou como grupo".[65] Entender como desenvolver e alimentar essas identidades nucleares da equipe permite que os líderes apoiem os esforços da equipe de maneiras crucialmente importantes. Isso permite que os líderes motivem melhor suas equipes, tranquilizem-nas ao enfrentar desafios, ou evitem conflitos entre os membros. Isso pode oferecer um contexto para quando os líderes precisem ajudar as equipes a enfatizar certas identidades e não outras. E pode ajudar os líderes em situações em que culturas conflitantes ou normas diferentes entre organizações parceiras estão retardando o progresso na direção dos objetivos.

A lista a seguir de identidades nucleares, adaptada do trabalho de Shapiro, descreve a fundação emocional e intelectual a partir da qual muitos grupos e equipes reagem a um desafio, processam sua resposta, priorizam suas necessidades ou pedidos, ou tomam decisões relacionadas com um novo curso de ação. É importante reconhecer que a identidade de um grupo não é a mesma coisa que a soma de suas partes; antes, uma organização pode nutrir o caráter específico de sua equipe com base na dinâmica de equipe, em normas operacionais, no histórico de gestão, ou em prioridades de governança articuladas por meio de uma declaração de valores — podendo qualquer um desses ser saudável ou nocivo. Para criar identidades de equipe saudáveis, os líderes precisam concentrar-se em desenvolver os seguintes cinco atributos:

Crenças compõem o grupo de "convicções, princípios", ou ética, adotado por todos os membros da equipe, que oferecem um amplo guiamento comportamental.[66] As crenças das equipes podem estar articuladas numa carta, codificadas num documento organizador, ou numa declaração de missão, ou descritas num conjunto de filosofias emolduradas e exibidas numa parede.

Rituais são os "costumes significativos" ou atos repetitivos de uma equipe. Eles podem incluir a celebração de um marco individual alcançado, a recepção de um novo membro da equipe, ou o reconhecimento de um progresso significativo no sentido de um objetivo.[67] Este pode ser uma cerimônia de corte de faixa, uma festa em honra de alguém, tradições de almoçar juntos, ou o modo como uma equipe conclui, junta, o dia de trabalho.

Lealdades são dedicações, ou sentidos fortes de compromisso. Podem ser lealdades para com a organização, a própria equipe, outros membros da equipe, o líder de uma equipe, ou uma parceria colaborativa. Lealdades podem estender-se a uma ideia particular, objetivo, ou propósito, ou à identidade de marca de uma organização.[68]

Valores são os ideais de uma equipe, como integridade, honestidade, justiça, ou liberdade. Eles descrevem ou articulam aquilo em que uma equipe acredita valer a pena ter em alta conta. Os valores muitas vezes representam um conjunto de padrões que a equipe espera sustentar por meio de suas ações ou escolhas, como a conduta ética, o oferecimento de um bom atendimento ao cliente, ou a excelência no produto.

Experiências emocionais compartilhadas são "acontecimentos, positivos ou negativos", que afetam a identidade de uma equipe. Eles podem incluir a autodemissão de um membro crucial da equipe ou do líder da equipe, a resolução ou a consecução do propósito ou objetivo de uma equipe, ou um período particularmente difícil ou incerto na existência do grupo. Essas experiências contribuem para um sentido de história comum ou camaradagem entre os membros do grupo.[69]

Cada um desses atributos identitários nucleares oferece uma base ou lógica a partir da qual o líder de uma equipe pode entender melhor os comportamentos da equipe e inspirar ações de equipe.[70] Dispondo desse conhecimento, quais passos distintos os líderes podem dar para motivar suas equipes?

COMO COMEÇAR A LIDERAR UMA PARCERIA, E COMO CONTINUAR ESSA LIDERANÇA?

Reconhecendo que as parcerias produzem por si algum tipo de mudança ou de inflexão na cultura de uma organização, os líderes precisam reforçar constantemente os objetivos, a visão e os esforços relacionados com os resultados pretendidos da parceria.[71] A liderança de equipes descentralizadas é complexa; ela exige um esforço significativo no desenho de equipe, no recrutamento de membros de equipes, na manutenção da energia da equipe e na ancoragem dos sucessos ao longo do caminho. Atingir os resultados de uma parceria pode levar um tempo significativo — muitos meses, anos, ou até mais. Como esses processos podem estender-se, líderes entre parceiros precisam engendrar a responsabilização da equipe ao longo do ciclo de vida da parceria, especialmente durante o progresso incremental.

Ao considerar o caso do capítulo 5, muitos aspectos importantes da manutenção da energia de longo prazo de uma parceria ficam evidentes na primeira parte da história da revitalização do Central Park. Quando Edward Koch, prefeito de Nova York, assumiu o cargo em 1978, ele instilou um importante sentido de urgência em Gordon Davis, dirigindo-o a produzir rapidamente melhorias significativas no sistema de parques.[72] Ao perceber que o Central Park poderia logo sofrer novos reveses dali a pouco, Davis recrutou Betsy Rogers como a primeira administradora do Central Park em 1979, e eles começaram a salvar as operações do parque de uma equipe já encolhida e de mínimos recursos. Rogers rapidamente uniu a equipe em torno de uma visão recém-comunicada, e estabeleceu coalizões de apoio comunitário, governamental e do setor privado.

Ao mesmo tempo, Davis trabalhou com o governo para livrar-se de obstáculos para uma equipe maior do parque, criando novos cargos que poderiam receber fundos federais de formação profissional.[73] Ele ancorou esse progresso por meio de um programa de Guardas de Parques Urbanos, que trouxe indivíduos novos, jovens e de boa formação para melhorar as operações do parque.[74] Ele e Rogers também fizeram mudanças sutis mas perceptíveis na cultura organizacional, incluindo novos uniformes e uma mentalidade orientada para o atendimento ao cliente entre os funcionários do parque. Isso tudo junto tornou-se parte da nova história da marca do Central Park.

As seguintes estratégias delineiam maneiras de inspirar o empenho dos membros da equipe e a participação durante a cronologia da implementação de uma parceria, e para ajudar os líderes de equipe a realizar objetivos significativos no caminho.

1. *Estabelecer uma necessidade clara ou um sentido de urgência*[75]
   Em alguns casos, isso exige que os líderes façam um forte chamado à ação, valendo-se de indicadores independentes de que um sentido de necessidade ou de urgência existe e é apropriado naquelas circunstâncias. Em outros casos, isso pode ser feito comunicando-se eficazmente as consequências de não se empenhar numa parceria (ou o que vai acontecer se a parceria não atingir seus objetivos). Nos dois casos, os líderes precisam discutir por que o esforço específico sendo proposto é essencial, e considerar sua compatibilidade geral com as *identidades nucleares* da equipe.

2. *Construir apoio interno e externo*[76]
   Líderes reúnem membros de equipes com recursos suficientes e influenciam no sentido de desenvolver e de sustentar o ciclo de vida da parceria. Eles identificam membros cujas *crenças* se alinham com os objetivos da parceria. Também recrutam campeões com fortes *lealdades* na organização toda, da base até o conselho diretor. Líderes precisam obter apoio de partes interessadas externas-chave, as quais podem incluir clientes ou consumidores, e concentrar-se em maneiras como o apoio pode mitigar obstáculos potenciais da parceria.

3. *Comunicar a nova realidade*[77]
   Líderes desenvolvem um plano de comunicação que se apoia em *valores* da equipe e que articula uma imagem clara daquilo que é possível em termos de objetivos finais. Eles oferecem acesso a informações relevantes e empenham-se no diálogo aberto. Pode ser difícil construir um compromisso real a menos que as equipes percebam aquilo que se pretende que a parceria realize. A equipe pode precisar internalizar o que o sucesso significa para ela e como o trabalho da parceria pode afetar ou não afetar seu papel na organização.

4. *Limpar o caminho para a mudança necessária*[78]
   Líderes trabalham com a equipe de governança, como um conselho de diretores, para eliminar ou modificar regras ou políticas que impediriam o sucesso da parceria. Eles trabalham com a gestão para obter a tecnologia

e o equipamento de que a parceria precisa. Analogamente, as organizações precisam dedicar espaço e tempo para concentrar-se nos esforços da parceria, às vezes por meio de novos *rituais* de equipe, e precisam considerar mudanças organizacionais necessárias para apoiar os objetivos. Por fim, líderes incentivam uma mentalidade de risco apropriada ao testar e propor mudanças que beneficiam os objetivos da parceria.[79]

5. *Celebrar as realizações dos membros da equipe*[80]
Líderes precisam planejar atividades em torno de marcos para ilustrar o progresso visível e prático feito por suas equipes e por membros individuais. Líderes devem trabalhar para reconhecer e recompensar aqueles que são responsáveis por atingir marcos, e podem usar *rituais* de equipe novos ou já existentes para construir *experiências emocionais compartilhadas*. Esse reconhecimento deveria defender o progresso com declarações públicas, aparições e forte energia. Ao fazer isso, os líderes reforçarão de maneira mais eficaz o progresso feito durante uma parceria e a distância encurtada para sua nova visão.[81]

6. *Ancorar o progresso da equipe para os objetivos*[82]
O progresso das parcerias pode ser facilmente revertido, particularmente quando uma parceria ainda é nova, ou se ela desafia a cultura previamente entranhada de uma organização. Marcos devem ser ancorados, por exemplo por meio de mudanças na tecnologia, atualizações em procedimentos operacionais padrão, ou melhorias na estrutura organizacional que apoiem os objetivos da parceria.[83] Os líderes devem considerar os *valores* de suas equipes e trabalhar para ressaltar e contextualizar positivamente mudanças para membros de equipe baseadas nesses valores. Às vezes, a ancoragem pode exigir mudanças tangíveis na estrutura de capital humana da organização: promoções, mudanças nas descrições de funções, ou novas contratações.

7. *Criar a nova história de marca da parceria*[84]
Parcerias contam a história de como organizações se juntam para realizar algo novo. Essa história pode ser um dos instrumentos mais persuasivos que um líder tem para construir e manter a energia durante o desenvolvimento de uma parceria nova ou difícil. A história e as *experiências emocionais compartilhadas* que ela reflete reforçam a *lealdade* de uma equipe à parceria.

Ela pode ajudar os membros da equipe a visualizar como uma mudança nas operações cabe na cultura da própria organização. Funcionalmente, os líderes devem incluir os membros das equipes formal e informalmente no desenvolvimento da narrativa, e considerar importantes elementos de marca, como um logo exclusivo, esquemas de cor e o marketing da parceria.

8. *Alinhar a visão da parceria com a visão da equipe*[85]
Os objetivos de uma parceria descrevem uma nova realidade, e a história de marca transmite como essa realidade cabe na cultura, mas os líderes também precisam alinhar a missão de uma parceria com as *crenças* de sua equipe. No geral, tanto a nova visão e cada passo ao longo da cronologia da parceria devem apoiar todos os aspectos das identidades nucleares de uma equipe. Os resultados devem levar a uma satisfação maior entre os membros da equipe e a uma nova cultura de sucesso construída em torno da narrativa maior da parceria.
A narrativa de longo prazo do Central Park, por exemplo, começou com a parceria entre a cidade de Nova York e Frederick Law Olmstead e Calvert Vaux, os paisagistas que conceberam um projeto para o parque que levou a sua abertura em 1858.[86] Todo comissário e administrador de Parques desde então baseou-se na força dessa fundação, permitindo os modernos serviços de parques de hoje, e ressaltando parceria e doação privada que continuam a apoiar o parque e seu sucesso. Doug Blonsky, por exemplo, trabalhou contínua e incansavelmente para apoiar a equipe da CPC ao longo dos últimos 32 anos, e concentrou-se em criar um ambiente de trabalho positivo para a equipe inteira enquanto esteve no cargo.[87]

Ao longo dos estágios do compromisso da parceria, os líderes reconhecem a necessidade de construir e de nutrir a identidade intersetorial da equipe.[88] Eles fazem isso definindo crenças nucleares mútuas e desenvolvendo rituais compartilhados. Eles também delineiam os valores comuns das equipes e criam experiências emocionais compartilhadas instilando um sentido de realização e de orgulho quanto à qualidade do trabalho coletivo. Por fim, os líderes cultivam a lealdade à visão da parceria e entre os membros. Quando os líderes são eficazes nisso, todos os membros de suas organizações estarão posicionados para compartilhar do sucesso da parceria.

SUPERANDO OBSTÁCULOS

Empregar uma estratégia eficiente de liderança descentralizada é um processo desafiador. Às vezes uma equipe carece de habilidades de liderança ou de experiências específicas, e pode não ser capaz de compensar essas deficiências. Custo e tempo podem ser barreiras ao trabalho entre equipes que representam vários parceiros.[89] Algumas organizações enfrentam restrições regulatórias que determinam o tamanho ou a composição de suas equipes — isso é particularmente verdadeiro em certas situações de governo, em que capital humano adicional pode ser necessário mas não pode ser contratado nem terceirizado por causa dos estatutos.[90] Atritos entre membros de uma equipe ou com o líder, especialmente em longas cronologias de parcerias, podem complicar o sucesso significativamente, ou impedi-lo.

Equipes descentralizadas numa parceria intersetorial podem não ser equilibradas ou representativas nos cinco conjuntos de habilidades de liderança discutidos neste capítulo. Este é um motivo pelo qual a Central Park Conservancy construiu e continua a expandir um programa de treinamento multifacetado, codificado por meio de guias detalhados de programas, a fim de manter e de aprimorar as habilidades de todos os membros de equipes que trabalham no Central Park.[91] Porém, o fortalecimento de equipes desde dentro nem sempre é um caminho plausível, e depende dos objetivos e das atividades da parceria. Os líderes podem ter de construir coalizões em que confiam fora dos membros seniores da equipe a fim de equilibrar lacunas e limitações de habilidades. Isso pode acrescentar um *stress* adicional entre a liderança executiva e a diretoria sênior, ou pode resultar num desequilíbrio de contribuições entre equipes parceiras em fases diferentes da parceria.[92]

CONCLUSÃO

Líderes de equipes são responsáveis por facilitar o sucesso continuado de uma parceria e têm de empenhar um tempo e uma energia significativos para o processo de construção da parceria. Líderes precisam estar atentos à saúde emocional de sua equipe, especialmente se uma parceria está causando experiências difíceis ou estressantes. Eles precisam exemplificar os objetivos ou o programa da parceria em suas ações e falas públicas, e ao abordar as equipes. E precisam esforçar-se constantemente para inspirar confiança.

Ao trabalhar com suas contrapartidas, os líderes precisam garantir que o desenho e a composição da parceria mesma apoiam uma estrutura eficiente de equipes descentralizadas. Quando operadas com sucesso, as parcerias apoiarão ambientes colaborativos que:[93]

- Convocam líderes que representam organizações de setores diversos que contribuem com vantagens distintas para a parceria e que demonstram as habilidades de liderança necessárias para desenvolver uma estratégia de parceria abrangente;

- Coordenam o planejamento com parceiros que representam experiências diversas e extensivas necessárias para as atividades de teoria de mudança da parceria, e que possuem uma gama de capitais baseados em habilidades relevantes para a consecução dos objetivos compartilhados entre as organizações; e

- Catalisam a ação coletiva dos parceiros com líderes que desenvolvem e nutrem as identidades nucleares de suas equipes, que inspiram e guiam suas equipes a buscar ativamente soluções para desafios compartilhados e que facilitam o compromisso com parceiros adicionais durante o ciclo de vida da parceria.

Liderar uma parceria para uma visão unificada de sucesso pode ser extremamente difícil; é algo que toma tempo e que exige o equilíbrio de muitos fatores.[94] Até os líderes mais bem-sucedidos acham isso desafiador. Porém, fazer isso eficazmente ajuda as equipes a evitar esforços duplicados, permite que as equipes aprendam umas com as outras e gerem ideias novas ou inesperadas, e permite que as equipes desenvolvam e compartilhem melhores práticas. Quando líderes parceiros entendem e empregam a gestão de equipes descentralizadas, eles estão mais bem equipados para promover objetivos mútuos, compartilhar o sucesso e atingir os resultados esperados pela parceria.

LUGAR

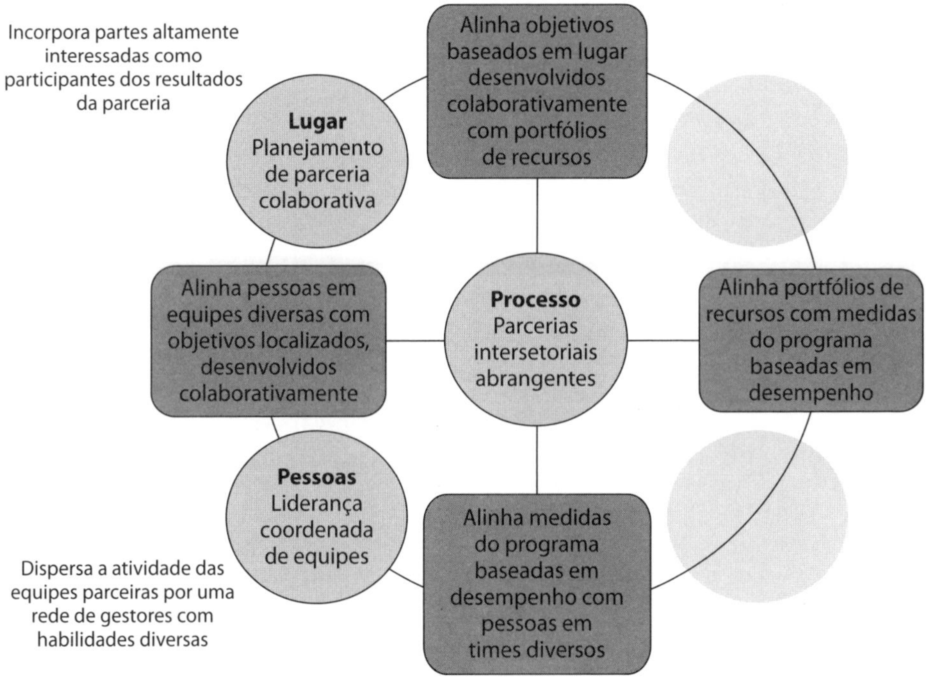
Incorpora partes altamente interessadas como participantes dos resultados da parceria
Lugar Planejamento de parceria colaborativa
Alinha objetivos baseados em lugar desenvolvidos colaborativamente com portfólios de recursos
Alinha pessoas em equipes diversas com objetivos localizados, desenvolvidos colaborativamente
Processo Parcerias intersetoriais abrangentes
Alinha portfólios de recursos com medidas do programa baseadas em desempenho
Pessoas Liderança coordenada de equipes
Alinha medidas do programa baseadas em desempenho com pessoas em times diversos
Dispersa a atividade das equipes parceiras por uma rede de gestores com habilidades diversas

CAPÍTULO 7

O caso do lugar: a estabilidade econômica no Afeganistão

HOWARD W. BUFFETT

Em 2009, o Departamento de Defesa dos Estados Unidos (DdD) estava profundamente entrincheirado em conflitos militares no Afeganistão. Naquele mesmo ano, o governo americano publicou um Guia de Contrainsurgência (Coin) multiagências atualizado, almejando criar uma "fusão de esforços abrangentes civis e militares para ao mesmo tempo conter a insurgência e abordar suas causas primárias".[1] Alinhado com essa abordagem, o secretário de Defesa convocou uma equipe de desenvolvimento econômico para trabalhar em parceria com o comando militar no teatro para promover programas de estabilidade e desenvolvimento empresarial em todo o Afeganistão.[2] Era crucial para a missão a dependência de ativos militares, mas os esforços combinados civis e militares da equipe não se relacionavam com combates, mas apoiavam os objetivos de estabilidade econômica.[3] Como dizia o guia COIN, "Meios não militares são com frequência os elementos mais eficazes, com forças militares desempenhando um papel de capacitação".[4] Essa abordagem em múltiplas vertentes também se alinhava com certas perspectivas afegãs. Em 2008, Ahraf Ghani, ex-ministro da Fazenda (e futuro presidente) do Afeganistão, escreveu que "parcerias colaborativas atravessando as fronteiras entre Estado, mercado e sociedade civil" eram necessárias para estabilizar e reconstruir economias em países como o Afeganistão.[5]

A missão da equipe de desenvolvimento econômico do DdD envolvia múltiplos setores da indústria, vários programas e muitas províncias. A equipe uniu especialistas e investidores de vários *backgrounds* a fim de considerar "estratégias de setor privado para criar uma economia afegã sustentável".[6] O setor agrícola no Afeganistão rapidamente tornou-se um foco óbvio para a equipe, perspectiva que as autoridades militares de maior patente também apoiaram à época.[7] Este capítulo delineia a estratégia e o desenvolvimento de projeto que apoiou os esforços de estabilidade econômica do DdD no setor agrícola do Afeganistão, especificamente na província de Herat. A importância das parcerias intersetoriais entre o DdD e várias organizações dos setores privado e público também é explorada.

As iniciativas do DdD abordavam desafios fundamentais de economia e de infraestrutura que levaram a uma produtividade agrícola maior e a emprego em áreas rurais. Essa estratégia foi construída a partir de uma versão inicial do investimento em valor social, com o objetivo primário de transformar os beneficiários dos programas em participantes dos resultados da iniciativa.[8] Especificamente, a abordagem de gestão e os programas resultantes tratavam o povo de Herat como coproprietários dos investimentos, com um sentido de permanência baseado no *lugar*. Quatro projetos intimamente associados e inter-relacionados foram iniciados na área de Herat. Esses projetos (1) aumentaram a produção de uma comunidade de *commodities* agrícolas e (2) expandiram a capacidade próxima de processamento alimentar e as oportunidades de trabalho. A iniciativa também (3) organizou grandes grupos de produtores rurais em cooperativas mais prósperas e estáveis, e (4) construiu uma nova faculdade de agricultura e a capacidade de programa relacionada para atender importantes necessidades educacionais e de pesquisa para o país.

A AGRICULTURA NO AFEGANISTÃO

O Afeganistão é uma economia agrária: a agricultura é sua mais importante atividade econômica. Quase 80% dos afegãos vivem em áreas rurais,[9] produzindo trigo, centeio, arroz, batatas, frutas e oleaginosas.[10] Porém, a produção agrícola do Afeganistão enfrenta desafios significativos. Menos de 12% dos 161 milhões de acres do país são aráveis,[11] e uma maioria de produtores pratica uma agricultura de subsistência, ou quase de subsistência, irrigada ou dependente de chuvas, cultivando apenas alguns poucos acres, ou menos (fig. 7.1).[12]

Nos 22 anos que se sucederam à invasão soviética de 1979, o setor agrícola do Afeganistão cresceu apenas 0,2% ao ano.[13] Contraste-se isso com o crescimento de 2,2% durante o pré-conflito, entre 1961 e 1978.[14] Em 2010, o Banco Mundial estimou que uma taxa de crescimento anual de 5% a 6% (ou mais) seria necessária para apoiar as necessidades econômicas e de emprego do país.[15] Além disso, aproximadamente 90% "da indústria manufatureira do Afeganistão e a maioria de suas exportações" dependem da produção agrícola.[16]

Figura 7.1 Uma aldeia afegã cercada de agricultura de subsistência. Terrenos de pequenos proprietários como esses caracterizam a produção agrícola no país. Foto © Howard G. Buffett.

Pouco depois de o DdD ter mandado sua equipe de desenvolvimento econômico para o Afeganistão, contratou o Instituto Norman Borlaug de Agricultura Internacional (o Instituto Borlaug), centrado na Universidade Texas A&M. O pessoal do Instituto Borlaug viajou para o Afeganistão para avaliar e identificar lugares ideais para desenvolver novos programas agrícolas. Essas avaliações, delineadas posteriormente neste capítulo, ilustraram que o investimento no setor agrícola da província de Herat seria um modo eficaz de empregar afegãos e de melhorar a segurança e a estabilidade alimentares.

INSEGURANÇA ALIMENTAR E POBREZA EM HERAT

A província de Herat sofre de insegurança alimentar e subnutrição onipresentes. Na época das primeiras avaliações da equipe de desenvolvimento econômico, ⅓ dos afegãos vivia abaixo do consumo mínimo saudável diário de calorias.[17] Essa subnutrição crônica diminui o desenvolvimento físico e mental das crianças, e limita a produtividade do trabalho nos adultos.[18] A insegurança alimentar de Herat foi em grande parte o resultado da pobreza cíclica perpetuada por décadas de guerra e conflito.[19] Os pesquisadores documentaram o elo entre pobreza e conflito recorrente em muitos países pobres. Por exemplo, Paul Collier, professor de Oxford, descobriu que 73% dos cidadãos mais pobres do mundo sofreram uma guerra civil durante a década entre 1993 e 2003.[20] Os afegãos entenderam isso bem: numa pesquisa de 2009, 70% dos entrevistados percebiam a pobreza e o desemprego como as grandes causas de conflito em seu país.[21]

Áreas rurais ou remotas muitas vezes ampliam os efeitos da pobreza e do conflito porque os residentes não têm acesso a serviços humanos e de saúde avançados, a mercados de varejo para *commodities*, ou emprego fixo.[22] Em 2009, mais de 70% dos quase 2 milhões de residentes da província de Herat viviam em áreas rurais.[23] Pesquisas do DdD estimaram que aproximadamente ⅔ desses residentes estava desempregado e que seriam necessários mais 300 mil empregos até 2020 apenas para manter a situação estável.[24] Relatórios também estimaram que esse desemprego chegaria a até 90% dos residentes durante o inverno, quando os empregos agrícolas confiáveis desapareciam.[25] O Instituto Borlaug estimou que 46%[26] dos residentes da província rural de Herat ganhavam menos de US$ 2 por dia, ou cerca de US$ 600 por ano.[27] Sem emprego firme e salários suficientes, a maior parte dos residentes de Herat não conseguiu comprar alimentos nutritivos ao longo do ano. Segundo o Ministério Afegão de Reabilitação e Desenvolvimento Rural, essa situação ameaçava a segurança e a estabilidade na província.[28] Por causa da instabilidade econômica e do desemprego, e porque o controle do distrito mudava com frequência, os militares classificaram o distrito de Guzara,[29] ponto focal para o desenvolvimento dos esforços da equipe em Herat, como "amarelo" (conflito transicional).[30]

A insegurança da região exacerbava condições de vida já ruins para os residentes mais vulneráveis. A fome recorrente e oportunidades econômicas limitadas afetavam desproporcionalmente mulheres e crianças na área, o que contribuía para a piora de um ciclo de instabilidade.[31] A fim de atingir um desenvolvimento bem-sucedido e sustentável, particularmente em áreas como Herat, os esforços do governo americano tiveram de considerar isso. Portanto, a estratégia do DdD priorizava a colaboração com organizações voltadas para mulheres em programas de capacitação econômica — com investimentos indo além dos projetos que já costumavam ser financiados nas áreas pré-natal, de saúde infantil e nutricional.[32] Aliás, empenhar e capacitar as mulheres por meio da agricultura oferece a melhor proteção contra os efeitos duradouros da subnutrição infantil, segundo o Relator Especial da ONU para o direito à comida.[33] Conectando esses fatos desde uma perspectiva de políticas públicas, o governo afegão e a ONU recentemente desenvolveram uma estratégia para o país inteiro relacionada com mulheres na agricultura. A estratégia afirmava: "A capacitação das mulheres é fundamental para reduzir a pobreza, a fome, e para aprimorar a segurança alimentar", afirmando que projetos agrícolas bem-sucedidos exigem igualdade de gêneros e maior integração econômica entre os gêneros.[34]

FOCO NA INFRAESTRUTURA AGRÍCOLA

A insegurança alimentar pode corroer a coesão social e prolongar o conflito em torno de recursos naturais limitados. Ganhos em produtividade agrícola nos primeiros estágios podem ser indispensáveis, especialmente se demonstram um impacto visível e significativo nas comunidades locais.[35] Por causa disso, o plano de desenvolvimento econômico de Herat teve de levar em conta realidades econômicas, sociais e ambientais, e sua estratégia teve de concentrar-se na sustentabilidade a longo prazo e não na assistência de curto prazo. A equipe de desenvolvimento econômico do DdD determinou que uma das maneiras mais eficazes de fazer isso era investir na cadeia de valor do setor agrícola. Como discutido no capítulo 4, uma cadeia de valor costuma abranger os vários insumos, atividades e funções empresariais que fazem parte do desenvolvimento, da produção e da entrega de um produto.[36] Ela pode ser customizada para incluir atributos específicos de um setor ou de uma indústria. Por exemplo, programas de estabilidade e de desenvolvimento que almejam apoiar uma cadeia de valor agrícola precisam levar em conta o acesso durante o ano inteiro a nutrição adequada como componente nuclear da segurança alimentar, e como aspecto fundacional da prosperidade, particularmente nas partes rurais do mundo.[37]

Na época das avaliações do DdD, o setor agrícola de Herat enfrentava várias deficiências estruturais: choques sazonais (como a seca), trabalho qualificado limitado, conhecimento científico datado e falhas de mercado ao longo de uma cadeia de valor rompida e imprevisível.[38] Tipicamente, durante a estação tradicional de colheita, de maio a outubro, as famílias rurais de Herat produziam safras suficientes de vegetais e de grãos.[39] No pico da estação, a capacidade de processamento normalmente não acompanhava a produção, nem havia capacidade de armazenamento adequado, frio, fresco, ou seco, para o excesso de produção. Como havia poucas oportunidades para processar, preservar, ou armazenar bens crus, as famílias rurais não tinham comida o bastante para o ano inteiro. Numa província que abrigava dezenas de milhares de crianças e de adultos subnutridos, as safras apodreciam nos campos no pico da estação.[40] A necessidade de aliviar disjunções de mercado na cadeia de fornecimento alimentar era óbvia. A maior prioridade da equipe do projeto era apoiar elos entre a produção agrícola e o processamento a fim de garantir uma disponibilidade mais constante de alimentos em Herat e desenvolver uma fonte fixa de renda para as famílias.

AVALIANDO O QUE PODERIA E DEVERIA SER FEITO

Por causa da importância da agricultura no Afeganistão, a equipe de estabilidade econômica do DdD começou um grupo dedicado voltado para o desenvolvimento agrícola (a equipe Ag do DdD). A equipe Ag do DdD fixou-se numa missão ampla para sua estratégia agrícola: melhorar o fornecimento de comida e a infraestrutura agrícola relacionada a fim de promover a segurança, a estabilidade e o desenvolvimento rural em Herat. Como Herat era relativamente segura, era uma área interessante para investir. Usando a linguagem da contrainsurgência, o DdD achava que poderia desenvolver a região como um "borrão de tinta" expansível de estabilidade, que poderia espalhar-se para áreas adjacentes menos estáveis.[41] Com o espalhamento dos benefícios econômicos, eles tinham a esperança de que Herat pudesse impelir a integração comercial e o comércio intrapaís por mais partes do Afeganistão.

A equipe Ag do DdD solicitou ao Instituto Borlaug que identificasse e avaliasse oportunidades específicas e acionáveis para o desenvolvimento agrícola no Afeganistão.[42] Esse estudo identificou vários atributos importantes da província de Herat, incluindo a eletricidade barata e um tanto confiável da capital, o clima adequado para a produção, um solo relativamente rico e a violência insurgente relativamente limitada. As avaliações também identificaram algumas atividades agrícolas isoladas, incluindo a produção de frutas e legumes, que eram promissoras, considerando-se as condições locais. Essas avaliações examinaram áreas potenciais de investimento, como projetos específicos, usando quatro categorias (e vários subcritérios):

- *Impacto*: a quantidade de renda, de emprego e de efeito político que seriam gerados por um projeto bem-sucedido na área;
- *Viabilidade*: a condição da cadeia logística existente, incluindo eletricidade confiável, capital humano e investimentos financeiros;
- *Sustentabilidade*: a presença de uma demanda de mercado clara e constante, e uma logística confiável para comércio de *commodities*; e
- *Velocidade*: o tempo necessário para criar um efeito desejado. Num ambiente instável, projetos que demoram muito com frequência correm o risco de ser perturbados por atores insurgentes ou por interrupções de financiamento. Portanto, o *timing* era uma consideração importante para garantir que comunidades locais efetivamente beneficiavam-se de uma implementação de projeto bem-sucedida.

As quatro primeiras avaliações para projetos potenciais eram para uma granja, um mercado por atacado, a expansão de uma fazenda de uvas, o desenvolvimento de uma operação de empacotamento e de processamento de vegetais. Entre os quatro, a iniciativa de empacotamento de vegetais recebeu a pontuação máxima, em parte por apoiar e por valer-se de outros investimentos na cadeia de valor. A equipe conduziu uma análise preliminar das atividades externas exigidas para apoiar a iniciativa de empacotamento de vegetais. A figura 7.2 ilustra uma lista rudimentar de parceiros e suas funções relativas a essa análise.[43]

INFORMANDO O DESENVOLVIMENTO DA ESTRATÉGIA

Após a fase de pesquisa e de avaliação, a equipe desenvolveu uma estratégia centrada na melhoria da produtividade agrícola, em preencher lacunas no processamento do *agribusiness* e em impelir a demanda por empregos no setor agrícola. Além disso, esses esforços fortaleceram os subsetores de produção, *agribusiness*, processamento, pecuária e horticultura da indústria agrícola mais ampla em outras partes do Afeganistão.

Muitos dos programas almejavam ajudar os produtores que cultivavam entre um e cinco acres de terra (fig. 7.3). O apoio desse grupo seria valioso

Figura 7.2 Adaptada de pesquisas de campo e análise do Norman Borlaug Institute, esta imagem ilustra vários parceiros e suas funções numa operação integrada de empacotamento sendo considerada para financiamento.

para esforços de estabilidade rural de longo prazo porque os produtores muitas vezes eram membros de conselhos locais de governo proeminentes. Eles correspondiam a 60% da população, cultivavam 80% da terra e produziam mais de 80% da produção agrícola.[44] Quando a renda aumentava para esses produtores, também aumentava a demanda por bens e serviços rurais não relativos à fazenda, o que criava múltiplos econômicos e fazia crescer o emprego para muitos dos cidadãos mais pobres. As pesquisas indicavam que esse tipo de produtor "mediano" mais do que dobraria o crescimento dos empregos agrícolas na economia de Herat entre 2010 e 2020.[45]

Figura 7.3 Pequeno agricultor cultivando a terra no Afeganistão central. Foto © Howard G. Buffett.

O desenvolvimento da estratégia beneficiou-se de centenas de missões de campo para coleta de dados, entrevistas com produtores e construção de relacionamentos. O tempo em campo é particularmente importante quando se trabalha com comunidades rurais porque permite o contato constante e o desenvolvimento de relações de trabalho colaborativas. A equipe empenhou o *agribusiness* local e informou-se sobre o estado da avaliação de qualidade e do controle de qualidade, da segurança alimentar, da capacidade de processamento e da obtenção de produtos. Comandos militares regionais faziam seus próprios investimentos no desenvolvimento da agricultura local, o que fazia parte da estratégia, assim como a capacidade existente de serviços de apoio a produtores rurais e de programas para eles na Universidade Herat, especialmente no que dizia respeito a cooperativas na área.

A estratégia também precisava alinhar-se com as missões militares maiores e com os objetivos e recursos preexistentes das forças dos EUA e da Otan no Afeganistão, as quais incluíam:

- Apoiar as necessidades operacionais dos comandantes em campo;
- Maximizar resultados mensuráveis nos primeiros meses de operação;
- Priorizar oportunidades para soluções motivadas pelo mercado.

A estratégia da equipe Ag do DdD levou a quatro projetos que se apoiavam mutuamente nas áreas em torno da província de Herat. O primeiro projeto ajudou um grupo de produtores rurais a melhorar seu acesso a água subterrânea para poder irrigar as safras e expandir sua produção alimentar. O segundo projeto construiu centros de processamento alimentar próximos, permitindo que uma produção agrícola expandida passasse por um processamento que agregasse valor (transformando tomates em molho de tomate, ou trigo em farinha para cozinhar). Esses centros também ofereciam empregos, equipamentos e treinamento para mulheres desempregadas, e aumentavam a demanda local por *commodities* agrícolas cruas. O terceiro projeto concentrava-se em formar cooperativas para grandes grupos de produtores que estavam mais longe da cidade de Herat. Ao reunir seus recursos, os fazendeiros podiam obter descontos por volume e diversificar seu risco. O projeto final incluía a construção de uma nova faculdade agrícola na Universidade Herat, junto com uma equipe, treinamento e laboratórios para pesquisas agrícolas cruciais.

FAZENDO A ESTRATÉGIA FUNCIONAR

A equipe desenvolveu seus planos alinhada com as recomendações do Departamento de Estado em sua "Estratégia de estabilização regional do Afeganistão e do Paquistão".[46] Em termos amplos, a estratégia tinha quatro áreas focais com objetivos e métodos de implementação para cada uma delas.

Área estratégica 1: regenerar as cadeias de valor do agribusiness

A equipe facilitou o investimento em infraestrutura e em equipamentos a fim de incentivar a criação de empresas e de preencher lacunas nas cadeias de valor locais, abordando falhas de mercado. Os objetivos incluíam:

- A melhoria da produtividade e dos insumos;
- A prevenção de perdas pós-colheita (usando-se o armazenamento frio, fresco, ou seco);
- O aumento daa capacidade de processamento e o acesso a mercados;
- A melhoria do uso da água e a irrigação; e
- A entrega de recursos e de mecanização apropriada às cooperativas.

O desenvolvimento do *agribusiness* nessa área estratégica dependia de esforços conjuntos de civis e militares para conectar produtores e associações de produtores a mercados por meio de corredores comerciais, e também apoiava a facilitação transfronteiriça.

Área estratégica 2: investir no desenvolvimento dos produtores

A segunda área estratégica apoiava o acesso dos produtores a serviços de extensão melhorados. Os programas de extensão, muitas vezes operados como parcerias entre governos locais e universidades, oferecem aos produtores o conhecimento científico relevante por meio de formação e de treinamento não formais (*estendendo* a pesquisa e a sala de aula ao campo).[47] A melhoria na extensão aprimoraria a assistência técnica a produtores por meio de melhores procedimentos, currículo, entrega de informação e serviços de assistência. Isso também apoiava um objetivo secundário de recuperação de apoio rural para o governo local afegão.

O DdD fez uma parceria com as principais universidades de extensão agrícola dos EUA (incluindo professores da Universidade Texas A&M e da Universidade de Nebraska-Lincoln) para obter suas competências.[48] O DdD também fez uma parceria com uma nova iniciativa, o Centro de Conflito e Desenvolvimento, para acrescentar capacidade de pessoal e de pesquisas voltados para o desenvolvimento agrícola em áreas de conflito, com um foco inicial em Herat.[49]

Área estratégica 3: aumentar a demanda por empregos no setor agrícola e por cooperativas

A equipe priorizou aumentos na produção agrícola por meio do apoio a cooperativas. Os principais objetivos eram criar empregos e aumentar a renda e a prosperidade das famílias rurais. Isso também levou ao apoio para programas intensivos em trabalho, como a reabilitação da bacia hidrográfica e a reconstrução da infraestrutura de irrigação, a fim de reintegrar ex-combatentes na economia. A equipe cooperou com iniciativas que já estavam acontecendo, como o programa de Governança Local e Desenvolvimento Comunitário da Agência de Desenvolvimento Internacional dos Estados Unidos [U.S. Agency for International Development][50] e o Programa de Resposta Emergencial do Comandante (Prec) operado pelos militares.[51] A equipe então pôde influenciar estratégias preexistentes e dirigir o financiamento e o apoio para programas relacionados. A sobreposição com programas governamentais já existentes por meio da colaboração interagência significava que as atividades de *agribusiness* e as operações de estabilidade teriam melhor coordenação e mais recursos.

Área estratégica 4: expandir a formação e a pesquisa agrícolas

A última área estratégica da equipe concentrava-se no desenvolvimento de uma formação agrícola nacional de longo prazo, incluindo infraestrutura, currículo e capacidades de pesquisas práticas e avançadas. A equipe trabalhou com professores e funcionários da Faculdade de Agricultura da Universidade Herat, e também com o escritório distrital do Ministério da Agricultura,

Irrigação e Gado (Maig) do governo do Afeganistão. Os objetivos específicos para essa área estratégica incluíam:

- Expandir a base geral de conhecimentos do setor agrícola por meio de instrução e pesquisa;
- Aprimorar a qualidade da transferência de tecnologia da pesquisa universitária para os produtores;
- Aumentar os serviços de extensão e de assistência oferecidos pela equipe da universidade e pelo Ministério da Agricultura; e
- Oferecer elos entre produtores rurais e mercados locais e regionais, incluindo a capacidade de exportar internacionalmente.

INTEGRANDO O INVESTIMENTO EM VALOR SOCIAL

A estratégia da equipe Ag do DdD usou uma versão inicial do arcabouço de investimento em valor social descrito anteriormente. Especificamente, os programas alinhavam-se de perto com os elementos pessoas, processo e lugar do arcabouço.

Pessoas

Ao fazer a parceria com o Instituto Borlaug, a equipe Ag do DdD acessou talentos de nível mundial, amplos conjuntos de habilidades e profundas bases de conhecimentos. A equipe Borlaug ofereceu a liderança e o conhecimento necessários para a construção eficaz de capacidades locais e para identificar recursos exteriores que apoiassem o programa. Os membros da equipe tinham formação e diplomas avançados em vários temas agronômicos relevantes para a estratégia: agronomia, horticultura, marketing, controle de qualidade, processamento de valor agregado, cooperativas, extensão, formação universitária e gado. A equipe operava de maneira descentralizada, conduzindo visitas de campo nas aldeias e, às vezes, a províncias em torno do Afeganistão. Eles trabalhavam com comunidades locais numa base diária para identificar oportunidades de destravar valor intrínseco que de outro modo teria passado despercebido a forasteiros.

Processo

O processo de parceria da equipe resultou numa abordagem intersetorial expansiva, organizada como solução holística de cadeia de valor para a comunidade local em Herat. A equipe reconheceu que um único rompimento na cadeia de valor provavelmente significaria que os fundos investidos a montante ou a jusante dessa disrupção não teriam um impacto sustentado numa comunidade. Essa abordagem colaborativa exigia equipar e capacitar pessoas e instituições em toda a província, e exigia novos mecanismos para levar produtos e serviços ao mercado e gerar retorno suficiente para o investimento das partes interessadas. A equipe desenvolveu uma análise simples da cadeia de valor levando em conta as áreas estratégicas-chave da iniciativa (fig. 7.4).

Lugar

A estratégia baseada em lugar da equipe concentrou-se em investir na propriedade e na gestão regional para integrar o contexto local no desenho, no desenvolvimento e no desdobramento de todos os aspectos da iniciativa. As partes interessadas (incluindo grupos comunitários e a liderança política local) foram envolvidas no processo decisório desde o começo. Essas partes interessadas estavam dispostas a coinvestir seu tempo, sua energia e seu conhecimento na construção de um sistema econômico funcional, de longo prazo e saudável que empenhasse a comunidade a abordar seus próprios desafios e a manter soluções de longo prazo. A equipe Ag do DdD fez parcerias com instituições locais — tanto cooperativas e de propriedade privada — como coinvestidoras nos projetos. Como articulado naquela época, essa estratégia pretendia que a população que recebesse o benefício se tornaria participante dos resultados do projeto e não que permanecesse dependente de assistência estrangeira ou da ajuda de doadores.

Os elementos de pessoas, processo e lugar do investimento em valor social foram todos representados pela iniciativa. Além disso, o financiamento para o programa seguiu muitos dos princípos do elemento de portfólio do

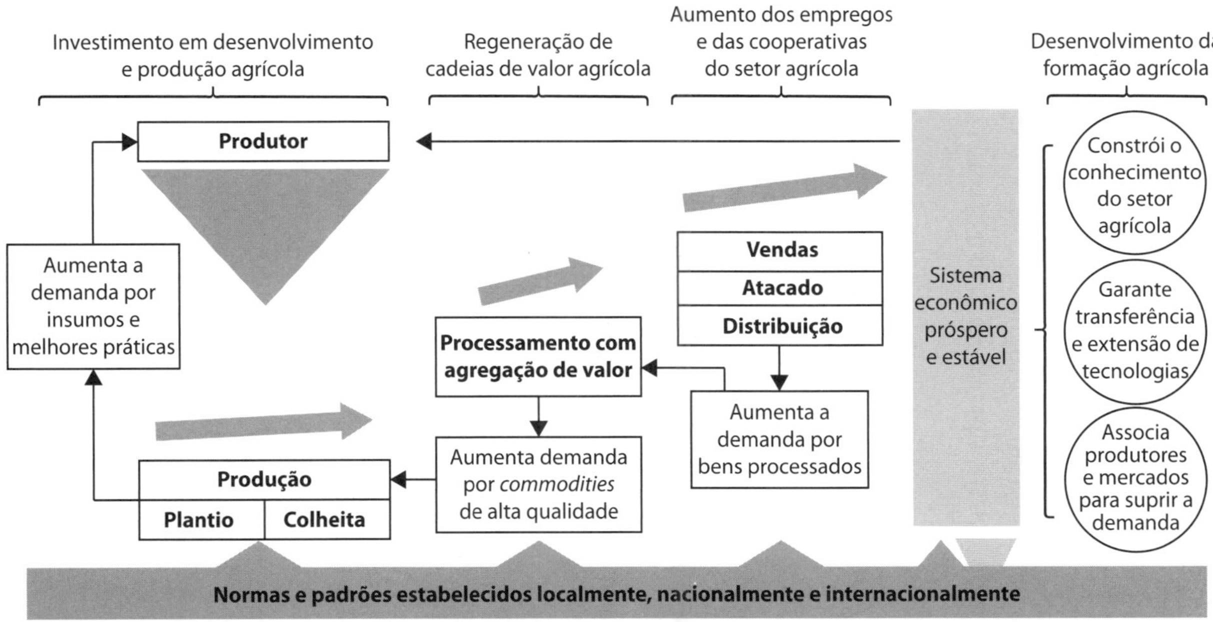

Figura 7.4 A análise da cadeia de valor ajuda os parceiros a desenvolver uma visão abrangente das atividades do programa e das lacunas a serem preenchidas no sistema econômico de uma região. Este diagrama mapeia aspectos da cadeia de valor agrícola de Herat dentro do contexto das quatro áreas estratégicas da equipe de desenvolvimento econômico do Departamento de Defesa.

investimento em valor social. Porém, os programas apoiaram-se pesadamente nos aspectos baseados em lugar do arcabouço, por meio do desenvolvimento de projeto impelido localmente e da responsabilização econômica das comunidades.

A INICIATIVA BASEADA EM LUGAR DE HERAT

Após as avaliações e a avaliação de propostas, a equipe Ag do DdD identificou quatro áreas programáticas para a iniciativa baseada em lugar de Herat.

Aumentar a produção comunitária

Criar um modelo economicamente sustentável exige uma suíte abrangente de soluções para tapar lacunas na cadeia de valor. Uma lacuna crucial no setor agrícola do Afeganistão é o acesso a infraestrutura de água e de irrigação para as plantações. Herat tem clima semiárido e a irrigação é necessária para a maior parte das culturas durante a estação seca.[52] O Afeganistão já teve um sistema elaborado de poços e de canais subterrâneos de irrigação (chamados de *karez*), mas boa parte dele foi destruída por décadas de guerras e conflitos.[53] O conflito também prejudicou a gestão moderna da água, resultando num uso ineficiente de recursos a montante (por meio de métodos como inundações ou irrigação por sulcos), prejudicando inadvertidamente os produtores a jusante, ao privar de água suas culturas e seu gado. A irrigação por inundação exige muito pouca infraestrutura, mas gera muito desperdício e é incrivelmente ineficiente.[54] A irrigação moderna aplica a água por meio de uma longa linha de aspersores que se movem em padrão circular por grandes extensões de terra, muitas vezes de 160 acres. Esses pivôs aplicam a água com relativa lentidão, podem usar bocas de pressão baixa e podem atingir uma eficiência de aplicação de água de até 98%. Em comparação, a irrigação por inundação tem uma eficiência de apenas 40% a 50%.[55] Porém, os pivôs costumam exigir grandes campos e manutenção especializada, e são intensivos em capital.

Durante a fase de avaliação, o Instituto Borlaug passou algum tempo num distrito a leste da cidade de Herat, na aldeia de Rabāţ-e Pīrzādah.[56] O líder do conselho de governança local (denominado *shura*), Ghulam Jalani (fig. 7.5), recebeu a equipe Ag do DdD na comunidade para entender como a aldeia poderia ser mais próspera. Membros da comunidade, e também as avaliações da equipe Ag, identificaram a falta de irrigação como a principal restrição para o cultivo.[57]

Figura 7.5 Ghulam Jalani com um pivô central de irrigação, instalado em 2012, nos arredores da aldeia de Rabāṭ-e Pīrzādah. Foto cortesia de Saboor Rahmany.

Alguns membros da comunidade tinham visto um pequeno pivô de irrigação de demonstração em Kabul e propuseram o sistema como solução para suas fazendas. Jalani, ele próprio produtor local, sabia que esse projeto poderia fazer uma grande diferença para sua aldeia e trabalhou de perto com o DdD para desenvolver ideias. De início, não era claro como um pivô central cobrindo uma grande área poderá atender as necessidades de muitos produtores individuais de pequena escala. A comunidade propôs que os produtores coordenassem seus ciclos de produção, ajustassem os limites dos campos e fizessem cultivos complementares em áreas específicas sob o pivô.

Com a aprovação da comunidade, a equipe Ag do DdD avaliou locais de poços e testou a disponibilidade da água.[58] Então, geriram a obtenção, a entrega e a construção de novos pivôs, e também a manutenção e os programas de treinamento de operações com a Universidade Herat. O sucesso dos projetos dependia de um compromisso de longo prazo e substancial do governador de Herat, que ofereceu uma infraestrutura adicional de eletricidade para que os pivôs funcionassem. As autoridades locais empenharam-se continuamente para manter seu apoio ao projeto e para angariar apoio a projetos similares baseados nas lições aprendidas. Além disso, o Instituto Borlaug conseguiu que novas variedades de sementes fossem disponibilizadas para compra pelos produtores, de modo que eles pudessem aproveitar o fornecimento melhorado da água.[59]

A experiência prévia e contatos com empresas globais de irrigação apressaram o processo de desenho e de entrega dos pivôs, e a comunidade local estava ansiosa para usar os sistemas e beneficiar-se de um acesso melhor a recursos escassos de água. Ao oferecer a aplicação de umidade de alta eficiência, esses produtores puderam aumentar significativamente a produtividade do trigo e dobrar cultivos como melão, pepino, cebola, berinjela e tomate.[60] Isso foi especialmente importante durante os meses em que choveu pouco.

Perto da cidade de Herat fica a Fazenda de Pesquisa Urdu Khan (uma fazenda modelo e instalação de pesquisas financiada pelo governo).[61] Os pesquisadores na fazenda também estavam interessados em usar um pivô central e em fazer pesquisas de campo e rigorosas coleta e análise de dados. Isso incluiu pesquisas adaptativas e comparativas de variedades de milho, de cereais e de outros vegetais e plantas.[62] Depois desse projeto, o Banco Mundial apresentou uma proposta para melhorar os insumos dos cultivos e desenvolver a capacidade de Urdu Khan por meio de sua iniciativa Projeto de Insumos Agrícolas do Afeganistão (Piaa).[63] Em 2016, o Ministério da Agricultura, Irrigação e Gado do Afeganistão trabalhava ativamente para expandir o projeto e suas pesquisas nas instalações de Urdu Khan.[64]

A construção de valor comunitário

Aumentos nas safras significaram aumentos de produtos crus também. Era crucial que a produtividade adicional dos pivôs fosse respondida imediatamente com uma capacidade expandida de processamento com agregação de valor. Do contrário, os preços locais poderiam sofrer e o excesso de produção poderia estragar.[65] A equipe Ag trabalhou concorrentemente em novos centros cooperativos de processamento alimentar de propriedade de mulheres. Esses centros foram razoavelmente simples de desenvolver, com curtos períodos de inicialização, aumentaram os padrões de vida dos empregados e ajudaram a estabilizar o fornecimento local de alimentos. Novos empregos e melhor segurança alimentar também criaram visibilidade positiva nas comunidades, o que rendeu benefícios diretos adicionais de curto prazo.

Uma atividade simples de processamento alimentar já estava acontecendo em comunidades adjacentes aos projetos dos pivôs centrais. Uma ONG local afegã, por exemplo, concentrou-se em oferecer empregos para mulheres ao apoiar operações caseiras rudimentares. Porém, essas atividades tinham escopo limitado e pouco ou nenhum controle de qualidade (fig. 7.6a). A equipe Ag do DdD esperava alavancar os relacionamentos e as experiências prévias do lugar e estabeleceu colaborativamente novas Cooperativas Femininas de Processamento Alimentar (CFPAs).

A equipe realizou um processo abrangente de planejamento, integrando a gama completa de partes interessadas. Alinhada com o arcabouço de investimento em valor social, a equipe garantiu que os membros da comunidade afegã local desempenhassem um papel de liderança no desenho de cada centro de processamento e desenvolvesse colaborativamente os planos de marketing e de distribuição. Esses planos integraram a produção local e a informação de logística e ofereceram um caminho claro para a expansão de mercado para a cidade de Herat e outras cidades rurais. A equipe trabalhou com técnicos e empregados nos centros para diferenciar suas linhas de produtos e expandir as operações de processamento do atual calendário dependente do cultivo, de seis a oito meses, para um calendário mais constante de nove a 10 meses. Com os devidos treinamento e equipamentos, os empregados dos centros aprenderam a satisfazer os padrões de qualidade e de controle (o que era necessário para exportar), e os centros de processamento rural tornaram-se lucrativos, autossustentáveis e escaláveis (fig. 7.6b).

Os residentes locais trabalharam com a equipe para construir pequenas estufas dotadas dos suprimentos e equipamentos necessários. Isso permitiu que os produtores locais iniciassem a produção para a primeira estação de plantio e muito rapidamente oferecessem safras de alta qualidade para os centros de processamento alimentar. O desenvolvimento do programa WFPC incluiu o treinamento de técnicos para assumir a responsabilidade pelo espectro total de empresas e de operações de processamento, e também a criação de um fundo de manutenção para o prédio e para os equipamentos.[66]

Após a conclusão, a CFPA levou imediatamente a novos empregos em tempo integral para as mulheres locais, com fortes perspectivas de empregos adicionais com a expansão das operações. Mais bens e capital foram trocados entre os produtores locais e os centros de processamento rurais, e a produção de pastas, de frutas secas, de geleias e de compotas processadas a partir de vegetais e frutas plantados e colhidos localmente teve um aumento significativo.

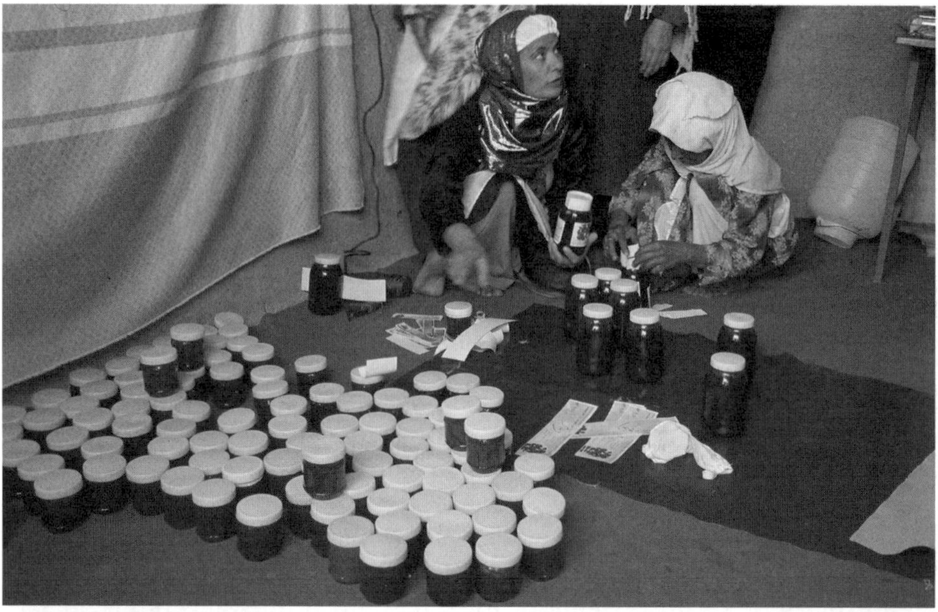

Figura 7.6 (*a*): Preparação e venda domiciliar de bens processados em 2010, antes que o projeto investisse na comunidade. (*b*) Uma próspera loja de cooperativa na área de Herat, vendendo os bens processados da comunidade em 2017, anos depois da conclusão da parceria intersetorial. (*a*) © Howard W. Buffett, (*b*) cortesia da SIPA Case Collection.

Isso tudo levou a um modelo de desenvolvimento agrícola bem-sucedido que era transferível, sustentável e escalável para outras partes do Afeganistão rural, especialmente outras comunidades com características demográficas, econômicas e políticas similares. A equipe Ag do DdD concentrou-se nesse esforço porque as primeiras avaliações agrícolas indicavam que o processamento de frutas e vegetais tinha alto potencial de sucesso. Ao longo do tempo, a equipe continuou a oferecer conhecimento, capital e infraestrutura para desenvolver mais cooperativas de frutas e vegetais, também geridas por mulheres.

Os líderes de equipe dos projetos da CFPA aderiram a duas diretrizes cruciais. Primeiro, garantiram que comprariam das partes interessadas locais em todos os passos. Segundo, mantiveram comunicação constante com as partes interessadas para garantir que financiadores e implementadores estavam entregando um projeto que atendia as necessidades locais. A equipe empenhou partes interessadas locais desde o começo do projeto, investindo tempo e energia para desenvolver relações de confiança. Além disso, a equipe não desenvolveu o projeto até que convites para as avaliações iniciais fossem recebidos da *shura* local e de ONGs preexistentes.

A comunidade também contribuiu ajudando a conseguir um lugar para que a equipe trabalhasse enquanto supervisionava o projeto, e mantendo comunicações frequentes durante o desenvolvimento do programa. Era uma parceria realmente equilibrada; cada grupo trazia suas próprias habilidades, conhecimentos e recursos, e a equipe do projeto coordenava capital externo, do setor privado, para construir os centros de processamento. Planejamento colaborativo e comunicação aberta nos estágios iniciais da implementação do projeto mostraram-se cruciais para o sucesso.

Em última instância, o programa estabeleceu cooperativas estáveis, possuídas e operadas por mulheres, e vendeu frutas e legumes locais em Herat e na região em torno. Um dos centros de processamento, na aldeia de Ziaratja, prosperou muito rapidamente (fig. 7.7). Um ano depois da abertura do centro, o ministro da Agricultura do Afetanistão escolheu o líder do centro, Zainab Sufizada, como melhor produtor comercial da província de Herat.[67]

Estabelecer um modelo de cooperativa comunitária

As associações de produtores rurais existiam em Herat muito antes de a equipe Ag do DdD começar a trabalhar na área. Porém, os produtores com frequência tinham dificuldades porque suas operações eram pequenas e eles possuíam equipamentos rudimentares, normalmente limitados a energia

Figura 7.7 (*a*) A operação domiciliar de processamento de Zainab Sufizada no começo de 2011, antes da parceria intersetorial. (*b*) Um centro cooperativo de processamento alimentar operado por Zainab em fins de 2011, por volta da época em que o projeto foi concluído. (*a*) © Howard G. Buffett, (*b*) cortesia de Mark Q. Smith.

manual e animal.[68] Nas áreas rurais, alimentos de cultivos locais só estavam imediatamente disponíveis durante a estação de crescimento, mas os fazendeiros frequentemente tinham de vender ou comer aquilo que plantavam imediatamente, porque havia poucas maneiras de armazenar, empacotar, ou enviar safras após a colheita.[69] As associações de produtores não podiam ajustar a produção às condições cambiantes do mercado, e os níveis de renda variavam insanamente ao longo do ano. Sem uma capacidade melhor de produção e de vendas, a cadeia de valor agrícola ficava desarticulada e os cidadãos rurais enfrentavam insegurança alimentar e fome durante boa parte do ano.[70]

Para tratar desses desafios, a equipe Ag do DdD trabalhou com o Instituto Borlaug para estabelecer um grande grupo de cooperativas de propriedade dos produtores, a Associação do Conselho Cooperativo de Produtores (Conselho Cooperativo). O projeto organizou mais de 1.400 produtores em vários distritos na forma de "associações de produtores". Essas associações conectavam produtores a instalações de processamento para que eles tivessem acesso a mercados mais confiáveis. Esse projeto complementou outros projetos implementados pelo comando militar regional, que estava encarregado das forças de segurança na região de Herat. Isso, por sua vez, apoiou condições mais seguras para a obtenção de comida, preços de mercado mais equitativos, uma economia rural mais estável e, mais importante, um sentido de esperança por uma vida melhor.

O Conselho Cooperativo ajudou a organizar as atividades empresariais e ofereceu assessoria técnica para associações de produtores de frutas e legumes em todos os distritos ativos. Essa iniciativa serviu a três funções primárias. Primeiro, ela ofereceu assistência às forças de coalizão e às comunidades afegãs por meio de segurança, de estabilidade e de investimentos econômicos que incentivariam as condições de reconstrução e de desenvolvimento. Em seguida, ajudou na adoção de modelos de negócios eficientes entre produtores rurais e *agribusinesses* que eram abertos, transparentes e confiáveis. Por fim, desenvolveu uma abordagem abrangente, da fazenda à mesa, para pequenos produtores de frutas e legumes.

A equipe Ag do DdD trabalhou com o Ministério da Agricultura do Afeganistão e com a Faculdade de Agricultura da Universidade Herat para aprimorar a pesquisa aplicada da universidade em cultivos melhorados de frutas e legumes. Ela também ofereceu assistência técnica, incluindo pessoal de inspeção de campos, seleção de variedades de cultivos, assessoria de datas de plantio e de colheita, avaliação da fertilidade do solo e do uso de água, planos integrados de gestão de pragas e diagnósticos de problemas de cultivo de frutas e legumes.[71]

Por sua vez, o Conselho Cooperativo apoiou a adoção de novos métodos e tecnologias para competir com produtos de outros países (como trigo importado do vizinho Irã). Por exemplo, o conselho estava mais bem capacitado para identificar as flutuações na demanda de mercado e os preços futuros, e assim agendar uma capacidade maior ou menor de processamento. Ele também melhorou a identidade de marca dos produtos locais. Em conjunto com a equipe Ag do DdD, o grupo treinou os produtores nas cooperativas a desenvolver planos de negócios, incluindo distribuição, propaganda e crescimento geral de mercado. Além disso, o grupo identificou serviços de atendimento ao cliente de apoio que aumentariam a fatia de mercado para seus bens crus e para os produtos do centro de processamento alimentar.[72]

A Associação do Conselho Cooperativo de Produtores de Herat almejava reduzir a fome, a pobreza e o conflito aumentando o bem-estar e a segurança alimentar nas comunidades rurais de Herat. A iniciativa trabalhou para coordenar o planejamento nas fazendas, assistir na produção oportuna de vegetais e desenvolver habilidades das quais os produtores de subsistência de Herat precisavam para operar programas para oferecer capacidades de letramento e técnicas que esses produtores não possuíam. Os projetos usaram ou ampliaram a infraestrutura agrícola existente, o que fez com que eles tivessem mais chances de sucesso. Além disso, a estratégia desenvolveu fazendas pequenas e médias e fortaleceu cadeias de valor locais, incluindo os elos fracos, como pesquisa e desenvolvimento, produção, processamento e preservação, e distribuição.

No primeiro ano das operações, o financiamento da equipe de desenvolvimento forneceu salários básicos para que consultores afegãos de campo trabalhassem em questões de controle de qualidade com os produtores participantes. Além de oferecer um arcabouço que criaria novos empregos rurais, os consultores de campo assessoraram o conselho em operações cruciais para cada comunidade em torno: planejamento de cultivos, marketing, gestão de ervas daninhas e de pragas, e manutenção e operação de equipamentos. De uma perspectiva comercial e de vendas, o treinamento concentrou-se em desenvolver canais de marketing e em logística, como o processamento de envios e de pagamentos. Essas atividades aumentaram as capacidades profissionais e técnicas dos participantes, sustentaram a viabilidade econômica de longo prazo de cada aldeia e reduziram a necessidade de migrar de áreas rurais para centros urbanos.

O programa trabalhou rapidamente para empenhar os 1.400 produtores de pequena escala identificados em aldeias-chave e acrescentou um novo pessoal de extensão capaz de apoiar esforços agrícolas.[73] Funcionários e alunos da universidade foram envolvidos numa troca colaborativa de dados e de informação. O Conselho apoiou instrumentos financeiros para contratos e para o planejamento cooperativo para uma entrega de produtos mais eficiente. A equipe Ag do DdD contratou equipes locais como pessoal técnico de campo que pudesse resolver questões enfrentadas pelos produtores, e essa equipe desenvolveu treinamento para a liderança autodirecionada com base em práticas comerciais aprimoradas e de maior responsabilização.

No final, a iniciativa do Conselho Cooperativo foi um modelo de copropriedade verdadeiramente emblemático do arcabouço de investimento em valor social. Seguindo o projeto, o modelo era diretamente aplicável a outras regiões do Afeganistão. Podia ser escalado imediatamente para 27 mil produtores de pequena escala em quatro distritos ao redor, a fim de apoiar o desenvolvimento da área maior para que se tornasse uma fonte confiável de produtos para atacadistas, processadores e exportadores.[74] O conselho ajudou a estabilizar a região e a melhorar a percepção da segurança militar do Afeganistão ali. A parceria também fortaleceu as relações entre o governo do Afeganistão e as forças de coalizão — e o apoio à presença americana entre os afegãos locais.

Investimento em estabilidade de longo prazo: a Universidade Herat

Além de apoiar uma cadeia logística agrícola ponta a ponta resiliente, um modelo de desenvolvimento integrado exige investimento em instituições baseadas no lugar para promover o capital humano, realizar pesquisas e traduzir o conhecimento acadêmico em valor para os produtores. Com esse fim, a equipe Ag do DdD trabalhou na construção de uma nova faculdade agrícola na Universidade Herat. Faculdades agrícolas estão entre as peças mais importantes de uma economia agrária próspera, estável e produtiva. Sendo instituições de ensino superior, elas estão comprometidas com o desenvolvimento de longo prazo das ciências agrícolas, da horticultura e de assuntos relacionados.

Os planos para uma nova faculdade agrícola na Universidade Herat começaram anos antes da chegada da equipe do DdD. O arcabouço de um prédio parcialmente construído ficou anos no campus, incompleto por falta de financiamento e de apoio político.[75] A equipe Ag do DdD obteve as plantas originais da construção do prédio e trabalhou com a universidade, com o Instituto Borlaug e com empreiteiros locais em estimativas de custo e de tempo para concluir as instalações. A equipe tinha experiência com esse tipo de projeto, tendo coordenado anteriormente a construção do prédio da Faculdade de Agricultura Dr. Abdul Wakil na Universidade Nangarhar no leste do Afeganistão.[76]

Uma vez concluída, a nova faculdade agrícola na Universidade Herat pôde abrigar milhares de alunos que estudavam em departamentos já existentes relacionados com agricultura, e também em novos departamentos criados pelo programa (fig. 7.8).[77] A faculdade foi equipada com laboratórios avançados para o teste de *commodities* e de solo, e 130 alunos puderam aprender em laboratórios com hora marcada.[78] A equipe Ag do DdD também coordenou a obtenção de equipamentos, a construção de estufas, os surpimentos para operações atuais e futuras, e forneceu conhecimento técnico.

Novos programas forneceram o treinamento e a capacidade técnica para que os produtores da área aumentassem a produção, atendessem a necessidades avançadas de processamento e obtivessem as capacidades e o conhecimento para acessar mercados. Ao construir uma instituição centrada na melhoria da produtividade agrícola pelos anos a vir, a equipe ancorou os demais projetos agrícolas na região — criando um processo de parceria verdadeiramente abrangente para um dos maiores desafios de estabilidade a longo prazo no Afeganistão.

Como primeiro passo, a equipe estabeleceu um programa de pesquisas e treinamento a fim de treinar o corpo docente da faculdade de agricultura no uso das novas instalações laboratoriais. Esse programa também foi aberto ao pessoal agrícola regional do Ministério da Agricultura, às equipes locais da FAO e também a trabalhadores de um processador local de farinha.[79] Antes desse programa, nem o corpo docente de agricultura, nem a equipe do governo regional tinha acesso a esse tipo de laboratório avançado, ou mesmo ao treinamento necessário em métodos analíticos.[80] A comunidade beneficiou-se diretamente, pois a qualidade da pesquisa e do ensino na universidade melhorou significativamente, assim como o valor dos serviços do governo aos produtores. Em vez de um laboratório de pesquisa acadêmica para uns poucos, esse projeto enfatizou a importância dos esforços de ensino e de extensão para empenhar muitas pessoas na comunidade agrícola. A universidade desenvolveu

Figura 7.8 (*a*) O prédio da faculdade de agricultura da Universidade Herat permaneceu construído apenas parcialmente por anos. (*b*) Ele foi completado em 2013, como resultado dos esforços colaborativos de vários parceiros. (*a*) cortesia de Lou Pierce, (*b*) cortesia de Richard Ford.

um currículo uniforme de 12 aulas que cobriam estatística básica e práticas de laboratório, trabalho em laboratório e provas.[81] Ela abriu o curso a todos os alunos, independentemente de gênero, religião, origem, ou área de estudo.

Embora alguns dos alunos não tenham passado na avaliação inicial exigida para entrar no curso, esses alunos trabalharam com os instrutores para desenvolver um programa de estudo independente especial, fora do horário comercial. Cinquenta e cinco estudantes entraram no primeiro programa de um mês, dos quais 14 eram de fora da universidade (nove do governo regional).[82] Durante as entrevistas, os instrutores falaram muito bem da motivação dos alunos, especialmente porque muitos deles estavam fazendo o curso além de continuar em seu emprego normal ou com suas obrigações acadêmicas. A distribuição demográfica da turma era extraordinariamente diversa, atraindo tanto homens quanto mulheres.

O QUE PODEMOS APRENDER COM AS INICIATIVAS AFEGÃS?

A abordagem comunitária da equipe de desenvolvimento criou um conjunto abrangente e complementar de soluções baseadas em lugar para os produtores de Herat. Cada projeto alinhou quatro áreas estratégicas com a estratégia de implementação:

- O *investimento em desenvolvimento dos produtores e na produção* foi apoiado pelos sistemas de irrigação por pivô central de Herat, o que permitiu uma produção maior e mais constante.

- A *regeneração das cadeias de valor do agribusiness* foi apoiada pelo estabelecimento de Centros Femininos de Processamento Alimentar, os quais ofereceram nova capacidade de processamento para atender o aumento na produção dos pivôs centrais.

- O *crescimento dos empregos e das cooperativas do setor agrícola* foi apoiado pela Associação do Conselho Cooperativo de Produtores de Herat, que organizou os produtores para obter economias de escala, a distribuição e a venda por atacado mais ampla dos alimentos, e uma redução no desemprego.

- A *expansão da formação e das pesquisas agrícolas* foi apoiada pela nova Faculdade de Agricultura na Universidade Herat, a qual deu apoio para todo o setor agrícola por meio da extensão, da prontidão da força de trabalho, da transferência de tecnologias, do avanço das cooperativas e do pessoal técnico.

A iniciativa de Herat foi o conjunto mais abrangente de projetos baseados em lugar empreendido pela equipe econômica do Departamento de Defesa, e foi um campo de testes inestimável para o arcabouço de investimento em valor social.[83] Essa iniciativa foi o esforço mais ambicioso da equipe para construir parcerias intersetoriais para a agricultura no Afeganistão, e ela empenhou partes interessadas em toda a cadeia de valor agrícola. As experiências da equipe de desenvolvimento em Herat foram únicas, considerando a complexidade do cenário, os recursos colocados em jogo, os desafios e os parceiros envolvidos. Mesmo assim, algumas das lições aprendidas podem ser aplicáveis a projetos de desenvolvimento agrícola em outros lugares.

Para ter sucesso, esses programas exigiam a participação local e o compromisso dos residentes da comunidade de contribuir com aquilo que podiam, como o trabalho especializado das cooperativas femininas. A construção da participação local pode levar tempo e é desafiadora em ambientes de alto risco, mas é uma contribuição significativa para a entrega de serviços a tempo e dentro do orçamento — especialmente a instalação dos equipamentos, o treinamento nas cooperativas femininas, a implementação bem-sucedida dos pivôs centrais e os programas universitários de treinamento e de desenvolvimento. A equipe de Herat construiu relações de trabalho produtivas com os militares, com a Usaid, e com entidades de governos estrangeiros que operavam na província, o que fortaleceu ainda mais os programas.[84]

A relação de trabalho entre os governos dos EUA e do Afeganistão, investidores privados e instituições públicas foi uma colaboração militar-civil peculiarmente apropriada para estabilizar o ambiente local. As ONGs e o setor privado muitas vezes podem mover-se mais rápido e com maior flexibilidade do que o governo. Milhões de dólares de investimentos de financiamento público e privado foram despejados em Herat em alinhamento com os objetivos do governo americano para operações de agricultura e de estabilidade regionais.[85] Além disso, os financiadores não teriam tido a oportunidade de avaliar essas iniciativas sem apoio dos militares para transporte e segurança. Encontramos apenas casos limitados de parcerias intersetoriais com colaboração entre militares e civis em ambientes de conflito que combinavam o investimento do setor privado e o apoio filantrópico para operações de estabilidade.[86]

Ainda existem barreiras culturais significativas entre os setores militar, privado e a comunidade de ONGs, mas um plano claro e coordenado para facilitar parcerias intersetoriais pode superar diferenças organizacionais. Sob essas condições operativas difíceis, isso foi importante para desenvolver programas eficazes que não se baseassem em contratos tradicionais de pagamentos por serviços prestados. A equipe Ag do DdD agiu como uma espécie de intermediária para os esforços na região; em parcerias futuras, um secretariado similar poderia oferecer uma comunicação clara e gerir várias atividades, relacionamentos e nuances culturais que se desenvolvem ao longo da parceria.

O projeto de Herat lançou um olhar abrangente para o ambiente agrícola como um todo, muito além de aspectos isolados da indústria agrícola. Abordar apenas uma dimensão do desenvolvimento causaria mais mal do que bem. Concentrar-se apenas na produtividade dos produtores poderia atender as necessidades de uma população por um breve período, mas não conectar esses produtores com oportunidades de mercado mais amplas poderia ser desastroso.[87] A equipe de avaliação viu isso em partes do Afeganistão em que os produtores tiveram uma safra maior, mas enfrentaram preços reduzidos. Cerca de 5 mil produtores num distrito avaliado pela equipe do Borlaug plantavam tomates com a promessa de vendê-los depois a uma usina de processamento financiada por assistência. Porém, esses produtores ouviram, por quatro anos seguidos, que "o mercado local desapareceu" quando foram vender, e ficaram com um excesso de produção e com dificuldades de renda.[88]

As avaliações da equipe no Afeganistão basearam-se numa análise expansiva e apropriada ao contexto da cadeia de valor, olhando vários elos entre treinamento, produção de cultivos, processamento e vendas. As avaliações informaram a alocação de recursos e de investimentos-chave, como a concentração no processamento de vegetais e de frutas e nas cooperativas. Porém, o projeto de Herat foi além da análise da cadeia logística ao levar em conta os custos e benefícios físicos e humanos do projeto. Ao implementar programas para aprimorar o capital humano, os métodos de cultivo e a capacidade das instituições agrícolas, a equipe de Herat criou um arcabouço para fortalecer os elos na cadeia de valor e criar um sistema econômico mais saudável, que incluía estruturas de apoio para o *agribusiness* que prosperaram em outros lugares.

As equipes concentraram-se em empenhar gestores locais experientes e em integrar plenamente as preferências locais no planejamento estratégico e na implementação do programa. As avaliações iniciais da equipe garantiram que as capacidades locais necessárias estavam posicionadas para criar parcerias eficazes. Foi uma colaboração produtiva entre o governo, o setor privado, organizações filantrópicas, ONGs locais e a comunidade, e todos os envolvidos compartilharam os resultados bem-sucedidos do programa.[89]

CAPÍTULO 8

O arcabouço de lugar: planejamento colaborativo e inclusivo de parcerias

HOWARD W. BUFFETT

O debate entre estudiosos e praticantes a respeito da necessidade de transferir amplas políticas de desenvolvimento econômico e de implementação para estratégias regionalmente contextuais, baseadas em *lugar*, intensificou-se na última década.[1] O interesse e o investimento em iniciativas baseadas em lugar entre financiadores, indo de instituições de desenvolvimento econômico[2] a fundações privadas e familiares,[3] e também a agências governamentais americanas,[4] ajudou a alimentar esse debate. Nem o conceito nem a prática são novos, mas a crise financeira e a grande recessão de 2007-2009 provocaram o reexame de modelos tradicionais de desenvolvimento econômico.[5] O resultado é que iniciativas baseadas em lugar receberam maior atenção, incluindo novas pesquisas e um diálogo cada vez maior com *think tanks*[6] e com instituições acadêmicas.[7]

Iniciativas muitas vezes são consideradas baseadas em lugar quando unem vários parceiros e partes interessadas no desenvolvimento de estratégias abrangentes de longo prazo que apoiam ou revitalizam uma área geográfica definida[8] como um bairro ou uma comunidade.[9] Essas iniciativas tentam melhorar as condições sociais integrando contribuições de financiadores, de implementadores e de partes interessadas. Elas formam e interconectam programas e serviços no lugar considerado, valendo-se muitas vezes de um arcabouço comum de análise para definir e para avaliar medidas de sucesso.[10] De fato, iniciativas baseadas em lugar pretendem concentrar e coordenar recursos, e, quando bem desenhadas, elas capacitam as partes interessadas locais e as empenham no desenho e na implementação de como esses recursos são empregados.[11]

Os programas no caso do Afeganistão exibiam muitas das características de uma abordagem baseada em lugar. Os parceiros coinvestiram tempo, energia e recursos num conjunto de programas interconectados na cidade de Herat e em seus arredores. As partes interessadas da área trabalharam junto com agências governamentais, ONGs e outros para desenhar, planejar e executar a parceria como um todo. Entidades locais, de conselhos comunitários à universidade pública em Herat, responsabilizaram-se pelos projetos, determinaram a governança do programa e codesenvolveram prioridades e cronologias com os outros parceiros. Os financiadores e implementadores da iniciativa entraram na parceria com uma mentalidade específica, tratando a comunidade e outras partes interessadas como verdadeiros acionistas, ou coproprietários permanentes dos investimentos sendo realizados.

No geral, a abordagem foi apoiada por um importante sentido de lugar, valendo-se de uma disposição de longevidade, e fez com que todos os parceiros se tornassem guardiães de recursos compartilhados.[12] A abordagem de gestão desse caso particular e a atitude colaborativa resultante entre os parceiros podem ter sido um pouco inabituais, mas acreditamos que são importantes as lições de seu foco nas partes interessadas.[13] Esse foco construiu confiança e incentivou a cooperação entre membros da comunidade e organizações locais, e levou os parceiros a enfatizar programas e investimentos que renderiam resultados positivos a longo prazo. Cada um desses aspectos, fundamental para a abordagem de investimento em valor social, foi crucial para o sucesso geral da iniciativa.

Neste capítulo, exploraremos as maneiras como os financiadores, implementadores e partes interessadas podem trabalhar juntos em parceria, por meio de compromissos com o diálogo franco e aberto, com a responsabilização e com a participação ativa entre equipes. Discutimos maneiras de apoiar o empenho inclusivo e a construção de consensos por meio de exercício conjunto de definição de escopo e da necessidade de princípios que reforçam a responsabilização colaborativa. Por fim, delineamos um processo para que os parceiros determinem mutuamente como priorizam projetos por meio de uma metodologia de pontuação baseada nas preferências e nas prioridades dos parceiros. Esse arcabouço comum de análise, chamado de Balanço de Impacto, é um instrumento que ajuda os parceiros a avaliar cooperativamente opções de programas e a planejar atividades ao longo do ciclo de vida de uma parceria.[14]

O PLANEJAMENTO INCLUSIVE DEMANDA INTENÇÃO

Parcerias intersetoriais envolvem participantes de várias organizações, as quais diferem em tamanho, em escopo e em missão, e que têm agendas e prioridades distintas.[15] Esses participantes precisam colaborar sob estilos de liderança diversos e precisam equilibrar os respectivos objetivos, exigências e recursos de suas organizações enquanto trabalham por objetivos comuns. Porém, poucas organizações adotaram normas, diretrizes, ou procedimentos padronizados para a maneira como planejam e interagem com outros participantes de uma parceria intersetorial.[16] Isso é especialmente importante quando esforços colaborativos envolvem bairros, organizações comunitárias, ou partes interessadas individuais com um forte interesse nas atividades ou nos resultados da parceria.[17] A ausência de princípios amplamente estabelecidos para a inclusão de partes interessadas no desenvolvimento baseado em lugar pode resultar na descapacitação das partes interessadas, ou pode gerar resistência aos objetivos de uma parceria.[18] Não apenas isso apresenta considerações morais,[19] como também é problemático quando as soluções para desafios sociais complexos exigem a participação voluntária, ativa e coordenada de muitos indivíduos e organizações diversos.[20]

Quase que por inércia os investidores e doadores entram numa parceria numa posição de poder ou de controle, porque podem estipular exigências para seu financiamento.[21] Muitas vezes isso permite que eles definam o programa, determinem os objetivos, façam unilateralmente grandes decisões de alocação de capital e até microgerenciem as atividades dos outros parceiros.[22] O resultado é que os financiadores podem acabar impondo suas abordagens ou crenças às organizações em cooperação, sejam essas visões precisas ou apropriadas para um determinado contexto ou não sejam.[23] Isso significa que os objetivos de uma parceria podem ser excessivamente "de cima para baixo", podem não levar em conta as preferências ou costumes das partes interessadas, ou podem não identificar as causas primárias de um problema.[24] Analogamente, quando parceiros de implementação respondem a pedidos de propostas ou de ofertas, isso os leva a priorizar os desejos e perspectivas dos financiadores acima de todos os outros. Nesses casos, a entrega dos programas de uma parceria poderia basear-se em percepções equivocadas, em pressupostos uniformizados, ou em vieses, e não nas verdadeiras necessidades ou interesses de uma comunidade.[25]

Para que parcerias intersetoriais sejam eficientes no fornecimento de soluções duradouras para os problemas com que a sociedade se defronta, financiadores, implementadores e partes interessadas precisam todos envolver-se no processo decisório da parceria.[26] Assim como foi feito no caso do Afeganistão, os líderes e participantes das organizações envolvidas devem ver as parcerias como um coinvestimento de longo prazo de seu tempo e de seus recursos, e as partes interessadas devem ser tratadas como coproprietárias dos resultados da parceria.[27] Os parceiros devem desenhar mutuamente o escopo da parceria, desenvolver e seguir princípios cooperativos, e determinar responsabilidades acordadas entre os participantes.[28] Fazer isso resultará numa estratégia eficaz de parceria que guia os objetivos, a implementação e os resultados do empenho, e também sua governança e a resolução de conflitos.[29]

PRINCÍPIOS COOPERATIVOS PARA A COLABORAÇÃO BASEADA EM LUGAR

As equipes numa parceria têm identidades nucleares únicas, e aquilo que entra no desenvolvimento e no fortalecimento dessas identidades está delineado no capítulo 6.[30] Por exemplo, as equipes muitas vezes tomam parte em importantes rituais que mantêm a coesão da equipe, e elas têm lealdades para com suas organizações, demais membros, ou líderes. As equipes buscam ideais e valores, e os membros de equipes passam todos por uma variedade de experiências emocionais compartilhadas em conjunto. Por fim, as equipes muitas vezes compartilham um conjunto de princípios comuns que guiam seu pensamento e a execução de seu trabalho.

Analogamente, parceiros que trabalham colaborativamente devem compartilhar um conjunto de princípios comuns para guiar sua cooperação ao longo da parceria. Financiadores, implementadores e partes interessadas terão preferências e prioridades distintas, as quais podem entrar em conflito, e princípios cooperativos são cruciais para apoiar o trabalho contínuo em momentos difíceis. À medida que os esforços colaborativos se tornam cada vez mais complexos, os princípios colaborativos podem ajudar a guiar o desenvolvimento contínuo do programa e a apoiar o trabalho de equipe eficaz entre os parceiros. Os princípios a seguir são relevantes para parcerias intersetoriais empenhadas no desenvolvimento de estratégias baseadas em lugar:[31]

Empenho inclusivo. O planejamento eficiente de estratégias baseadas em lugar inclui o máximo possível de partes interessadas que tenham um interesse declarado nas atividades e nos resultados da parceria. Os parceiros devem fazer exercícios para assistir na identificação de partes interessadas, no mapeamento e em avaliações para ajudar a desenvolver estratégias de empenho. Os parceiros também podem realizar exercícios de escopo para delinear programas e para ajudar a guiar o processo decisório no começo da parceria. O método de escopo (discutido posteriormente neste capítulo) pode ajudar os parceiros a entender as atividades e os resultados da parceria em relação às preferências e às prioridades das partes interessadas. Isso é particularmente importante devido ao desequilíbrio de poder entre os parceiros; financiadores e implementadores devem abraçar a participação inclusiva e alocar tempo e recursos para a construção de consenso. Fazer isso beneficia a parceria ao ajudar a evitar barreiras e oposições à seleção de programas.[32]

Liderença comprometida. Organizações e grupos de partes interessadas trabalhando juntos precisam ter líderes comprometidos com os objetivos e resultados da parceria. Esses líderes devem criar equipes responsáveis por atividades e rendimentos específicos durante a cronologia da parceria, do contrário é improvável que a colaboração mesma sobreviva. Cada parceiro deveria identificar os indivíduos, incluindo a representação da liderança sênior de sua organização, que apoiarão o empenho inclusivo e buscarão os objetivos da parceria. Os líderes deveriam investir tempo fora das equipes de parceria também, para que os objetivos da parceria sejam plenamente entendidos e abraçados por toda a equipe de organizações participantes.[33]

Responsabilização mútua. As iniciativas devem articular métodos de responsabilização entre as equipes respectivas de responsabilização dos parceiros e as partes interessadas ou membros da comunidade local empenhados na parceria. Os parceiros devem desenvolver mutuamente um conjunto de diretrizes de alto nível para apoiar um ao outro durante o desenvolvimento da parceria e para ajudar a estabelecer as expectativas apropriadas para a atividade dos programas. Essas diretrizes podem governar a conduta entre os membros ou delinear responsabilidades específicas assumidas pelos parceiros. As responsabilidades resultantes devem levar em consideração os distintos papéis, forças e atividades de financiadores, implementadores e partes interessadas dentro da parceria.[34]

Reconhecimento de progresso. Desenhar, construir e gerir parcerias intersetoriais é um trabalho complexo e difícil, que exige um esforço contínuo. Às vezes as parcerias ocorrem ao longo de períodos prolongados, com longas cronologias de programas que podem sofrer de estagnação ou levar ao desinteresse dos parceiros. Equipes e comunidades beneficiam-se ambos quando marcos são celebrados, parceiros são unidos frequentemente e se reconhece o progresso no sentido dos objetivos da parceria. Reconhecer continuamente o progresso é algo que reforça a si mesmo — isso incentiva a participação contínua, apoia a construção de consensos e incentiva os participantes a constantemente construir relacionamentos e reforçar compromissos mútuos.[35]

Processo decisório participatório. Parcerias inclusivas usam processos abertos e transparentes para guiar a governança; isso é particularmente importante para o critério de seleção de programas. Estratégias baseadas em lugar eficazes baseiam-se em modelos de avaliação desenvolvidos cooperativamente entre parceiros e grupos de partes interessadas. Analogamente ao arcabouço de análise delineado posteriormente neste capítulo, esses modelos ajudam os parceiros a customizar medidas de sucesso, a analisar opções de programas e a revisar objetivos quando necessário. A fim de evitar excluir inadvertidamente as partes interessadas, os financiadores e os implementadores numa parceria precisam apoiar ativamente as atividades necessárias de tomada participatória de decisão. As iniciativas devem incorporar maneiras como os participantes podem compartilhar constantemente informações e empenhar-se num diálogo franco e sincero.[36]

Aprimoramento contínuo. Organizações parceiras devem apoiar métodos para o processo contínuo e para o aprimoramento de programas ao longo do planejamento estratégico e da implementação de parcerias. Serão necessários recursos para desenvolver instrumentos e métodos para monitorar, avaliar e reportar o progresso dos programas. Os parceiros devem garantir que há oportunidades para que comunidades ou indivíduos contribuam com ideias, pontos de vista e comentários durante o ciclo de vida da parceria. Além disso, as iniciativas devem usar ciclos de retroalimentação eficazes para capturar as lições aprendidas, compartilhar intuições entre organizações e partes interessadas individuais, abraçar melhores práticas e evitar atividades desnecessárias ou a duplicação de esforços.[37]

Essa lista não é exaustiva, e os parceiros são encorajados a trabalhar a partir desses princípios de maneira que sejam relevantes para seus programas específicos e ambientes de trabalho.

A criação de um ambiente eficiente e colaborativo para os participantes de uma parceria intersetorial depende de princípios com um tema comum: as partes interessadas devem estar proativamente empenhadas no desenho, no desenvolvimento e no emprego de estratégias baseadas em lugar.[38] Financiadores e implementadores devem ser inclusivos e receptivos a partes interessadas, de indivíduos da comunidade a líderes políticos locais, a organizações comunitárias, a associações de bairro e mais.

ESTABELECENDO O ESCOPO DE UMA PARCERIA BASEADA EM LUGAR

Incluir múltiplos parceiros e partes interessadas no planejamento e no empenho de uma parceria ajuda a alinhar suas atividades e objetivos em torno de uma missão comum e de um conjunto de objetivos compartilhados. É mais provável que parceiros que entendem as preferências e as prioridades uns dos outros respeitem diferenças, superem conflitos potenciais e apreciem pontos de vista diversos.[39] Conhecer as perspectivas de cada parceiro em relação ao tipo e ao escopo de programas que se alinham com suas missões significa que os parceiros estarão mais bem equipados para planejar de maneira inclusiva.[40]

Uma análise de cadeia de valor identifica lacunas que uma parceria pode preencher, e o modelo de fluxo lógico delineia contribuições, atividades e rendimentos necessários para realizar os resultados de uma parceria (cap. 4). Ambos devem ser desenvolvidos de maneira cooperativa; porém, nenhum dos dois instrumentos inclui elementos de preferência do parceiro (como uma escala de programa ideal) ou prioridades operacionais ou relacionadas com a missão (como cronologias de programa) no processo de planejamento. Empenhar fundadores, implementadores e partes interessadas num exercício de escopo pode acrescentar essas dimensões e oferecer algo em comum para explorar pontos de vista respectivos.

Em nossos exemplos de parcerias neste livro, as iniciativas mostram um alto grau de sucesso quando as preferências, prioridades e ações coletivas dos parceiros estão harmonizadas entre os participantes. A minúcia e a inclusividade do planejamento de parcerias muitas vezes governam essa harmonia e afetam o empenho ou falta de empenho dos parceiros, a consecução ou não consecução dos objetivos do programa e a longevidade ou não longevidade dos resultados das parcerias ao longo do tempo.[41] Em particular, os financiadores e implementadores nos nossos exemplos apoiam o desenvolvimento de programas liderado pelas partes interessadas, ou garantem o alinhamento do programa com planos existentes, de modo que as atividades reflitam necessidades e desejos das partes interessadas.

A figura 8.1 ilustra o escopo de atividades numa parceria baseada em lugar. Essas parcerias têm uma geografia ou lugar definido (o eixo *y*) e são compostas de programas com graus diferentes de impacto (o eixo *x* superior). Este gráfico mostra a relação generalizada entre esses fatores e permite que financiadores, implementadores e partes interessdas tracem colaborativamente suas atividades dentro do escopo da parceria, independentemente de seu papel, setor, ou missão respectivos. Os parceiros podem começar delineando os objetivos da parceria no gráfico. Este exemplo inclui áreas estratégicas e programáticas da estratégia baseada em lugar do caso do Afeganistão.

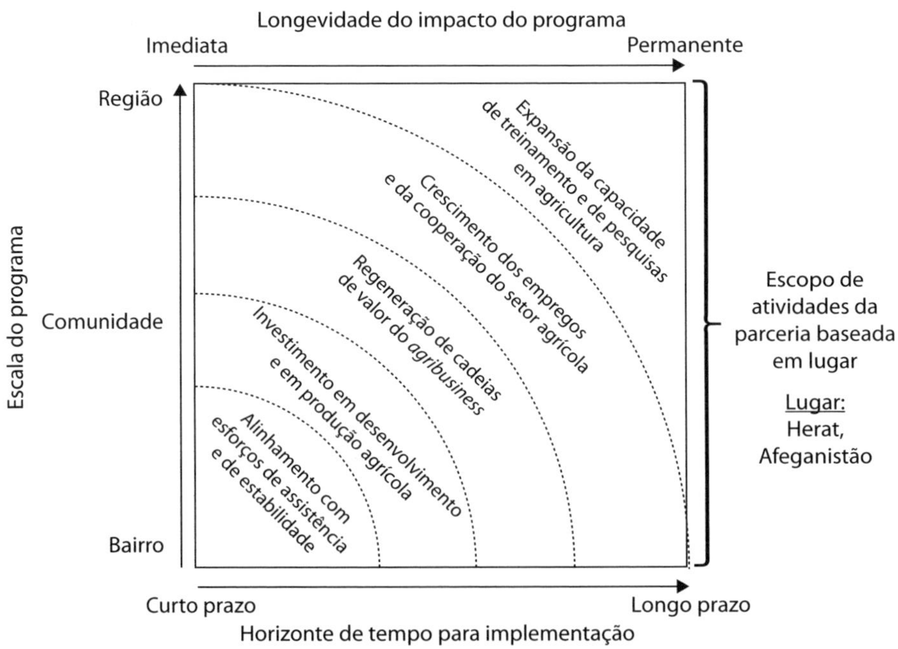

Figura 8.1 Um exercício de escopo permite que os parceiros tracem múltiplos aspectos de uma parceria baseada em lugar, como visto nesse exemplo baseado no caso do Afeganistão. As áreas de foco estratégico que ficam à direita do eixo *x* geralmente exigem mais tempo para implementar, mas têm maior longevidade potencial de impacto. O eixo *y* delimita o potencial ou a escala geográfica de alcance almejada, e esses valores podem ser trocados por escalas variantes (por exemplo, um espectro de quarteirão de uma cidade para a cidade inteira, ou de uma província para várias nações.)

No Afeganistão, numerosas organizações trabalharam junto umas com as outras. Esses grupos operaram programas que atendiam diferentes necessidades, e suas preferências e prioridades são representadas por diferentes áreas na figura. Por exemplo, os esforços de assistência alimentar e de auxílio eram operados pelo Programa Alimentar Mundial da ONU, localizados em pequenas escolas primárias. O administrador que cuide desses programas em nível escolar, ou um líder encarregado de uma organização sem fins lucrativos que ofereça programas similares, pode priorizar quantas bocas famintas são alimentadas em determinados dias. Eles podem preferir trabalhar no nível da escola individual devido a restrições logísticas locais e à capacidade de aglomerar outros serviços no local. Atividades como essas ofereceram uma função importante de estabilização e resposta rápida em nosso caso, ficando na área esquerda inferior no gráfico.

A equipe do Departamento de Defesa (DdD) trabalhou de perto com comunidades de produtores no nível da aldeia no treinamento e na instalação da infraestrutura de irrigação. Os conselhos de governança locais estavam mais interessados em opções de programas que fossem ter um impacto muito rápido e direto em sua produtividade, levando, portanto, a aumentos da renda e à prosperidade no nível da aldeia. A equipe também trabalhou com pequenos grupos de mulheres empreendedoras cuja preferência era servir uma população maior do que a dos programas baseados nos produtores rurais. Junto com os conselhos de governança, esses empreendedores formaram centros cooperativos de processamento alimentar para dar à comunidade acesso a produtos alimentares de valor agregado. Esses centros foram suplementados por estufas de uso um tanto limitado, mas importantes, que estendiam as estações de plantio para alimentos processados. No geral, essas atividades ficam mais alto na escala do programa do que os programas de alimentação escolar, mas eles levam mais tempo para ser implementados. Como refletido na figura 8.2, esperava-se que a profundidade do efeito dos centros de processamento alimentar na comunidade fosse similar à dos projetos de irrigação de plantações em suas aldeias respectivas.

Uma colaboração entre o Ministério da Agricultura do Afeganistão e a Universidade Herat levou ao desenvolvimento de várias cooperativas de propriedade dos produtores, as quais foram organizadas no Conselho Cooperativo da Associação de Produtores. A associação alcançou várias comunidades na área, e, com o tempo, melhorou a qualidade das safras e apoiou mercados locais mais estáveis para as *commodities*. Os participantes do programa

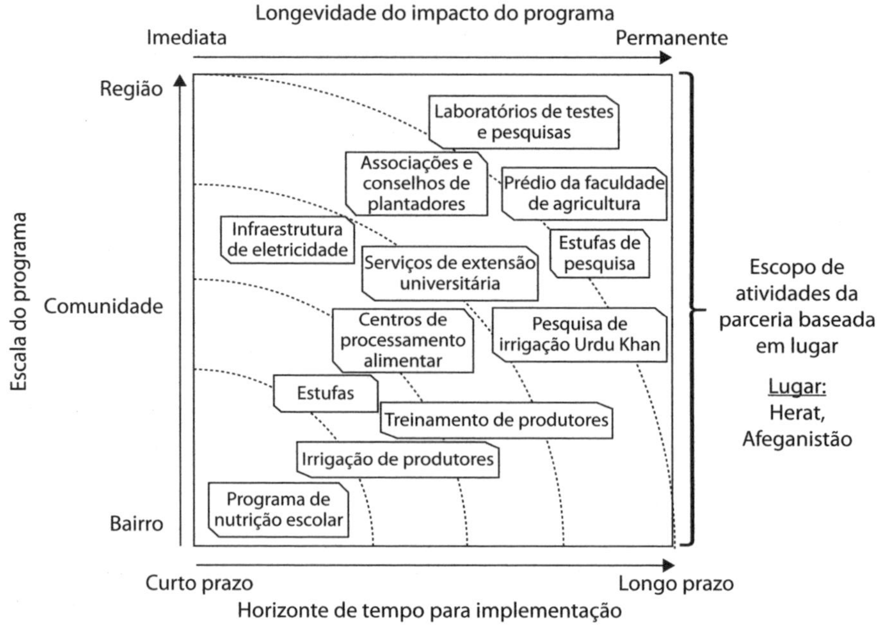

Figura 8.2 O gráfico de escopo ilustra programas específicos em várias áreas de foco estratégico, como visto neste mapeamento de atividades retratadas no caso do Afeganistão.

receberam treinamento e novos conhecimentos por meio de mais serviços de extensão universitária e acesso a pesquisas conduzidas em novas estufas universitárias. Além disso, os parceiros trabalhavam de perto com a prefeitura e com o governo provincial de Herat, o que aumentou o apoio político para os novos programas da universidade e para as iniciativas em nível comunitário e de aldeia. Por exemplo, um político local comprometeu recursos para um novo fornecimento de energia e para infraestrutura que atendia os projetos da parceria a leste da cidade de Herat. Não apenas isso trouxe novos serviços e assistência a seus constituintes, como deu à autoridade uma "vitória rápida" amplamente visível, o que está traçado na área superior esquerda da figura 8.2.

Por fim, os parceiros fizeram vários investimentos de longo prazo em pesquisa agrícola e em capacidade educacional na Faculdade de Agricultura da Universidade de Herat. A universidade e o Ministério da Agricultura tinham um interesse em apoiar o desenvolvimento de conhecimentos, estendendo-se por um horizonte de tempo plurianual. Esse interesse incluía necessidades de longo prazo de pesquisa avançada e novas oportunidades para estudantes em áreas relevantes de estudo. Laboratórios de alta tecnologia para testes de *commodities* e de solo ofereceram serviços a agricultores e a cooperativas locais, e levaram a dados importantes de pesquisas avançadas para aprimorar as safras em nível regional.

Com base nesse esboço, podemos traçar os programas e as atividades baseadas em lugar de Herat na figura 8.2.

No caso do Afeganistão, todos os parceiros trabalharam bem juntos, mas esse tipo de integração fluida costuma ser mais uma exceção do que a norma. Um desafio frequente na construção de parcerias são os conflitos entre calendários de implementação e os resultados desejados de cada equipe.[42] Por causa de perspectivas e prioridades divergentes, as equipes precisam trabalhar colaborativamente para garantir que atividades iniciais ou de pequena escala apoiem objetivos estratégicos e a resiliência dos programas da parceria ao longo do tempo. A programação concorrente deve ser considerada ao longo do contínuo de esforços de planejamento de curto, médio e longo prazos, indo de ações que atendem necessidades imediatas a ações que coordenam recursos comunitários, abordam mudanças de políticas, ou expandem sistemas capacitantes ou infraestrutura. O empenho em planejamento inclusivo ajuda os grupos a olhar além das restrições individuais — como recursos, informações, influência, ou tempo limitados — e ilustra como a ação coordenada apoia a realização dos objetivos de uma parceria.

RESPONSABILIZAÇÃO MÚTUA ENTRE PARCEIROS

Os parceiros numa estratégia baseada em lugar bem-sucedida mantêm a responsabilização mútua e apoiam a ação cooperativa contínua entre participantes.[43] Estratégias eficientes de parceria baseada em lugar estabelecem expectativas de alto nível para condutas importantes que são representativas do escopo da parceria e que se alinham com seus princípios colaborativos. Essas condutas podem ser governadas por padrões operacionais e por responsabilidades acordadas entre os parceiros, e podem ser customizadas e expandidas para que sejam relevantes para a natureza de programas específicos numa dada parceria. Esses padrões e responsabilidades devem ser desenvolvidos mutuamente e aceitos por todos os participantes envolvidos no empenho, sejam eles financiadores, implementadores, ou partes interessadas.[44] Verificamos que a lista a seguir de práticas de responsabilização, agrupadas por papel do parceiro, levou a parcerias de sucesso.

Financiadores

Organizações que assumem o papel de investidor ou de doador numa parceria (como fundações, corporações, ou entidades governamentais) deveriam considerar as seguintes práticas:

- Alocar fundos para o desenvolvimento de capital humano nos parceiros da implementação ou em grupos de partes interessadas, ou fazer investimentos iniciais nisso, caso necessário. Em alguns casos, isso pode tomar um tempo significativo de antemão e pode incluir treinamento ou transferência de tecnologia para equipes parceiras ou para líderes de equipes. Ou pode incluir a construção de capacidades locais ou regionais, investimento de infraestrutura em instituições acadêmicas ou de pesquisa, ou o desenvolvimento de uma nova base de conhecimentos necessária para tomar decisões informadas.[45]

- Garantir que bastante tempo é gasto no alinhamento de missões e de prioridades entre organizações parceiras. Embora pareça uma tarefa simples, ela exige um esforço concertado para dar voz a todos os parceiros durante o planejamento da parceria.[46] Ela também exige que planos e procedimentos sejam constantemente revisitados para garantir que correções de curso necessárias sejam feitas ao longo da cronologia da parceria.

- Apoiar conexões entre líderes de equipe, gestores de programa e de projeto, assessores externos e outros parcipantes entre financiadores, implementadores e partes interessadas na parceria. Investidores e doadores com frequência estão bem posicionados para alocar recursos para coordenar essas conexões, as quais podem manter alinhadas atividades que de outro modo permaneceriam díspares.[47]

- Oferecer guiamento e *insight* quanto aos princípios operacionais, às métricas de desempenho e aos objetivos desejados de longo prazo da parceria — e a como esses fatores podem apoiar-se em outros programas ou iniciativas fora do escopo da estratégia baseada em lugar ou beneficiar-se deles. Financiadores podem valer-se de experiências análogas e oferecer acesso a acessores ou a outras equipes que podem introduzir novas informações e novas perspectivas no desenvolvimento da estratégia de uma parceria.

Isso, porém, deve ser feito colaborativamente com outros parceiros, e não por meio de diretivas.[48]

O Departamento de Defesa seguiu muitas destas práticas no caso do Afeganistão. A equipe do DdD priorizou propostas contextualmente apropriadas investindo em meses de pesquisas preliminares e apoiando centenas de visitas de campo durante o desenho do programa. A equipe também estabeleceu expectativas claras para o empenho das partes interessadas; os parceiros da implementação foram capacitados e obrigados a integrar perspectivas e preferências locais no planejamento e no desenvolvimento dos programas.

Implementadores

Os implementadores numa parceria (como terceirizados, ONGs, ou agências dotadas de fundos públicos) deveriam considerar as seguintes práticas:

- Identificar e recrutar talentos de primeira categoria, à medida que fossem necessários, para apoiar o desenvolvimento da estratégia de parceria e a entrega de programas e de operações.[49] Isso é particularmente importante quando há uma necessidade de construção de capacidades especializadas, ou quando os parceiros operam em ambientes difíceis ou desafiadores. Conhecimento externo deve ser trazido com a intenção de suplementar a experiência que a equipe já tem e o conhecimento das partes interessadas, e não de suplantá-los.

- Avaliar recursos disponíveis e restrições-chave de recursos necessárias para que a parceria tenha sucesso. Os implementadores devem ter um entendimento de quais capacidades baseadas em lugar serão necessárias para uma colaboração eficiente, e se essas capacidades existem ou não existem.[50] Os implementadores podem precisar incentivar os financiadores a investir o tempo e os recursos necessários para as devidas avaliação e análise antes da plena aplicação do programa.

- Criar oportunidades de *feedback* para compartilhar informações sobre as expectativas dos parceiros, a implementação do programa e a satisfação das partes interessadas ao longo de todos os estágios da parceria. Essa função é particularmente importante para manter a comunicação entre financiadores e partes interessadas, especialmente no nível individual ou comunitário, no qual os recursos muitas vezes são empregados. Esse costuma ser um elo perdido crucial no desenvolvimento de projetos, levando a um desencaixe entre as intenções de doadores ou investidores e as necessidades e preferências da comunidade ou das partes interessadas.[51] Sem esse elo, haverá poucos outros meios que permitirão a responsabilização efetiva entre os participantes da parceria.

- Melhorar ou desenvolver novas soluções identificando recursos externos que de outro modo não estão disponíveis para a comunidade ou grupo de partes interessadas.[52] Os implementadores podem ter membros na equipe com experiência no trabalho em vastas áreas geográficas ou redes que podem ser usadas como fontes de ideias inovadoras. Os membros das equipes podem ser capazes de inspirar-se em experiências de projetos similares e integrar de maneira responsável novas capacidades ou conhecimentos novos na estratégia. Os implementadores também podem ter acesso a um importante capital político relevante a barreiras específicas de programa ou ao escopo amplo da parceria.

No caso do Afeganistão, tanto o Instituto Norman Borlaug de Agricultura Internacional quanto a Universidade Herat foram parceiros fundamentais na implementação. Nos dois casos, esses implementadores supervisionaram atividades diárias do projeto e estavam em constante contato com grupos de partes interessadas durante o planejamento e as fases operacionais do programa. Como os membros da equipe do DdD moviam-se frequentemente entre iniciativas em províncias diversas, e ficavam indo e vindo entre os Estados Unidos e o Afeganistão, os parceiros da implementação forneceram uma continuidade essencial e *feedback* constante. Eles conduziram frequentes entrevistas de partes interessadas e trabalharam com parceiros regionais, incluindo programas militares, para adquirir financiamento e equipamentos adicionais para apoiar os projetos.

Partes interessadas

Partes interessadas com forte interesse nos resultados de uma parceria (os quais podem incluir membros da comunidade, especialistas locais, instituições comunitárias, associações de bairro e outros) devem considerar as seguintes práticas:

- Fornecer conhecimento da área e *expertise* local para identificar oportunidades de programa com o maior efeito potencial numa determinada geografia ou para uma determinada população.[53] Organizações empenhadas localmente e membros da comunidade estão bem posicionados para oferecer considerações a respeito da adequação das abordagens e das soluções propostas, ou da receptividade a estas.

- Participar e permanecer plenamente empenhados no planejamento estratégico e no desenvolvimento do máximo possível de aspectos do desenho e da implementação do programa.[54] Partes interessadas e implementadores devem planejar colaborativamente reuniões em momentos e em locais que permitem a participação ampla e inclusiva, levando em conta as condições e as restrições de vários grupos de partes interessadas. Alguns grupos de partes interessadas podem precisar apoiar-se num processo de consenso independente e autosselecionar membros para representar seus interesses, ou participar por meio de outrem.

- Desenvolver apoio comunitário diverso e incentivar o empenho contínuo durante o ciclo de vida da parceria, a fim de oferecer considerações práticas e construtivas aos parceiros.[55] Os líderes ou representantes locais devem comunicar seus objetivos de maneira eficiente e precisa, receber *feedback* e sugestões, e integrar perspectivas comunitárias em todo o desdobramento das atividades da parceria.

- Oferecer uma visão da história e da formação da comunidade, das identidades sociais e grupais, e das crenças coletivas ou normas que de outro modo permaneceriam desconhecidas dos forasteiros.[56] Toda comunidade é feita de atributos únicos, tangíveis e intangíveis, de uma cultura nuançada, e de experiências emocionais compartilhadas que ajudam a definir

> o caráter e a energia das partes interessadas. Esses aspectos fundamentais contribuem todos para as preferências e para as prioridades de uma comunidade, e não podem ser negligenciados ao desenvolver-se uma estratégia baseada em lugar.[57]

As comunidades locais estavam fortemente empenhadas em todos os aspectos da iniciativa de Herat no caso do Afeganistão. A shura de uma aldeia coordenou a participação dos produtores e o planejamento dos cultivos para o projeto de irrigação por pivô central. Essa foi uma questão delicada, que exigiu alguns ajustes de limites de campos e práticas de cultivo atualizadas. Em outro caso, a líder de um dos centros de processamento alimentar envolveu-se muito no projeto, na disposição e na definição do tamanho do centro. Ela corrigiu alguns pressupostos preliminares a respeito da metragem geral do prédio e de sua capacidade de receber equipes, e os parceiros da implementação ajustaram seus planos de acordo com isso.[58]

No caso das parcerias intersetoriais no Afeganistão, financiadores e implementadores fizeram investimentos em programas e em infraestrutura em entidades de propriedade local ou pública — ONGs afegãs, a universidade pública, cooperativas comunitárias e daí por diante. Porém, em algumas parcerias, um financiador (por exemplo, uma entidade governamental) pode manter a propriedade de um investimento em vez de transferir a propriedade direta para um implementador ou para uma instituição comunitária. Nesses casos, as parcerias que envolvem ativos públicos devem ser estruturadas de modo que as partes interessadas se beneficiem independentemente da propriedade ou do controle, como no caso do arranjo com a Central Park Conservancy perfilado no capítulo 5. Existem muitas fontes de mais informações sobre modelos de parceria em que o governo mantém a propriedade dos ativos. Por exemplo, a Comissão Econômica para a Europa da ONU publicou uma tipologia relevante em seu *Guidebook on promoting good governance in public-private partnerships*.[59] Independentemente do modelo usado, parcerias bem-sucedidas e colaborativas deveriam exibir e seguir um conjunto bem estabelecido de padrões operacionais e de responsabilidades.

Desenhar cooperativamente um arcabouço de análise

Quando princípios colaborativos e responsabilidades mútuas são estabelecidos, os parceiros estarão mais bem equipados para desenhar o arcabouço de análise do programa da parceria. Existem muitos instrumentos que podem servir de base para o desenho do arcabouço.[60] Considerando-se a complexidade da tomada de decisão em parcerias intersetoriais, os instrumentos que se baseiam numa teoria de utilidade multiatributos podem ser os que melhor se aplicam.[61] Por exemplo, uma análise de matriz Pugh[62] pode ser bastante adequada quando os parceiros se empenham na tomada de decisão baseada em múltiplos critérios.[63] Independentemente dos atributos específicos de um arcabouço, a análise ajuda a ilustrar o alinhamento das respectivas prioridades e preferências dos participantes com a estratégia e com os resultados pretendidos da parceria. Em estratégias baseadas em lugar eficazes, esses arcabouços são desenvolvidos cooperativamente entre todos os parceiros, e os parceiros trabalham juntos para usar a informação para analisar as opções dos programas e para guiar a tomada de decisão.[64]

No caso do Afeganistão, o DdD, o Instituto Borlaug e a Universidade Herat desenvolveram colaborativamente um instrumento de avaliação que foi usado para analisar os programas propostos no começo da parceria. Esse instrumento incluiu categorias de avaliação como "impacto esperado" e "complexidade da implementação do programa". Cada categoria incluiu medidas específicas de cada projeto, como "gerado pelo emprego", "segurança e proteção" no local de um determinado projeto e "velocidade ou tempo necessário" para a conclusão do projeto. As medidas para cada critério foram divididas numa faixa de 1 (a menor pontuação) a 5 (a pontuação mais alta), e todos os projetos foram avaliados usando essa pontuação padronizada. A figura 8.3 é um trecho de uma avaliação de projeto em Herat.

Instrumentos de avaliação podem ser altamente flexíveis e tão multifacetados quanto necessário, com base na complexidade de uma parceria e nas preferências de financiadores, implementadores, ou partes interessadas. Embora a estrutura do instrumento inicial do Departamento de Defesa fosse bastante direta, partes dela eram semelhantes a um modelo mais complexo descrito na seção seguinte.

		1-	2-	3-	4-	5-
Impacto	**Arrecadação adicional**	< US$ 100 mil	US$ 100 a 500 mil	US$ 500 mil a 1 milhão	**US$ 1 a 10 milhões**	> US$ 10 milhões
	Emprego	Menos de 100 FTEs* criados/ restaurados	100 a 250 FTEs criados/ restaurados	250 a 500 FTEs criados/restaurados	500 a 1.000 FTEs criados/ restaurados	**> 1.000 FTEs criados/ restaurados**
	Impacto não econômico (político)	Contraproducente para estabilidade (por exemplo, ajuda indiretamente extremistas)	Pouca importância política, pode dificultar alguns relacionamentos locais	Zero impacto político	**Impacto político local positivo *ou* com grandes chances de reduzir incidentes**	Impacto político nacional positivo *e* grandes chances de reduzir incidentes
Complexidade da execução e sustentabilidade	**Investimento necessário**	> US$ 5 milhões	**US$ 1 a 5 milhões**	US$ 250 mil a 1 milhão	US$ 100 a 250 mil	< US$ 100 mil
	Instalações e equipamento	Inexistentes, danos irreparáveis	Equipamentos antiquados, estragados etc.	Padrão de países em desenvolvimento, poucos danos	**Instalação moderna, poucos danos ou nenhum**	Instalação e equipamentos de último tipo
	Disponibilidade de capital humano (gestão e trabalho qualificado)	Ausência total de capacidade de gestão; lacuna significativa em habilidades de trabalho	Competência mínima de gestão e trabalho, não receptiva a assistência de fora	**Competência mínima de gestão e trabalho, receptiva a assistência de fora**	Gestão e trabalho capacitados, no local, receptivos a assistência exterior	Gestores e trabalho atendem padrões internacionais do setor privado
	Lacuna de energia	> 15 MW necessários	7 a 15 MW necessários	**1 a 7 MW necessários**	0 a 1 MW necessário	Nenhuma energia adicional necessária
	Segurança	Inseguro, perigoso para pessoal ou alta probabilidade de dano físico	Arriscado para pessoas da área, probabilidade razoável de dano físico	Seguro para pessoas da área, inseguro para forasteiros, alguma probabilidade de danos	**Seguro para pessoas da área, forasteiros precisam de apoio de segurança**	Seguro para todo o pessoal, baixa probabilidade de danos
	Confiabilidade das informações	Acesso ruim, informações duvidosas	Expectativa de informações continuamente duvidosas	Expectativa de breves e disruptivas faltas de informação	**Pequena volatilidade de informações, operações provavelmente imperturbadas**	Fluxo de informações totalmente confiável
	Rede de distribuição	Zero opção de distribuição	Viabilidade exige superação de obstáculos significativos	**Obstáculos transponíveis em duas das três partes da cadeia logística**	Obstáculo imediatamente transponível em uma parte da cadeia logística	Redes de distribuição seguras e estabelecidas
	Atratividade/competitividade do mercado	Zero demanda	Mercado local/substituição de importações	Mercado nacional ou provincial/ substituição de importações	**Potencial de exportação para o Oriente Médio**	Forte demanda/potencial de exportação

*FTE = *Full time equivalent*, ou "Equivalente a tempo integral". A gradação FTE mede o nível de envolvimento de funcionários.

Figura 8.3 Trecho de avaliação simples de projeto, com pesos, feita por parceiros operando na região de Herat no caso do Afeganistão. Medidas de atributos específicos de projetos (as linhas) e as pontuações designadas (as colunas) são indicadas pelas caixas sombreadas. Neste exemplo, espera-se que o projeto avaliado gere entre US$ 1 milhão e US$ 10 milhões de renda adicional, atingindo portanto quatro pontos nessa categoria.

O balanço de impacto

Presumimos que organizações parceiras estabeleceram um modelo de fluxo de lógica colaborativa e que examinaram várias cadeias de valor relevantes para os objetivos da parceria. Os parceiros têm líderes com habilidades e com experiências diversas em posição e têm um plano para manter a energia da equipe durante o ciclo de vida da parceria. Também presumimos que os parceiros entendem as forças, restrições, prioridades e cronologias respectivas uns dos outros, como discutido anteriormente.

Os parceiros também precisam formalizar como analisam opções de programas para a parceria e quais aspectos da análise serão os mais úteis e relevantes para o processo de decisão colaborativo. O Balanço de Impacto forma a base do arcabouço de análise do programa baseado em lugar delineado aqui, e deriva de um instrumento analítico codesenvolvido com a Fundação Bill & Melinda Gates.[65] Além disso, ele é um componente integrado da fórmula da Taxa de Retorno de Impacto (IRR) apresentada no capítulo 12 — especificamente, ela contribui para a variável do Multiplicador de Impacto da TRI.

Arcabouços eficientes para parcerias baseadas em lugar oferecem a financiadores, implementadores e partes interessadas um modelo que consiste nos seguintes atributos:[66]

- Um conjunto de critérios de avaliação que reflete as preferências e as prioridades de cada parceiro a respeito das opções para a implementação do programa. Esses critérios devem ser relevantes para o contexto dentro da estratégia baseada em lugar e são usados para pontuar ou classificar alternativas de programas dentro da parceria. No instrumento de avaliação de Herat, um critério foi a quantidade de tempo exigido para a conclusão do projeto.

- Uma plataforma de avaliação que permita pesos customizados entre critérios diferentes — dependendo da importância desses critérios para os parceiros — e que no entanto ofereça uma estrutura coerente de pontuação que atravesse os arcabouços dos parceiros e as análises de programas. Um parceiro pode considerar a segurança e a proteção num determinado local de projeto como um critério mais importante do que o tempo de conclusão esperado do projeto. Nesse caso, esse parceiro atribuiria um peso numérico maior a seu critério preferido (segurança).

- Uma capacidade de ajustar pontuações de critérios com pesos com base na confiança que os parceiros têm em atribuir pontuações. Podem haver níveis variáveis de incertezas entre critérios e entre projetos, e isso age como fator de desconto. Por exemplo, se os parceiros têm um alto nível de incerteza a respeito do tempo necessário para concluir um projeto, eles podem descontar uma quantidade relativamente grande dessa pontuação.

- Um resultado analítico que seja significativo, comparável entre alternativas de programas, fácil de comunicar e que possa ser traçado de diferentes maneiras (por exemplo, o tempo exigido para a conclusão de um projeto em relação à segurança do local de um projeto, ou o tamanho da população atingida em relação ao impacto econômico esperado.

Os arcabouços de análise variam de parceria para parceria, e as especificidades de uma determinada estratégia baseada em lugar influenciarão quais critérios de avaliação são usados para ressaltar as diferentes opções de programa. Embora critérios individuais possam diferir entre arcabouços, sugerimos que as categorias de critérios em geral incluam os seguintes grupos:[67]

1. *Alinhamento de programa.* Esse aspecto do arcabouço avalia a medida em que um determinado projeto ou programa alinha-se com os objetivos ou parâmetros de alto nível estabelecidos pelas equipes de liderança dos parceiros. No desenvolvimento de parcerias intersetoriais, podem haver muitas opções de alocação de recursos. Levando em conta que uma avaliação completa de todas as opções segundo todos os critérios poderia demandar esforço, custos e tempo consideráveis, essa seção age como *stage-gate* para o processo como um todo. Se uma alternativa de projeto ou de programa não atinge uma pontuação mínima de alinhamento, segundo a determinação mútua dos parceiros, ela não será mais considerada dentro da análise.

   Essa categoria pode incluir itens das linhas relacionados com o tamanho do financiamento para um projeto (em relação ao orçamento total da parceria), o tipo de atividade do programa (por exemplo, a entrega de um produto ou de um serviço, o desenvolvimento de conhecimentos, ou a mudança de políticas públicas), o quanto o projeto se encaixa nas missões dos parceiros, o grau de alinhamento com planos liderados pela comunidade e daí por diante.

2. *Objetivos do programa.* Esse aspecto do arcabouço avalia o quanto um determinado projeto ou programa alinha-se com os objetivos definidos pela parceria. A pontuação do objetivo do programa pode incluir itens de linhas como o tamanho da população atingida, a profundidade e a longevidade do impacto, a sustentabilidade de um projeto, ou a eficiência de custos de um programa. Outros fatores que podem ser considerados incluem o quanto é única a oportunidade para parceria em questão e o horizonte de tempo dentro do qual o programa ou projeto determinado pode ser implementado.

   Essa categoria ajuda a determinar quais aspectos do impacto do programa são os mais importantes para os parceiros e o quão eficiente pode ser uma determinada oportunidade na entrega desse impacto. Essa categoria muitas vezes inclui critérios que representam os fatores operacionais que compõem os eixos *x* e *y* do gráfico de escopo (fig. 8.1).

3. *Risco do programa.* O aspecto final do arcabouço de avaliação olha para tipos de risco relacionados com opções de programa, como o risco de que um conjunto de atividades não vá levar aos resultados pretendidos ou de que um programa produzirá consequências impremeditadas que fazem mal ou que perturbam a cronologia da parceria. Ele também questiona se os parceiros podem implementar devidamente o projeto que se está avaliando.

   Essa categoria pode incluir critérios que levam em conta os riscos para a parceria ou para a reputação dos parceiros, riscos baseados na complexidade geral de um projeto, ou se existe ou não risco de que quantidades significativas de financiamentos adicionais inesperados ou indisponíveis seriam necessárias.

Essas categorias ajudam os parceiros a definir as áreas gerais que avaliarão, os itens das linhas de cada categoria abordam como os parceiros avaliarão programas específicos. Os parceiros também determinam como pontuarão as valorações entre categorias e critérios, e como atribuirão pesos dependendo de preferências de resultados. Isso responderá quais métricas específicas o arcabouço de análise usará para medir oportunidades umas contra as outras e qual será a importância de cada métrica.

Como exemplo, uma das categorias de objetivo do programa pode receber 200 pontos. Um item de linha dentro dessa categoria, como a *amplitude de impacto* de um determinado projeto, pode receber o peso de 25% dos pontos gerais daquela categoria em relação aos demais itens das linhas. Isso renderia 50 pontos possíveis para aquele item de linha.

Critérios dentro do item de linha ajudam a definir o que os parceiros querem dizer com *amplitude de impacto*. Isso pode ser customizado dependendo das especificidades do programa, mas pode incluir o *número de pessoas atingidas direta* e *indiretamente* por um projeto, e também a *probabilidade de que um projeto possa valer-se de outros projetos* que já estejam acontecendo na área do programa. Cada um desses critérios é subpesado dentro dos possíveis 50 pontos para aquele item de linha. O critério *pessoas atingidas diretamente* pode receber 50% dos 50 pontos possíveis alocados, ou 25 pontos possíveis.

Faixas de desempenho definem as notas de avaliação para cada um dos critérios, e essas faixas determinam qual porcentagem de pontos possíveis o projeto efetivamente recebe. Continuando com esse exemplo, se existe a previsão de que um projeto atinja mais de 10 mil partes interessadas, ele pode obter nota 3. Se chegar a um número entre mil e 10 mil, pode receber nota 2, e daí por diante.

Em nosso exemplo, uma nota 2 vale 75% de uma nota 3, então, se esse critério tem nota 2, ele recebe 75% de 25 pontos, ou aproximadamente 19 pontos. A figura 8.4 mostra alguns itens de linhas de uma versão simplificada do arcabouço da análise de Balanço de Impacto e ilustra esse cálculo entre a categoria linha 2.1, critério 2.1.a.

A parte da nota de avaliação do modelo ajuda os parceiros a descrever, de maneira quantificável, como eles diferenciam escalas ou qualidades de impacto entre os itens das linhas — algo central para a fórmula da Taxa de Retorno de Impacto (cap. 12). Este exemplo usa uma escala simplista de três passos, na qual uma nota de avaliação 3 equivale a "impacto de alta qualidade", 2 a "impacto de qualidade média", e 1 a "impacto de baixa qualidade". A customização total de um modelo desse tipo oferece aos parceiros um meio de definir suas prioridades conjuntas e determinar colaborativamente quais métricas e faixas devem ser usadas para avaliar muitos projetos possíveis de maneira coerente.

Em modelos de avaliação mais complexos, cada uma das pontuações pode ser ajustada com base no nível percebido de confiança do parceiro, atribuindo-se uma valoração determinada (por exemplo, o nível de confiança do parceiro de que um dado projeto atingirá a escala declarada de população, ou de que será bem-sucedido no prazo). Um fator de desconto pode ser

		Passo 1: O que avaliar			Passo 2: Como avaliar				Passo 3: Como pontuar			
		Item de linha de avaliação	Subpeso	Pontos totais	Critérios	**Critérios de Avaliação**	Subpeso	Subpontos	**Chave de notas de avaliação**	Notas de avaliação	Taxa de pontuação	Pontuação
Objetivos do programa	2.0			200				50	**Escala de impacto (1 = baixo, 3 = alto)**	1, 2, 3	50, 75, 100	pontos × %
	2.1	Amplitude de impacto	25%	50	2.1.a	Presumindo-se o sucesso do projeto, quantas pessoas seriam atingidas *diretamente* pelo projeto?	50%	25	3 = mais de 10 mil 2 = entre mil e 10 mil 1 = menos de mil pessoas	2	75%	19
					2.1.b	Quantas pessoas seriam atingidas *indiretamente* pelo projeto?	24%	12	3 = mais de 5 vezes 2 = entre 2 e 5 vezes 1 = 2 vezes ou menos	1	50%	6
					2.1.c	Qual o potencial de efeitos cascata positivos com outros projetos ou organizações comunitárias?	26%	13	3 = Potencial alto 2 = Potencial moderado 1 = Potencial baixo	3	100%	13

Figura 8.4 O Balanço de Impacto permite que os parceiros desenvolvam modelos complexos de avaliação para a seleção de programas. Neste trecho de exemplo, a linha 2.1 ilustra como um determinado parceiro pode atribuir pesos e pontuações a um critério específico relacionado com o número de pessoas diretamente atingidas por um programa em consideração.

aplicado baseado em níveis de incerteza, o que é particularmente útil quando os projetos usam métodos não testados ou quando os parceiros operam em locais com instabilidade, com infraestrutura na qual não se pode confiar, ou quando há outras restrições.

Essas categorias combinam-se para fornecer uma pontuação geral da avaliação do projeto, com os devidos descontos baseados nas pontuações de confiança. Os resultados podem ser traçados num gráfico de escopo para ilustrar como as metodologias funcionam juntas visualmente. Esse é um instrumento útil que mostra uma relação facilmente compreensível entre projetos e variáveis selecionadas pelo usuário (como o custo do programa e o risco de implementação). Por exemplo, a figura 8.5 traça critérios de pontuação que representam um subconjunto de projetos consolidados do estudo do Afeganistão.

SUPERANDO OBSTÁCULOS

A cocriação de uma estratégia abrangente entre organizações de setores distintos deve levar em conta suas diferentes forças, motivações, cronologias e culturas. Isso é um desafio, especialmente quando chega a hora de as organizações priorizarem suas atividades. As parcerias oferecem muitas vezes um resultado de soma positiva, rendendo sucessos muito maiores do que qualquer organização isolada obteria sozinha.[68] Porém, não é incomum que os parceiros caiam numa mentalidade de soma negativa e se preocupem com como e onde alocar recursos finitos. Isso é irônico, porque com frequência, em ambientes de recursos limitados, "a cooperação não é meramente um luxo, mas uma necessidade para abordar problemas sociais complexos".[69]

Desenvolver uma estratégia baseada em lugar eficaz exige que os financiadores envolvam outros parceiros no processo decisório a respeito de orçamentos e de objetivos. Eles precisam estar dispostos a considerar maneiras novas, e talvez menos empolgantes, de alocar fundos em horizontes de tempo mais longos, ou de maneiras que apoiam transições entre programas de curto, médio e longo prazo. É provável que os financiadores precisem considerar fazer investimentos iniciais em trabalho preliminar que apoie o desenvolvimento de capacidades locais e regionais.

Em geral, financiadores e implementadores devem estar dispostos a fazer algo que para eles costuma ser difícil: empenhar as partes interessadas no

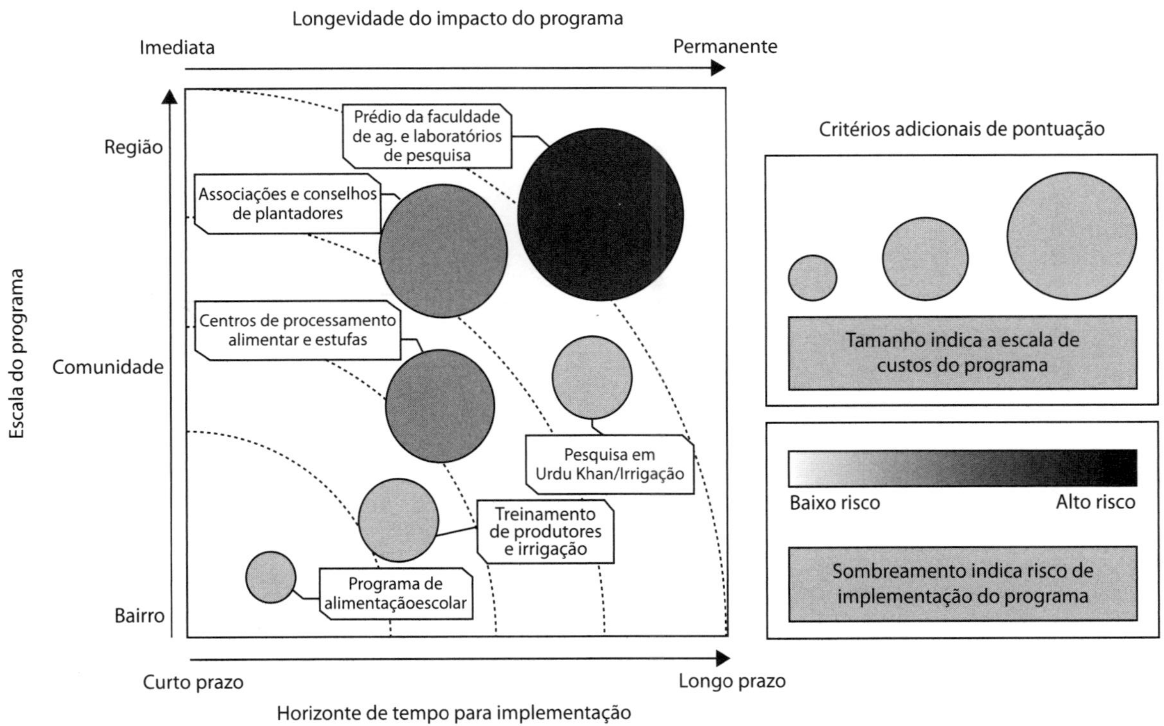

Figura 8.5 A representação das pontuações da avaliação do programa no gráfico de escopo delineado anteriormente oferece informações visualmente úteis que ilustram a relação entre projetos e variáveis selecionadas pelos parceiros. Esse exemplo inclui variáveis operacionais como a escala de custos do programa e o risco de implementação do programa.

nível comunitário, envolvê-las no desenvolvimento de projeto e no processo decisório, e oferecer-lhes a oportunidade de mudar o curso dos programas durante o ciclo de vida da parceria.[70] Além disso, os implementadores precisam constantemente perguntar-se como podem fazer um trabalho melhor para facilitar a comunicação aberta entre financiadores e partes interessadas, e como podem oferecer *feedbacks* entre ambos.

Desafios em nível local também podem impedir uma estratégia baseada em lugar bem-sucedida:

Rejeição das partes interessadas. Uma comunidade ou grupo de partes interessadas pode não querer empenhar-se na construção de parcerias caso o grupo tenha desenvolvido desconfiança em relação a parceiros de fora, ou se houver um histórico de fracassos. Isso pode acontecer caso um financiador ou implementador não tenha desenvolvido planos inclusivamente ou seguido um conjunto de princípios cooperativos no passado.[71]

Condições desafiadoras. Certos locais podem não ter um grau de governança, de estado de direito, ou de mecanismos de aplicação da lei (para contratos, por exemplo) necessários para compromissos efetivos entre financiadores, implementadores e comunidades locais ou intuições de base comunitária.[72] Isso pode ser particularmente difícil para organizações sem experiência de operar nesses ambientes.

Necessidades básicas. A ausência de serviços básicos (como assistência médica ou educação de qualidade) ou de infraestrutura (como estradas ou acesso à internet) pode ser proibitiva para parcerias bem-sucedidas.[73] Isso é especialmente verdadeiro caso os financiadores não possam ou não queiram assumir a responsabilidade por fazer investimentos iniciais para abordar essas necessidades ou para investir na construção de capacidades locais.

Desencaixe de parceiros. As intenções de um financiador e as necessidades de uma comunidade podem ser incompatíveis, ou um financiador ou implementador pode entender mal as preferências das partes interessadas. A equipe de um parceiro de implementação pode acreditar que suas experiências no trabalho num ambiente se traduzirão bem em outro — e estar equivocada. Os implementadores podem descobrir que não conseguem entregar um projeto, levando a compromissos não cumpridos ou à estagnação da parceria. Qualquer uma dessas coisas pode resultar da falta de planejamento inicial e inclusivo, de discussões de qualidade ou do alinhamento de preferências e prioridades dos parceiros.[74]

Estas são apenas algumas das dificuldades potenciais. Outros obstáculos possíveis incluem a complexidade da coordenação, a prevalência ou persistência de corrupção, restrições inesperadas de recursos e mais. Ilustraremos alguns desses desafios no caso que delineia as parcerias entregues para as Olimpíadas do Rio de Janeiro, no Brasil (cap. 13).

CONCLUSÃO

As recomendações delineadas neste capítulo podem não ser universalmente aplicáveis ou viáveis. Toda parceria é única, está em constante mutação e depende da disposição de cada parceiro de trabalhar colaborativamente por meio de condições tanto positivas quanto desafiadoras. É crucial que financiadores e implementadores empenhem extensivamente as partes interessadas no planejamento e no desenvolvimento das parcerias.

Como vimos no caso do Afeganistão, uma forte conexão entre financiadores, implementadores e partes interessadas foi um componente vital da iniciativa. Em toda parceria, o sucesso se baseia na delicada relação entre todos os grupos envolvidos, e também em seu compromisso de trabalhar juntos ao longo do tempo, independentemente das dificuldades que se apresentam. A comunicação aberta, sincera e frequente é importante, assim como a ênfase da parceria na construção da comunidade e na familiaridade e na camaradagem da equipe com seus participantes.

O conjunto de responsabilidades operacionais e de princípios cooperativos descrito neste capítulo pode guiar esses compromissos, ajudando a conceituar e a incentivar um sentido de lugar e de inclusão de longo prazo que apoie a estratégia de uma parceria. Ao incorporar esses princípios, esperamos que os parceiros estejam mais dispostos a agir no interesse de todos os envolvidos e que financiadores e implementadores tratem as partes interessadas como gostariam de ser tratados, trabalhando colaborativamente nos percalços e compartilhando o sucesso da parceria.

PORTFÓLIO

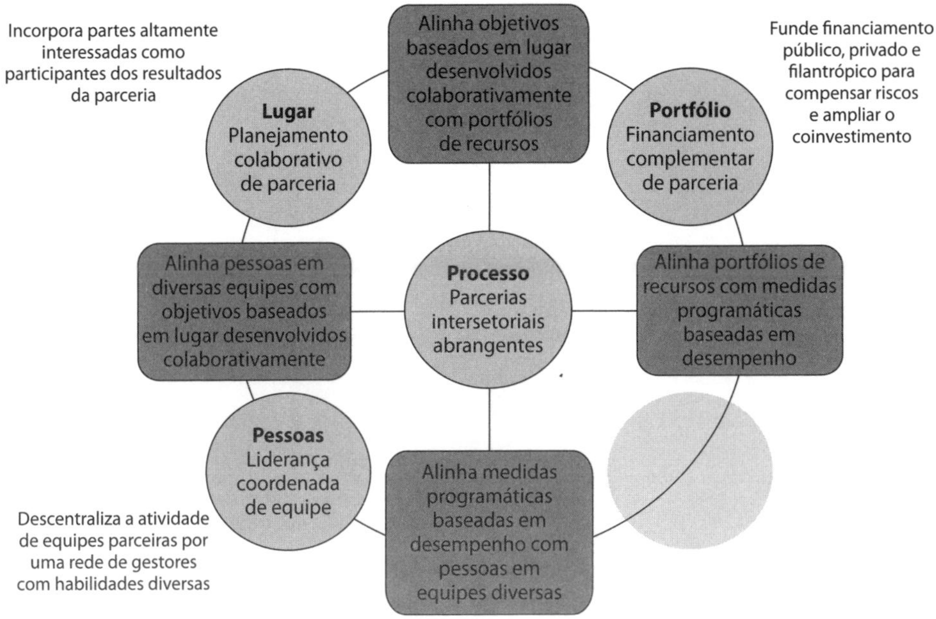

Incorpora partes altamente interessadas como participantes dos resultados da parceria
Alinha objetivos baseados em lugar desenvolvidos colaborativamente com portfólios de recursos
Funde financiamento público, privado e filantrópico para compensar riscos e ampliar o coinvestimento
Lugar
Planejamento colaborativo de parceria
Portfólio
Financiamento complementar de parceria
Alinha pessoas em diversas equipes com objetivos baseados em lugar desenvolvidos colaborativamente
Processo
Parcerias intersetoriais abrangentes
Alinha portfólios de recursos com medidas programáticas baseadas em desempenho
Pessoas
Liderança coordenada de equipe
Alinha medidas programáticas baseadas em desempenho com pessoas em equipes diversas
Descentraliza a atividade de equipes parceiras por uma rede de gestores com habilidades diversas

CAPÍTULO 9

O caso do portfólio: aumentando a eficácia e a responsabilidade do governo no Brasil

WILLIAM B. EIMICKE

Os capítulos anteriores oferecem perspectivas diversas sobre várias parcerias intersetoriais. Exploramos o planejamento colaborativo e o processo de parceria nos expansivos programas de serviço público da Índia. Vimos como a liderança colaborativa no Central Park e na High Line criou e mantém dois dos parques públicos mais representativos e visitados do planeta. E descobrimos como o desenvolvimento de programa voltado para as partes interessadas levou a uma prosperidade maior e sustentada para comunidades rurais agrícolas no Afeganistão.

Este capítulo descreve uma parceria intersetorial no Brasil, liderada por uma organização sem fins lucrativos chamada Comunitas.[1] A Comunitas é conhecida por seu trabalho como realizadora de conferências no Brasil com foco em melhores práticas de governo municipal. Ela também oferece bolsas plenas para autoridades municipais no Brasil, permitindo que eles obtenham mestrados em políticas públicas e em administração. Os membros e o conselho da Comunitas incluem muitos dos líderes corporativos de maior sucesso do Brasil, os quais se concentram em melhorar o desempenho das prefeituras do país. Todo o trabalho da organização é financiado por contribuições voluntárias dos membros. Recentemente, o Brasil passou por grandes dificuldades econômicas, com muitos grandes escândalos de corrupção afetando autoridades federais, estaduais e municipais, e também executivos de empresas. A confiança do público na eficiência e na honestidade do governo caiu.

Em resposta a esses desafios, a Comunitas lançou um programa chamado Juntos, desenhado para trazer mais eficiência, integridade e transparência para os governos municipais do Brasil. Embora tenha sido desenhado e desenvolvido independentemente do arcabouço de investimento em valor social, o Juntos cumpre sua missão de maneiras análogas.

O Juntos desenvolveu parcerias intersetoriais formais com prefeituras por meio de processos expansivos e de estratégias abrangentes. Também se baseia numa liderança descentralizada e colaborativa em equipes diversas, com valores organizacionais que enfatizam a integridade e o respeito. Por meio do Juntos, os membros da Comunitas oferecem capital filantrópico e conhecimento do setor privado para ajudar seus parceiros nas prefeituras. O Juntos ajuda as cidades a rever suas práticas financeiras, a aumentar a assistência comunitária e a usar melhor seus fundos públicos para melhorar e expandir serviços comunitários cruciais, como a saúde e a educação públicas. Também usam estratégias baseadas em lugar para aumentar o desenvolvimento econômico local, de modo que essas cidades possam sustentar novas inovações e melhorias com uma base fiscal crescente. Ao misturar investimentos sociais, corporativos e individuais num portfólio fundido, equilibra riscos de implementação e políticos, expandindo as fontes de capital disponível e alinhando objetivos financeiros e sociais a fim de aumentar a eficiência do programa público. Embora o Juntos seja um programa relativamente novo, já obteve um sucesso mensurável em várias cidades brasileiras, como o leitor verá nas próximas páginas.

DESAFIOS DA GOVERNANÇA NO BRASIL

A economia brasileira passou por muitas expansões e retrações durante a maior parte do século XX. Entre 2003 e 2012, o Brasil gozou de um prolongado crescimento econômico. A expansão atraiu investimentos internacionais substanciais e ajudou a tirar milhões de brasileiros da pobreza, com o governo usando uma arrecadação maior (particularmente de tributos ligados ao petróleo) para financiar aumentos substanciais em programas governamentais de transferência de renda e outros programas sociais. Quando o aumento global nos preços de *commodities* teve fim e os preços do petróleo caíram, prefeituras do Brasil inteiro tiveram de aumentar impostos sobre indivíduos, propriedades e empresas locais para sustentar-se.[2]

Como a economia brasileira continuava a cair, as esferas federal, estadual e municipal também cortaram os programas, levando a imensos protestos no país. Milhões de brasileiros foram para as ruas, exigindo transporte público mais acessível, melhor educação, melhor infraestrutura e também maior transparência, mais honestidade e menos corrupção dos legisladores. Muitas autoridades foram criticadas por impor altos impostos sem prover serviços municipais básicos.[3] Responder reclamações legítimas a respeito dos níveis de impostos e da equidade de impostos não seria fácil.

O sistema tributário brasileiro com frequência é considerado um dos mais complexos e burocráticos no mundo. Um estudo de 2014 da PricewaterhouseCoopers (PWC), em cooperação com o Banco Mundial e com a International Finance Corporation (IFC), verificou que o cumprimento da legislação tributária era o mais oneroso, para as empresas, entre os sistemas tributários de 189 economias incluídas no estudo.[4] A PWC verificou que a média mundial de tempo de cumprimento da legislação tributária era de 268 horas, com os Emirados Árabes Unidos com o menor número (12 horas) e o Brasil com o maior, exigindo 2.600 horas de trabalho para atender as regulamentações tributárias.[5] Em 2018, o Banco Mundial classificou o Brasil como 125º entre 190 países na facilidade geral de fazer negócios, 139º no comércio entre fronteiras e 176º para abrir uma empresa.[6]

Não surpreende que essas altas barreiras para acessar um mercado em rápido desenvolvimento de 200 milhões de pessoas tenham permitido que um pequeno grupo de empresas locais e de grandes corporações multinacionais estejam indo muito bem. Apesar de todas as suas complexidades, os sistemas jurídico e tributário brasileiro permanecem estáveis e constantes, e o Banco Mundial dá ao Brasil uma posição relativamente boa na proteção de investidores minoritários (43 de 190) e de aplicação de contratos (47 de 190).[7] Algumas das empresas mais bem-sucedidas incluem a Jereissati Participações (*shopping centers* e telecomunicações) e a Kieppe Patrimonial Ltda. (construção, petróleo e gás). A Kieppe é controlada pela família Odebrecht, que desempenhou um papel importante nas construções para as Olimpíadas do Rio de Janeiro, incluindo o Porto Maravilha (cap. 13).[8]

Alguns dos líderes dessas empresas e alguns líderes de outras empresas menores e bem-sucedidas reconheceram que o crescimento e o desenvolvimento do Brasil foram restringidos por governos excessivamente complexos e muitas vezes ineficientes e corruptos. Eles compartilham um sentimento de responsabilidade social corporativa pelo mal que essa governança ruim causou à vasta população de famílias de baixa renda do país e pela desigualdade que caracteriza a maioria das cidades brasileiras. Em 2000, vários desses líderes do setor privado uniram-se para formar uma organização social denominada

Comunitas, que combina investimentos filantrópicos e privados na melhoria da gestão do setor público.

A COMUNITAS FAZ PARCERIA COM PREFEITURAS E INVESTE NELAS

A missão da Comunitas é impelir a participação do setor privado e o investimento no desenvolvimento social do Brasil.[9] A Comunitas baseia-se na crença de que um futuro melhor para o Brasil exige prefeituras mais eficientes, e que as parcerias público-privadas, incluindo o investimento e o conhecimento do setor privado, podem obter isso. As pesquisas da Comunitas indicam que as empresas privadas estão dispostas a fazer esse investimento; seu estudo de 2014 verificou que as empresas privadas investiram R$ 2 bilhões (cerca de US$ 620 milhões) em educação, saúde, proteção ambiental, segurança pública e outros projetos de desenvolvimento social somente naquele ano.[10]

Originalmente concentrada em pesquisar melhores práticas em investimento social corporativo e em seu Fórum Anual de Líderes (que é um programa contínuo), em 2012 a Comunitas criou uma parceria intersetorial chamada *Juntos pelo desenvolvimento sustentável*, amplamente conhecida como Juntos. Regina Esteves (fig. 9.1), diretora-presidente da Comunitas, explicou que o Juntos criou uma rede de líderes do setor privado e de empresas profundamente comprometidas com a responsabilidade social corporativa, concentrada particularmente em melhorar as práticas financeiras das prefeituras, aumentar a assistência governamental ao público, ampliar o desenvolvimento econômico local e aprimorar os serviços comunitários. O Juntos busca realizar esses objetivos por meio de parcerias intersetoriais de líderes do setor privado, da sociedade civil, e das prefeituras, com o objetivo primário de combinar investimentos sociais, corporativos e individuais para aumentar a eficiência de programas públicos.[11]

Por meio dessa abordagem de capital combinado, membros do conselho, como José Roberto Marinho e Carlos Jereissati, e Regina Esteves, diretora-presidente da Comunitas, buscaram desenvolver uma nova estratégia para investir em prefeituras. Em vez de apoiar doações locais para organizações locais como um hospital ou uma escola, a Comunitas criaria um grande fundo para a ação concertada e se concentraria numa faixa de cidades de tamanho médio. O grupo identificou as prefeituras como o nível de governo mais

Figura 9.1 Regina Esteves, diretora-presidente da Comunitas. Esteves gere o programa Juntos, que trabalha com prefeituras para aumentar sua eficácia e sua responsabilidade para com os cidadãos.

necessitado de ajuda e cuja melhoria teria mais impacto direto nas empresas locais e nos habitantes. O grupo ofereceria um pacote de serviços e cidades selecionadas poderiam escolher opções do pacote, como consultoria financeira independente, *coaching* de liderança e plataformas digitais para facilitar o envolvimento dos cidadãos.

A iniciativa é financiada por um grupo de aproximadamente 40 doadores, incluindo vários membros do conselho do Juntos e outros líderes empresariais brasileiros, que, juntos, levantaram mais de US$ 23 milhões para os quatro primeiros anos da operação.[12] Esses líderes empresariais acreditam que um setor público mais eficaz e eficiente melhorará as vidas de todos os brasileiros e assim melhorará o ambiente de negócios. Eles também acreditam que, por meio do Juntos, podem transferir as melhores práticas da gestão do setor privado para prefeituras do país inteiro, particularmente na gestão financeira, no atendimento ao consumidor, no planejamento estratégico, na inovação e na comunicação.[13]

Os membros do conselho e a equipe sênior do Juntos concordaram que a questão mais urgente enfrentada pela maioria das prefeituras brasileiras eram os recorrentes déficits orçamentários. No Brasil, a maior parte do poder de tributar está no nível federal, mas a maior parte da responsabilidade de entregar serviços públicos fundamentais como educação, assistência médica e segurança pública é tratada nos municípios. A ajuda federal aos municípios normalmente fica abaixo da quantidade necessária para oferecer serviços de qualidade. A má gestão municipal, o mau planejamento, o desgoverno fiscal, o governo opaco, a má comunicação com o público, tecnologias ultrapassadas e corrupção exacerbam o impacto das carências financeiras. Tudo isso é agravado pela pressão do ciclo de eleição de quatro anos para prefeitos. O planejamento estratégico e reformas fundamentais são difíceis quando você precisa se preparar para a campanha seguinte apenas dois anos depois de ser eleito.

O professor Thomas Trebat, diretor do Global Center da Universidade de Columbia no Rio de Janeiro, economista e ex-executivo de banco, comentou: "Construir uma cultura de tributação [...] exige muito dos gestores locais. Se eles são vistos asfaltando ruas, construindo um hospital ou uma escola, [eles esperam que] os eleitores os recompensem por isso, mas muitos desses gastos acabam se voltando para conquistar a reeleição, e não para fornecer os serviços de que os cidadãos realmente precisam e querem, a preços sustentáveis".[14]

A fim de superar esses obstáculos, o Juntos procurou cidades em que o prefeito e os vereadores estivessem no primeiro mandato e fossem comprometer sua equipe profissional com o esforço. Eles seguiram diretrizes similares à do investimento em valor social: usaram acordos formais para entrar nas parcerias e para estruturá-las, estabeleceram operações mútuas e desenvolveram estratégias abrangentes para projetos municipais. Também desenvolveram equipes diversas e descentralizadas, incluindo membros da Comunitas, vereadores e funcionários da cidade, e consultores privados. Os programas são por natureza baseados em lugar devido a suas áreas de foco, e os prefeitos em parceria trabalham para incluir ampla participação comunitária, e uma disposição de operar de maneira transparente e de compartilhar importantes informações financeiras com a equipe do Juntos, com consultores e com o público. Com todos os elementos em posição, um contrato formal é assinado, e a Comunitas, os líderes da prefeitura e os constituintes selecionam colaborativamente projetos de reforma e de inovação.[15]

O JUNTOS COMEÇA EM CAMPINAS

O piloto de liderança do Juntos testou seu modelo na cidade de Campinas, localizada a 90 minutos de São Paulo, a maior cidade da América do Sul, e no estado mais rico do Brasil. A população e a riqueza de Campinas cresceram rapidamente nos anos de expansão do Brasil e ela passou a hospedar grandes empresas como a Samsung e a Honda, e também algumas universidades importantes. Ela está conectada ao resto do Brasil e a grande parte das Américas por um aeroporto internacional e por modernas rodovias.

A Prefeitura de Campinas era bem conhecida por seus recorrentes déficits orçamentários, por procedimentos burocráticos complexos e ineficientes, e pela corrupção. Para muitos daqueles que lidavam com a prefeitura, parecia que a única maneira de obter uma aprovação ou de fazer a papelada andar era pagar uma propina ou fazer uma contribuição política. Décadas de mau comportamento atingiram um ponto de ruptura em 2011, quando o prefeito Hélio de Oliveira foi preso e acusado de aceitar pagamentos ilegais por contratos de água e esgoto da cidade.

Jonas Donizette, pró-reforma, concorreu e foi eleito como promessa para trazer reforma fiscal, transparência e responsividade para a o governo da cidade de Campinas. Ao assumir o cargo em 2013, o prefeito Donizette e o Juntos concordaram em fazer uma parceria para a reforma. O primeiro passo no processo era equilibrar o orçamento da prefeitura. Para fazer isso, com a aprovação da prefeitura, o Juntos contratou a Falconi, respeitada empresa de consultoria em gestão, para conduzir uma avaliação e uma auditoria financeiras abrangentes. A prefeitura concordou em abrir todos os livros e registros para a Falconi e, então, a fim de ampliar a participação comunitária, a Falconi apresentaria suas descobertas em reuniões abertas ao público e à mídia.[16]

Em vez de uma solução rápida e simples, com o corte de grandes programas e com a demissão de funcionários, Campinas e a equipe do Juntos concentraram-se em medir, monitorar e em reformar processos de governo para equilibrar o orçamento de maneira sustentável, ao mesmo tempo que aprimoravam os serviços públicos (para que os cidadãos ficassem mais dispostos a pagar os impostos que deviam). O primeiro passo foi estabelecer objetivos mensais de arrecadação e gastos que fossem equilibrar o orçamento. Segundo, a cidade concentrou-se em cobrar impostos já devidos que não tivessem sido pagos ou que tivessem sido insuficientemente pagos. Ao fim de 2013, pela primeira vez em muitas décadas a prefeitura tinha um superávit operacional.[17]

Essa estratégia reflete aspectos de uma abordagem de portfólio intersetorial semelhante à do investimento em valor social: equilibrar o risco financeiro e de implementação fundindo recursos de diferentes fontes. O prefeito e sua equipe entenderam que suas práticas de gestão financeira podiam ser aprimoradas, e que, caso fossem, a prefeitura provavelmente arrecadaria mais e gastaria menos.

Porém, contratar uma empresa privada de consultoria especializada para analisar e identificar as reformas apropriadas seria politicamente controverso, e o processo de licitação demoraria muito tempo. Além disso, o ganhador da licitação talvez fosse o consultor mais barato e não o mais talentoso, e havia também o risco de que, uma vez implementadas, as reformas talvez não melhorassem as finanças da prefeitura o suficiente para justificar o custo dos consultores, pelo menos a curto prazo. Por meio da parceria, a Comunitas pôde rapidamente contratar uma das melhores empresas de consultoria financeira do Brasil e pagar seus honorários, protegendo a prefeitura de um risco político e financeiro significativo. Com o conhecimento dos consultores da Falconi, o risco de implementação da prefeitura também foi reduzido. A prefeitura cobriu os custos de implementar as recomendações, mas também colheu os benefícios de uma arrecadação significativamente maior e de gastos menores.

O passo seguinte para a prefeitura e para a equipe do Juntos foi mostrar aos pagadores de impostos de Campinas que a cidade poderia funcionar melhor. A fim de ilustrar isso de maneira visível e significativa, a equipe de reforma concentrou-se no processo de obtenção de alvarás de construção. O processo existente era extremamente complexo, muito lento e muitas vezes corrupto. Normalmente, a concessão de um alvará de construção exigia a aprovação de dezenas de burocratas em 11 órgãos distintos, o que levava em média mais de três meses e meio. Para os construtores locais e para pequenos projetos, o custo do processo de licença em tempo e em dinheiro era alto, e o pagamento de pequenas propinas era muitas vezes necessário para fazer a papelada andar.[18]

Os consultores descobriram que todos os projetos eram submetidos à mesma análise rigorosa e complexa, independentemente de ser para construir uma grande fábrica nova ou um pequeno projeto de modernização doméstica. Na verdade, mais de 75% dos pedidos eram para pequenos projetos. A solução deles foi radical para o Brasil (mas praticada em muitas cidades no mundo inteiro): colocar o processo *online* e permitir que projetos pequenos (de até 500 metros quadrados para projetos residenciais e até mil metros quadrados para projetos comerciais) fossem "autocertificados" pelo engenheiro ou arquiteto licenciados responsáveis pela construção.[19]

O tempo médio de aprovação para pequenos projetos caiu dramaticamente para menos de um mês, e algumas aprovações aconteceram em questão de dias, uma melhoria de desempenho muito significativa e mensurável. Agora os especialistas da prefeitura e as autoridades poderiam concentrar seu tempo em construções grandes, complexas e de maior risco potencial. O novo processo comunicou uma confiança básica entre cidadãos e governo.[20] Aqui, outra vez, o risco financeiro de contratar um consultor especializado foi mitigado porque o Juntos escolheu a empresa e pagou seus honorários (fig. 9.2). A prefeitura continua com o risco de implementação, pois o novo processo pode não funcionar, mas esse risco é parcialmente mitigado porque a prefeitura confia nos especialistas do Juntos e da Falconi para desenhar e para implementar o novo processo. Até este momento, o processo funciona bem.

Figura 9.2 Em Campinas, no Brasil, uma equipe trabalha na plataforma Colab fornecida pelo Juntos. A Colab empenha os cidadãos dando-lhes voz no estabelecimento de prioridades municipais e oferecendo feedback sobre como a cidade está funcionando. Foto de Adam Morrell, cortesia SIPA Case Collection.

O aumento da participação dos cidadãos no processo decisório municipal era o passo seguinte na colaboração do Juntos com Campinas. Usando uma plataforma *online* já existente chamada de Colab, o Juntos ajudou Campinas a empenhar seus cidadãos digitalmente por meio do aplicativo móvel e do website da Colab. Os cidadãos usam o aplicativo para alertar a prefeitura quanto a estradas ou prédios que necessitam de reparos imediatos, como buracos ou uma marquise prestes a cair. Os cidadãos propõem uma nova iniciativa ou pontuam uma interação com um órgão ou com uma autoridade da prefeitura. Esse novo laço dá aos cidadãos uma voz nas decisões da prefeitura, e as autoridades da prefeitura têm a oportunidade de reconstruir sua credibilidade na esteira de um grande escândalo de corrupção, e de descobrir informações em primeira mão a respeito das prioridades do público. O prefeito Jonas Donizetti assinou um contrato com a Colab em 2015, e uma contagem recente mostrou que mais de 9 mil cidadãos de Campinas usavam ativamente a plataforma.[21] O uso da Colab em Campinas é um passo importante para apoiar a maior responsabilização comunitária pelos programas da prefeitura.

Com base no sucesso de Campinas, o Juntos ajudou as cidades de Pelotas e de Santos a adotar a plataforma da Colab. O Juntos trabalhou com a equipe *in-house* de cada prefeitura para customizar a plataforma e integrá-la ao *hardware* e ao *software* existentes, e a outros canais de comunicação. O Juntos garantiu que as três cidades poderiam operar e manter seu sistema sem consultores caros de fora nem subsídios contínuos do Juntos. Ao fundir várias fontes de capital, o Juntos pagou pela criação do aplicativo e da plataforma Colab, e customizou-a para funcionar com as equipes, com o *hardware* e com o *software* que cada prefeitura já tinha, o que permitiu que as três prefeituras reduzissem seu risco financeiro.

Nossa equipe visitou Campinas em 2016 e observou o progresso da parceria Juntos-Campinas. Conversamos com eles a respeito de seu plano estratégico abrangente e sobre os passos seguintes para colocar o governo de Campinas na estrada do sucesso de longo prazo. Encontramos o prefeito Jonas Donizette, o líder da parceria Juntos, chefes de departamento e funcionários da prefeitura, cidadãos e líderes empresariais locais. Embora a visita tenha sido relativamente curta, vimos grande parte da cidade, encontramos muitos residentes e ficamos impressionados com o profissionalismo e com o compromisso do governo e do Juntos. Ficou claro, pelas muitas pessoas que encontramos, que os cidadãos de Campinas queriam tornar sua cidade um modelo para outras cidades no Brasil e até mesmo no resto do mundo.[22]

A PARCERIA JUNTOS SE ESPALHA PELO BRASIL: PELOTAS

A partir do sucesso do projeto piloto em Campinas, o Juntos lançou iniciativas similares em cidades pequenas e médias no Brasil. A popularidade da plataforma Colab em Campinas incentivou o Juntos a usar a tecnologia para aprimorar a gestão e os serviços em outros lugares. A cidade de Pelotas, no estado do Rio de Grande do Sul, ofereceu ao Juntos uma oportunidade de trabalhar com Eduardo Leite (fig. 9.3), prefeito recém-eleito e cheio de energia, conhecido por sua inteligência e integridade. Esses atributos de liderança colaborativa contribuíram para a escolha de Pelotas como parceira do Juntos. O prefeito Leite acreditava que o setor privado poderia ajudar o governo a ter uma gestão mais eficaz e eficiente. Agir a partir dessa crença exigia coragem política, porque parcerias entre o governo e entidades privadas costumavam ser vistas de maneira desfavorável em sua região. O prefeito Leite (eleito em 2012) disse ser receptivo à parceria com o Juntos porque ela detinha os recursos financeiros e o conhecimento de gestão que poderia ajudar sua cidade a entregar melhores serviços para seus cidadãos a um custo reduzido.[23]

Figura 9.3 O prefeito Eduardo Leite numa clínica da prefeitura desenhada colaborativamente com residentes locais e concluída por meio da parceria intersetorial Juntos-Pelotas. Foto de Caco Argemi / *Valor Econômico* / Agência *O Globo*, cortesia Comunitas.

O Juntos concordou que a cidade deveria escolher quais serviços melhorar com sua ajuda. Com base em pesquisas públicas e em reuniões com os eleitores, Leite concentrou-se em melhorar a saúde pública ao redirecionar o sistema de saúde municipal para os cuidados primários. Leite esperava que, ao fazer isso, a cidade não apenas melhoraria a saúde de seus cidadãos, mas também pouparia dinheiro.[24]

Com assistência financeira do Juntos, Leite contratou a Falconi, a mesma empresa de consultoria usada em Campinas. A prefeitura também fez uma parceria com o Instituto Tellus para repensar e redesenhar seu programa de saúde pública. O processo de redesenho começou com um diálogo entre cidadãos e trabalhadores da saúde da linha de frente, que continuou durante a fase de implementação. A grande prioridade dos participantes era tornar o sistema e as instalações mais receptivos, e a abordagem, mais holística.

Em última instância, eles criaram um novo sistema denominado *Rede bem cuidar* na Unidade de Saúde Básica de Bom Jesus. A instalação incluía não apenas serviços de saúde, mas também uma cozinha educacional para promover uma dieta saudável e equilibrada, um jardim comunitário, um espaço ao ar livre para exercícios, um *playground* para as crianças e um espaço verde para a contemplação silenciosa e o relaxamento.[25] A prefeitura só podia pagar cerca de 15% dos custos de capital de uma nova instalação, então o Juntos ofereceu uma doação de capital para o resto, e a construção começou imediatamente. Essa abordagem foi uma fusão eficaz de capital em que o risco inicial foi equilibrado por contribuições filantrópicas, possibilitando iniciar essas melhorias no serviço público.[26]

Assim como em Campinas, o financiamento do Juntos ajudou a mitigar o risco financeiro da cidade ao escolher os consultores do setor privado (Falconi e Tellus) para a iniciativa de reforma da assistência médica. O Juntos também ajudou a cidade a reduzir seu risco de implementação ao pagar 85% dos custos de capital de redesenhar a primeira clínica holística. Pesquisas subsequentes indicam que o povo de Pelotas está muito contente com a nova instalação que eles ajudaram a projetar. Hoje a clínica é muito mais do que um lugar para os doentes: os cidadãos vão lá regularmente para aprender a cozinhar refeições saudáveis, a exercitar-se de maneira mais benéfica e para ver os filhos brincando. Com base nesse sucesso inicial, Pelotas financiou o redesenho de duas outras clínicas, com parceiros fazendo investimentos complementares substanciais.

Usando o modelo Colab de Campinas, o Juntos ajudou Pelotas a criar uma plataforma digital denominada Clique Saúde. A Clique Saúde mostra a seus usuários o centro de saúde ou pronto-socorro mais próximo e lista os serviços oferecidos e os remédios disponíveis — é possível até mesmo marcar vacinas por local. A Clique Saúde também manda alertas de cuidados e de informações de saúde pública da prefeitura.[27]

O prefeito Leite comentou que as parcerias Juntos com o governo municipal são extremamente importantes para a melhoria da gestão pública do Brasil. Ele disse que o Juntos deu à prefeitura acesso aos melhores especialistas em gestão financeira, planejamento estratégico e desenho, mitigando substancialmente o risco financeiro da prefeitura e seu próprio risco político de adotar práticas de gestão mais inovadoras. O Juntos também ajudou a acelerar a implementação das inovações pagando alguns dos custos de capital de reabilitar a primeira clínica nova e de montar a plataforma de comunicação Colab. A rede Juntos também conectou o prefeito Leite com a Fundação Lemann, especialista em inovação em educação no Brasil. Com a ajuda da Lemann, Leite trouxe a conhecida e respeitada Khan Academy para Pelotas, a fim de ajudar a melhorar o ensino fundamental e médio na cidade.

CURITIBA: APROVEITANDO UM HISTÓRICO DE PLANEJAMENTO À FRENTE

Na década de 1970, os líderes da cidade de Curitiba, ao sul do Brasil, tentaram emular Brasília, a nova capital futurista e bem planejada do Brasil. Brasília baseou-se na visão, hoje conhecida no mundo inteiro, de Oscar Niemeyer e de Lúcio Costa, e foi construída do nada em quatro anos. Brasília foi projetada para ser moderna e bonita, e foi organizada cuidadosa e racionalmente. Os prédios são amplamente considerados bonitos, mas a cidade é imensa, feita para os carros, e carece da "vida de rua" que costumamos associar com grandes cidades como Nova York ou Paris.[28]

Curitiba abraçou o conceito brasiliense de uma cidade moderna, bonita e bem projetada, mas com um espírito bem diferente, muito influenciado por Jaime Lerner, arquiteto e ex-prefeito de Curitiba. Lerner quis projetar uma cidade receptiva a trabalho, compras, recreação, diversidade e arte, e que não dependesse do carro.[29] A partir desses princípios, Curitiba está se tornando um modelo para outras cidades sustentáveis, particularmente por seu sistema de ônibus expresso expansivo e sustentável (BRT) — essencialmente um metrô por cima da terra. Na década de 1980, Curitiba expandiu o sistema para toda a área metropolitana, e depois o modelo foi copiado pelo TransMilenio de Bogotá, na Colômbia, e em outras cidades do mundo, da África do Sul à China.[30]

Entrando no século XXI, o compromisso de Curitiba com a inovação por meio do planejamento estratégico começou a ficar mais lento. O enorme crescimento da população, de 360 mil pessoas quando começou o compromisso com o planejamento a 1,8 milhão hoje, pressionou tremendamente o sistema. Apesar do sucesso contínuo do BRT, novos desenvolvimentos imobiliários foram planejados com menos cuidado, e o uso de carros aumentou significativamente, adicionando congestão de trânsito e poluição atmosférica.[31] Com o crescimento da população, o planejamento ficou mais de cima para baixo, menos colaborativo e menos eficaz.

Em resposta, durante o começo da década de 2000, a cidade introduziu um novo plano, Curitiba 2030, mas ele foi apenas parcialmente implementado e logo guardado. As autoridades da prefeitura acreditavam que o problema com Curitiba 2030 era que as partes mais interessadas e o público não estavam suficientemente empenhados em sua formulação e implementação. Assim, o Juntos e Curitiba decidiram fazer uma parceria, num esforço de recapturar o espírito comunitário de planejamento cooperativo e de inovação.[32]

Trabalhando com o Juntos, a prefeitura começou a reinventar o plano 2030 como Curitiba 2035, usando aspectos de uma abordagem baseada em lugar (cap. 8). O Juntos ofereceu assistência técnica de gestão de redes para empenhar cidadãos-chave e a sociedade civil. No total, 30 partes interessadas e mais de 250 especialistas técnicos contribuíram para a estratégia. Uma série de palestras, painéis, reuniões e comunicações expandiu a participação e o conhecimento do novo plano. Em fins de 2016, o partido de oposição venceu as eleições municipais, então o futuro do Curitiba 2035 é incerto.[33] Mesmo assim, a parceria entre a Prefeitura de Curitiba e o Juntos desenvolveu uma nova plataforma de empenho no planejamento urbano que pode ser replicada em outros lugares. E o novo prefeito parece estar abraçando a parceria com o Juntos.

Aqui, outra vez, o Juntos ajudou a mitigar os riscos financeiros e de implementação em Curitiba, oferecendo assistência técnica para projetar um sistema de redes que conectasse com eficiência as principais partes interessadas. O sistema também permitiu que um grande número de especialistas contribuísse para o próprio plano e ofereceu grande transparência ao comunicar a substância de uma série de reuniões e de discussões a respeito do que seria abrangido pelo plano. Como o plano ainda não foi implementado, é incerto se o investimento do Juntos mitigará o risco de implementação da Prefeitura de Curitiba.

UMA NECESSIDADE CRESCENTE DO MODELO DO JUNTOS

A partir de 2015, um amplo conjunto de escândalos de corrupção tomou conta do Brasil, começando com a revelação de propinas na Petrobras, empresa gigantesca de petróleo e gás, e chegando aos projetos de construção para receber a Copa do Mundo da Fifa de 2014 e as Olimpíadas de Verão no Rio de Janeiro em 2016. Centenas de políticos e executivos de empresas foram acusados, e muitos, condenados. Um ex-presidente (Lula) e o atual presidente (Temer) foram acusados, a ex-presidente (Rousseff) foi removida do cargo, e a confiança no governo brasileiro continua a diminuir.[34] Uma pesquisa Gallup verificou que apenas 15% dos brasileiros confiavam nos líderes do país, uma baixa recorde. O estudo também indicou que a percepção da corrupção estava numa alta recorde de 78%.[35] Uma pesquisa em abril de 2017 verificou que 90% dos brasileiros achavam que o país estava no caminho errado, e a aprovação do presidente Temer em setembro estava em 3,4%.[36]

Para o Juntos e para a liderança da Comunitas, esses acontecimentos nacionais tornam seu trabalho no nível municipal ainda mais crucial e desafiador. O Juntos e suas cidades parceiras buscaram superar o ceticismo geral do público e sua raiva compreensível do governo oferecendo resultados positivos. Trabalhando localmente, o Juntos está ajudando a melhorar serviços importantes para os cidadãos por meio de um processo de parceria que empenha o público e opera com total compromisso com a transparência. Até agora, o público parece reconhecer a diferença. Nas eleições de 2016, as autoridades da rede de cidades do Juntos foram reeleitas duas vezes mais do que a média nacional. Nas oito cidades parceiras em que os prefeitos se candidataram à reeleição, seis foram reeleitos, e um, Eduardo Leite, de Pelotas, escolheu não concorrer a um segundo mandato, deixando o cargo com uma taxa de aprovação de 60%.[37]

JUNTOS: HOJE E AMANHÃ

Desde o projeto piloto inicial em Campinas em 2013, o Juntos fez parcerias com as prefeituras de Pelotas, Curitiba, Paraty, Juiz de Fora, Teresina, Santos e Itirapina para facilitar melhorias e inovações nos governos municipais do Brasil. Em 2017, o Juntos iniciou novas parcerias com cidades maiores, incluindo São Paulo, Porto Alegre e Salvador. O Juntos também continua a realizar uma reunião anual de sua rede de autoridades e especialistas para discutir e debater questões e problemas importantes enfrentados pelos governos municipais do Brasil. A reunião de 2017, por exemplo, concentrou-se em parcerias intersetoriais. A Comunitas tentou incentivar novas ideias convidando representantes de fora do Brasil para falar de suas experiências com parcerias como instrumentos de inovação, incluindo o prefeito de Medellín, na Colômbia, cidade que foi chamada modelo do urbanismo do século XXI.[38] O Juntos também realiza fóruns especiais sobre desafios municipais cruciais.

Nas reuniões de governança do Juntos, líderes empresariais locais, prefeitos, secretários e parceiros técnicos juntam-se para discutir expectativas, desafios e oportunidades para o próprio programa.[39] Também em 2017, o Juntos levou suas iniciativas de compartilhamento de conhecimento e de aprimoramento do governo para além de sua rede de parcerias, oferecendo uma plataforma aberta *online* de aprendizado e treinamento denominada Rede Juntos, que oferece informações, ferramentas digitais e conhecimento do setor privado a qualquer pessoa.[40]

Para o futuro, a Comunitas e a iniciativa Juntos enfrentam desafios significativos. É algo ainda incerto se a rede pode ser sustentada e expandida no mal-estar econômico e político que envolve o Brasil atualmente.[41] Fundos adicionais precisam ser levantados para acrescentar novas cidades à rede. Uma regra muito importante e positiva do Juntos (mas um desafio significativo de levantamento de fundos) é que os doadores privados não podem ter interesses financeiros em cidades parceiras do Juntos. Novos projetos, também, precisam ter custos de investimentos iniciais médios a altos (cobertos pelos membros privados do Juntos) e custos contínuos de manutenção baixos, de modo que as prefeituras sejam capazes de sustentar as inovações a longo prazo.

Avaliando o desempenho da iniciativa, estudos internos da Comunitas verificaram que as prefeituras parceiras ganharam US$10 em economias relacionadas com o programa ou em aumentos de arrecadação para dólar investido pela Comunitas por meio do Juntos.[42] Claramente, o investimento do capital e do conhecimento privados produz um grande benefício para o povo do Brasil. Ao contrabalançar custos e riscos de programa e de implementação para seus parceiros, o programa Juntos empenha-se numa abordagem de capital fusionado alinhada com o elemento de portfólio de investimento em valor social (cap. 10). Embora o portfólio do Juntos represente investimentos mais amplos do que o conjunto de instrumentos financeiros delineado no capítulo 10, os princípios gerais são os mesmos: combinar tipos diferentes de capital, especialmente de fontes menos avessas ao risco como a filantropia, para criar uma estratégia coordenada que financia os programas numa parceria intersetorial.

CAPÍTULO 10

O arcabouço de portfólio: fundindo o capital pelo bem social

HOWARD W. BUFFETT

Nos capítulos anteriores, delineamos os benefícios das parcerias intersetoriais e métodos e considerações importantes para garantir que elas tenham sucesso. Oferecemos definições comuns e discutimos a necessidade de que os programas tenham planejamento abrangente. Também descrevemos a coordenação de capital humano entre times e aspectos cruciais da responsabilização colaborativa pelos programas entre financiadores, implementadores e partes interessadas. No capítulo 8, discutimos maneiras como os participantes da parceria podem avaliar e selecionar os programas cooperativamente, a fim de garantir que as estratégias do desenvolvimento baseado no lugar se concentrem em necessidades de longo prazo, movidas por necessidades das partes interessadas. Este capítulo delineia como os parceiros de vários setores podem combinar recursos num *portfólio* fusionado, com ênfase particular no capital filantrópico, para financiar atividades ao longo do ciclo de vida da parceria.

O desenvolvimento e o emprego de um portfólio intersetorial fusionado reúnem financiamento de parceiros públicos, privados e filantrópicos colaborativamente para abordar desafios que exigem a atividade coordenada de muitos participantes. O portfólio concentra os esforços de equipes descentralizadas e de equipes entre fundadores, implementadores, e partes interessadas, e impele o desempenho aprimorado para programas desenvolvidos mutuamente e para objetivos comuns. Ao incluir mecanismos de mercado financeiro, ele abre parcerias para o conhecimento, os recursos, e a *expertise* do setor com fins lucrativos, que de outro modo podem ficar isolados de atividades que fornecem um bem social.

A abordagem de portfólio intersetorial fusionado permite que os parceiros se valham de vários *pools* de capital para afetar ou equilibrar riscos e, por sua vez, destravar oportunidades de coinvestimento. Este capítulo começa com uma breve discussão do risco relacionado com investimentos e em seguida introduz conceitos de um portfólio financeiro fusionado. Logo após, descrevemos o papel potencial da filantropia e detalhamos 10 tipos de capital filantrópico e de alocações de capital relevantes para uma estratégia intersetorial.

AS ORIGENS DE UMA ABORDAGEM DE PORTFÓLIO

A década de 1950 viu a emergência de um novo arcabouço matemático para os investidores analisarem o *trade-off* entre risco e recompensa financeiros. A técnica olhava além do perfil de risco e recompensa de um indivíduo e se concentrava nas interações de muitos investimentos em várias classes de ativos quando combinados num portfólio diversificado. Essa abordagem, a *teoria moderna de portfólio*, sugeria que os investidores analisassem e levassem em conta como os ativos estão inter-relacionados, em vez de considerá-los isoladamente.[1] Como os ativos podem compartilhar volatilidades semelhantes, a diversificação de investimentos num portfólio pode reduzir o risco e levar a retornos mais previsíveis ou lucrativos.[2]

A fusão de investimentos diversificados para influenciar o perfil de risco e recompensa é central para a teoria.[3] Os investidores podem analisar grupos de investimentos com base nesse relacionamento e selecionar aqueles que têm os níveis mais altos de retorno em níveis determinados de risco. O traçado dos pontos ideais de *trade-off* entre risco e recompensa ilustra a *fronteira eficiente*, uma série de configurações de portfólio com alocações de investimento ótimas (fig. 10.1).[4]

Os portfólios abaixo da fronteira eficiente são combinações subótimas de investimentos. Caso sejam configuradas de maneira mais eficiente, poderiam render retornos esperados maiores no mesmo nível de risco, ou os mesmos retornos esperados a um risco inferior.

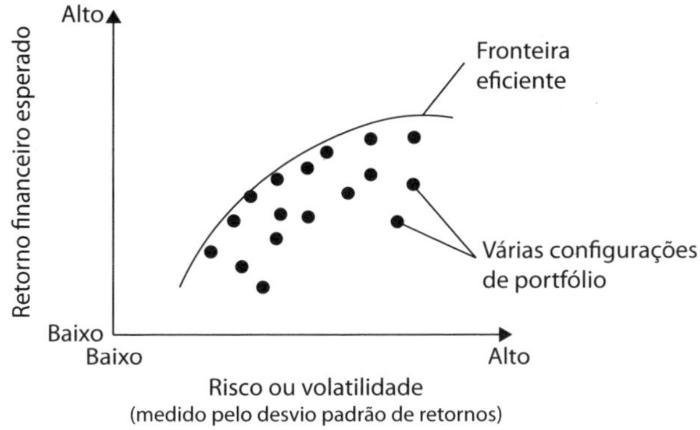

Figura 10.1 A fronteira eficiente ilustra configurações de portfólio com *trade-offs* ótimos entre risco e retorno financeiro. Os portfólios que fiquem abaixo da fronteira são ineficientes ou subótimos; uma configuração diferente dos investimentos poderia render retornos mais altos no mesmo nível de risco, ou poderia reduzir o risco sem diminuir os retornos (a figura é adaptada de várias fontes e não representa uma análise financeira real).

EXPANDINDO A FRONTEIRA

A fronteira eficiente, como originalmente concebida, concentrava-se no campo das finanças tradicionais. Provavelmente ela não levava em conta a inclusão de doações ou de investimentos concessionários por meio de parcerias intersetoriais. Por exemplo, consideremos como as finanças públicas, as contribuições caritativas (como capital de primeira perda), ou instrumentos compostos de dinheiro filantrópico poderiam mudar a composição de um portfólio.[5] No contexto das parcerias intersetoriais, será que os portfólios tradicionais poderiam ir além de uma fronteira determinada fundindo formas não tradicionais de capital à mistura para diminuir o risco e aumentar os retornos?

Essa pergunta, e, mais amplamente, o tema das finanças fusionadas, é o assunto de um projeto conjunto recente entre o Fórum Econômico Mundial e a Organização para a Cooperação e o Desenvolvimento Econômico (OCDE).[6] Com o nome de Iniciativa de ReDesenho das Finanças do Desenvolvimento, o projeto se concentra em aumentar a quantidade e o fluxo de finanças de desenvolvimento e de capital filantrópico para permitir o investimento do setor privado.[7] Essa abordagem intersetorial fusionada pretende facilitar o financiamento para o desenvolvimento econômico internacional em fronteiras mais arriscadas[8] e em mercados emergentes.[9] A OCDE também fez recomendações específicas aos elaboradores de políticas públicas para misturar e em seguida mobilizar novas formas de capital para esses tipos de mercado, apoiando a agenda de Objetivos de Desenvolvimento Sustentável da ONU.[10] Um portfólio de finanças fusionado, desde essa perspectiva, mitiga o risco e apoia retornos comerciais ajustados segundo o risco para parceiros do setor privado.[11] Assim como os investidores misturam ativos para reduzir o risco em seus portfólios, a fusão de capital financeiro e filantrópico tenta produzir resultados análogos.[12]

O arcabouço de investimento em valor social dá um passo a mais e considera a contribuição do dinheiro filantrópico para um portfólio intersetorial fusionado como algo mais do que um mero subsídio a outros investidores.[13] Os financiadores que sigam essa abordagem colaboram ativamente com os parceiros do setor privado, com outros implementadores e com partes interessadas na seleção e no desenvolvimento de projetos. Os financiadores também têm um interesse declarado nos resultados sociais positivos da colaboração, pois ela se relaciona com sua missão caritativa e com a viabilidade de longo prazo dos projetos na parceria. Desde essa perspectiva, os financiadores podem alavancar capital privado para entregar projetos maiores, com impacto maior, do que poderiam usando apenas seu próprio dinheiro.

Imaginemos um cenário em que um investidor está considerando algum conjunto de investimentos de alto risco em manufaturas de pequena escala num mercado emergente. Uma fundação que trabalhe na mesma região poderia oferecer capital de primeira perda para empréstimos a pequenas empresas na mesma cadeia de valor, a fim de apoiar o ambiente geral de negócios.[14] Ela também poderia fazer parcerias com ONGs locais para oferecer programas cruciais de treinamento e formação, para que mais membros da comunidade se qualifiquem para obter empréstimos e empregos.[15] Ao coordenar as atividades e os objetivos, e ao fundir programas e investimentos, esse tipo de parceria intersetorial pode compensar riscos ou melhorar retornos de maneiras que as finanças tradicionais não podem ou não pretendem compensar.[16] Nesse cenário, o capital filantrópico pode ter efeito sobre as configurações de portfólio marcadas A, B, e C na figura 10.2.

O capital filantrópico de fundações privadas se distingue do capital de investimento tradicional de várias maneiras importantes. Primeira, ele não está submetido às mesmas demandas de mercado que as finanças e pode ser investido ao longo de horizontes de tempo muito longos.[17] Isso, primariamente, porque o capital filantrópico é muito mais flexível. Ele pode ir de alocações inteiramente concessionárias (como doações) a veículos quase

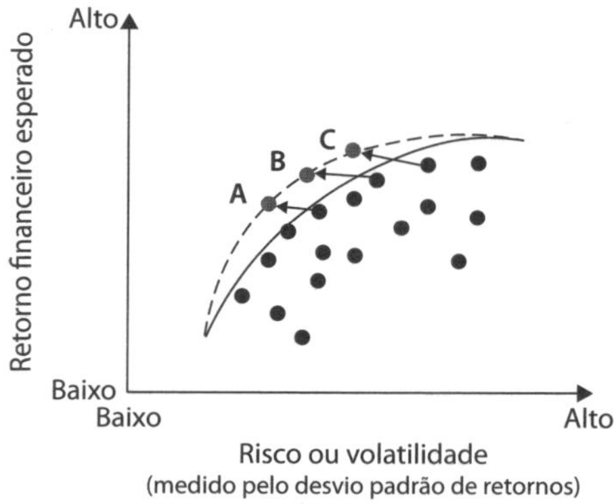

Figura 10.2 O limite da fronteira eficiente pode alterar-se quando são misturados investimentos concessionários por meio de parcerias intersetoriais. Considere que os portfólios podem cair além de uma determinada fronteira quando são fundidas formas não tradicionais de capital nas finanças do projeto, como contribuições caritativas ou instrumentos constituídos por dinheiro filantrópico. Isso é ilustrado pelas configurações de portfólio A, B e C. A distância e a direção do movimento para essas configurações de portfólio são fictícias e têm propósitos meramente ilustrativos (a figura é adaptada de múltiplas fontes e não representa nenhuma análise financeira real). Para uma discussão detalhada a respeito de cálculos da fronteira eficiente, ver: MERTON, Robert. An analytic derivatoin of the efficient portfolio frontier. *Journal of Financial and Quantitative Analysis*, v. 7, n. 4, p. 1851-1872, 1972.

concessionários (como empréstimos a juros baixos) ou a coinvestimentos mais inovadores (como títulos de impacto social). Os ativos filantrópicos, mesmo que empregados por meio de instrumentos de investimento tradicionais, não estão limitados pelas restrições de maximização de lucros dos mercados. As fundações não têm acionistas (na definição tradicional) que exijam lucros mais elevados, nem investidores pressionando gestores para fazer *trade-offs* de curto prazo por ganhos financeiros.[18] Em vez disso, uma fundação está obrigada por sua missão caritativa e pela entrega de bem social.

A ideia de fundir capital por meio de parcerias intersetoriais alinha-se com dois ingredientes da abordagem de investimento em valor social. Primeiro, ela permite o investimento ao longo de períodos mais compridos do que as finanças tradicionais. Segundo, ela permite que investidores e filantropos colaborem em maneiras que destravam valor intrínseco oculto ou não reconhecido. O capital filantrópico pode atuar como capacitador, apoiando as necessidades comunitárias locais e a prosperidade, o que por sua vez serve à missão da fundação. Um investidor pode entrar num mercado no qual de outro modo não entraria, aumentando a atividade econômica na área e associando as atividades de mercado, ao mesmo tempo que produz um retorno financeiro. A combinação de diversos instrumentos financeiros funde objetivos financeiros e sociais, e tapa lacunas no cálculo de risco e retorno, onde o valor de outro modo permaneceria trancado por restrições não solucionadas.[19]

Em alguns casos, uma abordagem fusionada intersetorial pode ser direta. Vimos isso no estudo de caso da Comunitas com a parceria público-privada Juntos pelo Desenvolvimento Sustentável (Juntos). Líderes do setor privado e doadores filantrópicos contribuíram para o fundo geral da parceria cofinanciando projetos e serviços que aprimorariam processos governamentais e reduziriam a burocracia. Às vezes, especialistas de fora guiaram o planejamento e as melhorias do programa, e o fundo fez uma parceria com uma empresa de tecnologia para facilitar o *feedback* e as considerações dos eleitores, alinhando-se com os elementos *pessoas* e *lugar* do investimento em valor social. Uma vez que os parceiros se decidiram pelas melhorias do programa, o governo financiou o custo de implementar as mudanças exigidas e comunicou isso aos cidadãos. Essas mudanças melhoraram o ambiente social e empresarial dos municípios e tornaram o governo mais responsável perante os eleitores. Um estudo verificou que cada dólar investido na parceria gerou US$ 10 de retorno por meio de serviços governamentais mais eficientes ou de maior arrecadação.[20]

Muitas vezes, agências governamentais ou prefeituras são contribuidores primários de um portfólio intersetorial de capital fusionado. Com financiamento público, todos os níveis do governo podem desempenhar um papel capacitador, seja por meio de vários tipos de instrumentos ou de mudanças na regulamentação. Os governos podem oferecer financiamentos de incremento fiscal, dotações específicas, oferecer novos créditos fiscais, ou designar distritos de melhoria empresarial, entre outros.[21] Algumas agências governamentais, como a Overseas Private Investment Corporation, existem pra compensar riscos empresariais para empresas americanas interessadas em trabalhar em mercados emergentes.[22] Embora alguns desses métodos, ou todos eles, sejam adequados em nossa abordagem de portfólio intersetorial fusionada, o capital do governo pode vir com muito mais restrições do que o capital filantrópico. Assim, limitamos o escopo deste capítulo a este último.

COMO O CAPITAL FILANTRÓPICO E O CAPITAL PRIVADO SE ENCONTRAM

Em última instância, muitas parcerias dependem de soluções de mercado para o sucesso de longo prazo. Algumas soluções podem começar com doações governamentais ou filantrópicas, mas os ganhos para a sociedade são mais sustentáveis se essas doações catalisarem atividades apoiadas por um sistema econômico maior. O capital filantrópico pode construir os primeiros degraus de uma escada que vai da pobreza à prosperidade, ou transformar programas sociais financeiramente inviáveis em programas viáveis, mas ele não pode concluir sozinho a jornada.

Por exemplo, a filantropia pode oferecer a uma comunidade rural empobrecida o acesso a recursos básicos, treinamento, dados científicos e os suprimentos necessários para transformar terra rural estéril em terra produtiva. Como discutimos no caso do Afeganistão, as condições locais podem apresentar riscos de implementação e limitar as perspectivas de retorno financeiro de curto prazo, o que desencorajaria o investimento privado. Porém, ao longo do tempo, esse desenvolvimento poderia abrir as portas para o processamento alimentar em pequena escala e para cooperativas de produtores rurais. Depois, a comunidade poderia ter acesso a mercados de grãos e a mercados futuros. O acesso ao microcrédito poderia oferecer economias de escala e apoiar um *agribusiness* mais vibrante. Por fim, isso poderia levar a um ambiente mais propício a serviços privados relacionados com a agricultura, como o prestamismo, a assistência técnica para equipamentos e nova infraestrutura. Essa é uma simplificação excessiva, mas muitos problemas permanecem sem solução por falta de investimento privado e de capital de escala, que depende de soluções de mercado. Usar assistência ou financiamento filantrópico para compensar os riscos das fases iniciais pode criar oportunidades para que as empresas apoiem um ecossistema econômico e tragam produtos financeiros que empenhem uma ampla gama de investidores potenciais.

Por meio de uma abordagem de portfólio intersetorial fusionado, os filantropos podem colaborar com os investidores usando muitos tipos de produtos financeiros.[23] O capital da fase inicial pode concentrar-se em promover a maturidade de um projeto até a viabilidade, sustentando-o até que seja grande o bastante para formas mais tradicionais de investimento. Esse tipo de empilhamento filantrópico coloca as doações em uma ponta de uma gama de opções, usa tipos diferentes de empréstimos de custo reduzido em camadas intermediárias e encontra, na outra ponta, produtos que buscam retorno de mercado.[24]

INSTRUMENTOS FINANCEIROS NUM PORTFÓLIO DE CAPITAL INTERSETORIAL FUSIONADO

Esta seção descreve uma gama de instrumentos de portfólio, e a figura 10.3 delineia 10 tipos de alocações de capital disponíveis para organizações filantrópicas. A parte mais à esquerda da gama representa alocações sem nenhuma exigência de retorno financeiro ou pagamento. Esses tipos de alocações têm alta flexibilidade geral e o potencial de afetar significativamente o perfil de risco e retorno de um projeto. Na ponta direita da gama estão investimentos com uma exigência cada vez maior de retorno financeiro e restrições quanto às maneiras como o financiamento pode ser alocado.[25]

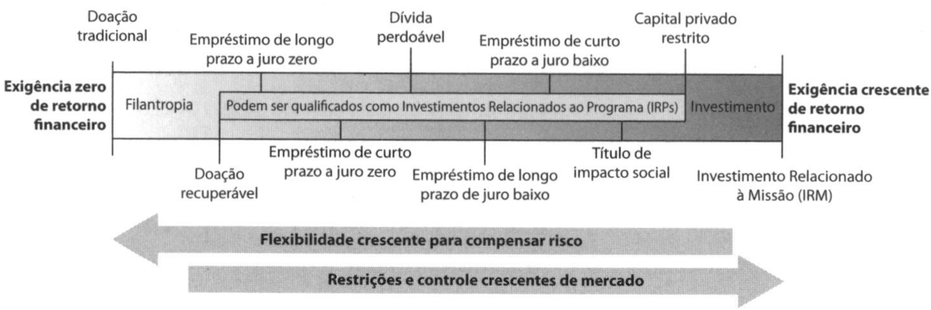

Figura 10.3 Uma abordagem de portfólio trans-setoral fusionado pode valer-se de muitas ferramentas financeiras de orientação filantrópica. Este gráfico ilustra 10 tipos de várias alocações de capital, que vão de doações completamente concessionárias, à esquerda, a investimentos mais tradicionais, voltados para retornos, na ponta direita.

Doações tradicionais

Por meio de doações tradicionais, na ponta mais à esquerda da gama, uma fundação costuma transferir o capital para um implementador que conclui um projeto, promovendo objetivos mútuos para melhorar a sociedade. Isso é similar àquilo que vimos no caso da Comunitas, em que o programa Juntos baseou-se extensivamente em fundações e em doadores privados para financiar operações e serviços de programas. Se fazer doações é bastante comum, o Juntos representa um desenho de programa inovador, em que a participação dos financiadores vai muito além de simplesmente fazer uma doação. No nível municipal, as doações financiaram planejamento estratégico em Pelotas, no Brasil, para uma rede de clínicas, denominada Rede Bem Cuidar.[26] Os parceiros empenharam a comunidade para obter informações sobre como entregar serviços melhorados que atendessem suas necessidades.[27] Fundos de doações foram usados para financiar o apoio da equipe da Comunitas ao desenho do projeto, para reconstruir duas clínicas e para reformar três unidades de assistência médica básica. O uso de capital filantrópico compensou de maneira significativa o risco do programa e da implementação para a cidade, e trouxe flexibilidade para que as autoridades eleitas tomassem decisões guiadas pelas informações da comunidade.

Em sentido amplo, o cenário das doações tradicionais está se alterando. Até recentemente, seriam encontrados poucos elos intencionais entre doações e estratégias do setor privado. Tipicamente, a adesão de mercados privados como resultado de uma doação seria considerada um benefício adicional, não uma função da doação mesma. O caso do Afeganistão, porém, contrasta isso com a ilustração de doações de pequena escala que financiaram gastos de capacitação para o mercado.[28] À medida que a disponibilidade de capital filantrópico aumentou de maneira geral, e que as ONGs se tornam atores de mercado mais importantes, e que as parcerias intersetoriais proliferam, isso continuará a mudar.[29]

Investimentos relacionados com programas

A Receita Federal americana [U.S. Internal Revenue Service] exige que as fundações privadas não operantes deem em média pelo menos 5% de seus ativos para causas caritativas todo ano (ou enfrentem penalidades).[30] As fundações em geral usam os fundos restantes para gerar lucros e aumentar seus ativos, deixando recursos consideráveis isolados de atividades caritativas. Historicamente, as fundações tendem a construir vastos *corpora* financeiros. Os ativos de todas as fundações nos EUA em 2014 totalizavam mais de US$ 865 bilhões;[31] os ativos de fundações privadas não operantes constituíam, sozinhos, mais de 80% desse total.[32] Em geral, as fundações pensam em seus ativos de maneira compartimentalizada: 95% dedicados a aumentar os ativos e 5% alocados em doações ou caridade. Estratégias inovadoras de alocação de capital (a saber, investimentos relacionados com programas e investimentos relacionados com missões, discutidos posteriormente) podem fazer a ponte entre os dois.

Como classificação de abordagens de investimento submetidas a exigências específicas de qualificação, os investimentos relacionados com programas

(IRPs) podem incluir muitos dos instrumentos financeiros delineados aqui. Os IRPs permitem que as fundações usem dinheiro de sua alocação tradicional de doações para fazer investimentos de baixo rendimento que apoiem a missão filantrópica de sua fundação. Entre outras coisas, isso amplia a análise financeira e de impacto usada para alocar o capital e abre oportunidades interessantes de parcerias intersetoriais.

Em 2012, a Casa Branca atualizou sua descrição de IRPs no Código Tributário americano como "investimento feito por uma fundação, o qual, embora possa gerar renda, é feito primariamente para realizar fins caritativos".[33] Assim, uma fundação pode fazer investimentos qualificados (como aqueles indicados na fig. 10.3) que contam para sua exigência anual mínima de 5% de distribuição caritativa. Além disso, essa classe de investimentos está dispensada de várias taxas impostas a outros tipos de investimentos feitos por uma fundação. Porém, como diz a definição, o propósito de um IRP deve ser servir a missão caritativa da fundação, e não se concentrar num retorno financeiro potencial.[34]

IRPs pioneiras: perfil da Fundação Ford

A Fundação Ford foi estabelecida em 1936 por Henry Ford, fundador da Ford Motor Company, e por seu filho, Edsel. Em determinado momento, a fundação chegou a possuir 90% das ações sem voto da montadora, tornando-a a maior fundação privada do país.[35] Em 1968, a Fundação Ford enfrentava a questão de como ampliar seu alcance social além dos limites de seus recursos para fazer doações.[36] Numa proposta feita aos administradores da fundação naquele ano, a equipe da fundação instou-os a "reexaminar a tradição que limita a filantropia a uma única modalidade: a doação direta".[37] Pouco depois, a fundação começou seus primeiros investimentos relacionados com programas.[38] Embora não fossem tecnicamente classificados assim naquela época (a Lei de Reforma Tributária de 1969 ofereceu a primeira definição jurídica de um IRP[39]), ela se concentrava em programas para o desenvolvimento de empresas minoritárias, moradias acessíveis e preservação ambiental.[40] A fundação desde então alocou cerca de US$ 690 milhões[41] para IRPs, e faz empréstimos diretos, investimentos de capital e oferece garantias de empréstimos.[42]

A Fundação Ford tem um longo histórico de sucesso com IRPs.[43] Em 1977, a fundação ofereceu uma doação a um novo prestamista sem fins lucrativos em Bangladesh para um programa experimental de crédito em pequena escala.[44] Esse programa buscava oferecer acesso ao crédito, principalmente a mulheres que não tinham garantias (como terras), e organizou os devedores em pequenos grupos com responsabilidade coletiva pelo pagamento de empréstimos. O modelo pareceu promissor, chegando a 15 mil participantes com uma taxa de pagamento do empréstimo de 98% dentro de poucos anos. Em 1981, o programa tentou expandir-se para 100 mil mutuários, aumentando seus bancos comerciais parceiros de 25 para 100.[45] A Fundação Ford ofereceu uma doação plurianual recuperável de US$ 770 mil como garantia de 10% contra o não pagamento dos empréstimos.[46] Essa garantia equilibrou o risco de perda potencial para novos bancos comerciais interessados em juntar-se ao programa e apoiou a rápida expansão do programa. Fundos da garantia que não fossem necessários ao fim do prazo deveriam ser devolvidos à fundação.[47] Ao longo do tempo, a fundação aumentou seu apoio, incluindo o financiamento para um fundo recorrente para empreitadas maiores.

Hoje, esse prestamista sem fins lucrativos, o Banco Grameen, tem mais de 2.500 filiais e já fez mais de 8 milhões de empréstimos, totalizando mais de US$ 20 bilhões,[48] e ele paga dividendos aos mutuários.[49] Estruturados como uma cooperativa, os mutuários do Grameen são também os proprietários do banco, detendo mais de 90% da organização. O restante é de propriedade do governo de Bangladesh.[50] Em 2006, o Banco Grameen e seu fundador, Muhammad Yunus, receberam o Prêmio Nobel da Paz.[51]

O número de fundações e a quantidade de ativos de fundações disponíveis para IRPs cresceram consideravelmente desde que os IRPs começaram em 1969. A Fundação MacArthur, a Fundação David e Lucile Packard, a Fundação Rockefeller, a Fundação W. K. Kellogg, a Fundação F. B. Heron, para citar apenas algumas, todas usam IRPs para destravar seus ativos e aumentar o bem social. Mais recentemente, a Fundação Bill e Melinda Gates entrou nesse espaço.[52] Ela fez mais de 60 IRPs, comprometendo mais de US$ 1,8 bilhão em capital, com uma alocação total de US$ 2 bilhões para sua estratégia de IRPs.[53]

Doações recuperáveis

Doações recuperáveis são *pools* de capital alocados para projetos compatíveis com os objetivos de um financiador, mas que são dedicados a catalisar o desenvolvimento empresarial com fins lucrativos de prazo mais longo.[54] Análogos às doações tradicionais, eles são dados sem a exigência de retorno financeiro. O que os torna "recuperáveis" é que quaisquer lucros gerados pelos fundos da doação, que (assim como os lucros gerados comercialmente) normalmente seriam devolvidos ao investidor, são, em vez disso, colocados de volta no *pool* de capital para que novas doações sejam feitas. Por exemplo, a Echoing Green, organização sem fins lucrativos, oferece estipêndios em dinheiro para empreendedores sociais com fins lucrativos que concordem em devolver o estipêndio caso sua empresa tenha sucesso. Se a empresa fracassar, então ela não deve nada.[55]

Uma das formas mais tolerantes ao risco e baratas de capital disponíveis, as doações recuperáveis atuam como "notas conversíveis sem expiração e sem direitos de pagamento na liquidação".[56] Como esses produtos são classificados como doações, não há obrigação para com o doador se o mutuário não pagar.[57]

Empréstimos de curto prazo a juro zero/ empréstimos de longo prazo a juro zero

Outra maneira como uma fundação pode incentivar o desenvolvimento do mercado é oferecendo empréstimos a juro zero.[58] Por exemplo, uma horta comunitária que esteja expandindo suas operações pode precisar de financiamento para uma nova estufa e dos equipamentos e suprimentos para produzir mais comida. Uma fundação comunitária poderia oferecer um empréstimo de longo prazo sem custo para a estufa, de modo que uma instituição financeira local de desenvolvimento comunitário (IFDC) esteja disposta a abrir uma linha de crédito para sementes, fertilizantes e ferramentas.

Esse tipo de compromisso pode incentivar prestamistas do setor privado a emprestar a indivíduos que de outro modo achariam o empréstimo arriscado demais, e ele cria históricos de crédito que podem ser usados para futuras considerações de empréstimos. Empréstimos de juro zero oferecem um subsídio substancial para uma oferta de empréstimo, e o mutuário fica mais responsabilizável do que se recebesse doações ou doações recuperáveis, mas menos do que ficaria com outros produtos financeiros.

Dívida perdoável

A dívida perdoável costuma ser um empréstimo estruturado para incentivar um comportamento particular ou para atingir um resultado social mensurável acordado entre um prestamista filantrópico e um mutuário.[59] Qualquer parte do empréstimo pode ser perdoada caso condições específicas sejam atendidas.

Por exemplo, uma fundação faz um empréstimo perdoável a uma empresa social que tem um programa cedo, no horário anterior à escola, para combater a gazeta no ensino médio. Se o programa atinge uma determinada meta — uma redução de 20% nas faltas em seis meses —, então a fundação perdoará o empréstimo, como se ele fosse uma doação. Se a meta não for atingida, a fundação pode cobrar o dinheiro, como se fosse uma dívida.

Empréstimos a juros baixos (taxas reduzidas) de longo prazo e empréstimos a juros baixos de curto prazo

Em outros casos, um prestamista pode oferecer um empréstimo a uma taxa que o mutuário não pode pagar, mas que *poderia* pagar a uma taxa de juros reduzida.[60] Nesses casos, a filantropia pode subsidiar a taxa do empréstimo a um nível viável para o mutuário mas ainda lucrativo para o prestamista. Às vezes essas taxas podem ser ajustadas ao longo do tempo, com o subsídio sendo removido pouco a pouco, à medida que um histórico é estabelecido, que o mutuário se estabiliza e o prestamista fica mais confiante de que o empréstimo será pago em termos favoráveis.

No exemplo da horta comunitária, imagine que a IFDC esteja oferecendo tanto o empréstimo quanto a linha de crédito. Nesse caso, uma fundação poderia subsidiar a taxa de juros do empréstimo e da linha de crédito para que ela atenda as necessidades das duas organizações.

Títulos de impacto social

Títulos de impacto social (TISs) são um instrumento financeiro inovador desenhado para ajudar governos, fundações e investidores a estruturar programas de prevenção que atingem resultados sociais.[61] Esses resultados, caso realizados, poupam custos de longo prazo que de outro modo seriam absorvidos pela sociedade. Portanto, o governo concorda em passar algumas dessas economias para os investidores que assumem o risco de financiar os programas. Porém, os investidores só são pagos se os objetivos desejados são atendidos.

TISs são similares a contratos de pagamento por desempenho, por meio dos quais provedores de serviços são pagos por resultados, não por seu trabalho para atingir resultados específicos.[62] Nos dois casos, os provedores precisam documentar minuciosamente o sucesso e estabelecer indicadores de resultado significativos e mensuráveis.[63] Por exemplo, uma agência do governo estadual pode querer reduzir o número de pessoas que recebem compensações por meio do seguro-desemprego. Com um contrato de pagamento por desempenho, essa agência concorda em pagar uma empresa de treinamento e de colocação profissional US$ 5 mil por pessoa (que de outro modo estaria recebendo seguro-desemprego) que for empregada recebendo salário suficiente por seis meses ou mais. Se a empresa não atingir o resultado, não é reembolsada pelas despesas.

Com TISs, um investidor avaliza o custo de um programa por meio de um gestor de projeto responsável por coordenar as atividades. O pagamento pelo sucesso vai do governo para os investidores por meio dos gestores. Esse pagamento pode incluir um retorno sobre o investimento, dependendo do sucesso do programa. Se o programa fracassar, os investidores podem perder seu capital. Como resultado, todo o investimento inicial corre riscos, porque o pagamento não é garantido.[64] Até agora, como mostra o exemplo da ilha Rikers, os TISs têm um histórico de altos e baixos.

Lições: o Título de Impacto Social da ilha Rikers

Em 2012, uma coalizão de parceiros lançou seu primeiro TIS nos Estados Unidos. Ele tinha sido projetado para reduzir a reincidência de adolescentes libertados da prisão da ilha Rikers em Nova York. Financiado por um empréstimo de US$ 9,6 milhões da Goldman Sachs (segurado por uma garantia de US$ 7,2 milhões da Bloomberg Philantropies), o programa entregou terapia cognitiva comportamental da Associação Osborne para presos adolescentes.[65] A MDRC, um centro de pesquisas sem fins lucrativos, foi a organização gestora intermediária, e o Instituto Vera de Justiça atuou como avaliador independente. No acordo, a Goldman Sachs só seria paga se a taxa existente de reincidência de 50% fosse reduzida em 8,5%, e eles receberiam um lucro de até US$ 2,1 milhão se a redução superasse 10%.[66]

O programa deparou-se com uma série de desafios operacionais e contratuais, incluindo problemas nos grupos de controle e falta de equipe.[67] Em julho de 2015, o Instituto Vera concluiu que o programa não reduziu a reincidência para os participantes de 2013 durante os 12 meses posteriores à sua libertação de Rikers, em comparação com um grupo de controle histórico que passou pela cadeia antes do começo do programa.[68]

Quanto valor o programa ofereceu em última instância, independentemente do seu cancelamento, depende de quem ouve a pergunta.[69] Seus defensores afirmam que ele valeu a pena por aquilo que aprenderam usando uma abordagem experimental. Os defensores também observam que o experimento foi pago por investidores, não por pagadores de impostos,[70] e os implementadores do programa são capazes de documentar participantes que dizem que ele os ajudou a permanecer fora da cadeia.

Trazer um parceiro privado para programas sociais do governo pode render eficiência e inovação, e ter o governo como parceiro cria oportunidades para escalar experimentos bem-sucedidos com maior facilidade. Porém, unir esses dois grupos nessa colaboração exige um avaliador independente, especialmente porque o pagamento financeiro é condicionado por objetivos acordados mutuamente. Envolver o setor filantrópico dissipa o risco e incentiva os parceiros a expandir os programas caso tenham sucesso.

Os detratores do TIS da ilha Rikers, porém, suspeitam que autoridades da prefeitura tenham gastado muito tempo subsidiado pelo pagador de impostos no projeto. Eles também se perguntam se o horizonte de tempo para os desembolsos dos investidores num programa de longo prazo teriam sido proibitivos para os investidores, mesmo que o experimento tivesse sido um sucesso. O mesmo vale para o pagador: economias significativas para o governo podem não ocorrer, por exemplo, até que a reincidência seja dramaticamente reduzida.

Além disso, os TISs poderiam pressionar o governo a privatizar atividades que talvez não se beneficiem de ser privatizadas, sendo as prisões um exemplo. Os altos custos de transação de acrescentar um gestor intermediário, um avaliador de fora e um operador de fora podem condenar os TISs ao fracasso. Mesmo quando bem-sucedidos, os TISs podem ser complicados demais para replicar ou escalar facilmente. Por fim, os críticos apontam os custos de oportunidade: o dinheiro filantrópico não é ilimitado, e eles afirmam que gastá-lo em experimentos especulativos poderia ser um desperdício.[71] Acreditamos que esse tipo de experimento é um ponto excelente para o dinheiro filantrópico, e, independentemente desses desafios, é improvável que os TISs desapareçam tão cedo.[72]

O primeiro TIS é uma história de sucesso recente. O Título Piloto de Impacto Social de Peterborough no Reino Unido existiu entre 2010 e 2015 e teve resultados positivos.[73] Com objetivos análogos ao TIS da ilha Rikers, o TIS de Peterborough foi desenhado para reduzir o número de reincidentes na prisão. De um primeiro grupo de cerca de mil participantes, o programa financiado por TIS reduziu a taxa de reincidência em 8,4% em comparação com o grupo de controle.[74] Uma análise dos resultados de um segundo grupo estimou uma redução ainda maior, de 9,7%.[75] A média desses resultados ficou acima do limite mínimo exigido para o sucesso (uma redução de 7,5%), e o pagamento por resultado dos TISs aos investidores foi feito.[76]

Desde que esse primeiro TIS foi lançado em 2010, mais de 100 outros começaram, com pelo menos outros 70 em desenvolvimento.[77] Os TISs estão sendo aplicados no mundo inteiro: na Austrália, Áustria, Bélgica, Finlândia, Alemanha, Irlanda, Israel, Países Baixos, Suíça, Reino Unido e Estados Unidos, entre outros.[78] Um título de impacto social é estruturado intrinsecamente como parceria intersetorial. Segundo um estudo da OCDE sobre TISs, "a combinação de parceiros é parte da inovação".[79] Embora ainda um modelo em desenvolvimento, os objetivos e as intenções dos TISs encarnam muitas das características do arcabouço de investimento em valor social.[80]

Capital restrito

Em 2016, o Departamento do Tesouro dos Estados Unidos atualizou e esclareceu sua lista de atividades permitidas com relação a IRPs.[81] O resultado foi que as fundações obtiveram mais clareza quanto ao uso de IRPs para fazer investimentos de capital em empresas com fins lucrativos caso esses investimentos sirvam a um propósito social (presumindo que certas condições são atendidas).[82] Por exemplo, a Fundação Gates vez um investimento de capital numa *start-up* de biotecnologia em Cambridge, Massachusetts. Entre outras coisas, ela incentivou a empresa a aplicar sua nova e pioneira tecnologia de descoberta de alvos de células T na criação de uma vacina contra a malária — um grande foco da estratégia global de saúde da fundação.[83]

Embora não seja uma exigência, a Receita Federal americana [Internal Revenue Service] indicou que gatilhos de saída, automaticamente liquidando o investimento de uma fundação numa empresa, assim que essa empresa se torna lucrativa, poderiam validar o investimento como caritativo.[84] Além disso, esses investimentos de capital podem ser combinados com doações ou com empréstimos (da mesma fundação ou de outras), ampliando ainda mais os objetivos caritativos do investimento.[85]

Investimentos relacionados com a missão

Em termos muito simples, investimentos relacionados com a missão (IRMs) complementam os IRPs ao começar do ponto onde eles terminam.[86] Uma estratégia de IRM ou apoia objetivos sociais (como buscar ativamente investimentos que contribuem para o propósito caritativo geral de uma fundação), ou evita contradizer os valores ou a missão de uma fundação. Porém, investimentos num portfólio de IRMs ficam de fora do escopo dos IRPs, em parte porque esses investimentos pretendem gerar um retorno financeiro a taxas de mercado, e porque eles vêm do *corpus* da fundação, não do lado que faz doações.[87] Por exemplo, uma fundação concentrada em preservação ambiental ou em qualidade do ar poderia usar seu *corpus* para fazer um investimento significativo num grande projeto de energia solar, com fins lucrativos. Diferentemente do que faz com IRPs, uma fundação não pode contar os IRMs como parte de suas exigências anuais de distribuição caritativa de 5%. Embora os investimentos relacionados com a missão não tenham uma classificação jurídica própria, ainda precisam seguir as regras de não comprometimento da Receita Federal americana.[88] Similarmente aos investimentos tradicionais, os IRMs podem estar sujeitos a rendas tributáveis não relacionadas (ao passo que os IRPs não estão).[89]

Uma estratégia de investimentos conduzida por IRMs é muito diferente de uma estratégia de investimentos passiva ou cega, que poderia levar a dotação de uma fundação a investir em empresas diametralmente opostas a sua missão caritativa. Continuando com o exemplo da fundação com foco ambiental, essa mesma fundação poderia ter ativos numa empresa de carvão ou de petróleo, com uma abordagem de investimento cega ou agnóstica. Assim, uma fundação pode usar uma triagem negativa para evitar categorias amplas de investimento contrárias à sua missão caritativa ou a seus valores (como triar investimentos em armas ou em tabaco). Ou ela pode decidir dedicar-se ao desinvestimento numa indústria, numa empresa específica, ou apoiar esse desinvestimento. Por exemplo, o Fundo dos Irmãos Rockefeller (estabelecido pelos descendentes de John D. Rockefeller e financiado pelo sucesso da família na indústria do petróleo) anunciou em 2014 que desinvestiria os ativos de sua dotação de combustíveis fósseis.[90] Pouco depois, o fundo também assinou os Princípios de Investimento Responsável da ONU,[91] um acordo voluntário entre investidores para rastrear e considerar métricas ambientais, sociais e de governança em suas estratégias de investimento.[92]

A Fundação Ford deu um passo ousado em 2017, quando anunciou que alocaria até US$ 1 bilhão de sua dotação, cerca de 8%, numa estratégia ativa de IRM.[93] Foi o maior compromisso de IRM já feito por uma fundação privada, e está inicialmente concentrado em "moradias acessíveis nos Estados Unidos e em acesso a serviços financeiros em mercados emergentes".[94] É provável que vejamos cada vez mais fundações fazendo compromissos igualmente significativos no futuro.

VANTAGENS DE UM PORTFÓLIO DE CAPITAL INTERSETORIAL FUSIONADO

Um portfólio de capital intersetorial fusionado usa financiamento inovador e flexível, como dinheiro filantrópico, para mover a fronteira de risco para projetos numa parceria. Trata-se de um capacitador crucial para outros elementos no arcabouço de investimento em valor social, por destravar oportunidades de parceria com valor social intrínseco alto e por permitir que os parceiros se concentrem em resultados num horizonte de tempo longo. Como resultado, a fusão de investimentos para objetivos sociais e financeiros tem vantagens intrínsecas para todos os envolvidos.

- *O perfil de risco e retorno para investidores é ampliado.* Ao fundir produtos filantrópicos e financeiros com apetites por risco e exigências de retorno diferentes, os investidores podem valer-se de diversos *pools* de capital para financiar parcerias que servem ao bem público.[95]

- *Ativos coletivos são alavancados.* Ao ajustar o horizonte de risco e retorno, as iniciativas podem reunir novas coalizações de parceiros públicos, privados e filantrópicos. O uso de um processo de parceria eficiente e colaborativo permite que o capital coletivo resolva problemas que não podem ser abordados por nenhum setor ou classe isolado de financiamento.[96]

- *Uma coalizão de pessoas é construída.* Ao valer-se de uma aliança mais ampla de participantes, a iniciativa pode acessar uma rede expandida e descentralizada de líderes, especialistas, equipes e organizações, estendendo-se por múltiplas áreas geográficas e atendendo necessidades complementares de alocação de capital.[97]

- *Resultados financeiros e sociais são alinhados.* Ao integrar as finanças tradicionais, os programas sociais podem valer-se do conhecimento do setor com fins lucrativos, de sua experiência e de seus recursos para aprimorar a eficácia das doações ou da atividade caritativa. Essas vantagens podem não estar normalmente disponíveis para esses programas, o que faz disso uma importante abordagem de parcerias envolvidas no desenvolvimento de estratégias baseadas em lugar.[98]

Parcerias e projetos de todos os tamanhos podem beneficiar-se de um portfólio de capital fusionado. Soluções de longo prazo baseadas em sistemas, em particular, exigem capital significativo e diversificado para financiar gastos de programa, infraestrutura e serviços. Ao empenhar uma série de tipos de capital, as parcerias podem oferecer novas soluções ou realizar coletivamente aquilo teria sido impossível de realizar individualmente. Isso é especialmente importante em partes do mundo que enfrentam pobreza crônica, conflitos, ou declínios econômicos, como vimos no caso do Juntos. Em lugares em que a assistência governamental ou as forças de mercado por si não tenham construído prosperidade para as comunidades, ou mesmo para países inteiros, o financiamento inovador por meio da colaboração intersetorial é uma estratégia de enorme importância.

DESEMPENHO

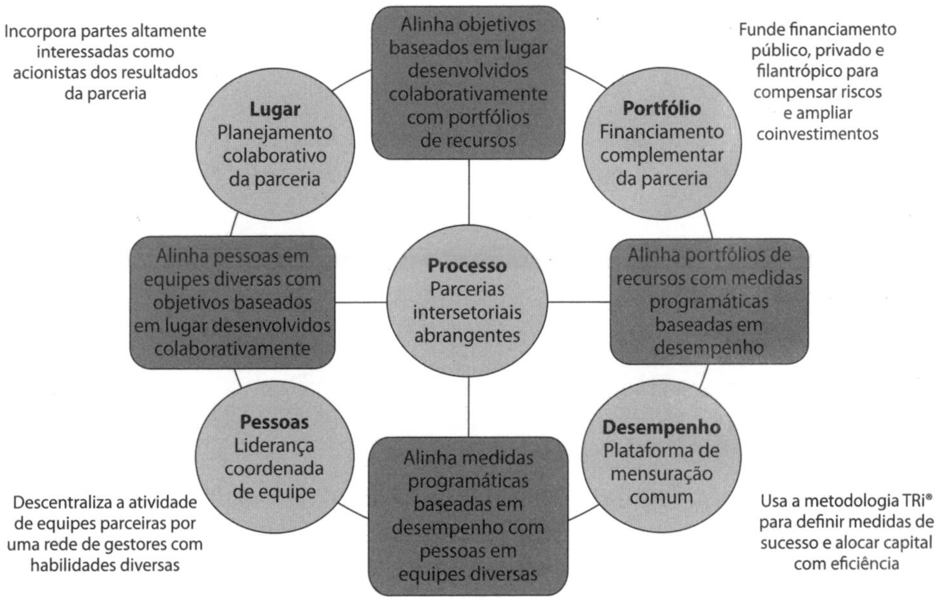
Incorpora partes altamente interessadas como acionistas dos resultados da parceria
Alinha objetivos baseados em lugar desenvolvidos colaborativamente com portfólios de recursos
Funde financiamento público, privado e filantrópico para compensar riscos e ampliar coinvestimentos
Lugar
Planejamento colaborativo da parceria
Portfólio
Financiamento complementar da parceria
Alinha pessoas em equipes diversas com objetivos baseados em lugar desenvolvidos colaborativamente
Processo
Parcerias intersetoriais abrangentes
Alinha portfólios de recursos com medidas programáticas baseadas em desempenho
Pessoas
Liderança coordenada de equipe
Desempenho
Plataforma de mensuração comum
Descentraliza a atividade de equipes parceiras por uma rede de gestores com habilidades diversas
Alinha medidas programáticas baseadas em desempenho com pessoas em equipes diversas
Usa a metodologia TRi®
para definir medidas de sucesso e alocar capital com eficiência

CAPÍTULO 11

O caso do desempenho: usando megadados para melhorar os serviços municipais — o CBNY e além

WILLIAM B. EIMICKE

Nos capítulos anteriores, apresentamos casos e análises para ilustrar como os elementos do investimento em valor social — processo, pessoas, lugar e portfólio — contribuem para o sucesso de parcerias intersetoriais. Este capítulo concentra-se no quinto e último elemento do arcabouço de investimento em valor social, o *desempenho* de uma parceria. Para ilustrar como um foco em mensuração de desempenho pode produzir resultados que impactam significativamente as vidas das pessoas, apresentamos vários exemplos da cidade de Nova York. Ao longo de algumas décadas, Nova York passou de uma das cidades mais perigosas, com o governo municipal menos eficiente do mundo, para uma das mais admiradas e copiadas. Nova York adotou a gestão de desempenho na cidade inteira em 1977, mas os efeitos ficaram limitados até 1994, quando Bill Bratton, comissário de Polícia, criou e implementou o sistema CompStat, programa de gestão de desempenho concentrado na prevenção de crimes.[1] O CompStat evoluiu ao longo das últimas décadas, mas continua a ajudar a manter a segurança dos nova-iorquinos. Na virada do século, o prefeito Michael Bloomberg dirigiu o aprimoramento do CompStat e a aplicação bem-sucedida de sistemas similares de gestão baseada em desempenho para os serviços municipais de emergência e de resgate, operados pelo Corpo de Bombeiros de Nova York (CBNY). Ao longo do tempo, o foco do CBNY em mensuração de desempenho — indo de tempos de resposta e de vidas salvas a incêndios prevenidos — e também em novos sistemas de gestão de performance levou a uma mudança transformacional em como ele realizava sua missão e servia o público.

A PREVENÇÃO DO CRIME

Tudo na gestão de desempenho em Nova York mudou em 10 de janeiro de 1994, quando um novo prefeito, Rudolph Giuliani, que se dizia comprometido com o combate ao crime, nomeou William J. Bratton comissário do Departamento de Polícia de Nova York (DPNY). Bratton tinha um histórico de reduzir o crime em Boston e no sistema de metrô de Nova York.

Bratton teve um sucesso extraordinário transformando Nova York de uma das grandes cidades mais violentas e perigosas do mundo numa das mais seguras, com uma estratégia multifacetada que usava técnicas que tinham ajudado outras cidades. A principal contribuição de Bratton para a teoria do policiamento teve a elegância da simplicidade: o policiamento deveria concentrar-se em primeiro prevenir o crime. Antes de Bratton, o DPNY era conhecido no mundo inteiro por ser destemido, incansável e, ocasionalmente, corrupto. Bratton mudou o DPNY pelas décadas futuras ao juntar os megadados que a agência já estava coletando e disponibilizando-os em tempo real, para que os delegados pudessem prever padrões criminais emergentes geograficamente e concentrar seus recursos em "pontos quentes" antes que os criminosos pudessem tomar um bairro.[2]

O sistema começou com alguns poucos devotos no departamento, em especial o falecido Jack Maple,[3] nomeado por Bratton vice-comissário para o desenho de estratégias de controle do CompStat. No começo, o CompStat usava apenas computadores *desktop* básicos, um grande mapa da cidade e alguns alfinetes coloridos. Ao longo do tempo, o programa de dados e análise do DPNY transformou-se numa parceria com a IBM que criou o Centro de Crimes em Tempo Real do DPNY e o programa conhecido como CompStat, que a cidade usa ainda hoje.

Usando as categorias de crimes graves do Relatório Criminal Uniforme do FBI,[4] o CompStat oferecia relatórios semanais do número desses crimes, distrito por distrito, para os 77 distritos da cidade de Nova York (cada qual com 100 mil habitantes ou mais). Os delegados de cada distrito, guiados por seus superiores no quartel-general, podem empregar seus recursos para controlar o crime de maneira mais eficiente e, em última instância, reduzi-lo. Bratton presidia reuniões semanais (bissemanais nos primeiros anos) com delegados da cidade inteira para responsabilizá-los por seu desempenho. A CompStat permitiu que os líderes máximos do DPNY questionassem comandantes de menor patente regularmente e em pessoa, na frente de um grande número de seus supervisores e pares. O crime caiu 12% de 1993 para 1994, ao passo que a cifra para o país inteiro foi uma queda de 1,1%.[5] Ao fim da década, o crime na cidade inteira tinha caído 50%.[6] O CompStat em seguida venceu o prestigioso e altamente seletivo prêmio de Inovações no Governo Americano da Escola Kennedy da Universidade Harvard, e foi copiado por cidades do país e do mundo inteiro.[7]

Com base no extraordinário sucesso do CompStat, o governo Giuliani tentou trazer a gestão de desempenho preditiva e movida a dados, ao estilo do CompStat, para outros órgãos da cidade — com sucesso limitado. O FireMarc, versão do CBNY do CompStat, foi um grande fracasso. Definhou sem compromisso real e sofreu com uma escolha ruim de indicadores, e poucos incentivos ou penalidades — cenouras e pedras — para garantir a responsabilização. No Departamento de Parques e Recreação, o Parkstat teve um destino um pouco melhor. O Parkstat usou inspeções e um sistema de pontuações para aprovar ou reprovar equipamentos, bancos e áreas de lazer de cada parque. Porém, outra vez, os recursos eram limtiados e não havia um sistema eficaz de responsabilização.

A Central Park Conservancy (CPC), liderada por Doug Blonsky, desenvolveu um sistema eficiente para parques, usando, ao estilo do CompStat, gestão de zonas e padrões de desempenho e de responsabilização, manuais abrangentes, procedimentos operacionais padrão e manuais detalhados para a gestão de horticultura, de gestão de gramados e de gestão e reciclagem de lixo (cap. 5). Fazendo uma parceria primeiro com o prefeito Michal Bloomberg, e, mais recentemente, com o prefeito Bill de Blasio, a CPC agora treina os gestores do Departamento Municipal de Parques para empregar o mesmo sistema de responsabilização em outros parques municipais de Nova York.

MELHORANDO AINDA MAIS OS BOMBEIROS DE NOVA YORK — DA TÁTICA À ESTRATÉGIA

O empresário Michael Bloomberg enfrentou desafios assustadores ao tornar-se o primeiro prefeito eleito depois do 11 de setembro. Grandes áreas do sul de Manhattan tinham sido completamente destruídas ou fortemente avariadas, a economia da cidade estava em depressão, o orçamento da prefeitura tinha um déficit grande e crescente, e, mesmo que a criminalidade ainda estivesse caindo, a cidade também enfrentava uma ameaça muito real e iminente de terrorismo. Bloomberg estava decidido a gerir a cidade como uma empresa, o que significava apertar o cinto e ter disciplina fiscal. Porém, Bloomberg também entendia que atender os clientes (no caso, os habitantes e visitantes da cidade) era igualmente importante. Bloomberg usou a responsabilização baseada em desempenho e parcerias para fazer as duas coisas extremamente bem.

Apesar das restrições fiscais, Bloomberg continuou a investir no CompStat e na abordagem baseada em impacto do policiamento, e trabalhou agressiva e eficazmente para levar o estilo de gestão de desempenho do CompStat para outros órgãos da cidade de Nova York, particularmente o CBNY.

O CBNY, órgão municipal de incêndios e de serviços médicos de emergência de Nova York, sempre foi um dos melhores do mundo. Em 11 de setembro de 2001, as equipes do CBNY tiraram 13 a 15 mil pessoas[8] das duas torres do World Trade Center nos 102 minutos entre o Voo 11 da American Airlines atingir a torre norte e o desabamento da torre às 10h28 da manhã.[9] Esse sucesso extraordinário teve um custo muito alto: 343 bombeiros morreram,[10] somando, assustadoramente, quase ⅓ do número total de 1.172 de mortes de bombeiros de Nova York desde que o primeiro bombeiro morreu em serviço em 1865.[11]

Com tantas mortes e a percepção subsequente de que o CBNY teve sérias dificuldades iniciais para determinar quem estava no local e quem não estava, ficou claro para o departamento e para o futuro prefeito Bloomberg que o CBNY tinha de melhorar sua gestão de sistemas. O Escritório do Prefeito encomendou à respeitada empresa de consultoria McKinsey & Company um exame *pro bono* da gestão do CBNY e do DPNY, concentrado em como os dois órgãos poderiam ficar mais preparados para lidar com grandes eventos futuros, fossem atos terroristas, incêndios, epidemias, ou desastres naturais. As principais recomendações da McKinsey diziam que o CBNY deveria "melhorar a responsabilização e a disciplina" por meio de "melhor planejamento e gestão".[12] A fim de fazer isso, a McKinsey recomendou aumentar o número de pessoas em posições de gestão, melhorar as habilidades de planejamento e de análise desses gestores e concentrar-se mais em "métricas e marcos explícitos" para monitorar o desempenho geral do CBNY.[13]

A fim de implementar as recomendações do Relatório McKinsey, o CBNY reconheceu que a vasta maioria de seus gestores seniores vinha da linha de frente — isto é, do combate a incêndios — e tinha pouco treinamento em gestão, análise, planejamento e comunicação organizacional. Esse desafio de liderança e de gestão era enorme, considerando o tamanho do CBNY: um orçamento anual de mais de US$ 1,8 bilhão, 1,7 milhão de incidentes por ano e uma força de trabalho de 17 mil pessoas em 250 locais.[14] Para superar essa lacuna de treinamento, o prefeito Bloomberg e o comissário de Incêndios Nicholas Scoppetta empenharam a Universidade de Colúmbia para fazer uma parceria com o CBNY e desenvolver um programa de certificado em treinamento de liderança executiva e gestão, modelado no currículo básico dos diplomas de MPA e de MBA de Colúmbia.[15]

Todo ano, desde 2002, grupos mistos de 16[16] gestores seniores do CBNY (e aqueles que o departamento considerava a próxima geração de líderes) das divisões de incêndio e de serviços médicos de emergência concluíram o Instituto de Gestão de Oficiais do CBNY (Igoc), incluindo um projeto de equipe com a duração do programa.[17] As aulas acontecem no moderníssimo Centro de Desenvolvimento de Lideranças John F. Welch da GE, um campus universitário corporativo de 59 acres fundado em 1956 e batizado com o nome de Jack Welch, lendário ex-CEO da GE. Nas palavras de um funcionário da GE selecionado para participar de um programa no Centro Welch, "é ali que você vai para ser promovido".[18]

Jeff Immelt, presidente e CEO da GE na época, foi uma das primeiras pessoas a contribuir para instituições de caridade ligadas ao 11 de setembro depois dos ataques ao World Trade Center, e desde o começo Immelt e a GE foram parceiros plenos do Igoc. A GE doou o custo total de moradia, alimentação, salas de aula, apoio e recreação para todos os participantes do Igoc e para todos os professores da Universidade de Colúmbia e do DPNY desde o começo do outono de 2002. Considerando que o DPNY é um trabalho diário, que toma o dia inteiro, tirar os gestores do ambiente de trabalho e levá-los para um centro de aprendizado com serviços completos é um elemento essencial para o sucesso do programa. Os participantes continuam a ser pagos durante o tempo de treinamento, mas são tirados de campo pelo DPNY, e vivem e estudam no Centro Welch, a uma hora de trem a norte da cidade de Nova York. Immelt e outros líderes da GE falaram com todos os grupos do Igoc. Recepções e oportunidades de reuniões permitem que gestores do Igoc e da GE em programas no centro conheçam-se e compartilhem melhores práticas.

O prefeito Bloomberg e o comissário Scoppetta reconheceram que a parceria com a Universidade de Colúmbia e com a GE poderia inculcar habilidades de gestão prática e técnicas de resolução de problemas que os participantes do DPNY usariam para melhorar significativamente o desempenho do DPNY. Ao longo dos últimos 15 anos, a parceria DPNY-Colúmbia-GE preparou mais de 200 participantes para posições seniores de gestão, e a maior parte dos cargos superiores do DPNY é preenchida por formados no Igoc há mais de uma década. Um certificado do Igoc tornou-se quase uma exigência para ser promovido a gestor sênior. A qualidade e a eficácia do Igoc foram reconhecidas pela competição anual de Inovações no Governo Americano da Universidade Harvard, que selecionou o Igoc como um dos melhores 50 colocados em 2008 e em 2009.

O Igoc desempenhou um papel importante tapando a lacuna entre as divisões de incêndio e de SMEs do CBNY.[19] A liderança do CBNY atribui aos grupos mistos do Igoc da nova geração de líderes de incêndios e de SMEs a criação de uma cultura mais unificada do CBNY; isso resultou em órgãos de serviços de emergência muito mais seguros e mais eficazes, especialmente na medida em que o número de incêndios caiu na última década, e os chamados de emergências médicas e de outros tipos aumentaram dramaticamente. Hoje, é mais provável que o CBNY salve uma vida por meio de uma intervenção médica do que de um resgate de um prédio em chamas.

Em 2004, Joseph Pfeifer, formado no Igoc, liderou o esforço de criar o primeiro Plano Estratégico formal do CBNY nos quase 140 anos de história do departamento.[20] Ao longo da última década, o plano aumentou dramaticamente o sucesso do CBNY em obter fundos federais do Departamento de Segurança Interior dos EUA [U.S. Department of Homeland Security] e de outros órgãos para comprar equipamentos, incluindo novos barcos anti-incêndio, tecnologias avançadas e também fundos para programas de treinamentos para desastres naturais e para muitas outras coisas. O plano também levou a grandes melhorias nas operações de resposta emergencial, em iniciativas de saúde e segurança que beneficiam os membros do CBNY, o aumento da diversidade, iniciativas aprimoradas de prevenção de incêndios e de conscientização a respeito deles, e uma gestão e um sistema organizacional muito mais fortes e eficazes. Os planos estratégicos também levaram a uma reforma de US$ 17 milhões do Centro de Operações do Corpo de Bombeiros (COCB) em 2006[21] e à implementação de uma nova Estratégia de Prontidão para Terrorismo e Desastres do CBNY pelo chefe Pfeifer, que então se tornou diretor do Centro de Prontidão para Terrorismo e Desastres do CBNY.[22]

O Igoc criou uma cultura mais forte de aprendizado no CBNY. O departamento provavelmente tem o centro de treinamento de serviços de emergência mais bem equipado de qualquer cidade americana, e uma vasta gama de programas de formação opera o ano inteiro, concentrada primariamente em táticas e em operações de campo. O Igoc incentivou diplomas de gestão em grandes universidades do país inteiro, incluindo a Escola Kennedy em Harvard, a Escola de Assuntos Internacionais e Públicos (Eaip) em Colúmbia, e um certificado em Contraterrorismo em West Point. O chefe Pfeifer hoje tem um mestrado em administração pública da Kennedy School e um mestrado em estudos de segurança da Escola Naval de Pós-Graduação.[23] Richard Tobin, formado no GOC e chefe-assistente de Prevenção de Incêndios e chefe do Comando Municipal, líder da inovação de inspeção baseada em risco do CBNY, foi fazer seu MPA na Eaip. Vários outros formados no Igoc depois obtiveram diplomas na Escola Naval de Pós-Graduação. Atualmente, Mike Meyer, diplomado no Igoc, está fazendo seu mestrado em administração pública na Eaip. Os parceiros CBNY, Universidade de Colúmbia e GE todos beneficiam-se do aprendizado compartilhado que está acontecendo no Centro Welch entre líderes atuais e futuros dos setores público (CBNY), privado (GE) e sem fins lucrativos (Universidade de Colúmbia); e o público se beneficia desse compartilhamento de melhores práticas, que permite ao CBNY salvar e proteger melhor as vidas e as propriedades da cidade de Nova York, hoje e nas próximas décadas.

A PREVENÇÃO DE INCÊNDIOS

Nicholas Scoppetta, ex-comissário do Corpo de Bombeiros, disse uma vez: "Inspeções não são a atividade favorita dos bombeiros" (os bombeiros carregam mangueiras, um machado, alguém que precisa de resgate, não prancheta e lápis, ou um iPad).[24] Quem gosta de entrar correndo em prédios em chamas não gosta de andar por lojas e por prédios comerciais assinalando violações por tomadas sobrecarregadas ou bicicletas atravancando corredores. Os bombeiros, antes, detestavam tanto as atividades de inspeção que seus sindicatos negociaram contratos para limitar os períodos de inspeção a dois dias por semana, e só quando as condições climáticas fossem moderadas.

A importância de inspeções bem-feitas (fig. 11.1) para salvar vidas ficou muito evidente depois de um grande incêndio no prédio vazio do Deutsche Bank no sul de Manhattan (ao lado do local do World Trade Center) em 18 de agosto de 2007, que custou a vida de dois bombeiros. O prédio ficou muito avariado no 11 de setembro, mas ainda estava passando por uma lenta desconstrução por causa da presença de amianto, de materiais tóxicos e possivelmente de restos humanos. Os bombeiros entraram no prédio para apagar o incêndio por causa dos riscos ambientais tão próximos de prédios próximos ocupados.[25]

Figura 11.1 Um bombeiro do Corpo de Bombeiros de Nova York executando uma importante inspeção antes que o novo processo de prioridade baseado em prevenção fosse desenvolvido pela parceria intersetorial CNY-CBNY-IBM. Foto de Richard Numeroff, cortesia da SIPA Case Collection.

As investigações que se seguiram ao incidente descobriram que nunca tinha sido concluído o teste de um tubo de emergência que tinha sido marcado como rompido antes naquele ano, e uma brecha ainda maior no porão foi completamente ignorada.[26] Os bombeiros perdidos não conseguiram escapar porque não saía água do tubo rompido para combater o incêndio, e a rota de fuga primária escada abaixo estava inapropriadamente bloqueada. As autoridades bombeiras em vários níveis não aplicaram a regra de que prédios em construção ou demolição têm de ser inspecionados a cada 15 dias. Os inspetores no Departamento de Construções também não treinaram devidamente os inspetores nem fizeram as devidas inspeções, e não comunicaram importantes informações a outras agências municipais, incluindo o CBNY.[27] Os executivos do CBNY foram obrigados a enfrentar a realidade de que em 2007 os registros de inspeções não estavam digitalizados em bancos de dados de fácil acesso. Antes, muitos eram guardados em cartões, escritos a lápis e guardados nos escritórios dos capitães de quartéis do CBNY (havia 220 escritórios). Acessar as informações de inspeção ou monitorar o programa de inspeção do quartel-general do CBNY era praticamente impossível.[28]

Uma equipe de membros do CBNY, civis e bombeiros, foi encarregada pelo Escritório do Prefeito de desenvolver uma solução abrangente para o sistema de inspeções, obviamente falho. A equipe rapidamente concluiu que o programa, descentralizado e baseado em papel, era ultrapassado; inspeções cíclicas numa cidade tão grande eram ineficientes e feitas com desperdício; e priorizar o risco catastrófico (como escolas e hospitais) tinha levado a várias inspeções anuais dos prédios mais seguros da cidade e a inspeções infrequentes de prédios com mais chance de sofrer incêndios, explosões, ou desabamentos. Com uma carga de trabalho de 300 mil prédios, menos de 400 inspetores civis e tempo de inspeção limitado para bombeiros uniformizados, a equipe concluiu que uma reforma radical do sistema atual era necessária. Porém, o governo da cidade não tinha o conhecimento *in-house* da tecnologia e das melhores práticas globais para construir um novo sistema sozinho.[29] Após a cuidadosa consideração de várias opções, o CBNY pediu a ajuda da IBM (parceira de longa data do DPNY no Centro de Crimes em Tempo Real e no CompStat).

Claudia Gerola, experiente consultora de estratégia e desenvolvimento de negócios da IBM, e uma equipe da IBM trabalharam em proximidade com a equipe do DPNY para mapear o processo de inspeção e entrevistar as pessoas que efetivamente faziam o trabalho, dos bombeiros no carro ao capitão no quartel, passando pelos gestores do sistema de TI e pelos quartéis-generais até chegar aos tomadores de decisão que precisavam das informações.[30] As duas equipes fizeram uma análise de lacuna para determinar quais dados eram necessários para construir um modelo de priorização por inspeção preditiva, quais dados já estavam sendo coletados e quais dados precisavam ser coletados ou encontrados. Elas exploraram soluções para tapar essas lacunas e então começaram a construir um sistema com o objetivo primário de impedir o máximo possível de incêndios e de emergências em prédios. Quanto aos incêndios que ocorressem, elas esperavam que eles ficassem menos perigosos e prejudiciais.

Nas palavras de Richard Tobin (fig. 11.2), vice-chefe do CBNY:

> Vimos todos os sucessos que o Departamento de Polícia teve com a CompStat. Vimos que eles estavam dirigindo seus recursos para onde o crime estava ocorrendo. A ideia era chegar lá antes que o crime ocorresse, saturar a área. E queríamos duplicar a mesma coisa com nosso processo de inspeção. Não queríamos esperar um incêndio acontecer, queríamos estar lá proativamente, inspecionando os prédios, eliminando os riscos antes que o incêndio chegasse.[31]

Figura 11.2 Richard Tobin, chefe do Corpo de Bombeiros de Nova York, examina arquivos de papel com dados anteriormente inacessíveis para o estabelecimento de prioridades de inspeção. Foto de Richard Numeroff, corteria da SIPA Case Collection.

O CBNY precisava de um sistema como o CompStat, que pudesse analisar todas as informações de inspeções disponíveis (do CBNY e de outros órgãos municipais, estaduais e federais) e usar um algoritmo de aprendizado para priorizar os prédios mais perigosos em sua área para as equipes de inspeção em cada período de inspeção. Desse modo, mesmo com recursos de inspeção limitados, a oportunidade de prevenir danos e mortes antes que acontecessem seria maior.

O primeiro passo para criar um novo sistema era digitalizar o banco de dados de inspeções que já existia. Em seguida, criar um processo para coletar digitalmente novas informações de inspeções e identificar e rastrear indicadores-chave de desempenho associados diretamente ao sucesso dos programas. Digitalizar os dados exigiu a cooperação próxima entre a IBM, o quartel-general do CBNY, a unidade de TI do CBNY e os quartéis dos bombeiros. Foi algo lento e desafiador, porque os bombeiros em campo, para começar, não estavam particularmente interessados em inspeções. Porém, alguns quartéis estavam mais interessados do que outros, e a equipe os escolheu para pilotar o sistema. À medida que o novo sistema começava a ganhar forma, a cooperação entre as operações de campo aumentava. Em 2009, havia um computador em cada quartel — substituindo os cartões e os lápis de 2007 — conectado com o quartel-general Metrotech Center do CBNY no Brooklyn, de modo que os gestores seniores podiam examinar, analisar e monitorar o programa de inspeção inteiro pela primeira vez.[32] Como disse o comissário Scoppetta em 2009, depois das investigações do incêndio do Deutsche Bank, "Acho que, se há um lado bom nessa situação, é que não há um oficial ou bombeiro no DPNY que não reconheça o quanto as inspeções são importantes, como elas salvam vidas e como, às vezes, essas vidas serão as dos nossos próprios bombeiros".[33]

Em 2010, o CBNY e a IBM estavam testando um novo sistema, que dava aos capitães dos bairros pilotos uma lista dos prédios mais perigosos de sua área em tempo real no começo de cada período de inspeção. O capitão local poderia deixar de lado as recomendações com base na experiência ou no conhecimento local, mas a variação nos prédios inspecionados teria de ser explicada e inserida no banco de dados no computador. Os testes pilotos deixaram claro que um sistema de inspeção verdadeiramente preditivo exigiria dados de vários órgãos municipais; o Departamento de Construções, o Departamento de Proteção Ambiental, o Departamento de Finanças, o Departamento Sanitário, o Departamento de Saúde e até o DPNY. As violações assinadas por esses outros órgãos também podiam indicar o maior risco de incêndio. O não pagamento de impostos podia indicar que a manutenção do prédio estava sendo negligenciada. A atividade policial num prédio poderia indicar produtos químicos perigosos sendo usados para produzir drogas ilegais ou explosivos usados por terroristas. Os bancos de dados dos órgãos estaduais e federais podiam oferecer informações similares, para tornar o modelo preditivo ainda mais robusto.

O prefeito Bloomberg criou uma força-tarefa de resposta para a cidade inteira quase imediatamente após o incidente do Deutsche Bank. Dirigida por Caswell Holloway IV, do Escritório do Prefeito (um dos assessores de maior confiança do prefeito Bloomberg, particularmente em situações de crise),[34] a força-tarefa identificou a natureza interórgãos das inspeções baseadas em risco e iniciou o compartilhamento de dados que tornaria o novo sistema preditivo. Embora a maioria das agências municipais estivesse avançada na digitalização de seus dados, a maioria usava plataformas diferentes e muitas usavam equipamentos ultrapassados. Como nos disse o chefe Tobin, "Compartilhar esses dados entre os órgãos foi difícil, muito difícil".[35] Felizmente, o prefeito estava trabalhando em paralelo para compartilhar e publicar o máximo possível de dados municipais, devido a seu compromisso com um governo aberto e com o empenho cidadão.

No começo de dezembro de 2009, o prefeito Bloomberg encarregou alguns jovens analistas liderados por um ex-advogado federal carismático e ambicioso de nome Mike Flowers (que tinha trabalhado no julgamento de Saddam Hussein no Iraque) de encontrar um modo de compartilhar dados que pudesse mitigar os problemas da cidade antes que eles saíssem do controle. Flowers sabia que a cidade tinha uma quantidade tremenda de dados com acesso público, mas separados por órgãos, que podia ser mais bem usada para aprimorar a qualidade e a eficiência dos serviços governamentais. Flowers também sabia que mais de 40 órgãos municipais não podiam mudar seus sistemas, procedimentos, plataformas e identificadores de anos, nem se quisessem (e eles não queriam). Mesmo que houvesse vontade, ele e sua equipe de seis pessoas não tinham acesso ao dinheiro e à tecnologia, e muito menos ao tempo, para resolver isso. De todo modo, Bloomberg queria resultados — e queria esses resultados para ontem.

Em vez de brigar com os chefes das agências, sua equipe, apelidada de "Geek Squad",[36] reconheceu que a tecnologia tinha avançado, de modo que dados de diferentes plataformas e sistemas poderiam ser sintetizados em sua forma atual para solucionar problemas. Com essa intuição, Flowers e equipe montaram o sistema que incorporou informações dos Departamentos de Construções e de Finanças e de outros órgãos à plataforma do CBNY, o que melhorou a precisão na identificação dos prédios mais perigosos, de modo que o CBNY pôde inspecionar primeiro esses prédios. Em maio de 2013, o Sistema de Avaliação Baseada em Risco do CBNY foi oficialmente lançado. Durante seu desenvolvimento e depois de seu lançamento oficial, o número de violações graves assinaladas pelos inspetores do CBNY aumentou significativamente, e os incêndios fatais desde 2009 ficaram em números historicamente baixos.[37]

Flowers e o Geek Squad tiveram novas vitórias de combinações de dados, incluindo a identificação e a prevenção de fraudes de hipotecas, a descoberta de fraudes do Medicaid para acessar Oxycontin e oxicodona, e para o rastreio de restaurantes que despejavam ilegalmente óleo de cozinha nos esgotos da cidade. Stephen Goldsmith, professor de Harvard e ex-prefeito, viria a descrevê-los como "a melhor equipe municipal de dados nos Estados Unidos, e uma das melhores do mundo".[38] Goldsmith atuou como vice-prefeito de Bloomberg e foi um dos grandes responsáveis pela criação do Escritório do Prefeito para Análise de Dados (Epad), liderado por Flowers, e por liderar os esforços de Bloomberg para compartilhar dados do serviço 311 e outros dados municipais com o público, organizados georgraficamente, de modo que os cidadãos podiam descobrir facilmente o que a prefeitura estava fazendo em seu bairro, fosse bom ou mau.[39]

Ao refletir sobre sua experiência como autoridade sênior da prefeitura de Nova York que supervisionava a inovação da inspeção de incêndio baseada em risco, Goldsmith descreveu-a como um processo interativo. O CBNY estava prejudicado por um sistema de tecnologia interno e por apoio limitado de equipe, mas o CBNY tinha o pessoal em campo. A IBM trouxe uma vasta capacidade de processamento, mas uma abordagem talvez ampla demais. E o Geek Squad trouxe o conhecimento do sistema de dados de toda a cidade de Nova York, com uma percepção daquilo que poderia ser realizado muito rapidamente usando a colaboração entre os órgãos e o poder cada vez maior dos algoritmos. Isso levou Goldsmith a iniciar uma grande inovação própria: a criação de equipes de inspetores do Departamento de Construções e do CBNY para trabalhar em conjunto com construções que, segundo os algoritmos, apresentavam o maior risco de incêndio.[40]

A parceria em evolução entre o CBNY, a IBM, o Departamento de Construções de Nova York e o Escritório do Prefeito ilustra como repensar um programa — as inspeções de incêndio — para entregar resultados melhores quantitativamente foi possibilitado por uma parceria intersetorial multiorganizações. O acesso à tecnologia mais sofisticada e às habilidades analíticas da IBM e do Geek Squad da prefeitura permitiu a aplicação de algoritmos avançados para efetivamente prevenir incêndios e emergências relacionadas com construções. Considerando a falta de fundos crônica e duradoura dos equipamentos de TI e das equipes da maioria dos órgãos governamentais, esse salto inovador não teria acontecido sem uma parceria concentrada em mensuração e em análise de desempenho.

"TEMOS FÉ EM DEUS. OS DEMAIS PRECISAM APRESENTAR DADOS."[41]

Michael Bloomberg tornou-se uma das pessoas mais ricas do mundo descobrindo como levar as melhores informações aos corretores e gestores de Wall Street antes que qualquer pessoa percebesse o quão importante e lucrativo isso seria. Durante 12 anos, entre 2002 e 2013, ele usou sistemas de responsabilização movidos a dados para tornar o governo da cidade de Nova York mais eficiente do que jamais fora. Ele muitas vezes escolheu parcerias para superar desafios complexos, às vezes com empresas privadas como a IBM e a GE, às vezes com organizações sem fins lucrativos e às vezes com organizações filantrópicas, incluindo sua própria fundação. (Ele usou sua fundação para facilitar a implementação de algumas de suas inovações mais criativas e arriscadas porque ele não queria fazer experimentos com o dinheiro do pagador de impostos, como no programa do Título de Impacto Social da ilha Rikers descrito no capítulo 10.) Sua confiança nas parcerias e no desempenho contribuiu significativamente para seu sucesso geral; em 2013, um painel independente de historiadores e de cientistas políticos classificou Bloomberg atrás apenas de Fiorello La Guardia como melhor prefeito da longuíssima história da cidade, que remonta a 1665 (e muitos o colocaram em primeiro, embora ele ainda estivesse no terceiro mandato na época).[42]

O LEGADO DE BLOOMBERG PARA A MENSURAÇÃO E PARA A GESTÃO DO IMPACTO SOCIAL

Por meio da abordagem baseada no desempenho de Bloomberg, seu governo fez parcerias com uma vasta gama de organizações com e sem fins lucrativos para impelir melhores resultados e uma cidade sempre melhor por 12 anos.[43] Muitos desses exemplos provaram que parcerias baseadas em impacto podem fazer uma diferença real e positiva nas vidas das pessoas. Se os limites à mensuração de desempenho permanecem, ela tem grande potencial para melhorar os programas e os serviços públicos, como ressaltado pelos abrangentes programas de gestão da cidade de Nova York.[44]

A gestão de desempenho movida a megadados não teve origem com Michael Bloomberg; na verdade, o CompStat começou com Rudolph Giuliani, mas Bloomberg reconheceu que as atividades da prefeitura poderiam ser dramaticamente melhoradas caso seguissem um modelo baseado em desempenho ao estilo do CompStat. O processo: primeiro, pensar cuidadosamente na missão e nos objetivos (prevenir crimes e prevenir incêndios, e não capturar criminosos e apagar incêndios); segundo, designar indicadores-chave de impacto que permitem a gestores seniores medir o quão bem suas organizações estão cumprindo sua missão (cortar pela metade os crimes graves ou eliminar as mortes relacionadas com incêndios); e, terceiro, responsabilizar todos os membros pelo sucesso.

Num nível geral, essa abordagem da gestão de desempenho é aplicável a uma vasta gama de missões sociais. No capítulo 12, discutimos vários instrumentos de mensuração de impacto e delineamos como uma metodologia baseada em previsões pode ser aplicada a muitas das parcerias intersetoriais delineadas neste livro. Exploramos questões específicas como: como poderia o CBNY pontuar novos programas de prevenção de incêndio e escolher qual financiar? Também detalhamos a nova fórmula da Taxa de Retorno de Impacto (TRi), que ajuda os parceiros a comparar opções ou estratégias de programas potenciais para obter um impacto social desejado positivo.

CAPÍTULO 12

O arcabouço de desempenho: a previsão do valor social de uma parceria

HOWARD W. BUFFETT

Quando organizações espalhadas em múltiplos setores decidem colaborar, elas com frequência entram na parceria com ideias diferentes daquilo que esperam realizar. Como discutido em capítulos anteriores, elas podem usar terminologias dissemelhantes para descrever seus objetivos e os resultados pretendidos.[1] Além disso, suas respectivas preferências e prioridades motivarão as métricas que desejam analisar em contraste com os objetivos da parceria (cap. 8). Mesmo quando os parceiros determinam medidas mútuas de sucesso, pode ser difícil prever quais programas serão melhores para criar valor social. Este capítulo discute uma abordagem padronizada para fazer isso. Denominada Taxa de Retorno de Impacto (TRi), ela oferece às organizações numa parceria intersetorial uma plataforma comum para prever o *desempenho* de um projeto ou de um programa e calcular um valor intrínseco presumido para a sociedade.[2] Usando essa metodologia, os parceiros podem estimar quais programas renderão o maior retorno social por dólar gasto, com base em como definem colaborativamente o sucesso.

As organizações *medem* o sucesso com base em como o *definem*. No setor privado, a universalidade da moeda permite que as empresas definam o sucesso usando medidas financeiras diretas, como o ganho total de um investimento ou sua taxa de retorno entre dinheiro que entra e dinheiro que sai. As decisões de alocação de capital nas finanças exigem contexto e uma análise comparativa do retorno projetado entre alternativas de investimento.[3] As organizações numa parceria intersetorial precisam pensar na alocação de capital para a melhoria social de maneira similar. Porém, a seleção de programas é mais complicada sem uma unidade universal de medida do benefício público.[4] Como poderia o Corpo de Bombeiros da cidade de Nova York (cap. 11) comparar diferentes opções de programas para reduzir o número de mortes relacionadas com incêndios? No caso do Afeganistão (cap. 7), como poderiam os parceiros comparar o bem social criado ao se oferecer irrigação para um grupo de produtores e não para outros?

Não existe resposta certa ou errada, mas a metodologia da Taxa de Retorno de Impacto ajuda a superar alguns desses desafios comparativos. Usando uma fórmula que espelha modelos financeiros tradicionais, ela traduz o desempenho potencial de um programa num *output* uniforme.[5] Ao comparar o *output* da TRi de programas similares em contraste com um objetivo apropriadamente estabelecido de melhoria social, os parceiros podem tomar decisões de alocação de capital mais eficientes e mais bem informadas. O uso da TRi é sob muitos aspectos um ponto de partida, mas acreditamos que esse método, uma vez desenvolvido, será um conjunto de instrumentos que oferece rigor, confiabilidade e comparabilidade, assim como os métodos disponíveis para a análise de investimentos financeiros. Este capítulo delineia várias abordagens de mensuração e sua aplicabilidade a parcerias intersetoriais antes de apresentar a metodologia completa da TRI. Exemplos comparativos em quatro áreas — segurança contra incêndios, energia renovável, pequena agricultura e a construção imobiliária de uso misto sustentável — são então analisados.

DEFININDO MEDIDAS DE IMPACTO SOCIAL

Estudiosos e praticantes ainda não chegaram a um consenso universal quanto à terminologia ou às mensurações para o cálculo dos custos potencial de um programa ou de uma alocação de capital, nem quanto aos benefícios para a sociedade (muitas vezes referidos como *impacto social*).[6] O campo em evolução da mensuração de impacto social fez tremendos progressos em anos recentes, incluindo arcabouços recém-desenvolvidos como os Padrões de Relatório de Impacto e de Investimento (Prii) discutidos posteriormente neste capítulo. Governos, fundações e outros parceiros estão constantemente procurando maneiras de aplicar ideias aprimoradas à mensuração, especialmente nos casos de esforços colaborativos significativos, como os Objetivos de Desenvolvimento Sustentável (discutidos no cap. 1). Várias abordagens da mensuração de resultados e vários instrumentos de mensuração surgiram nas últimas décadas, mas a falta de consenso diminui a capacidade das organizações de avaliar o desempenho dos programas numa parceria intersetorial.[7] Ter um impacto social positivo ou negativo sobre algo significa coisas diferentes, mesmo em contextos similares, e é mensurável de muitas maneiras diferentes.[8] O impacto positivo, por exemplo, pode incluir melhorias nos padrões de vida, em aumentos da expectativa de vida, em diminuições de emissões de carbono, em mais alunos concluindo o ensino, e daí por diante. Como resultado, o campo tem muitos exemplos de instrumentos, de abordagens, ou de programas relacionados com mensuração do impacto social que são diferentes em seus escopos, metodologias e propósitos. A seção a seguir considera alguns poucos exemplos notáveis e discute suas limitações e aplicações aos tipos de parcerias intersetoriais perfiladas neste livro.

Ano de vida ajustado por deficiência

A Organização Mundial de Saúde da ONU usa uma técnica que quantifica o impacto social negativo da má saúde e da doença de um indivíduo.[9] O Ano de Vida Ajustado por Deficiência (Avad) mede tanto a mortalidade (no sentido de anos de vida perdidos por causa de morte prematura) quanto a morbidez (no sentido de problemas de saúde não fatais).[10] Programas que reduzem ou evitam o maior número de Avads realizam o maior bem social. O Avad é útil por combinar esses fatores num único *output*, que as organizações podem usar para comparar a relação entre custo e benefício de vários programas relevantes.[11] Porém, essa abordagem não deixa de ter limitações (seus críticos afirmam que há falhas em seu desenho e em sua validação), e ela tem uma aplicabilidade limitada para parcerias intersetoriais fora de campos relacionados com a saúde.[12]

Melhor opção caritativa disponível

A Acumen é uma organização sem fins lucrativos que aplica princípios empresariais por meio de financiamento de risco para tratar de questões de pobreza global. Ela investiu mais de US$ 100 milhões em mais de 100 empresas em 13 países em áreas como agricultura, educação e saúde.[13] Em 2007, a Acumen detalhou uma medida de mensuração de impacto social comparando um investimento potencial para o bem social em contraste com a "melhor opção caritativa disponível" (MOCD).[14] Ela queria entender o quanto de bem social podia criar por dólar investido durante o tempo de vida de um investimento em comparação com uma doação filantrópica tradicional com objetivos similares. A Acumen ofereceu uma análise comparativa ao examinar qual de duas opções tinha mais chances de criar mais bem para a sociedade: por exemplo, um empréstimo a um produtor de telas antimalária para camas ou uma doação de tipo "custo irrecuperável" de mesmo valor para uma ONG internacional obter e distribuir telas para camas.[15] A análise resultante mostrou que a opção do empréstimo poderia ser 52 vezes mais eficaz.[16] A metodologia MOCD é uma abordagem útil para pensar por meio do custo-benefício por unidade de impacto social definido. Porém, como observa a Acumen, ela exige uma seleção cuidadosa da alternativa caritativa "correta" para comparação. Assim como as abordagens de monetização discutidas posteriormente neste capítulo, a MOCD concentra-se principalmente em comparações de custo-benefício de base financeira.[17] Segundo a apresentação original da Acumen, isso não necessariamente dá conta de aspectos importantes de variedade de qualidade de impacto ou de entrega de programa entre as alternativas.

Taxa de retorno social interno

Outro exemplo é um método usado pela Organização para a Cooperação e Desenvolvimento Econômico (OCDE) chamado de taxa de retorno social interno.[18] A OCDE inicialmente usava-o para comparar os custos e benefícios da educação em nível nacional. Entre outras coisas, o cálculo captura vários aspectos de atividade econômica relacionada, além de várias externalidades positivas que resultam do investimento feito por um país na educação (como redução de criminalidade, melhor saúde e aumento de produtividade).[19] Outros aplicaram o cálculo da taxa de retorno social interno a áreas fora da educação, como investimentos em infraestrutura.[20] No geral, o método se concentra principalmente na avaliação econômica e no rendimento agregado de investimentos públicos desde a perspectiva da sociedade. Ele tem pouco foco ou nenhum na qualidade dos programas, ou nas preferências das organizações ou das partes interessadas, que são elementos cruciais de desenho nas parcerias intersetoriais.

Índice de Progresso Social

Uma metodologia mais ampla, também em nível nacional (mas cada vez mais em níveis subnacionais também) é o Índice de Progresso Social.[21] Esse índice agrega indicadores sociais e ambientais de 128 países, e de três aspectos do progresso social: necessidades humanas básicas (como nutrição e abrigo), fundamentos do bem-estar (como acesso à informação e um ambiente sustentável) e oportunidade (como liberdade de expressão e acesso a universidades).[22] O índice propositalmente exclui indicadores econômicos, de modo que outros possam usar seus dados para "analisar rigorosa e sistematicamente a relação entre desenvolvimento econômico (medido por exemplo pelo PIB *per capita*) e o desenvolvimento social".[23] O índice, segundo seu desenho, não oferece um *output* da taxa de retorno, uma medida de impacto, ou uma avaliação em nível programático. Porém, os dados são úteis para guiar prioridades programáticas ou para coordenar atividades programáticas entre várias parcerias intersetoriais.[24]

Avaliação de Impacto B

Outro instrumento, a Avaliação de Impacto B, padroniza e indexa a medida de benefício criado por corporações que são por ele avaliadas.[25] Ele oferece pontuações de impacto comparativas, em nível organizacional, em áreas como governança corporativa, avanço da força de trabalho e efeitos que a empresa tenha na comunidade e no meio ambiente.[26] O instrumento não avalia programas nem parcerias intersetoriais, mas realiza uma função importante de estabelecimento de referências para grupos participantes. Além disso, o estabelecimento de pontos de partida para o "impacto social" é útil para comparar medidas de performance relativa independentemente do setor. A organização sem fins lucrativos B Lab opera o instrumento e certifica empresas que atendem níveis mínimos de desempenho social e ambiental, de transparência e de responsabilização jurídica.[27]

O DESENVOLVIMENTO DE PADRÕES INDUSTRIAIS

Talvez o trabalho mais amplamente conhecido para estabelecer padrões industriais de mensuração do impacto social seja o da Global Impact Investment

Network (Giin). Originada na Fundação Rockefeller (entre outras) em 2007, a Giin é, na sua própria descrição, uma "organização sem fins lucrativos dedicada a aumentar a escala e a eficiência do investimento de impacto".[28] O investimento de impacto, categoria em desenvolvimento das finanças, tenta combinar melhoria social e lucratividade com uma expectativa de que os resultados sejam quantificáveis.[29] A Giin define investimentos de impacto como aqueles "feitos em empresas, organizações, e fundos com a intenção de gerar impacto social e ambiental junto com um retorno financeiro".[30] Vários dos instrumentos financeiros discutidos no capítulo 10, incluindo alguns investimentos relacionados com programas e a maior parte dos investimentos relacionados com missão, são enquadrados por essa definição.

A Giin afirma que a prática do investimento de impacto tem as seguintes características:[31]

1. A "intenção de ter impacto social ou ambiental positivo";[32]
2. A "expectativa de gerar retorno financeiro";[33]
3. Uma "gama de expectativas de retorno e de classes de ativos almejada"[34] e
4. O "compromisso de mensurar e de reportar o desempenho social e ambiental dos investimentos".[35]

A fim de ampliar a prática de investimento de impacto, a Giin, a Agência Americana de Desenvolvimento Internacional [U.S. Agency for International Development], a Fundação Rockefeller e o JP Morgan Chase lançaram uma iniciativa conjunta em 2009.[36] Essa parceria intersetorial concentrou-se em desenvolver um amplo catálogo de medidas de impacto de desempenho, as quais são provavelmente as mais amplamente aceitas na área do investimento de impacto.[37] Os Padrões de Relatório de Impacto e de Investimento (Prii) oferecem mais de 500 métricas para definir e rastrear a mudança social, e a Giin a atualiza com certa frequência.[38] Essas medidas de impacto social vão do número de empregos de meio período criados à quantidade de desperdício reduzida, passando pelo número de guardas florestais treinados por iniciativas de preservação.

Uma das aplicações mais diretas do catálogo para o investimento em valor social está relacionada com o arcabouço de análise de programa (ou Balanço de Impacto) delineado no capítulo 8. Os parceiros podem usar as métricas dos Prii para guiar o desenvolvimento de seus critérios de avaliação de programas, o que também os ajuda a diferenciar entre impacto de alta e de baixa qualidade. Isso, por sua fez, informa a variável *Multiplicador de Impacto* da TRi, discutida posteriormente neste capítulo. Considerando seu tamanho expansivo, o catálogo tem muitas métricas relevantes para a mensuração de desempenho para os tipos de parcerias intersetoriais descritos neste livro.[39]

Os Prii são, portanto, um recurso valioso, ainda que a amplitude do seu escopo possa ser intimidadora. Esse escopo ilustra o número extensivo de itens que os parceiros podem querer considerar ao definir o impacto social, assim como a complexidade de questões sociais e de seus indicadores associados. Além disso, o catálogo é útil para articular os objetivos de impacto social de um programa ou de uma parceria para praticantes de outras indústrias. Os Prii são gratuitos e abertos a todos, e as métricas podem ser facilmente simplificadas e adaptadas para outras plataformas a fim de dar apoio a relatórios otimizados.[40]

BENEFÍCIOS DE UMA ABORDAGEM QUE OLHA À FRENTE

Muitas organizações de impacto social delineiam resultados amplos, pretendidos ou esperados, de um programa e depois examinam o que aconteceu em retrospecto. Essa análise *ex-post* ou depois do ocorrido é particularmente importante para entender quais aspectos do desenho do programa e da implementação funcionaram e quais não funcionaram. Esse processo também serve de apoio a um monitoramento progressivo ou baseado em marcos, que é especialmente útil para programas implementados em períodos longos.

Algumas organizações, como a Fundação Robin Hood, desenvolveram avaliações de impacto que adotam uma abordagem que olha à frente ou que se baseia em previsões. A Robin Hood muito claramente define sua missão: o combate à pobreza na cidade de Nova York.[41] Ela financia aqueles programas de combate à pobreza que lhe parecem os mais eficazes; estão no horizonte de sua missão os esforços que reduzem a pobreza ou que aumentam ganhos futuros para nova-iorquinos de baixa renda.[42] Para ajudar nisso, a Robin Hood usa uma abordagem denominada "monetização incansável", que computa o valor em dinheiro dos benefícios sociais criados por uma doação.[43]

A fim de analisar a efetividade de programas relacionados com sua missão, a Robin Hood desenvolveu um conjunto extensivo de métricas — e também 163 fórmulas apresentadas em 168 páginas — para ajudar sua equipe a monetizar os resultados específicos de um programa.[44] A Robin Hood então compara os resultados de um programa com aquilo que preveem que teria acontecido na ausência do financiamento; desse modo, ela está desenvolvendo estimativas contrafactuais do verdadeiro valor criado graças a seu apoio. Ao dividir o benefício total estimado criado pelo programa pelo investimento no programa (o valor da doação), a Robin Hood calcula a proporção entre benefício e custo.[45]

Por exemplo, a Robin Hood estima que um adulto de baixa renda que participe de um programa de saúde dental pode, por meio de vários fatores dependentes, esperar um aumento aproximado de 1% em ganhos futuros. Eles baseiam essa afirmação em pesquisas e em dados disponíveis citados em seu manual de métricas. Em média, eles estimam que cada adulto de baixa renda que receba trabalho dental terá ganhos adicionais de cerca de US$ 20 mil por causa do programa.[46] Ao multiplicar os ganhos futuros pelo número de indivíduos que recebe o tratamento, e em seguida dividir o investimento da Robin Hood no programa, a organização calcula a proporção entre benefício e custo.

Outro exemplo considera a proporção entre benefício e custo de um programa desenhado para aumentar o número de formados no ensino secundário numa determinada escola. Com uma doação de US$ 400 mil, a Robin Hood estima que um programa hipotético faria com que 25 alunos a mais se formassem do que se o programa não existisse. Além disso, 20 desses alunos iriam para a universidade, e não iriam sem o programa. Ao monetizar os resultados, a Robin Hood estima que cada um dos formados no ensino secundário terá um ganho de US$ 6.500 por ano, e cada um terá uma vida mais saudável e mais longa (o que por si se traduz num benefício de US$ 90 mil ao longo de uma vida). Além disso, ao fazer faculdade, 20 dos alunos aumentam seus ganhos futuros ainda mais em US$ 2.000 por ano. A Robin Hood estima que isso tudo somado dá pouco mais de US$ 6 milhões em benefícios para indivíduos de baixa renda que participem do programa, e que, ao dividir os benefícios pelo investimento inicial de US$ 400 mil, isso leva a uma proporção de 15:1 entre benefício e custo. Isto é, para cada dólar investido, a Robin Hood pode prever que os participantes de baixa renda receberão pelo resto da vida benefícios equivalentes a US$ 15.[47]

A filosofia da avaliação da Fundação Robin Hood articula um retorno social do investimento para seus programas e ilustra como o benefício econômico e os resultados previstos combinam-se num *output* monetário direto.[48] Isso permite que a organização destile uma ampla variedade de programas de combate à pobreza numa simples proporção entre benefício e custo que é informativa e vastamente aplicável. Isso também ilustra um método muito eficiente para conduzir mensurações de desempenho de impacto social no nível programático.[49]

A abordagem de monetização e outros cálculos de custo-benefício são bastante adequados para programas que definem o sucesso em termos de benefícios econômicos criados ou de valor monetário agregado.[50] Porém, muitas parcerias intersetoriais (incluindo algumas perfiladas neste livro) usam medidas de um tipo diferente, ou medidas que não podem ser monetizadas.[51] A troca de certos resultados pelo valor monetário corre o risco de deixar de fora informações importantes, ou fatores programáticos relevantes que não podem ou não deveriam ser traduzidos em dinheiro.[52] Por causa disso, grupos como a Robin Hood podem decidir incorporar medidas adicionais, não monetárias à sua avaliação para uma análise mais abrangente.[53] A mensuração do desempenho pode precisar considerar pontos de vista subjetivos, nuances culturais, ou aspectos do desenho da entrega do programa. Por exemplo, voltemos ao caso do Digital India (cap. 3) e imaginemos que o governo e a Apollo Telemedicine estão considerando novos serviços de saúde para os Centros de Saúde Básica eUrbanos. O que acontece se eles avaliarem que dois programas de assistência dental que rendem proporções de custo-benefício quase idênticas mas diferem na qualidade do cuidado, na satisfação do cliente, ou na experiência e nas credenciais dos dentistas?[54] A comparação de programas num caso como esse é uma área em que a abordagem da TRi tem certas vantagens.

DELINEANDO A METODOLOGIA DA TRi

Impacto social significa algo diferente para cada pessoa. Assim, quantificá-lo exige uma abordagem customizável que pode levar em conta as várias preferências e prioridades dos parceiros. Apesar das dificuldades inerentes aos modelos de mensuração de impacto, a Taxa de Retorno de Impacto é promissora por incorporar flexibilidade, mas sem deixar de manter um arcabouço padronizado. Ao fazer isso, as organizações numa parceria intersetorial podem comparar o desempenho relativo de impacto social entre programas em função de objetivos específicos para melhorar a sociedade. As organizações podem fazer isso de um modo uniforme, independentemente do tipo de impacto que escolhem medir. De fato, a TRi permite que as organizações estimem quanto impacto futuro podem esperar obter pelo dinheiro gasto em comparação com projetos de tipo similar, e fazer isso com coerência.

Assim como a análise financeira do Valor Presente Líquido, que calcula o valor temporal do dinheiro, a TRi estima o *valor de impacto do dinheiro*. A fórmula divide o impacto futuro (ou esperado) de um investimento pela eficácia e pela qualidade desse impacto ao longo do tempo. Fazer isso resolve a taxa potencial de impacto do programa. Para comparar, representamos o Valor Presente Líquido assim:

$$\text{Valor Presente Líquido} = \frac{\text{Valor Futuro}}{(1 + \text{Taxa de Juros})^{\text{Número de Períodos Temporais}}}$$

$$\textit{Versão simplificada}\text{: NPV} = \frac{\text{FV}}{(1 + \text{r})^{\text{n}}}$$

Ao comparar as variáveis da fórmula do Valor Presente Líquido com a fórmula da TRi (a seguir), verificamos que a TRi troca o "Valor Futuro" por "Impacto Futuro". Em vez de calcular uma "Taxa de Juros", como faz o VPL, o denominador da TRi calcula uma "Taxa de Impacto Líquido" — um produto do "Multiplicador de Impacto" e da "Eficiência de Impacto" do programa. Por fim, o "Número de Períodos Temporais" representa a mesma coisa nas duas fórmulas. Assim, representamos a TRi desta maneira:

$$\text{TRi} = \frac{\text{Impacto Futuro}}{[(\text{I} - \text{Multiplicador de Impacto}) \times (\text{Eficiência de Impacto}) \times \text{Número de Períodos Temporais}}$$

Simplificamos ainda mais a fórmula da TRi ao representar as variáveis "Multiplicador de Impacto" e "Eficiência de Impacto" como "Taxa de Impacto Líquido", assim:

$$\text{TRi} = \frac{\text{Impacto Futuro}}{(\text{Taxa de Impacto Líquido}) \times \text{n}}$$

ou, numa versão ainda mais simplificada:

$$\text{TRi} = \frac{\text{IF}}{(\text{TIL}) \times \text{n}}$$

Customizando a fórmula da TRi

Para montar a fórmula da TRi, as organizações numa parceria intersetorial devem fazer o seguinte:

1. *Determinar o tema do impacto*: trata-se de um tipo categórico de impacto relacionado com o resultado desejado da parceria intersetorial (por exemplo, segurança contra incêndios, energia renovável, pequena agricultura). Essa categorização guia a customização da fórmula.

2. *Estabelecer um Indicador-Chave de Impacto*: trata-se de uma unidade de mensuração para o tipo de impacto social positivo entregue por programas ou por projetos no tema da parceria intersetorial.
   Por exemplo, os indicadores poderiam incluir o número de vidas perdidas que foi prevenido por um novo programa de segurança do corpo de bombeiros, as horas-megawatt geradas por um projeto de energia solar, os acres de terras produtivas melhorados, ou o número de metros quadrados construídos num projeto imobiliário sustentável. Em cada caso, o Indicador-Chave de Impacto é uma métrica claramente definida e direta, associada diretamente aos objetivos de impacto social da organização ou parceria.[55] Quanto maior o número de unidades de Indicador-Chave de Impacto, maior o impacto social potencial do programa.

3. *Estabelecer um objetivo de impacto para o tema*: trata-se de estabelecer o impacto desejado nos termos do Indicador-Chave de Impacto do tema e de criar um ponto de partida para quaisquer programas avaliados naquele tema.
   Para os fins da fórmula da TRi, o objetivo de impacto é o número de unidades de Indicador-Chave de Impacto que ele espera alcançar dentro de um tema (por exemplo, 48 vidas serão poupadas, 150 MWs serão gerados, 10 mil acres de terra serão melhorados).

4. *Definir uma escala uniforme para a qualidade do impacto*: trata-se do Multiplicador de Impacto da TRi, e ele delineia as qualificações ou atributos que um projeto precisa atender ou ao qual precisa aderir a fim de obter uma determinada pontuação dentro de um tema de impacto.

A pontuação do Multiplicador de Impacto é uma escala numérica que vai do "impacto de maior qualidade" (cuja medida vai a 0,99) até o "impacto de menor qualidade" (que pode chegar a 0). A qualidade do impacto pode basear-se em padrões existentes e amplamente aceitos, como a Certificação Leed de construções sustentáveis, que usa pontuações como "Platina" (a mais alta), "Ouro" (a segunda mais alta"), "Prata", e daí por diante.[56]

Em muitas parcerias intersetoriais, o Multiplicador de Impacto será definido de maneira customizada pelos parceiros com base em suas preferências e prioridades. Os parceiros podem decidir usar um arcabouço de análise de programa (como o Balanço de Impacto), delineado no capítulo 8, para determinar critérios de avaliação baseados em pontos com pesos. Por exemplo, um projeto que atenda 12 de 14 qualificações de impacto específicas pode ser considerado "de qualidade muito alta" e ganhar a nota de 0,86 (que equivale a 12 dividido por 14). Um projeto que atenda 11 de 14 qualificações pode obter 0,79, e daí por diante.

Este é um componente crucial da ferramenta, porque as organizações terão maneiras diferentes de definir o que pode ser qualificado como impacto de alta qualidade e também quais métricas devem fazer parte do sistema de pontuação. As organizações devem usar o mesmo arcabouço de pontuação (seja customizado ou baseado em padrões existentes) para comparar todos os projetos dentro de um tema determinado.

Uma vez que a fórmula esteja estabelecida, as organizações devem calcular duas cifras para terminar a TRi para um determinado projeto ou programa:

1. *Estimar o Impacto Futuro do projeto*: trata-se da porcentagem do objetivo temático de impacto que uma organização ou parceria espera obter com um dado projeto. Por exemplo, caso se espere que um projeto previna seis mortes relacionadas com incêndio de um total de 48, seu Impacto Futuro é representado como 0,125 (ou 12,5%).
2. *Calcular a Eficiência de Impacto do projeto*: esta variável combina a medida de dinheiro gasto por unidade de Indicador-Chave de Impacto (ICI) alcançada dentro de uma escala logarítmica padrão (usando uma base logarítmica uniforme de 100 para os exemplos neste capítulo). Isto pede maiores explicações.

Como o custo por unidade de impacto pode variar de maneira significativa entre projetos comparáveis — e muito dramaticamente entre tipos distintos de impacto temático —, uma função logarítmica nos permite normalizar o valor num *output* mais coerente.

Por exemplo, o custo por unidade de ICI pode variar de milhões ou centenas de milhares de dólares por MW solar a milhares de dólares por acre de terra produtiva, passando por centenas de dólares por metro quadrado de construções imobiliárias de uso misto. O *output* logarítmico resultante oferece uma escala útil e estruturada independentemente do custo gasto por unidade de ICI. Como se pode esperar, quanto menor o custo por unidade do impacto projetado, mais eficiente em termos de custo será esse impacto. A cifra da Eficiência de Impacto reflete essa relação inversa ao mostrar um valor menor para a maior eficiência em termos de custo.[57]

Em geral, as informações necessárias para esses dois cálculos estão disponíveis por meio de *due diligence* ou são apresentadas no pedido de doação, na proposta do projeto, ou no prospecto do programa. As seções a seguir ilustram a customização e o processo de cálculo da TRi em quatro exemplos temáticos.

A TRi e o CBNY

A abordagem preditiva e baseada em objetivos da TRi é um aspecto importante de sua formulação. Como discutimos no capítulo 11, o Corpo de Bombeiros da cidade de Nova York (CBNYU) usa metodologias preditivas para determinar a alocação mais eficiente de seus recursos. Por meio de inspeções de incêndio baseadas em risco, o departamento redesenhou as operações com base em objetivos claramente estabelecidos e na maneira como mede o sucesso.[58]

Aqui consideramos uma aplicação da fórmula da TRi usando um objetivo de impacto relevante para o departamento.[59] O CBNY pode usar o *número de mortes por incêndio prevenidas* como seu Indicador-Chave de Impacto, e podemos presumir que eles têm o objetivo de impedir *todas* as mortes relacionadas com incêndios. Em 2016, o número de mortes relacionadas com incêndio foi de 48, uma mínima histórica (apesar de respostas a mais de 26 mil incêndios estruturais na cidade inteira).[60] Para calcular quantidade de Impacto Futuro da TRi nesse exemplo, usamos a porcentagem do objetivo de impacto realizado (mortes por incêndio prevenidas) por projeto específico.

Para ilustrar, digamos que o CBNY esteja avaliando vários projetos similares para empregar novos detectores domésticos de fumaça "inteligentes" nas áreas de maior risco da cidade (detectores defeituosos são um fator que contribui para as mortes domésticas relacionadas com incêndios).[61] O primeiro projeto que o CBNY avalia custa US$ 8 milhões para desenvolver e colocar em prática, levará três anos entre testes e implementação e deve reduzir as mortes relacionadas com incêndio anuais em 12. Ao reduzir as mortes relacionadas com incêndio em 12, o projeto atingiria 12/48, ou 25% do objetivo geral de impacto do CBNY. Esse número representa a quantidade de Impacto Futuro esperada por esse projeto, e três anos é o número de períodos temporais. Inserimos essas quantidades na fórmula da seguinte maneira:

$$\text{Exemplo de cálculo de TRi: } \frac{0{,}25}{[(1 - \text{Multiplicador de Impacto}) \times (\text{Eficiência de Impacto})] \times 3}$$

A esta altura, estabelecemos nossa unidade de medida (mortes prevenidas), nosso objetivo (48) e a quantidade esperada do objetivo a ser atingida pelo primeiro projeto proposto (12 ou 25%). Também sabemos qual o custo do projeto (US$ 8 milhões) e o número de períodos temporais necessários para a implementação (três anos).

O passo seguinte no processo de TRi é determinar o Multiplicador de Impacto do projeto. Neste caso hipotético, o CBNY usa um arcabouço customizado de análise de programa para estabelecer um número de qualificações diretas de impacto para seu programa de detecção inteligente. Isso inclui variáveis como a complexidade da instalação pelo usuário, o tipo de sistema de segurança (como um aviso de bateria baixa), a frequência das inspeções de segurança necessárias, usos anteriores bem-sucedidos de programas similares, a eficácia geral dos detectores e daí por diante. Ao ser analisado pelo CBNY, o primeiro programa de detecção inteligente atende 16 de 20 qualificações, e pontua uma nota de Multiplicador de Impacto de 0,80. Inserimos esse valor na fórmula da seguinte maneira:

$$\text{Exemplo de cálculo de TRi: } \frac{0{,}25}{[(1 - 0{,}80) \times (\text{Eficiência de Impacto})] \times 3}$$

Nosso cálculo final é a Eficiência de Impacto do projeto. No caso do primeiro projeto de detecção inteligente, o custo por unidade de ICI (mortes relacionadas com incêndio prevenidas) é de US$ 666,667. A base logarítmica 100 de 666,667, escrita $\log_{100}(666{,}667)$ é igual a 2,9120. Inserindo esse valor na fórmula, temos o seguinte:

$$\text{Exemplo de cálculo de TRi: } \frac{0{,}25}{[(1 - 0{,}80) \times (2{,}9120)] \times 3} = 0{,}1431$$

Portanto, a Taxa de Retorno de Impacto para este exemplo de projeto é 14,31% (tabela 12.1).

Considerando esse esboço, o FBNY pode facilmente comparar a TRi deste projeto com qualquer outro projeto de detecção inteligente. Por exemplo, pode comparar um projeto similar que custe US$ 10 milhões para implementar ao longo de quatro anos, e impede 14 mortes com uma qualidade similar de nota de impacto.

A fórmula e os *outputs* correspondentes são os seguintes:

$$\text{Exemplo de cálculo de TRi: } \frac{0{,}2917}{[(1 - 0{,}80) \times (2{,}9269)] \times 4} = 0{,}1246$$

A Taxa de Retorno de Impacto desse segundo exemplo de projeto é 12,46%, ligeiramente inferior ao primeiro exemplo. Embora o impacto futuro estimado seja mais alto (14 e não 12), a "qualidade" do impacto é a mesma (ambos pontuam 0,80), o custo por ICI é mais alto e o tempo para implementar o projeto é mais longo.

Num terceiro exemplo similar de projeto, avaliamos uma opção que custa US$ 15 milhões ao longo de 15 anos, que prevenirá 16 mortes relacionadas com incêndio e atinge uma pontuação de impacto mais alta. Os *outputs* correspondentes são estes:

$$\text{Exemplo de cálculo de TRi: } \frac{0{,}3542}{[(1 - 0{,}90) \times (2{,}9728)] \times 3} = 0{,}2383$$

A Taxa de Retorno de Impacto para esse terceiro exemplo de projeto é 23,83%. O aumento significativo da TRi deve-se principalmente à "qualidade" do impacto na avaliação do Multiplicador de Impacto. Nesse caso, o projeto recebe essa pontuação alta porque a instalação pelo usuário final é muito mais simples do que nos outros dois projetos e porque ela tem um sistema eficaz de segurança, que se comunica ativamente com o comando central do CBNY. Além disso, os detectores inteligentes neste projeto não exigem inspeções pessoais de segurança, graças a seu desenho. Esse projeto leva mais tempo inicial em comparação aos dois primeiros (e as organizações podem querer levar em conta os custos de oportunidade), e ele custa mais por ICI, mas tem um impacto de longo prazo maior e mais chance de sucesso.

Se esse exemplo tivesse atingido uma nota de apenas 0,80, assim como os dois exemplos anteriores de projeto, teria recebido o menor TRi do grupo. Isso ilustra a importância do sistema de notas de impacto usado no cálculo da TRi.

Nas páginas a seguir, três conjuntos adicionais de exemplos ilustram a aplicabilidade diversa da fórmula da TRi e a utilidade potencial do instrumento para vários cálculos.

Tabela 12.1
Segurança contra incêndios

Exemplo	Objetivo de Impacto (Mortes prevenidas)	ICI Projetado	% Objetivo de Impacto	Multiplicador de Impacto	Custo (US$ milhões)	Custo por ICI	Tempo (anos)	TRi
1	48	12	25	0,80	US$ 8	US$ 666.667	3	14,31%
2	48	14	29,17	0,80	US$ 10	US$ 714.286	4	12,46%
3	48	17	35,42	0,90	US$ 15	US$ 882.353	5	23,83%

TRi de energia renovável

Em 2007, Michael Bloomberg, prefeito de Nova York, lançou a PlaNYC,[62] esforço da cidade inteira, que incluiu uma série de iniciativas de sustentabilidade de larga escala.[63] Com um objetivo inicial de melhorar a qualidade de vida na cidade e de reduzir as emissões de carbono em 30% até 2030, a PlaNYC deu início a vários novos programas.[64] Por exemplo, o Departamento Municipal de Parques e Recreação de Nova York liderou um esforço para plantar 1 milhão de novas árvores em 10 anos (MillionTreesNYC).[65] Mais de 300 quilômetros de ciclovias foram acrescentados à cidade entre 2007 e 2009,[66] e grandes programas de compartilhamento de bicicletas foram lançados por meio de novas parcerias intersetoriais.[67] Em 2010, Adrian Benepe, comissário municipal de Parques de Nova York, deu início à Sustainable Parks, expansiva iniciativa que envolvia a cidade inteira,[68] incluindo cartões de pontuação com métricas detalhadas e metodologias de mensuração.[69]

O compromisso da cidade com a sustentabilidade continuou no mandato do prefeito Bill de Blasio. Em 2014, o prefeito de Blasio anunciou o objetivo de Nova York de reduzir as emissões de gases de efeito estufa em 80% até 2050.[70] Seu plano também incluía grandes objetivos de produção de energia renovável, com metas para a geração de energia solar doméstica e comercial.[71] Tendências similares ocorreram também no nível estadual. Em 2016, Andrew Cuomo, governador do estado de Nova York, anunciou um plano ambicioso, que obrigava que metade da eletricidade do estado viesse de fontes renováveis até 2030, incluindo a energia solar, a fim de reduzir as emissões de carbono e de proteger o ambiente.[72]

À medida que cidades e estados fazem planos de compromissos com a sustentabilidade e aumentam a produção de energia renovável para atender demandas crescentes, elas terão de estabelecer colaborações entre setores e interesses de partes.[73] Nesta seção, examinamos um cenário em que o governo de uma cidade e de um estado planejam cofinanciar um grande projeto de energia solar em parceria com empreiteiros do setor privado e com uma corporação sem fins lucrativos de desenvolvimento econômico.

Para começar, os parceiros estabelecem um objetivo de impacto de substituir 150 megawatts (MW) de capacidade de energia baseada em combustíveis fósseis por meio da nova produção solar. Com as unidades de medida de ICIs (megawatts) e o objetivo (150 MW) estabelecidos, podemos calcular a cifra do impacto futuro para qualquer projeto solar potencial. Um exemplo de projeto de três anos, ao custo de US$ 80 milhões, com uma capacidade de produção de 46 MW, atingiria 30,67% de nosso objetivo estabelecido anteriormente de 150 MW.[74] O custo por ICI desse exemplo é de US$ 1,739 milhão, o que equivale a 3,1202 na escala logarítmica. Esse projeto pontua o equivalente de uma nota de 0,80 ao levar em conta variáveis como eficiência de produção de energia, disponibilidade da rede de energia, perturbações na transmissão, compensação líquida de carbono e restrições na construção do projeto.[75]

A fórmula a seguir ilustra este exemplo e o *output* correspondente da TRi:

$$\text{Exemplo de cálculo de TRi: } \frac{0{,}3067}{[(1 - 0{,}80) \times (3{,}1202)] \times 3} = 0{,}1638$$

Portanto, a Taxa de Impacto de Retorno para este exemplo de projeto é de 16,38% (tab. 12.2).

Entende-se que esse *output*, isolado, tem valor limitado. Há um benefício em passar pelo processo de estabelecer um objetivo bem definido de impacto social e o exercício de definir e de aplicar uma nota de multiplicador para o impacto. Porém, *outputs* comparáveis de TRi são necessários para avaliar qual alocação de recursos tem o maior potencial de impacto relativo.

Aqui examinamos um segundo projeto de energia solar de três anos, presumindo as mesmas organizações parceiras, com o mesmo sistema de Objetivo de Impacto e de Nota de Multiplicador. Neste exemplo, o projeto é ligeiramente menor (cerca de US$ 76 milhões), com uma capacidade de 42 MW, e obtém uma nota similar de 0,80.

A fórmula a seguir ilustra este exemplo e o *output* correspondente da TRi:

$$\text{Exemplo de cálculo de TRi: } \frac{0{,}28}{[(1 - 0{,}80) \times (3{,}1276)] \times 3} = 0{,}1492$$

A Taxa de Retorno de Impacto calculada para esse segundo exemplo solar é de 14,92%. Podemos esperar esse *output* ligeiramente mais baixo porque o projeto rende menos MWs de energia sustentável produzida e custa mais por ICI em comparação com o primeiro.

Nosso terceiro exemplo avalia outro projeto de energia solar de três anos, outra vez com o mesmo sistema de Objetivo de Impacto e de Nota de Multiplicador. Esse projeto solar tem uma capacidade de 44 MW para o mesmo custo aproximado de US$ 76 milhões, assim como o projeto anterior. Porém, o perfil desse projeto teve uma nota de apenas 0,70.

A fórmula a seguir ilustra este exemplo e o *output* correspondente da TRi:

$$\text{Exemplo de cálculo de TRi: } \frac{0{,}2933}{[(1 - 0{,}70) \times (3{,}1175)] \times 3} = 0{,}1045$$

Assim, a TRi para esse terceiro exemplo de energia solar é de 10,45%. Embora o custo por ICI do projeto fosse o menor dos três exemplos, o fato de que seu Multiplicador de Impacto era mais baixo teve um efeito compreensivelmente dramático no desempenho geral projetado de TRi do projeto.

Tabela 12.2
Energia renovável

Exemplo	Objetivo de Impacto (MW)	ICI projetado	% Objetivo de Impacto	Multiplicador de Impacto	Custo (US$ milhões)	Custo por ICI	Tempo (anos)	TRi
1	150	46	30,67	0,80	US$ 80	US$ 1.739.130	3	16,38%
2	150	42	28,00	0,80	US$ 75,6	US$ 1.800.000	3	14,92%
3	150	44	29,33	0,70	US$ 75,6	US$ 1.718.182	3	10.45%

TRi de pequena agricultura

O investimento em valor social guia as organizações no desenvolvimento de parcerias intersetoriais baseadas em lugar, ou com foco regional (cap. 8). Além de aspectos importantes do empenho das partes interessadas, ele delineia o planejamento colaborativo por meio de um exercício de escopo e de um arcabouço de análise de programa. Examinamos um exemplo detalhado disso no caso do Afeganistão (cap. 7), relacionado especificamente com pequenos agricultores e com aumentos na produtividade agrícola por meio de investimentos em irrigação e em cooperativas agrícolas.

Usando um cenário similar, imagine uma ONG local em Ruanda que se associe a uma fundação e a uma universidade para desenvolver uma parceria intersetorial concentrada em objetivos análogos aos programas no Afeganistão[76] (a agricultura emprega mais ou menos a mesma porcentagem de pessoas nos dois países).[77] O grupo começa examinando várias comunidades, a fim de descobrir quais são as preferências e as prioridades dos habitantes quanto a necessidades e a práticas agrícolas aprimoradas. Os parceiros rascunham planos iniciais com a participação contínua da comunidade enquanto conduzem uma análise de cadeia de valor por regiões. Eles também envolvem o governo de Ruanda, que em 2010 estabeleceu um ambicioso plano de 10 anos de aumentar a produção agrícola doméstica em 8,5% todo ano.[78] Colaborativamente, o grupo desenvolve o arcabouço de análise de programa da parceria e se decide por uma estratégia baseada em lugar numa área regional de aproximadamente 10 mil acres (tamanho baseado na localidade administrativa em Ruanda onde a ONG tem mais experiência).[79] Como resultado, os parceiros usam área de terras (acres) para seu Indicador-Chave de Impacto de TRi e estabelecem um objetivo de impacto de melhorar 10 mil acres de terras produtivas usando práticas de produção sustentáveis econômica e ecologicamente.[80]

O grupo planeja avaliar grupos de projetos de desenvolvimento do tamanho de cooperativas (de algumas centenas de acres a mais de mil acres, dependendo do lugar) e depois comparar *outputs* de TRi consolidados, com médias calculadas, entre grupos em regiões de tamanhos similares. Os fatores que contribuem para a nota de Multiplicador de Impacto da parceria incluem o número de famílias produtoras alcançado por um determinado projeto, a demografia de gênero dos participantes do projeto,[81] se uma determinada abordagem atende as necessidades de produtores com lotes desiguais de terra (82% da terra arável de Ruanda está em encostas),[82] oportunidades de mecanizaçãoo[83] e uma avaliação de quais outros desenvolvimentos já estão acontecendo na área. A avaliação também leva em conta o quão bem um projeto trata as lacunas nas cadeias de valor agrícola em torno (discutidas no cap. 4), como limitações logísticas, acesso a mercados locais, disponibilidade de insumos etc.

Nesse cenário, o primeiro conjunto de avaliações considera três oportunidades similares, todas com tamanhos, prazos e perfis de impacto comparáveis. Uma é um projeto de construção agrícola de quatro anos, de custo de US$ 4 milhões, que consiste em 823 acres, o que está ligeiramente acima de 8% do objetivo de 10 mil acres da parceria. Nesse caso, a avaliação do projeto em contraste com o arcabouço da análise de programa resulta em 0,89, nota de multiplicador de impacto bastante alta. O projeto é adequado à topografia da região, representa um modelo facilmente replicável em outras regiões, atinge um número significativo de produtoras mulheres e atende muitas exigências de impacto delineadas no arcabouço de análise do programa.

O cálculo da Eficiência de Impacto do projeto mostra que ele custa US$ 4,860 por Indicador-Chave de Impacto (acre), o que resulta em 1,8433 na escala logarítmica. Combinando esses vários componentes, o *output* da TRi é:

$$\text{Exemplo de cálculo de TRi: } \frac{0{,}823}{[(1 - 0{,}89) \times (1{,}8433)] \times 3} = 0{,}1015$$

Portanto, a Taxa de Retorno de Impacto para esse exemplo de projeto é 10,15% (tabela 12.3).

A segunda oportunidade de projeto avaliada pelo grupo cobre uma área maior (985 acres), equivalendo a 9,85% do Objetivo de Impacto da parceria. Seu custo total é ligeiramente maior (US$ 4,05 milhões), mas a implementação por ICI é menor do que a do primeiro exemplo (US$ 4,112). Os parceiros, porém, não esperam que o projeto aborde adequadamente desafios de erosão do solo, e seus parcipantes compõem um perfil de gênero menos diverso do que a primeira oportunidade de projeto. Apesar dessas limitações, o projeto ainda atende muitas das outras qualificações delineadas no arcabouço de análise do programa e pontua uma nota de Multiplicador de Impacto de 0,85.

$$\text{Exemplo de cálculo de TRi: } \frac{0{,}0985}{[(1 - 0{,}85) \times (1{,}8070)] \times 4} = 0{,}0908$$

Portanto, a TRi para esse exemplo de projeto é 9,08%.

No exemplo final, os parceiros avaliam uma proposta que custa US$ 4,15 milhões e que atinge o maior número de acres (1282). Seu custo por ICI é o menor (US$ 3.237) e, assim como as outras, espera-se que ela demande quatro anos para ser implementada. O projeto oferece menos acesso à mecanização e é menos eficaz na preparação dos produtores para o mercado — componentes importantes do plano Visão 2010 de Ruanda. Como aspectos de seu desenho de programa são um tanto menos abrangentes do que os outros, ele é limitado na pontuação de sua análise de programa. Por outro lado, esse projeto particular inclui interplantação para lotes de alta intensidade de agrossilvicultura, ao passo que os outros não incluem.[84] No geral, ele pontua uma nota de Multiplicador de Impacto de 0,82.

$$\text{Exemplo de cálculo de TRi: } \frac{0{,}1282}{[(1 - 0{,}82) \times (1{,}7551)] \times 4} = 0{,}1015$$

A TRi para esse projeto é 10,15%, igual à do primeiro exemplo.

Os resultados idênticos entre o primeiro e o terceiro projetos ressaltam um *trade-off* difícil enfrentado pelas organizações ao planejar parcerias intersetoriais: a profundidade do impacto em oposição à amplitude do impacto (que discutimos no exercício de escopo do cap. 8). O primeiro projeto cobre menos área do que o terceiro, mas faz isso com uma qualidade de impacto superior, tal como definida pelas organizações e pelas partes interessadas na parceria.

Na prática, esses tipos de oportunidades de projetos provavelmente não seriam tão similares em tamanho, em custo e em impacto projetado como são neste cenário. Porém, este exemplo ilustra como os parceiros podem combinar um arcabouço de análise de programa e a metodologia TRi no planejamento de parcerias baseadas em lugar.

Tabela 12.3
Agrucultura de pequenos proprietários

Exemplo	Objetivo de Impacto (acres)	ICI projetado	% Objetivo de Impacto	Multiplicador de Impacto	Custo (US$ milhões)	Custo por ICI	Tempo (anos)	TRi
1	10.000	823	8,23	0,89	US$ 4	US$ 4.860	4	10,15%
2	10.000	985	9,85	0,85	US$ 4,05	US$ 4.112	4	9,08%
3	10.000	1.282	12,82	0,82	US$ 4,15	US$ 3.237	4	10,15%

TRi de construção imobiliária de uso misto sustentável

No capítulo 9, lemos sobre a Comunitas e sobre seu programa Juntos no Brasil. Além de trabalhar com prefeituras para melhorar a eficiência de serviços municipais, a Comunitas também está comprometida com a promoção do desenvolvimento sustentável por meio de parcerias com empresas e com comunidades.[85] A sede da Comunitas fica em São Paulo, onde se dá nosso cenário final de TRi.

Nesse cenário, a Comunitas faz uma parceria com coalizão de construção urbana recém-formada, liderada por uma universidade, voltada para uma grande iniciativa imobiliária de uso misto ecologicamente sustentável.[86] Além de ocupantes comerciais, universitários e residenciais, a iniciativa almeja pilotar um centro de serviços governamentais recém-projetado, e também uma clínica comunitária moderníssima.

O princípio organizador primário da coalizão é a construção ecologicamente sustentável, que define o tema geral de impacto desta parceria. Os parceiros usam pés quadrados como seu Indicador-Chave de Impacto, e estabelecem um objetivo de impacto de construir 3 milhões de pés quadrados de maneira altamente sustentável ao longo de um período plurianual. Na fase inicial do projeto, a coalizão analisa três oportunidades similares de construção. A primeira é um projeto de quatro anos que consiste em 500 mil pés quadrados, o que atingiria 16,67% do objetivo de 3 milhões de pés.[87]

Ao determinar o Multiplicador de Impacto do projeto, uma nota de 0,90 é atingida com a implementação de certificação Leed Platina e com o cumprimento de medidas específicas ambientais, sociais e governamentais (ASG) — dois fatores adotados pelos parceiros que consideram o projeto.[88] Por fim, o custo do desenvolvimento é igual a US$ 300 por Indicador-Chave de Impacto (pé quadrado), resultando em 1,2386 na escala logarítmica. Nesse caso, o *output* da TRi é o seguinte:

$$\text{Exemplo de cálculo de TRi: } \frac{0{,}1667}{[(1 - 0{,}90) \times (1{,}2386)] \times 4} = 0{,}3364$$

A TRi resultante para este exemplo de projeto é 33,64% (tab. 12.4).

O segundo exemplo ilustra uma oportunidade de tamanho similar e presume o mesmo sistema de Objetivo de Impacto e de Nota de Multiplicador. Esse projeto hipotético custa menos (US$ 115,5 milhões), e, levando em conta as restrições de construção, só atende um padrão Leed Ouro. Assim, ele recebe uma Nota de Multiplicador menor, o que afeta significativamente sua Taxa de Retorno de Impacto. A área construída geral é a mesma, assim como o horizonte de tempo do projeto:

$$\text{Exemplo de cálculo de TRi: } \frac{0{,}1667}{[(1 - 0{,}80) \times (1{,}1818)] \times 4} = 0{,}1763$$

A TRi resultante para este exemplo de projeto é de apenas 17,63%, apesar de um custo inicial inferior e de um custo menor de dinheiro por ICI do que o primeiro exemplo. Assim como os exemplos dos temas anteriores, isso ilustra ainda mais a importância do Multiplicador de Impacto no arcabouço geral.

O exemplo final é uma oportunidade de projeto quase idêntica. O cálculo usa a mesma customização de fórmula e o perfil do projeto só difere por ter um custo marginalmente inferior (US$ 112 milhões), e, portanto, um valor de eficiência de impacto melhor (menor):

$$\text{Exemplo de cálculo de TRi: } \frac{0{,}1667}{[(1 - 0{,}80) \times (1{,}1751)] \times 4} = 0{,}1773$$

Devido ao custo menor por ICI (US$ 224), a TRi para esse projeto é ligeiramente melhor do que a anterior, rendendo 17,73%. O segundo e o terceiro exemplos ilustram como a fórmula responde quando o custo difere, mas todos os demais fatores permanecem os mesmos.

Com o arcabouço de análise estabelecido, e a fórmula da TRi da parceria customizada, os parceiros nesse cenário poderão calcular e comparar a TRi de futuras oportunidades de projetos durante as fases de construção.

Tabela 12.4
Construção imobiliária de uso misto sustentável

Exemplo	Objetivo de Impacto (pés quadrados)	ICI projetado	% Objetivo de Impacto	Multiplicador de Impacto	Custo (US$ milhões)	Custo por ICI	Tempo (anos)	TRi
1	3.000.000	500.000	16,67	0,90	US$ 150	US$ 300	4	33,64%
2	3.000.000	500.000	16,67	0,80	US$ 115,5	US$ 231	4	17,63%
3	3.000.000	500.000	16,67	0,80	US$ 112	US$ 224	4	17,73%

CONSIDERAÇÕES SOBRE O MODELO

O modelo de TRi tem tanto vantagens quanto desvantagens. Ele se presta bem a situações que podem usar unidades claras de Indicadores-Chave de Impacto como base para definir o impacto projetado. Além disso, em situações em que é desejável usar múltiplas unidades de indicadores (ou em que os parceiros não querem inserir unidades secundárias num sistema de pontuação), a fórmula pode ser facilmente modificada para cálculos adicionais de ICI e os *outputs* podem ter a média calculada ou receber pesos, dependendo das preferências dos parceiros.[89]

Em casos em que a lucratividade é uma consideração, como investimentos relacionados com o impacto ou com a missão, grupos podem aplicar uma análise financeira e de impacto combinada. Por exemplo, os parceiros podem analisar investimentos ou projetos particulares dentro de uma parceria, e fazer as médias das pontuações com base em valores pesados atribuídos tanto à taxa de retorno interno (TRI) e à TRi — dependendo de suas preferências. Desse modo, o modelo da TRi pode combinar objetivos de retorno financeiro com objetivos discretos para melhorar a sociedade quando esses objetivos não forem mutuamente excludentes.

Além disso, a TRi não se limita a uma análise *ex-ante*. Os parceiros podem desejar estabelecer valores crescentes de metas de TRi para períodos temporais e comparar as TRis entregues no ciclo de vida de uma parceria ou fazer a média delas. Os parceiros também podem fazer uma avaliação retrospectiva depois da conclusão de um programa a fim de determinar a TRi efetivamente obtida. A comparação dos rendimentos do programa com as projeções iniciais permite aos parceiros medir a variação entre o impacto previsto e efetivo obtido numa base por unidade monetária, resultando numa poderosa ferramenta de avaliação.[90]

Desvantagens do modelo

Uma das grandes forças do modelo da Taxa de Retorno de Impacto — ser customizável — é também a fonte de sua maior vulnerabilidade. O modelo depende do conhecimento e do juízo daqueles que o customizam. Se um avaliador define mal ou seleciona ao acaso suas qualidades subjetivas de impacto, seu *output* pode levar a um desperdício de recursos. Pior ainda, ele pode dirigir recursos para programas que têm consequências negativas impremeditadas, ou que causam danos sociais.

É aí que o conhecimento combinado e a experiência das equipes se tornam tão importantes. O planejamento inclusivo é crucial. O empenho das partes interessadas no desenho e na análise do modelo ajuda a reduzir o risco de que pressupostos desinformados venham a afetar seu rendimento. Os parceiros também podem mitigar o risco conduzindo a avaliação do programa ou da parceria dentro de uma análise mais ampla e abrangente da cadeia de valor.

Outra limitação da TRi é que alguns parceiros podem achar que demanda tempo demais ou que é inviável reunir os dados necessários, ou integrar atributos qualitativos à fórmula. Por exemplo, pode ser proibitivamente caro desenhar e testar amplamente uma escala de notas de impacto customizada, especialmente num novo campo ou área que tem pesquisas confiáveis limitadas. Algumas organizações podem achar mais fácil usar ou aprimorar o modelo caso tenham um orçamento para monitoramento e avaliação ou tenham experiência com outras ferramentas similares. Esta é uma área em que o financiamento flexível numa parceria, como o capital filantrópico, pode compensar por custos de avaliação do impacto do programa ou do projeto.

Por fim, o sucesso da previsibilidade do modelo depende da certeza relacionada com o rendimento do programa. Por exemplo, no cenário do projeto imobiliário sustentável, um empreiteiro experimentado com histórico de sucesso pode projetar, com um grau razoável de certeza, que US$ 150 milhões de fato resultarão em 500 mil pés quadrados construídos. Ou, no exemplo dos pequenos agricultores, há uma boa certeza de que um projeto de US$ 4 milhões de fato resultará nas melhorias esperadas nas terras. Se usarmos medidas como o número de alunos que devem se formar no ensino secundário, nossa certeza pode diminuir. Nesses casos, pode ser útil integrar fatores de desconto além dos níveis de confiança discutidos no arcabouço de análise de programa no capítulo 8.

CONCLUSÃO

Todos os modelos de desempenho de impacto têm limitações — incluindo a TRi, mesmo com flexibilidade de seu sistema de notas de Multiplicador de Impacto. Muitos programas têm complexidades, ou os parceiros podem ter preferências, que são difíceis de capturar no formato de qualquer modelo.

Além disso, alguns atributos qualitativos são simplesmente complexos demais para serem capturados por qualquer fórmula.[91]

A metodologia da Taxa de Retorno de Impacto é simplesmente um primeiro passo. Esperamos que ela leve a novas maneiras de pensar sobre a performance do impacto social e que incentive fórmulas padronizadas com as quais descrever a eficácia de vários programas numa parceria intersetorial. A metodologia se presta bem a muitos dos instrumentos financeiros discutidos no capítulo 10 e tem o potencial de começar a influenciar um *pool* crescente de capital orientado para o impacto. À medida que a amplitude e o número de parcerias crescem e se expandem, esperamos que a metodologia da Taxa de Retorno de Impacto possa levar algumas organizações a reconsiderar a maneira como medem seu desempenho e, portanto, como elas definem o sucesso.

O RISCO E A PROMESSA DE PARCERIAS

CAPÍTULO 13

O caso que serve de advertência: os riscos de parcerias de larga escala e as Olimpíadas do Rio de Janeiro

WILLIAM B. EIMICKE

Como discutimos no capítulo 9, um gigantesco escândalo de corrupção lançou a economia brasileira numa de suas piores recessões em décadas. Desde 2004, o Brasil era uma das economias dos Bric (junto com Rússia, Índia, e China), crescendo rapidamente. O Brasil desenvolveu e instituiu importantes e interessantes inovações na aplicação do seu modelo de parceria público-privada. Antes das crises econômicas e políticas de 2012, de rápido desdobramento, o Brasil era o queridinho dos investidores internacionais e gozou de uma taxa de crescimento médio de 4,4% entre 2004 e 2010, chegando a 7,5% em 2010, momento em que muitas outras economias mundiais estavam numa profunda recessão.[1]

Uma figura-chave na ascensão e na queda da fortuna econômica e da fama internacional do Brasil foi Eduardo Paes, o controverso prefeito do Rio de Janeiro. Eleito em 2008, Paes defendeu a candidatura bem-sucedida do Rio em 2009 para hospedar os Jogos Olímpicos de 2006, vencendo candidaturas fortes de Chicago, de Tóquio e de Madri. O prefeito surfou a candidatura vencedora, obtendo atenção e fama nacional e internacional, fazendo um TED Talk amplamente visto em 2012[2] e sucedendo Michael Bloomberg na presidência do C40, organização internacional de cidades que propunham soluções urbanas para a mudança climática.[3] O plano estratégico de Paes baseava-se na visão de criar um Rio do século XXI que debutasse nos Jogos Olímpicos de Verão de 2016.

Usando as Olimpíadas próximas como força motriz, Paes desenvolveu um conjunto de projetos para lançar sua visão para o futuro da cidade. O prefeito apresentou seu plano entre 2010 e 2012, e podemos ver nele os reflexos de uma abordagem de parceria intersetorial. Por exemplo, ele articulou uma estratégia de investimento de longo prazo, realizada por meio de vários projetos relacionados de construção. Esses projetos foram desenhados para destravar valor comunitário intrínseco — no caso, a revitalização de um bairro deteriorado da cidade, a criação de novos espaços públicos, a construção de prédios comerciais e projetos como novas escolas e clínicas, além de grandes melhorias no sistema de trânsito de massa, com a intenção de criar melhores oportunidades para todos os habitantes do Rio. Alguns aspectos limitados de um modelo abrangente de parceria intersetorial foram usados para realizar os projetos, alavancando investimentos privados com infraestrutura pública melhorada e financiando os projetos com capital misto. Essas colaborações, porém, acabaram sendo mais reminiscentes do modelo de parceria público--privada (PPP) discutido no capítulo 1.

Assim como em alguns de nossos estudos de caso, os sucessos e fracassos de longo prazo da revitalização do Rio a partir das Olimpíadas ainda não podem ser determinados. Atualmente, os resultados são mistos e o processo está sob uma nuvem de investigações. Neste capítulo, examinamos como a cidade do Rio usou algumas PPPs para desenvolver e modernizar a cidade para receber os Jogos Olímpicos de Verão de 2016, incluindo a reconstrução da área abandonada e perigosa do Porto Maravilha, na região central perto do porto original. A cidade também construiu o radical Museu do Amanhã, de temática ambiental, no mesmo bairro, junto com um conjunto habitacional olímpico, melhorias de transporte e o próprio Parque Olímpico.

Embora essas parcerias tenham sido bem-sucedidas no sentido de que os Jogos Olímpicos do Rio aconteceram sem qualquer grande catástrofe, logo depois ficou claro que tinha havido vasta corrupção, com propinas do setor privado a autoridades. A corrupção em contratos públicos é bastante usual no Brasil e grandes projetos de parcerias público-privadas são claramente vulneráveis. A não adoção de alguns aspectos-chave do planejamento colaborativo e inclusivo de parcerias pode explicar como esses problemas se desenvolveram.

Como o leitor verá, o processo do Rio não incluiu transparência suficiente e não houve praticamente nenhuma participação comunitária no processo decisório. O governo do Rio e os empreiteiros trabalharam de modo independente e com operações ou colaboração desenvolvidas mutuamente limitadas. Havia um plano estratégico, mas o foco estava em fazer o que precisava ser feito para as Olimpíadas do Rio. O objetivo de curto prazo foi atingido, mas os objetivos de longo prazo definharam desde a conclusão dos jogos e desde o fim do mandato de Paes.

O estilo motivado e o compromisso completo de Paes com o projeto ajudaram a cumprir o prazo das Olimpíadas, mas sua falta de liderança inclusiva foi prejudicial. Ele se recusou a receber a participação da comunidade no processo e permaneceu distante daqueles que criticavam sua abordagem. Ele também não operou de maneira aberta, e sua falta de respeito por muitas partes interessadas-chave provavelmente contribuiu para a controvérsia geral quanto à sensatez de algumas construções. Novas controvérsias a respeito de acusações de corrupção macularam a imagem das Olimpíadas do Rio, da cidade do Rio e do Brasil como um todo.

RIO DO AMANHÃ?

A história moderna do Rio de Janeiro remonta a 1º de janeiro de 1502, quando os exploradores portugueses desembarcaram nas praias da baía da Guanabara. A baía fica na abertura de um rio, chamado Rio de Janeiro.[4] Antes de sua independência em 1822, a economia do Rio baseava-se em agricultura, ouro, diamante e exportações de café. Depois da independência, o Rio se tornou a capital de sua nação, o porto mais movimentado e o centro político, cultural e econômico do Brasil. Depois da Segunda Guerra Mundial, o Rio passou a ser uma economia industrial, sede de empresas domésticas e internacionais, e um grande centro populacional, incluindo um grande grupo de famílias de baixa renda concentradas nas famosas favelas.

Em 1960, a capital política da nação foi transferida para o interior, para a nova cidade planejada de Brasília. As décadas de 1960 e de 1970 viram a ascensão de São Paulo como novo centro dos negócios e da indústria do Brasil. Com uma população de mais de 12 milhões de pessoas em sua região metropolitana, contra os 6 milhões do Rio, São Paulo é a maior cidade da América do Sul e a líder sem rivais da indústria e das finanças brasileiras.

Hoje, o Rio, como muitas cidades globais, concentra-se em seu papel como centro de serviços. A cidade abriga empresas internacionais e um centro cultural. É a cidade da bossa nova, cuja famosa canção "Garota de Ipanema" foi um sucesso global na década de 1960 e música-tema dos Jogos Olímpicos de Verão de 2016 do Rio de Janeiro. O Rio é um grande polo turístico e um *hub* tecnológico emergente, com pesquisas conjuntas entre universidades e empresas. Para pessoas do mundo inteiro, o Rio é sinônimo de uma mistura complexa de Carnaval, crime, criatividade, praias bonitas e corrupção. Marcos famosos do Rio incluem o Cristo Redentor, estátua de 30 metros de altura que é a maior escultura em Art Déco do mundo[5] e que foi eleita uma das Sete Novas Maravilhas do Mundo. Ela enxerga o Rio desde o topo da montanha do Corcovado, no meio da floresta da Tijuca.[6]

O Rio, e aliás o Brasil inteiro, está passando por tempos difíceis. Um grande escândalo de corrupção na Petrobras, gigante do petróleo brasileiro,[7] a queda nos preços do petróleo, o *impeachment* da presidente da nação num escândalo de corrupção relacionado, a depreciação do câmbio e a inflação combinaram-se para cavar uma funda recessão desde 2015.[8] O PIB caiu por seis trimestres consecutivos e 2,8 milhões de empregos foram perdidos (7% do total de empregos).[9] Porém, esses problemas recentes vieram depois de um período de progresso econômico e social significativo. Segundo o Banco Mundial, entre 2003 e 2014, aproximadamente 29 milhões de brasileiros saíram da linha da pobreza e o índice de desigualdade do Brasil melhorou 11%.[10] O Brasil é um líder nas negociações internacionais relacionadas com mudança climática, incluindo a bem-sucedida COP 21 de 2015, e comprometeu-se voluntariamente a reduzir emissões de gases de efeito estufa em pelo menos 36,1% até 2020.[11] O Brasil permanece comprometido com a educação universal primária, embora a qualidade e os resultados do sistema deixem muito a desejar.[12]

OLIMPÍADAS DO RIO: SUCESSO OU FRACASSO DE UM MODELO DE PARCERIA?

Poucas coisas no Brasil permanecem tão controversas quanto as Olimpíadas do Rio. Será que elas serão lembradas como um grande exemplo do sucesso do modelo de parceria, ou será que o modelo de parceria abriu as comportas para a corrupção e para o roubo? Apenas oito meses depois de assumir o cargo em janeiro de 2009, o prefeito Paes tornou-se uma figura internacional quando o Rio foi escolhido para abrigar as Olímpiadas de 2016. Paes usou a Copa do Mundo e os Jogos Olímpicos como catalisadores para reconstruir áreas dilapidadas da cidade, particularmente o Porto Maravilha — a área portuária da cidade e bairro comercial central —, modernizando seus sistemas públicos de transporte e fazendo do Rio uma "cidade inteligente" modelada nas inovações de Michael Bloomberg, prefeito de Nova York. Em parceria com a IBM, o Rio abriu seu moderníssimo Centro de Operações em 2010, o qual coordena respostas de emergência, gestão de tráfego e informações climáticas, e conecta funcionários da prefeitura de 30 órgãos diferentes a empresas de serviços públicos e a operadores de tráfego, 24 horas por dia, semelhante aos sistemas 911 e 311 e aos portais abertos de dados de Nova York.[13] Assim como Bloomberg, Paes decidiu compartilhar com o público os dados sobre operações da prefeitura, acessíveis em dispositivos móveis e pelas redes sociais, para que os cidadãos pudessem saber o que estava acontecendo em seus bairros e alertar o governo para problemas de suas comunidades em tempo real.[14]

Sob pressão dos longos dias e noites de trabalho na Copa do Mundo, nas Olimpíadas, e em seus projetos de renovação, o prefeito, como se sabe, jogava objetos na equipe, insultava outras autoridades eleitas e uma vez até deu um soco na cara de um cidadão.[15] Eleito em 2008, e reeleito com 65% dos votos em 2012, Paes mesmo assim enfrentou críticas contínuas por sua visão de um Rio moderno e eficiente para o século XXI: protestos de rua, acusações de favorecimento a empreiteiros, atrasos em construções e batalhas entre a polícia (gerida pelo governo estadual) e gangues de rua (e residentes) por causa das obras nas favelas.[16]

Paes buscou o progresso a qualquer custo, sem jamais recuar diante de manifestantes, os quais chamou de "imbecis".[17] Como ele disse numa entrevista de 2015, "se você olhar o Rio agora, ao menos estamos olhando para o futuro. A discussão no Rio tratava do que os governos não estão fazendo. Agora as pessoas reclamam das coisas que estamos fazendo. Adoro isso".[18] No começo, a empolgação olímpica era uma força unificadora, que trazia um sentido de orgulho e de otimismo geral quanto à maneira como os investimentos e o turismo trazidos pelas Olimpíadas beneficiariam o Brasil. Infelizmente, cada projeto olímpico individual envolvia ganhadores e perdedores, ao menos a curto prazo. Ao contrário de Narendra Modi, que planejou o Digital India de modo a que fosse do interesse de todos, Paes muitas vezes ignorava ou combatia seus oponentes, e não ressaltava o bastante a convergência de interesses entre todas as partes, assim como os riscos compartilhados e as recompensas potenciais.

Quando consideramos esse caso usando nossa definição de parcerias intersetoriais bem-sucedidas, vemos sinais de dificuldades. Parcerias bem-sucedidas dependem da liderança forte das *pessoas* envolvidas, e Paes não possuía a mentalidade colaborativa necessária para inspirar e coordenar parceiros privados, representantes comunitários e defensores de moradias acessíveis. Ele também não seguiu importantes princípios baseados em *lugar*, nem empenhou o grupo relativamente grande e ruidoso dos cidadãos e membros da comunidade local afetada pelos projetos da parceria. O *processo* de parceria parecia ter falhas graves. Praticamente não havia oportunidade para uma verdadeira colaboração, e a ausência de transparência nas negociações contratuais permitiu que a corrupção, hoje evidente, passasse despercebida até os projetos serem concluídos e os jogos terminarem. Presumivelmente para cumprir o calendário extremamente apertado exigido pelo Comitê Olímpico Internacional, a prefeitura escolheu um processo fechado com um planejamento abrangente mínimo e pouca oportunidade de participação cidadã. E com poucas medidas oficiais de *desempenho*, tirando a conclusão a tempo e a funcionalidade durante os jogos, a determinação do sucesso e a responsabilização dos parceiros tornou-se muito difícil.

PORTO MARAVILHA: PARCERIA PARA O FUTURO

Na área portuária central há um projeto, segundo alguns o maior do tipo no Brasil,[19] para revitalizar prédios deteriorados e terrenos baldios num bairro do Rio chamado de Porto Maravilha. A prefeitura geriu a parceria por meio de uma autoridade de desenvolvimento portuário que empenhou empresas privadas para preparar o local, desenvolver os projetos e gerir muitos dos serviços públicos da área, incluindo iluminação de rua, coleta de lixo e paisagismo. O maior parceiro privado era um consórcio liderado pela Odebrecht Infraestrutura, gigante brasileira da construção, e a Carioca Engenharia.[20] Boa parte da terra estava anteriormente debaixo de um viaduto elevado que o prefeito destruiu para criar 50 milhões de pés quadrados de espaço para escritórios, lojas, residências e espaços culturais — algo não diferente de Battery Park City ao sul de Manhattan.[21] Se o projeto for concluído entre 2020 e 2025, como o plano determina, deve chegar a US$ 2,9 bilhões em investimentos. A construção obteve efeitos significativos, embora ainda haja muito trabalho a ser feito.[22]

Por exemplo, o projeto demoliu cinco quilômetros de um viaduto elevado chamado de Perimetral e trocou-o por uma via de pedestres agora aberta para a baía (fig. 13.1). O tráfego pesado e engarrafado da área agora passa por dois túneis. Novas ruas, calçadas, instalações elétricas, de esgoto e de fibra óptica levarão a área inteira a padrões do século XXI. No plano atual, um consórcio privado conhecido como Porto Novo gere a construção até 2025.[23] O desenho do projeto atendia vários aspectos de nossa definição de uma parceria intersetorial. A cidade fez um acordo formal com uma das empresas de construção mais bem-sucedidas do país. Essa empresa trouxe equipes experientes para liderar a revitalização e para manter espaços e amenidades públicos, em troca dos direitos de construção privada. E havia certo grau de responsabilização pela performance do parceiro ao exigir que o consórcio privado mantivesse os serviços e os espaços públicos pelos próximos 15 anos.[24]

Figura 13.1 Pessoas reunidas para observar o viaduto da Perimetral após sua demolição parcial como parte do projeto de urbanização do Porto Maravilha, em 20 de abril de 2014 no Rio de Janeiro. O projeto era para a reconstrução da cidade antes dos Jogos Olímpicos de 2016. REUTERS / Ricardo Moraes.

Inicialmente, 32 projetos comerciais comprometeram-se com o local, incluindo a Nissan Motor Company e a L'Oréal S.A. As melhorias de infraestrutura e a localização privilegiada são desenhadas para atrair grandes empresas privadas, e a prefeitura planeja pagar essas melhorias primariamente com os proventos de um leilão dos direitos para construir mais alto do que permitem os atuais limites de zoneamento.[25] Paes afirmou que a abordagem de PPP — plano e infraestrutura públicos com financiamento e gestão privados — permitiria que o Rio se reconstruísse de maneira muito mais rápida e mais barata do que conseguiria o setor público sozinho ou a construção privada (o que em geral ocorre local a local e negociação a negociação, sem uma visão abrangente para o bairro).[26]

Nas fases iniciais do projeto, essa abordagem funcionou muito bem — os empreiteiros privados financiados pela prefeitura rapidamente removeram o viaduto antiquado que dividia e bloqueava a luz do Sol na área. Eles também instalaram a infraestrutura moderna necessária para atrair novos espaços de escritórios para grandes empresas nacionais e internacionais. Porém, a ausência de um processo público rigoroso e transparente de licitações, convidando à corrupção, levou a várias investigações ainda em andamento.

Além disso, o progresso do projeto foi retardado pelo enorme escândalo da Petrobras e pelos danos que ele causou à economia, à estabilidade política e à reputação internacional do país. A Petrobras é uma enorme empresa de petróleo controlada pelo governo, e ela controla a maior parte do petróleo do país, todas as suas refinarias, a distribuição no atacado, os dutos e a maior cadeia de postos dos país.[27] A empresa foi abalada por acusações de corrupção massiva descoberta por uma investigação policial hoje amplamente conhecida no Brasil como Operação Lava Jato. Essencialmente, os executivos da Petrobras e de suas muitas terceirizadas superfaturaram as cobranças à empresa e em seguida usaram o dinheiro a mais para pagar propinas para autoridades eleitas e nomeadas.

Em 2015, os economistas estimaram que a Petrobras e suas terceirizadas respondiam por até 10% da produtividade do país, e que cortes em seus gastos, como resultado do escândalo, poderiam reduzir a taxa de crescimento do país em 0,75%.[28] Apenas em 2015, a Petrobras descontou US$ 20 bilhões relacionados com o escândalo de corrupção, e reduziu seus investimentos em US$ 25 bilhões em comparação com 2013.[29] O escândalo de corrupção continuou a desdobrar-se em 2016 e o Brasil teve seu pior desempenho econômico em 25 anos.[30]

Mesmo assim, o trabalho no Porto Maravilha continuou, apesar do escândalo devido à pressão do começo dos Jogos Olímpicos no fim do verão de 2016. Os dois túneis de veículos estão operando, prédios estão sendo construídos, e mais de 1.300 unidades de residências privadas foram ou estão sendo construídas. O objetivo da cidade é trazer ao menos 60 mil novos habitantes para a área, além dos 30 mil que moravam na área portuária em 2010.[31] Ao mesmo tempo, um dos componentes mais espetaculares do Porto Maravilha está aberto e já atrai elogios e críticas locais e internacionais: o Museu do Amanhã.[32]

O MUSEU DO AMANHÃ: UM MUSEU DIFERENTE

Desenhado por Santiago Calatrava, arquiteto espanhol de renome mundial (que também desenhou a estação de metrô do novo World Trade Center em Nova York), o Museu do Amanhã (fig. 13.2) abriu em dezembro de 2015. Ele já atrai muita atenção positiva na mídia brasileira e internacional. Por exemplo: "O novo museu do Rio de Janeiro, voltado para ideias e não para objetos, para a ecologia e não para a tecnologia, é um pouco viajante, um pouco hippie, muito bom, mas raramente entediante",[33] e "seu desenho é ousado: parece o exoesqueleto de um peixe pré-histórico. Seu objetivo é ambicioso: aumentar a conscientização do futuro do nosso planeta".[34]

Figura 13.2 O Museu do Amanhã, financiado em parceria com filantropos, é uma grande atração turística, educa o público, e conscientiza a respeito dos desafios climáticos globais. Foto de Cesar Barreto, cortesia de Alexandre Fernandes.

O tema do museu é a sustentabilidade e as consequências de ignorar a mudança climática. Suas exposições são desenhadas para defender esforços imediatos de sustentabilidade e é por isso que ele se chama Museu do Amanhã e não Museu do Futuro.[35] A principal exposição é digital, e ela pede aos visitantes que considerem de onde viemos, onde estamos e onde talvez iremos como sociedade. Ela inclui áudio, vídeo, filmes e dados que descrevem as origens do planeta, por meio da evolução, e chegam ao presente e ao futuro da mudança climática, incluindo florestas queimando, geleiras derretendo, gases de escapamento sufocantes, população e consumo crescentes, acidificação e o aumento da concentração de gases de efeito estufa. Ela também inclui jogos interativos que permitem aos visitantes avaliar vários cenários futuros, que dependem da conduta dos seres humanos. As exposições são construídas e mantidas com dados e análises que vêm das melhores universidades do Brasil, de cientistas globais, de órgãos espaciais internacionais, da ONU e de uma ampla rede de consultores especializados.[36] O museu também conscientiza a respeito da urgência de adotar práticas sustentáveis, criando pressão em outras construções no bairro e na cidade. O próprio prédio do museu, diz-se, usa 40% menos energia do que um prédio convencional, sendo movido a energia solar e refrescado pela água da baía de Guanabara.[37]

A bonita aparência do museu, suas apresentações provocantes, no bairro recém-construído do Porto Maravilha, fez dele um destino obrigatório para visitantes e residentes; ele já é o museu mais visitado do Brasil.[38]

Financiado com dinheiro público e com contribuições filantrópicas, especialmente da Fundação Roberto Marinho, e de alguns patrocinadores corporativos internacionais bem conhecidos, o museu reuniu fundos de várias fontes para sua construção e para suas exposições. O apoio filantrópico ajudou no desenvolvimento do plano para o museu, ofereceu o capital de risco inicial e acrescentou prestígio e seriedade ao projeto. Isso ajudou a justificar e a alavancar o investimento público e privado no museu e no bairro em torno, revivendo aquilo que era uma área perigosa e dilapidada no coração do centro do Rio. Cada parceiro fez contribuições substanciais, tangíveis, e, sem a infraestrutura financiada pelo setor público, as construções não teriam sido possíveis.

O projeto do museu ilustra os importantes efeitos de fundir tipos diferentes de capital para o bem social. Trata-se de uma iniciativa conjunta da prefeitura do Rio de Janeiro, da Fundação Roberto Marinho, do Banco Santander e de outros apoiadores corporativos. Ele recebeu financiamento do governo estadual e do programa federal da Finep. É parte de uma rede de museus que recebe fundos da Secretaria de Cultura do Rio de Janeiro, e o Instituto de Desenvolvimento e Gestão (IDG), organização cultural sem fins lucrativos, dá apoio à administração do projeto.[39]

O museu obteve excelentes resenhas e ganhou numerosos prêmios, incluindo o prêmio Principais Destinos Culturais do Ano do Reino Unido e o Prêmio Internacional de Design e Comunicação no Canadá.[40] Porém, ativistas comunitários criticaram o custo do museu (estimado em cerca de US$ 100 milhões) e outras novas construções na área por usar fundos públicos escassos durante uma profunda recessão nacional. Eles dizem que o museu ignora a importante história da área[41] e afirmam que as construções estão aburguesando o bairro em torno, que está ficando caro demais para seus habitantes pobres.[42] Críticas à parte, a grande escala e a beleza do museu, assim como sua popularidade inicial como destino de turistas e residentes, sugerem um futuro ícone que pode um dia rivalizar com o Cristo Redentor como identificador global para o Rio.[43] Em seu primeiro ano de operação, o Museu do Amanhã atraiu 1,4 milhão de visitantes.[44]

OLIMPÍADAS DO RIO DE JANEIRO: DESTRAVANDO VALOR INTRÍNSECO?

Serão necessários anos, talvez décadas, até que alguém possa avaliar com precisão se o prêmio dos Jogos Olímpicos para o Rio de Janeiro disparou um processo que ajudou a fazer do Rio uma cidade de nível mundial do século XXI (como sonhou o ex-prefeito Eduardo Paes), ou se desperdiçou dinheiro da cidade em projetos que enriqueceram ainda mais os ricos da cidade, exacerbaram a desigualdade já extrema e aburguesaram favelas, como hoje dizem seus críticos. As gerações futuras provavelmente voltarão o olhar para ele como algo no meio. Seis meses após o fim dos jogos, reportagens perfilavam projetos "elefantes brancos" abandonados no Parque Olímpico — entradas de estádios tapadas com tábuas, uma piscina vazia cheia de terra e lixo, e arenas que, segundo promessas, seriam convertidas em escolas, ainda vazias e intocadas.[45] As autoridades municipais e estaduais afirmam que várias melhorias à infraestrutura e ao sistema de transportes da cidade, como parte do projeto olímpico, já beneficiam todos os residentes, e prometeram que aconteceria a reutilização dos ditos Elefantes Brancos.

A previsão da mídia internacional, logo antes da cerimônia de abertura das Olimpíadas do Rio de agosto de 2016, era universalmente negativa. Como previu um jornalista da Forbes, "É difícil imaginar certas coisas para o Brasil agora. Uma é que as Olimpíadas do Rio possam não ser horrendas, a julgar pelas manchetes".[46] Os meses, semanas e dias anteriores às Olimpíadas do Rio foram dominados por manchetes e por reportagens na mídia a respeito de instalações inconclusas, do perigoso nível de poluição da baía de Guanabara, de protestos de rua (fig. 13.3), de confrontos violentos entre manifestantes e a polícia estadual, e de grandes atletas que cancelavam sua participação por temer aquilo que a mídia caracterizava como uma epidemia fora do controle do vírus Zika, transmitido por mosquitos.[47]

Figura 13.3 Habitantes do Rio de Janeiro vão às ruas expressar sua frustração e fazer-se ouvir. Os cidadãos protestaram com frequência por causa de sua perda de direitos e de sua exclusão do processo de planejamento olímpico. Fonte: Getty Images.

Pior ainda, em maio de 2016 a presidente brasileira Dilma Rousseff foi suspensa pelo Senado federal, acusada de ter manipulado o orçamento federal para disfarçar a rápida deterioração da economia, em parte como resultado do crescente escândalo da Petrobras e da investigação associada da Lava Jato.[48] Em 31 de agosto de 2016, 10 dias após a cerimônia de encerramento dos jogos de 2016 no Rio, o Senado Federal votou por 61 votos a 20 para condenar a sra. Rousseff, que sofreu *impeachment* e foi retirada do cargo.[49] O escândalo da Petrobras (Rousseff fora presidente do conselho da Petrobras antes de ser eleita presidente do Brasil) também implicou várias das maiores empresas de construção do Brasil, contratadas para construir a maior parte da infraestrutura e das instalações das Olimpíadas. As promessas da candidatura olímpica do Brasil de limpar a baía de Guanabara e de melhorar a vida nas favelas do Rio foram dramaticamente reduzidas.[50]

Moradia para os participantes das Olimpíadas

Um bom exemplo de por que pode ser cedo demais para dizer quem vai se beneficiar dos Jogos Olímpicos é a reutilização das moradias de seus participantes. Esperava-se que um total de 3.604 apartamentos em 31 prédios construídos por uma construtora privada passassem a ser residências de classe média alta. Porém, com a recessão plurianual deprimindo o mercado imobiliário, no começo de 2017 o prefeito recém-eleito do Rio, Marcelo Crivella, chegou a um acordo com a financeira da Caixa Econômica Federal para oferecer hipotecas de baixo custo para funcionários públicos, permitindo que eles comprassem os apartamentos. O mesmo relatório indica que programas similares estão em andamento para membros da Marinha e de outras agências governamentais e empresas estatais, incluindo o Exército, o Banco do Brasil, a Caixa Econômica Federal (CEF), o BNDES, Furnas, Eletrobras, Vale e Petrobras. Os preços ficarão um tanto abaixo do valor de mercado e podem incluir *leases* de longo prazo com a opção de compra. O subsídio olímpico que cobriu os juros do empréstimo para a construção está expirando, por isso o dono dos prédios tem um forte incentivo para vender rapidamente, e talvez obtenha até um pequeno lucro caso as negociações levem a um grande número de compras.[51]

Essa nova reutilização das moradias dos participantes das Olimpíadas poderia servir como exemplo positivo de adaptação de projeto para o Rio pós-olímpico, pós-Paes. A Prefeitura do Rio, o construtor privado das moradias, os empregadores governamentais e uma financeira estão colaborando para encontrar um propósito financeiramente saudável e socialmente benéfico para o local. Esses novos parceiros pretendem equilibrar riscos financeiros e estão alavancando os recursos uns dos outros para viabilizar financeiramente moradias para a força de trabalho, já que o plano pretendido de moradias de alto padrão a preços de mercado falhou. Sem os quatro parceiros, o novo plano poderia não funcionar.

Melhorias no sistema de trânsito do Rio

Houve muitas críticas ao alto custo e à possível corrupção nas melhorias de transporte financiadas como parte do projeto Olímpico. Além das melhorias nas estradas, o Rio acrescentou várias novas linhas rápidas de ônibus (BRT) e novo sistema de VLT que abriu a tempo para os jogos. O governo reporta que o uso de transportes coletivos foi de 18% em 2009 (quando a candidatura do Rio aos jogos foi vencedora) para 63% na época da Olimpíada (não contando o novo VLT aberto recentemente). Custos inesperados acompanharam muitos dos projetos, mas cerca de 40% dos projetos de infraestrutura eram PPPs, dividindo custo e risco.[52] O plano olímpico do Rio concentrou-se em conectar mais de 60% de seus habitantes com o transporte coletivo, mas os críticos notam que a cidade ainda enfrenta grandes desafios para melhorar o trajeto até o emprego para uma grande população de baixa renda que mora nas muitas favelas isoladas por barreiras geográficas ou pela distância.[53]

Alguns observadores são mais positivos em sua avaliação do "efeito" olímpico sobre o transporte público no Rio. O sistema de transporte coletivo hoje tem o dobro da extensão prometida para os jogos (de 75 km para 150 km), há uma extensão do metrô de quatro para 16 quilômetros, e uma nova linha de VLT, que não fazia parte da promessa olímpica.[54] Pesquisas com usuários indicam que o tempo de viagem diminuiu significativamente e os custos de tráfego diminuíram ou permaneceram iguais; porém, o sistema como um todo ainda precisa ser plenamente integrado.[55]

Uso do Parque Olímpico

O estado atual do Parque Olímpico é muito menos promissor. Segundo relatórios locais, o parque abrigou seu primeiro evento esportivo seis meses depois dos jogos, e os visitantes disseram que ele era "bonito" mas estava "abandonado".[56] Autoridades federais e municipais reconhecem o começo lento da programação, mas garantem que uma agenda cheia de treinamento, competições e programas sociais para crianças e jovens está por vir. Marcelo Crivella, atual prefeito do Rio, comprometeu-se em fazer parcerias com o governo federal para garantir que "teremos um evento todo fim de semana". Em setembro de 2017, o Parque Olímpico abrigou um espetáculo de rock de sete dias (chamado de Rock in Rio 2017), cuja próxima edição está marcada somente para 2019.[57] Está havendo alguma reutilização, mas o ritmo até agora é lento.

O QUE APRENDEMOS COM O RIO

Os custos estimados dos Jogos Olímpicos variam enormemente, de US$ 3 bilhões a US$ 20 bilhões.[58] O orçamento é uma grande questão, mesmo que acabe sendo inferior aos US$ 15 bilhões gastos pelos jogos de verão anteriores em Londres.[59] O custo em geral não é compensado pelas rendas geradas pelos jogos, onde, outra vez, as estimativas variam enormemente, algumas chegando a US$ 9 bilhões.[60] Os apoiadores dos jogos também veem os fundos que foram gastos no BRT, no VLT e em projetos de rodovias como investimentos de longo prazo no futuro do Rio. Eles enfatizam que o Rio usou PPPs para a maior parte dos projetos, com 60% de todos os custos pagos com fundos privados.[61]

Outros consideram as Olimpíadas em última instância ruins para o Brasil. Em *Circus maximus: the economic gamble behind hosting the Olympics and the World Cup*, Andrew Zimbalist foi muito negativo em sua avaliação do valor da Copa do Mundo para o Brasil e apenas um pouco menos pessimista a respeito do impacto de longo prazo dos Jogos Olímpicos no Rio.[62] Seu livro foi publicado antes de os jogos efetivamente acontecerem e muitos dos desastres que ele previu não ocorreram. Ele também previu que, em última instância, os jogos em si seriam "entregues com poucas máculas", mas sem melhorar a vida do cidadão médio do Rio.[63]

Num artigo de opinião do *New York Times* publicado após os jogos, Vanessa Barbara, jornalista brasileira, escreveu a respeito de como foi atacada nas mídias sociais por criticar as Olimpíadas do Rio. Ela disse que as Olimpíadas foram "uma calamidade pública para muitos cidadãos, especialmente aqueles afetados por despejos, por brutalidade policial e pela extorsão de uma cidade desigual e segregada". Ela concluía: "depois da cerimônia de encerramento, quando os últimos fogos de artifício forem disparados e todos os jornalistas estrangeiros tiverem voltado para casa, o estado falido do Rio terá de juntar os caquinhos. E nem o patriotismo nem o amor pelos esportes nos permitirá ignorar nossa realidade".[64]

Não ter limpado a baía de Guanabara, criminalidade, professores e médicos com baixos salários ou sem receber, poucas melhorias nas favelas e desigualdade sem freios são grandes resultados negativos das Olimpíadas do Rio. Ao mesmo tempo, o número de turistas superou o objetivo do plano, as metas de vendas foram cumpridas, os temores do Zika mostraram-se exagerados e as instalações, a moradia, e o transporte estiveram à altura, sem que houvesse incidentes.[65] Escrevendo no *New York Times*, o repórter Andrew Jacobs disse: "Porém, críticas à parte, os Jogos Olímpicos de Verão de 2016 alteraram profundamente esta cidade de 6 milhões de habitantes, rendendo um porto revitalizado; uma nova linha de metrô; e uma torrente de projetos municipais, grandes e pequenos, que há muito tempo estavam na lista de desejos dos planejadores municipais".[66] Jonathan Watts, do *Guardian*, escreveu sobre o prefeito Paes: "Aquilo de que ele mais pode se gabar é o Boulevard Olímpico perto da Praça Mauá — da área portuária revitalizada, repleta de visitantes, *food trucks* e artistas de rua. Foi uma transformação notável da via expressa elevada que outrora dominava um bairro conhecido pela criminalidade".[67]

Pode-se argumentar persuasivamente que os Jogos Olímpicos catalisaram uma parceria público-privada que concluiu importantes projetos de infraestrutura que, sem eles, teriam levado décadas.[68] Parece haver um acordo de que a renovação do Porto Maravilha, nos planos desde a década de 1980, foi talvez a mais importante realização dos investimentos relacionados com as Olimpíadas. Atualmente estimado em US$ 2,5 bilhões, boa parte do financiamento veio da venda de direitos aéreos e de incentivos fiscais para empreiteiros privados, incorporando alguns aspectos limitados de uma abordagem intersetorial.[69] O projeto do porto e sua peça central, o Museu do Amanhã, já estão lotados de residentes e de turistas dia e noite. Outrora abandonada e perigosa, a área é hoje "um destino turístico obrigatório por seus marcos históricos, por suas sofisticadas atividades culturais, por seus marcos históricos e pela vista da baía".[70] E estão nos planos até 500 apartamentos acessíveis para abrigar os moradores de uma favela próxima.[71]

Em abril de 2017, estonteantes alegações de que o prefeito Eduardo Paes embolsou ele próprio milhões de dólares em propinas lançaram uma sombra negra sobre os benefícios potenciais dos Jogos Olímpicos de 2016 do Rio. A investigação da gigante de petróleo Petrobras que começou em 2014 chegou até a Copa do Mundo e aos Jogos Olímpicos. O Supremo Tribunal Federal do Brasil em seguida abriu investigações de quase 300 políticos,[72] incluindo Paes, com base nos testemunhos de executivos da gigante da construção Odebrecht, a empresa contratada para construir muitos dos projetos relacionados com as Olimpíadas.[73] Uma investigação policial distinta foi aberta para possíveis fraudes na construção da nova linha de metrô.[74] Como parte de uma negociação de delação premiada, o principal executivo da Odebrecht sugeriu que dois ex-presidentes do Brasil e um ex-presidente da Câmara dos Deputados conspiraram com potenciais licitantes num processo *pay-to-play* durante a montagem dos projetos da Copa do Mundo e das Olimpíadas.[75]

UMA HISTÓRIA QUE VALE COMO ADVERTÊNCIA: AS PARCERIAS ENVOLVEM RISCO

Durante as pesquisas para este livro, de início pensamos que a revitalização do Rio de Janeiro, movida pelas Olimpíadas, poderia se tornar um caso que ilustraria a implementação bem-sucedida de várias parcerias intersetoriais. Na época, parecia que o prefeito Paes estava trabalhando para formar uma série robusta de parcerias, motivadas pelos Jogos Olímpicos, a fim de levar o Rio aos padrões do século XXI. Na verdade, o plano escrito do prefeito alinhava alguns aspectos de uma abordagem abrangente de parceria intersetorial, incluindo o uso de um portfólio misto de capital público e privado. Ao usar parcerias para realizar a maioria dos projetos, o Rio planejava alavancar investimentos privados substanciais, com infraestrutura pública melhorada, e envolveu a comunidade filantrópica na criação do Museu do Amanhã. Aspectos da parceria do museu parecem os mais bem-sucedidos, e ele é um dos poucos projetos a estar atingindo as grandes esperanças das promessas motivadas pelas Olimpíadas.

Algumas das parcerias associadas com as Olimpíadas do Rio podem ter ajudado a alimentar a corrupção entre autoridades receptivas e empresas gananciosas. É difícil determinar se a corrupção teve origem nessas organizações líderes do setor privado, no setor público, ou em ambos. Como discutimos no capítulo 5, a liderança de sucesso exige não apenas visão e motivação, mas também integridade, respeito pelos acionistas e ambição admirável. Ao contrário de líderes dos nossos outros casos (Doug Blonsky e Betsy Rogers da Central Park Conservancy de Nova York, o ex-prefeito de Nova York Michael Bloomberg e o primeiro-ministro Modi, da Índia), a liderança no Rio não conseguiu manter o compromisso com a colaboração, com o empenho e com a integridade que as parcerias exigem para ter sucesso, tanto financeiro quanto de valor social.

Talvez as condições do Rio fossem parcialmente culpadas. Tipos semelhantes de corrupção, associados aos projetos do Porto Maravilha e do Parque Olímpico, estavam acontecendo na Petrobras, envolvendo muitas outras parcerias e líderes. Outro grande escândalo de corrupção explodiu em 2017, indicando que Michel Temer, presidente do Brasil (o ex-vice-presidente que sucedeu Rousseff após o *impeachment*), levou US$ 4,6 milhões de dólares em contribuições ilegais de campanha da JBS S.A., uma das maiores empresas de alimentos do mundo.[76] Temer acabou conseguindo evitar ser julgado,[77] mas, em 2018, ainda estava sendo investigado pela polícia em quatro alegações distintas de corrupção.[78] Uma pesquisa nacional mostrou que sua aprovação era de apenas 3% — a menor na história recente do Brasil.[79]

Ao contrário de nossos casos da Índia e do Afeganistão, os projetos olímpicos do Rio não seguiram os princípios de uma abordagem baseada em *lugar*. Os líderes do Rio não empenharam a vasta maioria das pessoas afetadas pelos projetos e não lhes deram voz adequada no processo de construção. Sem transparência e sem participação pública na revitalização do Rio, acreditamos que o sucesso de seus projetos a longo prazo será fortemente limitado. Podemos aprender com uma avaliação cuidadosa do que aconteceu, e, examinando-se nossa lista de verificações de parcerias intersetoriais (delineada na Conclusão), fica claro que no plano de implementação do Rio faltavam muitos elementos do arcabouço de investimento em valor social. Trata-se de uma advertência, apresentada com a crença de que com frequência aprendemos mais com nossos fracassos do que com nossos sucessos.

Conclusão: Parcerias por um amanhã melhor

HOWARD W. BUFFETT E WILLIAM B. EIMICKE

As parcerias intersetoriais baseiam-se na ideia de que é possível realizar mais quando as organizações colaboram e compartilham o sucesso. Essas parcerias não são apenas importantes, mas serão necessárias para que a sociedade supere seus desafios mais complexos.[1] Algumas dessas parcerias já estão acontecendo, e olhamos várias delas neste livro — o Digital India, o desenvolvimento baseado em lugar no Afeganistão, e os serviços de emergência em Nova York, para citar algumas.

Escrevemos este livro porque acreditamos que o mundo pode ser muito aprimorado a partir do ponto onde está hoje. Não apenas podemos fazer melhor — temos de fazer melhor. Temos de deixar de lado o pensamento individualista e de curto prazo e trabalhar juntos para realizar um mundo mais equitativo, inclusivo e responsável para com as necessidades de todos. Líderes de organizações que pensam e agem isolados ficam restritos no que podem realizar a longo prazo e, em última instância, acabam fazendo mais mal do que bem à sociedade.

Precisamos também repensar nossos pressupostos a respeito do papel das organizações *na* sociedade. Em geral esperamos demais do governo, não responsabilizamos o setor privado o suficiente por suas externalidades negativas e dependemos excessivamente do setor social para tapar a lacuna.[2] Sabemos que há oportunidades para aprimorar a maneira como a sociedade aborda a resolução coletiva de problemas no mundo.[3] Também sabemos que parcerias entre organizações públicas, privadas e filantrópicas estão mais bem equipadas para agir de acordo com os interesses da sociedade do que qualquer organização isolada.[4]

Como detalhamos nos capítulos anteriores, temos em mente uma estratégia para parcerias intersetoriais baseada num arcabouço denominado *investimento em valor social*. Esse arcabouço é inspirado por um dos paradigmas de investimento de maior sucesso da história — o investimento em valor — desenvolvido pelos professores Benjamin Graham e David Dodd, da Universidade de Columbia, na década de 1920.[5] Sendo nós mesmos professores da Universidade de Columbia, vemos um sentido especial em acrescentar a esses e a outros sucessos do passado.

Assim como o investimento em valor, o investimento em valor social se concentra num horizonte de tempo de longo prazo. Ele apresenta uma estratégia para destravar valor social intrínseco para indivíduos, comunidades e organizações, com um arcabouço que se estende por cinco elementos: *processo*, *pessoas*, *lugar*, *portfólio* e *desempenho*. Oferecemos estudos de caso ilustrando como parcerias com abordagens similares — a maior parte desenvolvida independentemente do nosso arcabouço — estão melhorando condições no mundo inteiro. Nossa esperança é que as futuras parcerias se beneficiem de nossa análise dessas colaborações de sucesso e aprimorem o arcabouço. Embora o trabalho tenha apenas começado, nossa experiência nos diz que há bons motivos para ficarmos otimistas.

O Digital India, por exemplo, já é uma força positiva nas vidas de milhões de indianos. Sua implementação se baseia num *processo* que começa com o governo nacional, passa pelas principais empresas com fins lucrativos do país e é movido por empreendedores locais.[6] Esses empreendedores operam pontos de acesso a um sistema de serviços que fornece benefícios governamentais, serviços bancários e seguros. Os cidadãos também podem acessar registros eletrônicos seguros de documentos importantes como carteiras de motorista e certidões de nascimento. Liderado por um primeiro-ministro forte, o processo evoluiu e agora enfrenta desafios jurídicos, burocráticos, políticos e tecnológicos. O Digital India continua porque entrega benefícios valiosos para os cidadãos do país, sejam eles ricos ou pobres, e assim guarda apoio popular.

Nossos casos do Central Park e da High Line ilustram como, com o devido foco em *pessoas*, organizações do setor social podem assumir a liderança em parcerias com o governo para transformar os espaços públicos. Betsy Rogers, Doug Blonsky e Ira Millstein ofereceram liderança crucial para a Central Park Conservancy.[7] Líderes do Departamento Municipal de Parques, particularmente Gordon Davis, Adrian Benepe e Mitchell Silver, e também cinco prefeitos que ofereceram grande apoio (Koch, Dinkins, Giuliani, Bloomberg e de Blasio), ilustraram o importante papel capacitador do setor público. E um exército de doadores dedicados e generosos, incluindo John A. Paulson e Richard Gilder, salvaram o orçamento do Central Park, levando a um modelo para espaços urbanos do século XXI.[8] Especialistas colaborativos capazes de navegar as fronteiras organizacionais dos três setores são cruciais para estabelecer parcerias eficazes.

O setor público foi fundamental para reconstruir certas partes do Afeganistão, mas as universidades e as empresas privadas também foram. Sem uma presença governamental forte e pacificadora, teria sido impossível fazer grande coisa. Da maneira como vemos, o ingrediente essencial do sucesso mensurado nesses projetos foi uma estratégia baseada em *lugar*, criada em colaboração com comunidades como a aldeia de Rabāţ-e Pīrzādah. Empreendedores locais, incluindo Zainab Sufizada, ajudaram a projetar as instalações e os processos operacionais, de modo que os recursos e o conhecimento de seus parceiros pudessem ter um impacto significativo, positivo e duradouro.[9]

No Brasil, um consórcio de muitos dos mais bem-sucedidos líderes corporativos da nação juntou-se para estabelecer a Comunitas, organização sem fins lucrativos dedicada a restaurar a confiança do público na eficácia e na honestidade do governo local. Com a liderança de seu conselho e de Regina Esteves, diretora-presidente da Comunitas, o Juntos usou uma abordagem de *portfólio*, fundindo investimento público, privado e filantrópico em programas para aprimorar os serviços municipais.[10] Isso permitiu que os governos municipais contratassem os melhores consultores em finanças, tecnologia, arquitetura e engenharia do país, e sem custo para os pagadores de impostos. O programa também criou uma plataforma que esclareceu as atividades do governo municipal para os cidadãos e deu a esses cidadãos uma influência significativa sobre as prioridades de suas localidades.

Vimos como Michael Bloomberg, prefeito da cidade de Nova York, baseou seu governo na gestão de *desempenho*. Essa abordagem movida a dados ajudou no sistema de resposta emergencial de Nova York, e em 2016 ela teve o menor número de mortes relacionadas com incêndio de sua história.[11] Indicadores-chave de saúde pública, de qualidade ambiental e de desenvolvimento econômico também melhoraram significativamente durante os 12 anos de mandato de Bloomberg. Medidas semelhantes de desempenho levaram a prefeitura a experimentar novos métodos de prevenção de reincidência entre os presos recém-libertados de Rikers Island. No geral, esse caso ilustrou os efeitos positivos de orientar programas numa parceria intersetorial em torno de mensurações baseadas em desempenho.

Por fim, nosso estudo de caso perfilando as parcerias de construção para as Olimpíadas de Verão de 2016 no Rio de Janeiro delineia alguns riscos e consequências de não se planejar colaborativamente. Entre outros problemas, houve desafios de liderança e falta de transparência e de inclusão de partes interessadas. Isso alimentou um ambiente propício para a corrupção e produziu a ira dos residentes locais.[12] Embora os jogos mesmos tenham sido um sucesso, acreditamos que o processo de parceria teria se beneficiado significativamente de seguir muitos dos elementos-chave do arcabouço de investimento em valor social, incluindo a lista de verificações de parceria, delineada na seção seguinte.

A LISTA DE VERIFICAÇÕES DE PARCERIAS DE INVESTIMENTO EM VALOR SOCIAL

É cedo demais para dizer o quão bem-sucedidas serão algumas dessas parcerias de alto risco, mas potencialmente de altos ganhos. Porém, podemos analisá-las todas por meio do arcabouço de investimento em valor social. Reconhecemos que parcerias não são a estrutura organizacional mais fácil para atingir objetivos sociais cruciais. Já pode ser difícil fazer as coisas dentro de uma organização isolada, para nem falar de duas ou mais. É complicado ter sucesso coordenando partes diversas, muitas vezes de diferentes setores.[13] Assim, à medida que as organizações desenvolvem novas parcerias intersetoriais, recomendamos que os parceiros considerem a seguinte lista de verificações.[14] Nela categorizamos importantes lições de cada um dos cinco elementos do arcabouço de investimento em valor social.

Processo: Parcerias intersetoriais bem-sucedidas abrangem organizações diversas mas complementares, que contribuem coletivamente para a criação de valor de longo prazo. Por meio de um *processo* operacional bem estruturado, os parceiros expandem e alinham seus esforços, e valem-se de forças comparativas.

1. Formalize as estruturas da parceria

Os desafios de compatibilidade de gestão das parcerias intersetoriais podem ser diminuídos por meio de uma *estrutura formal de parceria*.[15] As organizações devem trabalhar a partir de definições comuns e usar acordos formais, como cartas de intenção ou memorandos de entendimento (como discutido no cap. 4). Ainda assim, pode haver lados negativos ou dificuldades na formalização de uma parceria, como vimos no caso do Central Park (cap. 5). Gordon Davis, comissário municipal de Parques de Nova York, e Betsy Rogers, administradora do Central Park, reconheceram rapidamente que estavam operando na prática uma parceria intersetorial. Porém, eles também acreditavam que uma parceria formal para um grande parque público era uma ideia à frente de seu tempo no final da década de 1970. Eles se dirigiram lenta mas metodicamente para esse objetivo, e, em 1998, o momento tinha chegado. Assinaram um acordo formal de parceria de oito anos. O contrato da parceria foi renovado em 2006 por mais oito anos, e outra vez em 2013 para aquilo que serão pelo menos 24 anos de operação de parceria em contrato formal.

2. Estabelecer operações mútuas

Parcerias bem-sucedidas costumam estabelecer e sincronizar *operações mútuas* para guiar programas colaborativos. Por exemplo, os parceiros podem criar a carta de um projeto, desenvolver um plano de trabalho, ou seguir uma estratégia de comunicações coordenada.[16] No caso do Digital India (cap. 3), a entrega do programa, cooperativa ainda que distribuída, permitiu que o governo, a Apollo Telemedicine, os centros de serviço comum e os empreendedores de aldeias executassem de modo eficiente o trabalho comum. No caso da prevenção de incêndios (cap. 11), a equipe da IBM dividiu o mesmo local com a equipe do projeto do CBNY no quartel-general do CBNY.[17] Eles passaram um tempo significativo em quartéis de bombeiros da cidade e acompanharam equipes de inspeção de bombeiros para poder entender a fundo os procedimentos de inspeção de incêndio antes que os parceiros desenhassem conjuntamente um novo conjunto delas, mais eficiente. Por meio do entendimento e do estabelecimento de novos procedimentos, o FDNY, a IBM e outros ficaram mais bem equipados para desenvolver a estratégia de longo prazo da parceria.

3. Desenvolva uma estratégia abrangente

A abordagem de um desafio complexo exige uma *estratégia abrangente* que permita as atividades cooperativas e coordenadas de um grupo de parceiros e se beneficie delas.[18] Isso ficou evidente em muitos de nossos exemplos de parcerias e especialmente no Afeganistão (cap. 7). Nesse caso, os parceiros investiram um tempo considerável pesquisando e analisando toda a cadeia de valor da estratégia de seu programa na área de Herat. Junto com partes interessadas da comunidade, eles desenvolveram um modelo lógico extensivo para os recursos e para as atividades necessárias para abordar lacunas econômicas e sociais, e para apoiar os resultados desejados por todos os parceiros. Os financiadores basearam-se em acordos formais, com ONGs de foco local e com a Universidade Herat, e adotaram procedimentos operacionais para coordenar o desenvolvimento de programas e o uso de recursos entre as comunidades.

Pessoas: As parcerias intersetoriais prosperam por meio de uma rede de líderes descentralizados e de gestores que operam programas e organizações independentes. Esses líderes e suas equipes abrangem uma gama de forças variadas, mas alinham-se para objetivos compartilhados. Ao concentrar-se em dar poder às *pessoas* envolvidas, as organizações parceiras podem apoiar a capacidade coletiva de suas equipes de liderar e de ser bem-sucedidas.

4. Enfatize a liderança colaborativa

A fim de obter sucesso, as parcerias devem *enfatizar a liderança colaborativa* entre as equipes.[19] A experiência nos diz que a gestão por comitês raramente funciona. Ao mesmo tempo, é praticamente impossível sustentar o sucesso apenas dando ordens a pessoas, muitas das quais talvez nem trabalhem para você. Em 1999, a cidade de Nova York estava prestes a destruir os trilhos elevados da High Line (cap. 5) quando a comunidade local, liderada pelos residentes Joshua David e Robert Hammond, juntou-se com uma ideia melhor.[20] Fazendo uma parceria com John Alschuler, especialista imobiliário de renome nacional (que depois se tornou presidente do conselho da organização), a Friends of the High Line procurou Betsy Rogers e aprendeu com seu sucesso no Central Park. Eles também construíram uma forte parceria com membros-chave do governo Bloomberg, particularmente com o comissário de planejamento da cidade, com o comissário de parques, com o vice-prefeito e com o próprio prefeito Bloomberg. Desde o começo, eles conseguiram empenhar o apoio de grandes filantropos para seus esforços e trabalharam colaborativamente com muitos outros para construir a High Line. Hoje ela é um dos parques urbanos mais visitados e admirados do mundo, cujo acesso é franqueado a todos, e que é operado primariamente com fundos privados.[21]

Num exemplo radicalmente diferente, aprendemos que a ausência de liderança colaborativa pode ter efeitos gravemente prejudiciais para os resultados de uma parceria. No caso das Olimpíadas de 2016 (cap. 13), o fato de as autoridades não terem empenhado colaborativamente os parceiros e a comunidade foi um fator que contribuiu para os problemas significativos e para a corrupção que vieram à tona depois do fim dos jogos.[22]

5. Mantenha a integridade e o respeito

Os parceiros podem vir de setores diversos e podem ser de partes diferentes do mundo, com histórias e culturas diferentes. Podem ser organizações pequenas ou novas, ou organizações bem conhecidas, grandes e poderosas. Vemos excelentes exemplos de parceiros que superaram essas diferenças no caso da High Line, em que uma organização comunitária nova (a Friends of the High Line) fez uma parceria com o governo Bloomberg, muito grande e poderoso (cap. 5). Isso também se refletiu em como os participantes interagiram entre as comunidades locais, as ONGs e os parceiros internacionais no caso do Afeganistão (cap. 7). Os parceiros devem *agir com integridade e tratar-se com respeito mútuo* de acordo com normas sociais amplamente aceitas, não importando quem sejam os parceiros.[23] No caso das Olimpíadas do Rio de Janeiro, porém, parece que o governo do prefeito não fez isso. O governo não empenhou parceiros de nível comunitário de maneira suficientemente adequada nas fases de planejamento das construções. O prefeito também pôs de lado os críticos e os adversários públicos tendo diante de si protestos de rua às vezes violentos, os quais aconteceram à medida que o processo de implementação avançava.[24]

6. Construa equipes diversificadas

Parcerias de sucesso dependem de conjuntos variados de habilidades de liderança e de experiência em organizações diversas e das pessoas que as gerem.[25] Os líderes devem *construir equipes diversificadas* que levam em conta o capital de habilidades necessário para atingir os objetivos da parceria. No caso do Juntos no Brasil (cap. 9), a parceria da Comunitas fez mais do que juntar um portfólio de capital financeiro. Ela também construiu uma rede de líderes cultivados e capazes de organizações de setores diversos para atingir seus objetivos. Somente por meio dessa abordagem inclusiva a parceria conseguiu valer-se do conhecimento e da *expertise* combinados dos participantes para a vasta gama de programas necessários. Desse modo, as equipes parceiras aprimoraram os programas dos governos municipais, reformaram práticas financeiras, aumentaram a assistência ao público, conduziram o desenvolvimento econômico e expandiram serviços comunitários cruciais.

Lugar: Ao empregar uma estratégia baseada em lugar, as parcerias intersetoriais incorporam partes interessadas como verdadeiros proprietários do investimento de uma parceria, e não como meros beneficiários. Normalmente são necessários tempo e esforço para construir confiança, e é preciso tencionar priorizar os melhores interesses das partes. O trabalho colaborativo com um sentido de comunidade permanente, que é o que chamamos de copropriedade baseada em *lugar*, reforça relacionamentos importantes de longo prazo entre os parceiros.

7. Reconheça a interdependência

As estratégias de parceria que são efetivamente baseadas em lugar unem muitos participantes distintos de maneira abrangente, com objetivos que dependem de forças, atributos e contribuições únicas de cada parceiro.[26] A fim de dar apoio a empenhos de parceria muitas vezes difíceis e demorados, os parceiros se beneficiam da confiança mútua estabelecida por um compromisso de trabalhar juntos. Antes de concordar em formalizar uma parceria, os parceiros precisam decidir individualmente e concordar coletivamente que são *interdependentes* — eles precisam uns dos outros para atingir os objetivos compartilhados da parceria.[27] Esse reconhecimento da interdependência e a confiança nela eram claramente verdadeiros no caso do Afeganistão (cap. 7). Os parceiros dependiam das ações uns dos outros — de investimentos de ONGs e filantrópicos aos compromissos de empreendedores locais, passando conhecimento acadêmico e do setor privado, e até pela segurança oferecida pelas forças de coalizão — todas as quais foram essenciais para que os projetos fossem viáveis e bem-sucedidos.

8. Amplie a participação do público

Por definição, uma estratégia de parceria abrangente e baseada em lugar demanda *ampla participação pública* para que tenha sucesso. Com frequência cada vez maior, as parcerias usam plataformas de tecnologia e de comunicação para permitir o empenho cívico, como vimos no caso do Juntos.[28] As iniciativas da Comunitas foram transformadoras em grande parte por terem convidado os cidadãos a participar do estabelecimento das prioridades do orçamento de Campinas e do processo de planejamento estratégico de Curitiba (cap. 9). A participação do público também foi importante para o Digital India e o programa de Telemedicina (cap. 3). Em alguns casos, as plataformas de participação podem servir propósitos múltiplos, como vimos nas parcerias da cidade de Nova York para transformar a segurança pública por meio de tecnologias de ponta e de dados abertos (cap. 11). Por outro lado, a ausência de disposição para dar às comunidades locais voz suficiente no planejamento e na implementação pode ser prejudicial. Foi esse o caso dos projetos das Olimpíadas do Rio; a falta de empenho público contribuiu para uma oposição crescente e para protestos durante as construções. Do ponto de vista da implementação em si, essa oposição pública pode retardar a construção, aumentar custos, ou até mesmo resultar no cancelamento da parceria.[29]

9. Codifique valores comuns

As parcerias intersetoriais costumam envolver uma gama de organizações e de partes interessadas, todas as quais precisam alinhar suas missões, cronologias programáticas e prioridades na colaboração. Descobrir e *codificar valores comuns* entre os parceiros é necessário para que eles entendam normas organizacionais e estabeleçam expectativas operacionais.[30] Os parceiros podem decidir estabelecer um conjunto de princípios e medidas cooperativos para a responsabilização mútua que guiem a colaboração contínua da parceria. Os participantes também se beneficiarão de um arcabouço comum para analisar opções de programas e apoiar o processo decisório coordenado. Isso foi evidente em muitos dos nossos casos, incluindo os parques da cidade de Nova York. Ao desenvolver a colaboração da High Line, por exemplo (cap. 5), valores comuns ajudaram os parceiros a superar o trabalhoso processo de cinco assinaturas diferentes para decisões de todos os tamanhos. Como resultado de sua confiança mútua, eles abriram os trabalhos e começaram a construção para o projeto ao mesmo tempo que finalizavam o acordo oficial da parceria.

Portfólio: As parcerias intersetoriais podem valer-se de vários instrumentos e investimentos financeiros, além de combiná-los. Isso permite que os parceiros diversifiquem o risco e expandam o *pool* de capital disponível para executar os programas da parceria e entregar seus resultados. Ao fundir o capital financeiro de diferentes fontes, incluindo o capital filantrópico (o que pode trazer riscos significativos),[31] os programas podem ser financiados por um *portfólio* versátil e coordenado de investimentos.

10. Assuma compromissos substanciais

As organizações devem *assumir compromissos substanciais* com a parceria, não apenas no começo dos esforços, mas ao longo de sua duração.[32] Vimos isso nos projetos de desenvolvimento econômico da província de Herat, no Afeganistão (cap. 7). O governo americano fez investimentos iniciais significativos em pesquisas, em levantamento de dados e em construção. O governo provincial afegão investiu em infraestrutura de eletricidade para melhor permitir uma nova capacidade de processamento agrícola, e um parceiro filantrópico financiou equipamentos de irrigação. Esses investimentos iniciais dos parceiros tipicamente refletem um amplo consenso de que os projetos são válidos e importantes. Também vimos isso no caso do Juntos no Brasil (cap. 9), em que o grupo Comunitas forneceu investimentos iniciais para pagar consultores de finanças, de arquitetura e de tecnologia. Os governos locais ofereceram capital humano e infraestrutura, o governo federal forneceu o compartilhamento da arrecadação anual intergovernamental e os progressos tecnológicos deram aos residentes voz nas decisões municipais.

11. Concorde quanto a contribuições complementares

À medida que os parceiros consideram opções para o financiamento dos programas, é essencial que desenvolvam uma estratégia de coinvestimento com a qual concordem e que seja baseada em *contribuições complementares*, não um esforço para disfarçar ou mitigar fraquezas individuais ou a falta de financiamento.[33] Isso permite que os parceiros compartilhem tanto os riscos quanto as recompensas potenciais e que alavanquem seus ativos, financeiros e outros. Como discutimos no capítulo 4, essas colaborações vão além da cobrança por serviços ou da obtenção de produtos entre os grupos parceiros, os quais contribuíram com ativos que podem ter valor tanto tangível quanto intrínseco. Vimos isso no caso do desempenho (cap. 11), em que o CBNY e a IBM investiram cada um em recursos organizacionais e em tempo, e ofereceram acesso a seus sistemas, operações e capacidades únicos. Esse foi também o caso da Comunitas (cap. 9) e das cidades de Campinas, Pelotas e Curitiba, onde os parceiros combinaram capital financeiro, incluindo financiamento privado e filantrópico, para abrir oportunidades de programas que de outro modo não seriam possíveis.

12. Use financiamento inovador

O *financiamento inovador* pode ser a pedra angular de uma parceria intersetorial. Isso vale especialmente para parcerias que desenvolvem e empregam métodos novos, nunca testados, ou criativos para abordar problemas desafiadores.[34] Nesses casos, os parceiros podem acessar e alavancar o financiamento do setor privado e alavancá-lo para o bem público. Vemos isso com a estrutura financeira relativamente nova denominada Título de Impacto Social, que une as respectivas forças e flexibilidades de parceiros dos setores público, privado e filantrópico, e tira vantagem delas. As parcerias podem beneficiar-se da compensação de riscos por meio de investimentos relacionados com programas (IRPs), que são oportunidades bem estabelecidas mas subutilizadas para incentivar a colaboração inventiva (TISs e IRPs são delineados no cap. 10). Sob muitos aspectos, a combinação de uma ampla suíte de instrumentos financeiros pode resultar numa rede expandida de organizações que trabalham por objetivos comuns e com melhor alinhamento de resultados financeiros e sociais.

Desempenho: Os parceiros devem trabalhar juntos para identificar e selecionar programas colaborativos com valores intrínsecos elevados — programas que estejam alinhados com os princípios dos partidos e com os objetivos gerais da parceria. Ao prever o *desempenho* relativo de um determinado conjunto de opções programáticas usando a fórmula da Taxa de Retorno de Impacto, os parceiros podem alocar o capital com base em prioridades e em objetivos específicos.

13. Determine indicadores mensuráveis

Sem *indicadores mensuráveis* claramente definidos e mutuamente aceitos, os parceiros não têm como saber se tiveram sucesso e muito menos se os programas estão encaminhados ou tendo bom desempenho.[35] Michael Bloomberg, ex-prefeito de Nova York, liderou a recuperação de Nova York depois do 11 de setembro de 2001 ancorado num consenso das mais precisas métricas de sucesso, numa busca incansável por mais e melhores dados, e no desenvolvimento e no refinamento de estratégias operacionais ligadas a esses fatores. Nos serviços de segurança pública e de respostas emergenciais, como foi discutido no capítulo 11, as parcerias da era Bloomberg (e programas que já existiam) dependeram fortemente de medidas de performance transparentes, bem definidas e geralmente aceitas, com as quais todos os parceiros concordavam. Como vimos com a fórmula da Teoria de Retorno de Impacto (cap. 12), um dos primeiros passos para customizar a mensuração da plataforma da TRi é determinar os Indicadores-Chave de Impacto. Igualmente importante é determinar as métricas específicas da fórmula que definem a qualidade do impacto da parceria (ver o Balanço de Impacto delineado no cap. 8).

14. Compartilhe dados e informações

Para medir o progresso com indicadores estabelecidos, os parceiros devem *compartilhar dados e informações* por meio das fronteiras organizacionais.[36] Isso não é natural para organizações competitivas, particularmente porque as empresas com fins lucrativos estão acostumadas a esconder agressivamente segredos industriais, estratégias e dados proprietários. Porém, essas fontes de informação protegida podem não ser necessárias para a mensuração e para o monitoramento do desempenho de uma parceria. Em alguns casos, o compartilhamento de informações é um dos principais propósitos da parceria, como foi no caso do Digital India (cap. 3). Em outras situações, trata-se apenas de tornar dados que já seriam públicos mais facilmente acessíveis ou buscáveis. Em Nova York, o prefeito Bloomberg colocou todas as informações importantes e medidas de desempenho para suas parcerias na página de dados abertos da prefeitura,[37] permitindo que os outros alavanquem livremente o valor desses dados.[38]

15. Redefina o sucesso

A grande marca da fórmula da Taxa de Retorno de Impacto é que ela oferece um arcabouço de mensuração para traduzir os diversos objetivos de uma parceria num linguajar comum (cap. 12). Em poucas palavras, ela permite que muitos parceiros diferentes juntem-se e *redefinam* o sucesso em torno de seus objetivos mutuamente compartilhados. A fórmula prevê o desempenho de impacto social de um dado projeto e combina importantes indicadores mensuráveis com dados relacionados com programar uma plataforma para que os parceiros tomem decisões mais informadas sobre a alocação de capital. Todos os parceiros, incluindo partes interessadas individuais e comunitárias, deveriam participar na determinação de quais aspectos ou qualidades de impacto guiarão a avaliação do programa (como discutido no cap. 8). O resultado é que as medidas de sucesso da parceria serão mais inclusivas e permitirão soluções mais eficientes a longo prazo.

Essa lista de verificações de 15 pontos cobre muitos dos aspectos mais importantes do desenvolvimento e da gestão de parcerias intersetoriais discutidos ao longo do livro. Esses pontos representam lições e observações dos casos bem-sucedidos que apresentamos e analisamos. Além disso, acreditamos que essa lista será útil para as organizações na hora em que elas preparam e implementam novas parcerias — especialmente quando combinada com um sentido de otimismo de que os objetivos são atingíveis e levarão a melhores resultados para as partes interessadas e para a sociedade.

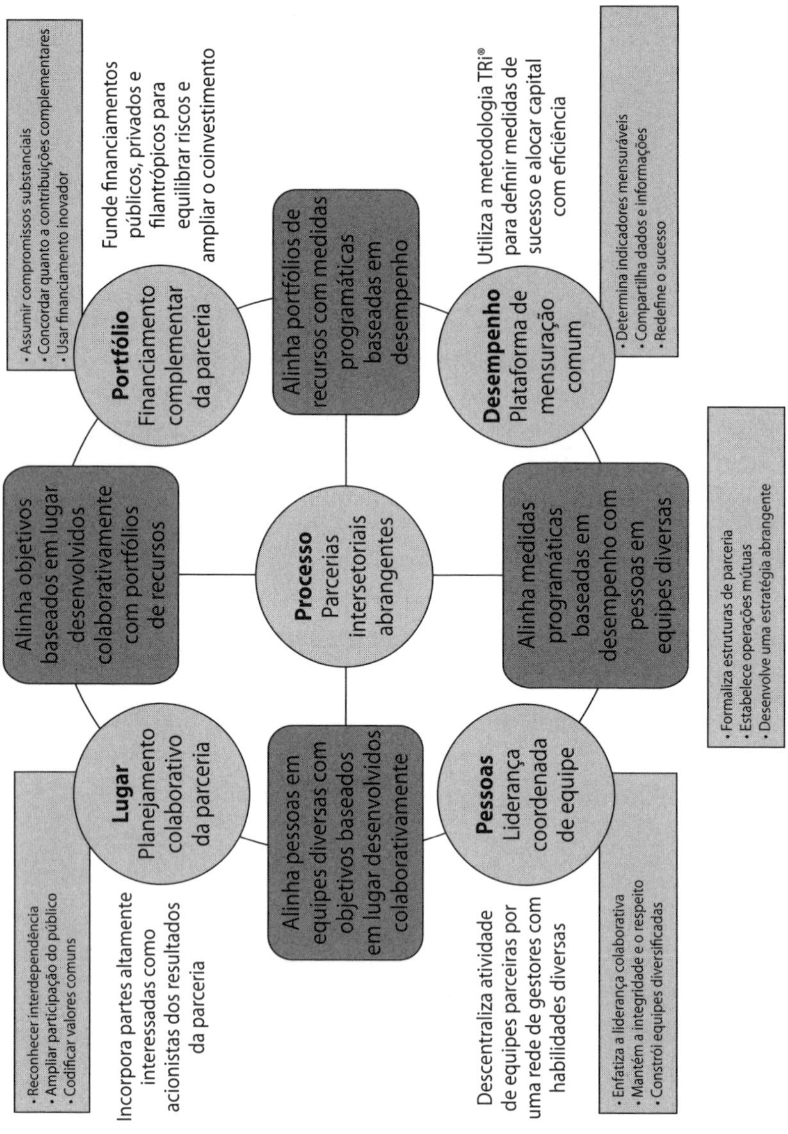
• Reconhecer interdependência
• Ampliar participação do público
• Codificar valores comuns
Incorpora partes altamente interessadas como acionistas dos resultados da parceria
Lugar
Planejamento colaborativo da parceria
Alinha objetivos baseados em lugar desenvolvidos colaborativamente com portfólios de recursos
• Assumir compromissos substanciais
• Concordar quanto a contribuições complementares
• Usar financiamento inovador
Portfólio
Financiamento complementar da parceria
Funde financiamentos públicos, privados e filantrópicos para equilibrar riscos e ampliar o coinvestimento
Alinha pessoas em equipes diversas com objetivos baseados em lugar desenvolvidos colaborativamente
Processo
Parcerias intersetoriais abrangentes
Alinha portfólios de recursos com medidas programáticas baseadas em desempenho
Descentraliza atividade de equipes parceiras por uma rede de gestores com habilidades diversas
Pessoas
Liderança coordenada de equipe
Alinha medidas programáticas baseadas em desempenho com pessoas em equipes diversas
Desempenho
Plataforma de mensuração comum
Utiliza a metodologia TRi®
para definir medidas de sucesso e alocar capital com eficiência
• Enfatiza a liderança colaborativa
• Mantém a integridade e o respeito
• Constrói equipes diversificadas
• Determina indicadores mensuráveis
• Compartilha dados e informações
• Redefine o sucesso
• Formaliza estruturas de parceria
• Estabelece operações mútuas
• Desenvolve uma estratégia abrangente

POR QUE ESTAMOS OTIMISTAS

O capítulo 1 documenta os longos desenvolvimentos da história da colaboração entre setores, incluindo o papel expansivo de parcerias público-privadas de larga escala durante o século XX. Um estudo do Banco Mundial de parcerias público-privadas recentes verificou que elas vêm crescendo há décadas, que existem em mais de 130 países e respondem por mais de 15% da construção geral de infraestrutura.[39] O relatório indica que mais de ⅔ dos projetos estudados (mais de 100) atingiram seus objetivos de construção. Os avaliadores desses projetos identificaram a necessidade e o significativo benefício potencial de mais parcerias de obras públicas no futuro para aprimorar a infraestrutura e promover o crescimento econômico.[40]

Usar parcerias para desenvolver e implementar novas soluções para complexos problemas de políticas públicas sociais, econômicas e ambientais é diferente e mais difícil, porém, particularmente estamos apenas começando a estabelecer medidas precisas e confiáveis de impacto social.[41] Como sempre dizia Peter Drucker, é impossível gerir com eficiência se você não tem clareza quanto àquilo que pretende obter e não pode medir o progresso até seus objetivos.[42] Fizemos grandes progressos medindo o impacto financeiro de práticas de gestão aprimoradas, mas podemos e devemos julgar o sucesso de todas as organizações, não importando o setor, além de sua missão e de seu desempenho financeiro.[43] Devemos também avaliar se elas prejudicam ou melhoram suas comunidades locais e também a sociedade como um todo.[44] Já estamos vendo mudanças nesse sentido e acreditamos que novos padrões de gestão e de mensuração podem acabar levando a nítidas melhorias na maneira como são dirigidos os ativos financeiros.[45] Por exemplo, imagine destravar o valor de muitos trilhões de dólares mantidos em dotações, em aposentadorias, em fundos soberanos e em investimentos privados usando-os não apenas para obter retorno financeiro, mas para aprimorar mensuravelmente nossa sociedade.[46]

APROVEITANDO O ÍMPETO

Mencionamos na introdução o trabalho do economista Steven Radelet. Radelet afirma que estamos no meio da maior melhora nas vidas dos pobres do mundo, mensurada pela redução da pobreza, pelo aumento das rendas, pela melhora da assistência médica, por menos guerras e conflitos, e pela disseminação da democracia.[47] Embora as condições econômicas dos pobres tenham melhorado substancialmente, a sociedade continua enfrentando a crescente desigualdade global.[48] Felizmente, podemos começar a abordar isso ao mesmo tempo que aceleramos o crescimento econômico. Como escreve Joseph Stiglitz, ganhador do Prêmio Nobel, "sempre estão disponíveis políticas que ao mesmo tempo aumentam o crescimento e a igualdade — criando uma prosperidade conjunta".[49] Stiglitz recomenda um conjunto de políticas, incluindo políticas para atingir o pleno emprego, em parte ao menos aumentando o investimento público em infraestrutura, educação, inovação e meio ambiente. Ele escreve que esses "investimentos [governamentais] expandirão a economia e tornarão os investimentos privados ainda mais atraentes".[50] Historicamente, observa ele, períodos de crescimento de alta produtividade estão fortemente correlacionados com o investimento do setor público.[51] Como argumentamos ao longo deste livro, as parcerias podem ser um veículo extremamente eficiente para implementar esse tipo de estratégia que reduz a desigualdade e aumenta o crescimento.

UM MOMENTO PARA PARCERIAS MAIS EFICIENTES

As parcerias intersetoriais — especialmente aquelas que compartilham os princípios do investimento em valor social — não são apenas uma boa ideia. Elas são essenciais para superar os desafios mais cruciais da sociedade.[52] Para sermos bem-sucedidos, precisamos que grupos de todos os tipos se unam, compartilhem seu conhecimento e promovam melhores práticas para uma gestão de parceria e sistema de entrega que maximize o impacto social positivo. Peter Drucker tinha razão quando observou que a liderança e a gestão contribuem tanto para o progresso quanto a inovação tecnológica, se não mais.[53]

Essa gestão, porém, precisa ser eficiente e estratégica, e deve concentrar-se em objetivos que melhoram a sociedade — objetivos que promovem um mundo seguro, saudável, próspero e florescente para todos. Por mais idealista que pareça, as parcerias baseadas nesses princípios podem levar a soluções mais equitativas, inclusivas e responsáveis. Porém, a sociedade precisa estar disposta a levar em conta as externalidades negativas das nossas ações e parar a exploração de certas indústrias e práticas econômicas.[54] Ao fazer isso, organizações de todos os tipos estarão mais bem posicionadas para servir às importantes necessidades de comunidades por toda parte.

Deixamos claro o quanto é importante a mensuração para a boa gestão ao longo deste livro. Ainda mais importante do que como *medimos* o sucesso é como *definimos* o sucesso para começar, porque isso afeta dramaticamente nossas intenções, nossas ações e nossos resultados.

A sociedade está no processo de redescobrir o que significa ser bem-sucedido.[55] À medida que essa descoberta evolui, permanecemos incrivelmente otimistas, e pedimos que o leitor considere as observações, arcabouços e lições neste livro, use-os para o bem social e também os aprimore. Esperamos que isso una organizações, indivíduos e comunidades locais num processo inclusivo e coletivo para superar nossos desafios mais delicados. Por fim, esperamos que esta obra apoie uma mudança transformacional na maneira como todos nós colaboramos — para que todos possam participar de fazer do mundo um lugar muito melhor.

Agradecimentos

Poucas tarefas são realizadas por um indivíduo trabalhando sozinho, se é que alguma é. Esperamos que, com o tempo, este livro seja considerado uma obra útil e importante. Se nossa esperança se tornar realidade, há muitas pessoas com quem dividir os créditos.

HWB

Numerosos amigos, colegas e mentores contribuíram de algum modo para meu entendimento do mundo e para minha capacidade de escrever esta obra. Bill Eimicke é não apenas meu coautor, mas meu caro amigo e apoiador. Ele encarna o verdadeiro sentido da palavra "parceiro". Existem também muitas pessoas na academia que ajudaram a tornar este livro possível. Primeiro, agradeço a Steve Cohen e à equipe do Instituto Earth. Steve me aconselha há muito tempo e é alguém com quem nunca vou parar de aprender. Também tive um apoio tremendo da equipe da Universidade de Nebraska, especialmente Hank Bounds, Ronnie Green, Jeff Gold, Steve Waller e Tiffany Heng-Moss. Também devo agradecer ao professor Mike Roloff, Beth Buske e N. P. Das, e também aos muitos outros professores que guiaram meu pensamento e desenvolvimento ao longo dos anos.

Existem aqueles que contribuíram lendo o livro e dando sua opinião, sugestões, ou fazendo correções. Agradeço a Matthew Bishop e Ruma Bose, Jerry Hirsch e a equipe do Collaboration Prize, Andrew Kassoy, Christine Looney e a Fundação Ford, Wes Moore e a equipe na Fundação Robin Hood, Mark Newberg (que continua a questionar minhas ideias) e Brian Trelstad. Steven

Radelet ofereceu opiniões iniciais e úteis sobre o livro, assim como Daniel Shapiro e a equipe no Programa de Negociação Internacional da Universidade Harvard. Agradeço também a Adam Stepan por seu apoio continuado a este projeto, e a Chrissy Garton e a Padma Tata por suas dedicadas pesquisas e análises da parte do manuscrito que tratava de arcabouços.

Tive a maravilhosa oportunidade de aprender com muitas pessoas que foram minhas mentoras ou que me incluíram em seu trabalho. Agradeço a Amir e Tas Dossal e a toda a equipe do Unops. Agradeço ainda ao almirante Cecil Haney e aos muitos indivíduos que servem na missão do Comando Estratégico dos Estados Unidos [U.S. Strategic Command]. Também agradeço a Mogens Bay, Dan Glickman, Jane Goodall, Alexis Herman, Don e Mickie Keough, Tom Mangelsen, Patricia Rosenfield, Pete Rouse, Suzanne e Walter Scott Jr., Raj Shah, Josette Sheeran, e Gail e Mike Yanney, pelos muitos anos de guiamento e apoio.

Agradeço também a Nick Batter, Allen Beermann, Susan Bell, Julie Borlaug, J. D. Bryant, Mike Culver, Elliott Donnelley II, Peggy Dulany, Alan H. Fleischmann, Ellen Gustafson, Jacob Harold, Adam Hitchcock, Ajit, Tinku, Akshay, e Ajay Jain, Laura e Gary Lauder, Lauren Bush Lauren, Marco Lopez, John McNaught, Dmitri Mehlhorn, Clay Mitchell, Rob Myers, Trevor Neilson, Doug Oller, Ron e Jane Olson, Robert Reffkin, Kate Roberts, Nishant Roy, Robert Schutt, Klaus Schwab, Christine Sherry, David Slattery Jr., Darian Swig, Jack Vrett e Mike Walter. Também me beneficiei das ideias e do *feedback* dos participantes da Iniciativa de Lideranças da Próxima Geração da Casa Branca e da reunião do Instituto Global Impact.

A importância do trabalho de equipe é discutida neste livro, e o próprio arcabouço de investimento em valor social não existiria sem três esforços de equipe em particular. Na origem do arcabouço está o paradigma do investimento em valor. Seus princípios e rigor devem-se ao importante trabalho de Benjamin Graham e David Dodd na Universidade de Columbia quase um século atrás. A teoria de gestão para o arcabouço é inspirada e moldada na estrutura e no sucesso da Berkshire Hathaway. Por isso, quero agradecer a toda a equipe da Berskhire Hathaway e reconhecer a liderança e o trabalho duro dos gestores da Berkshire e de seu conselho diretor — todos os quais respeito muito, e muitos dos quais são meus amigos. Por fim, a adaptação da teoria de valor a seu arcabouço atual de parcerias intersetoriais é um resultado do trabalho e dos programas da Fundação Howard G. Buffett. Eu gostaria de agradecer a toda a equipe da FHGB, incluindo Trisha Cook, Ann Kelly Bolten, Paula Goedert, seu conselho, sua equipe e seus muitos parceiros desses anos todos.

Um agradecimento especial à Fundação Bill e Melinda Gates por ter me incluído no trabalho de sua fundação, por sua dedicação a melhorar o mundo e por seu compromisso com serem bons guardiães. Mais agradecimentnos a Mark Suzman, Bridgitt Arnold e Ryan Kreitzer por sua ajuda com o manuscrito. Aspectos importantes do arcabouço de investimento em valor social foram inspirados pelo trabalho com uma equipe de projetos especiais na Fundação Bill e Melinda Gates. Agradeço a Patty Stonesifer, Cheryl Scott, Alex Friedman, Lowell Weiss, Olivia Leland, Greg Cain e outros daquele grupo. Agradeço também às equipes que apoiaram a iniciativa Goalkeepers e a Giving Pledge por seu excelente trabalho, incluindo Robert Rosen e Adrienne DiCasparro.

Uma equipe incrível contribuiu para o desenvolvimento e para o sucesso do Escritório de Inovação Social e Participação Cívica da Casa Branca [White House Office of Social Innovation e Civic Participation], do qual foram tiradas muitas de minhas observações e lições a respeito de parcerias intersetoriais. A equipe incluía Michele Jolin, Carlos Monje, Marta Urquilla, Paul Schmitz, Jonathan Greenblatt, Cheryl Dorsey, Charlie Anderson e muitos outros. Todos fomos inspirados pelo presidente Barack Obama e pela liderança de Sonal Shah, por quem sinto profunda gratidão.

Uma equipe muito grande no Departamento de Defesa e muitos parceiros do DdD possibilitaram o trabalho no caso do Afeganistão. Gostaria de agradecer ao presidente Ashraf Ghani, almirante Michael Mullen, secretário Robert Gates, general David Petraeus, Paul Brinkley, Stan Lumish, Eric Clark, Gerry Brown, Christine Rafiekian, muitos outros dos anéis C e A do Pentágono, e também muitos civis e militares servindo nosso país. Agradeço também a Roya Mahboob, Lou Pierce, Eric Crowley e também a toda a equipe do Instituto Norman Borlaug, incluindo Mark Q. Smith, Glen Shinn, Richard Ford, Rahmat Attaie e David Quarles. E um agradecimento especial ao dr. Ed Price, que atua como mentor e amigo de muitos — meu inclusive.

Alguns dos meus amigos mais queridos e próximos investiram incontáveis horas apoiando a mim e ao desenvolvimento de muitas ideias encontradas neste livro. Eu não seria quem sou hoje sem Zecki Dossal, Luis A. Renta, Jorge Cervantes, Katherine Lorenz e Rob Lalka. Também devo reconhecer as numerosas e significativas contribuições feitas por Rob especificamente para este manuscrito, pelas quais expresso minha gratidão.

O livro é dedicado a meu filho e a minha esposa por seu profundo impacto em minha vida e pela inspiração que eles oferecem. Sem o apoio de Lili e sem a dedicação do tempo e da energia *dela*, este projeto nunca teria sido concluído. Por isso tenho uma dívida com ela e expresso minha mais produnda gratidão.

Também sou grato pelo amor e pelo guiamento de todos em minha família ao longo dos anos. Obrigado, Doris, Bertie, Astrid, Pam, Susie, Allen, Em, Mike e Joe, Alex e Mimi, e também Jenn e Peter — por me ensinarem coisas que eu não sabia que poderia aprender. Um agradecimento especial a cada uma das minhas irmãs, Megan, Chelsea, Heather e Erin, também às suas famílias. Vocês todos são um esteio de apoio.

Um agradecimento muito especial para minha mãe e meu pai, a quem devo muitas coisas. Minha mãe nunca deixou de cuidar de mim, como continua cuidando hoje — ela exsuda empatia e amor ilimitados. Meu pai teve a presciência, a fortaleza e a paciência de levar seu jovem filho consigo em suas muitas viagens — vivenciando o melhor e o pior do mundo juntos. Eu não poderia ter pedido mãe ou pai melhores.

Também gostaria de agradecer a minha avó, que serve como farol da nossa família; ela encarnava a generosidade incondicional e infinda, que continua a nos inspirar a todos.

E a meu avô: há muito pelo que agradecer. Não apenas pelo tempo impressionante que você investiu revisando meus rascunhos, e por seu *feedback*, guiamento e incentivo inestimáveis durante o processo de escrita. Sou incrivelmente grato por seu poderoso exemplo do que um único indivíduo pode realizar em uma vida. Sua abordagem dos negócios, e da vida, serve de inspiração para esta obra, assim como seu senso sem fronteiras de otimismo.

WBE

Antes de tudo, gostaria de agradecer a meu coautor, colega e amigo próximo, Howard W. Buffett. Ensinamos juntos, aprendemos juntos, escrevemos juntos e, creio, continuamos um a tornar o outro melhor. Segundo, meu caro amigo e coautor perene Steven Cohen colaborou comigo por mais de 30 anos para descobrir como melhor ajudar a tornar os líderes públicos e gestores de amanhã ainda melhores do que os de hoje e de ontem.

Para este livro em particular, aqueles que contribuíram com uma influência crucial em meu pensamento sobre as parcerias intersetoriais incluem Adam Stepan, seu pai Al Stepan, Thomas Trebat, Jagdish Bhagwati, Arvind Panagariya, Krishnan Ganapathy, Doug Blonsky, John Alschuler, Rodrigo

Soares, Regina Esteves, José Roberto Marinho, Carlos Jereissati, Richard Tobin, chefe do Corpo de Bombeiros de Nova York, Joseph Pfeifer, também chefe do Corpo de Bombeiros de Nova York, Bill Bratton, lendário comissário do Departamento de Polícia de Nova York, Ester Fuchs e ainda muitos outros numerosos demais para mencionar aqui. John Dunne, ex-senador do estado de Nova York, Ed Koch, ex-prefeito da cidade de Nova York, Mario Cuomo, governador do estado de Nova York, ex-prefeito e professor Stephen Goldsmith, e o prefeito Michael Bloomberg são meus modelos para tudo o que pode ser realizado pelo governo, eticamente e com justiça econômica e social sempre em mente. David Osborne, pesquisador, amigo e pensador brilhante escreveu um dos livros mais influentes do século XX, *Reinventing government*, sobre como obter interesse público de maneira mais eficaz e mais inclusiva; sua obra sempre me inspira a pensar mais alto e a escrever melhor.

Sou grato a nossa equipe no Picker Center de Colúmbia, particularmente a Arvid Lukauskas, Valerie Zimmer, Aleschia Johnson, Bruna Santos e Nitasha Nair, que ajudaram a fazer do nosso centro um lugar onde o corpo docente, os alunos, os profissionais e outros centros acadêmicos vêm aprender a respeito de melhores práticas na inovação de gestão, valor social e parcerias intersetoriais.

Por fim, sem Karen Murphy, Annemarie Eimicke, Balsam Murphy e Sugar Ray Murphy, minha contribuição para este livro não teria sido possível.

Nós dois gostaríamos de expressar nossa gratidão à equipe notável da Columbia University Press. Myles Thompson e Stephen Wesley foram verdadeiramente nossos parceiros na criação deste livro. Também gostaríamos de agradecer a Eric Schwartz, Meredith Howard, Marielle Poss, Ben Kolstad, Bill Hawley e a toda a equipe de produção. Além disso, também nos beneficiamos do *feedback* inestimável dos pares que revisaram nosso trabalho e do conselho editorial e do Comitê de Publicações da Columbia University Press — todos os quais nos ajudaram a aprimorar consideravelmente nosso trabalho e nosso pensamento.

Também somos incrivelmente gratos a Lee Bollinger, presidente da Universidade de Colúmbia, ao administrador John Coatsworth e a Merit Janow, decana da Sipa, por nos dar a oportunidade de trabalhar na Universidade de Colúmbia e a liberdade de seguir nossas paixões por tornar o mundo um lugar melhor para todos.

Notas

INTRODUÇÃO

1. THE Trust for Public Land. *2017 City Park Facts*. abr. 2017. p. 33. Disponível em: <www.tpl.org/sites/default/files/files_upload/CityParkFacts_2017.4_7_17.FIN_.LO_.pdf>.
2. O número total de visitantes é calculado multiplicando-se a média de visitantes por acre (1.129.272) pelo número de acres do parque (7). THE Trust for Public Land. *2017 City park facts*. abr. 2017. p. 33.
3. COLUMBIA UNIVERSITY SCHOOL OF INTERNATIONAL AND PUBLIC AFFAIRS. *2017-2018 Sipa Bulletin*. Disponível em: <http://bulletin.columbia.edu/sipa/>.
4. HOOD, Neil; YOUNG, Stephen (Ed.). *The globalization of multinational enterprise activity and economic development*. Londres: Palgrave Macmillan, 2000.
5. Para uma análise detalhada desse ponto, ver BERGH, Andreas; NILSSON, Therese. Is globalization reducing absolute poverty? *World Development*, v. 62, p. 42-61, 2014.
6. HELLEINER, Eric. Understanding the 2007-2008 global financial crisis: lessons for scholars of international political economy. *Annual Review of Political Science*, v. 14, p. 67-87, 2011.
7. BRYNJOLFSSON, Erik; MCAFEE, Andrew. *The second machine age*. Nova York: Norton, 2014.
8. Para mais informações sobre esse sentimento, ver os dados da pesquisa do 2017 Edelman Trust Barometer Global Report. Disponível em: <www.edelman.com/global-results/>.
9. RADELET, Steven. *The great surge*: the ascent of the developing world. Nova York: Simon and Schuster, 2015. p. 5.
10. A OMS define água potável como acesso a fontes de água melhorada, tanto encanada quanto não encanada. JOINT MONITORING PROGRAMME FOR WATER SUPPLY, SANITATION AND HYGIENE. *Progress on drinking water, sanitation and hygiene: 2017 update and SDG baselines*. Genebra: Organização Mundial de Saúde; Unicef, 2017. p. 12, fig. 16. Licença: CC BY-NC-SA 3.0 IGO.
11. Organização Mundial de Saúde, Children: reducing mortality (Factsheet), outubro de 2017, disponível em www.who.int/mediacentre/factsheets/fs178/en/>.
12. UNITED STATES CENSUS BUREAU. *Millennials outnumber baby boomers and are far more diverse, census bureau reports*. 25 jun. 2015. Release Number: CB15-113.
13. HAVENS, John J.; SCHERVISH, Paul G. A golden age of philanthropy still beckons: national wealth transfer and potential for philanthropy. Boston College Center on Wealth

and Philanthropy, 2014. Disponível em: <www.bc.edu/content/dam/files/research_sites/cwp/pdf/A%20Golden%20Age%20of%20Philanthropy%20Still%20Bekons.pdf>.

14. O investimento sustentável é definido pelo Morgan Stanley Institute for Sustainable Investing como "a prática de fazer investimentos em empresas ou em fundos que almejam retornos financeiros a taxas de mercado ao mesmo tempo que buscam um impacto social e/ou ambiental positivo". p. 3. MORGAN STANLEY INSTITUTE FOR SUSTAINABLE INVESTING. *Sustainable signals*: new data from the individual investor. 7 ago. 2017.
15. MORGAN STANLEY INSTITUTE FOR SUSTAINABLE INVESTING. *Sustainable signals*: new data from the individual investor. 7 ago. 2017.
16. Mais de 4.500 indivíduos globalmente, nascidos depois de janeiro de 1983, afirmaram que o objetivo primário das empresas era "melhorar a sociedade". DELOITTE. *Millennial innovation survey*. jan. 2013. Disponível em: <www2.deloitte.com/content/dam/Deloitte/global/Documents/About-Deloitte/dttl-crs-millenial-innovation-survey-2103.pdf>.
17. FORUM FOR SUSTAINABLE AND RESPONSIBLE INVESTMENT. *Report on US sustainable, responsible and impact investing trends*. 2014. Disponível em: <www.ussif.org/trends>.
18. THE BOSTON CONSULTING GROUP. *Total societal impact; a new lens for strategy*. out. 2017. p. 7. Disponível em: <http://3blmedia.com/sites/www.3blmedia.com/files/other/BCG_Total_Societal_Impact.pdf>.
19. GROUX, Darshan. *Millennials in the workplace*. Center for Women & Business, Bentley University. p. 4. Disponível em: <www.bentley.edu/centers/center-for-women-and-business/millenials-workplace>.
20. STIGLITZ, Joseph E. *The price of inequality*. Nova York: Norton, 2013. p. xxi.
21. Stiglitz, *The price of inequality*, p. xxix.
22. GORDON, Robert J. *The rise and fall of American growth*. Princeton, NJ: Princeton University Press, 2016.
23. DRUCKER, Peter F. *Management*: tasks, responsibilities, practices. Nova York: HarperCollins, 1974. p. 807.
24. 2017 DELOITTE Millennial Survey. Disponível em: <www.deloitte2.com/global/en/pages/about-deloitte/articles/millenialsurvey.html>.
25. DRUCKER, Peter F. *The age of discontinuity*. Brunswick, NJ: Transaction, 2008. p. 234-241.
26. CASEY, John. Comparing nonprofit sectors around the world. *Journal of Nonprofit Education and Leadership*, v. 6, n. 3, p. 187-223, 2016.
27. Discurso de Howard W. Buffett, United Nations Social Innovation Summit, 31 maio 2012. Nova York.
28. Ver, por exemplo, SCLAR, Elliot D. *You don't always get what you pay for*: the economics of privatization. Ithaca, NY: Cornell University Press, 2000.
29. A inspiração vem de uma citação de John F. Kennedy: "Nossos problemas foram causados pelo homem — por isso, podem ser resolvidos pelo homem". Discurso de Formatura na American University, 10 jun. 1963. Disponível em: <www.jfklibrary.org/Asset-Viewer/BWC714C9QUmLG9J618oy8w.aspx>.
30. Por exemplo, as pessoas entre 15 e 29 anos são mais de 30% da população em idade de trabalhar na maioria dos países do Oriente Médio e do norte da África. Para mais

informações, ver ORGANIZAÇÃO PARA A COOPERAÇÃO E O DESENVOLVIMENTO ECONÔMICO. *Youth in the Mena region*: how to bring them in. Paris: OCDE, 2016. Disponível em: <http://dx.doi.org/10.1787/978964265721-en>.

CAPÍTULO 1: A EVOLUÇÃO DAS PARCERIAS INTERSETORIAIS

1. BOVAIRD, Tony. Public-private partnerships: from contested concepts to prevalent practice. *International Review of Administrative Sciences*, v. 70, n. 2, p. 199-215, 2004.
2. Bovaird, Public-private partnerships, p. 199.
3. MAURRASSE, David. *Strategic public private partnerships* — innovation and development. Cheltenham, Reino Unido: Edward Elgar, 2013. p. 10-41.
4. WILDRIDGE, Valerie et al. How to create successful partnerships — a review of the literature. *Health Information & Libraries Journal*, v. 21, p. 3-19, 2004. Disponível em: <https://doi.org/10.1111/j.1740-3324.2004.00497.x>.
5. Para mais a respeito de atividades com valor social, ver GUISO, Luigi; SAPIENZA, Paola; ZINGALES, Luigi. Civic capital as the missing link: handbooks in economics. In: BENHABIB, Jess; JACKSON, Mathew O.; BISIN, Alberta (Ed.). *Social economics*. Volume 1A: Handbooks in economics, San Diego, Calif.: North-Holland, 2011. p. 417-480.
6. Para uma discussão e uma análise da superação de problemas de ação coletiva relacionados com objetivos de desenvolvimento sustentável, ver RYDIN, Yvonne; HOLMAN, Nancy. Re-evaluating the contribution of social capital in achieving sustainable development. *Local Environment*, v. 9, n. 2, p. 117-133, abr. 2004. particularlmente p. 127-131. Disponível em: <https://doi.org/10.1080/1354983042000199561>.
7. MCQUAID, Ronald W. Theory of organisational partnerships — partnership advantages, disadvantages and success factors. In: OSBORNE, Stephen P. (Ed.). *The new public governance*: critical perspectives and future directions. Londres: Routledge, 2010. p. 125-146.
8. Para mais a esse respeito, ver RODRÍGUEZ-POSE, Andrés; STORPER, Michael. Better rules or stronger communities? On the social foundations of institutional change and its economic effects. *Economic Geography*, v. 82, p. 1-25, 2006. Disponível em: <https://doi.org/10.1111/j.1944-8287.2006.tb00286.x>.
9. Para uma discussão dos desafios associados ao estabelecimento e à gestão de parcerias intersetoriais, ver BABIAK, Kathy; THIBAULT, Lucie. Challenges in multiple cross-sector partnerships. *Nonprofit and Voluntary Sector Quarterly*, v. 38, n. 1, p. 117-143, dez. 2007. Disponível em: <https://doi.org/10.1177/0899764008316054>.
10. PITTZ, Thomas G.; ADLER, Terry R. An exemplar of open strategy: decision-making within multi-sector collaborations. *Management Decision*, v. 54, n. 7, p. 1595-1614, 2016.
11. Maurrasse, *Strategic public private partnerships*, p. 3.
12. ORGANIZAÇÃO DAS NAÇÕES UNIDAS. *Transforming our world*: the 2030 agenda for sustainable development. United Nations A/Res/70/1, adotada em 27 de setembro de 2015. Para mais informações, ver <https://sustainabledevelopment.un.org/>.
13. Para mais a respeito da Goalkeepers Initiative, ver <www.globalgoals.org/goalkeepers/>.
14. Maurrasse, *Strategic public private partnerships*, p. 17.

15. NATIONAL PARK SERVICE. U.S. Department of the Interior. *About the Homestead Act*. Disponível em: <www.nps.gov/home/learn/historyculture/abouthomesteadactlaw.htm>.
16. LAUNIUS, Robert D. Historical analogs for the stimulation of space commerce. In: MONOGRAPHS in Aerospace History, n. 54. Washington, DC: Nasa, 2014.
17. GORDON, Robert. *The rise and fall of American growth*. Princeton, NJ: Princeton University Press, 2016.
18. Discurso de Mario Cuomo na Convenção Nacional do Partido Democrata, 16 de julho de 1984, São Francisco, Califórnia.
19. SCHLESINGER JR., Arthur M. *The coming of the new Deal*. Nova York: Houghton Mifflin, 1958. p. 299-301.
20. Se a economia norte-americana levou a 75 milhões de casas ocupadas pelos proprietários, grande parte da propriedade imobiliária foi financiada por dívidas. Esse assunto é discutido nas páginas 5-6 do *2016 Annual report* da Berkshire Hathaway Inc.. Disponível em: <www/.berkshirehathaway.com/2016ar/2016ar.pdf>
21. Os autores converteram os custos para dólares de 2018 usando dados do U.S. Bureau of Labor Statistics. Para as cifras originais, ver U.S. Department of Transportation, Federal Highway Administration, reimpressão de: WEINGROFF, Richard F. Federal-Aid Highway Act of 1956: creating the interstate system. *Highway History*, v. 60, n. 1, verão de 1996. Disponível em: <www.fhwa.dot.gov/publications/publicroads/96summer/p96su10.cfm>.
22. Os autores converteram os custos para dólares de 2018 usando dados do U.S. Bureau of Labor Statistics. Para as cifras originais, ver U.S. DEPARTMENT OF TRANSPORTATION. Federal Highway Administration. *Highway history*. Disponível em: <www.fhwa.dot.gov/interstate/faq.cfm#question6>.
23. U.S. DEPARTMENT OF TRANSPORTATION. Federal Highway Administration. *Highway history*. Disponível em: <www.fhwa.dot.gov/interstate/faq>.
24. BACEVICH, Andrew J. The tyranny of defense inc. *The Atlantic*, jan. 2011. Disponível em: <http://theatlantic.com/magazine/archive/2011/01/the-tiranny-of-defense-inc/308342/>.
25. KENNEDY, John F. *Historic speeches*. John F. Kennedy Presidential Library and Museum. Disponívl em: <www.jfklibrary.org/JFK/Historic-Speeches.aspx>.
26. HOLEMAN, Frank. President Kennedy announces he wants to put a man on the moon. *New York Daily News*, 26 maio 1961. Disponível em: <www.nydailynews.com/news/national/jfk-announces-1961-put-man-moon-article-1.2648222>.
27. KAKU, Michio. The cost of space exploration. *Forbes*, 16 jul. 2009. Disponível em: <www.forbes.com/2009/07/16/apollo-moon-landing-anniversity-opinions-contributors-cost-money.html>.
28. O custo exato do programa foi estimado entre US$ 21 e US$ 30 bilhões, dependendo do que está incluído no total. Ver, por exemplo, LOWMAN JR., Paul D. *Our first lunar program*: what did we get from Apollo? 6 set. 2007. Disponível em: <www.nasa.gov/centers/goddard/news/series/moon/first_lunar_program.html>; e TELEGRAPH MEDIA GROUP. *Apollo 11 moon landing; ten facts about Armstrong, Aldrin and Collins' mission*. 18 jul. 2009. Disponível em: <www.telegraph.co.uk/news/science/space/5852237/Apollo-11-Moon-landing-ten-facts-about-Armstrong-Aldrin-and-Collins-mission.html>.
29. NASA. *Public-private partnerships for space capability development*. abr. 2014. Disponível em: <www.nasa.gov/sites/default/files/files/NASA_Partnership_Report_LR_20140429.pdf>.

30. KRAMER, Miriam. *Public-private partnerships key to US spaceflight future, experts say*. 14 maio 2014. Disponível em: <www.space.com/25880-government-private-partnerships-us-spaceflight-future.html>; VELOCCI, Anthony. *Commercialization in space*. 30 mar. 2012. Disponível em: <http://hr.harvard.edu/article/?a=2921>.
31. NASA. *Europa*: overview: ingredients for life? Disponível em: <http://solarsystem.nasa.gov/planets/europa>.
32. Ver as seguintes fontes da NASA: *Apollo I, The Fire, 27 January 1967*. Disponível em: <www.history.nasa.gov/SP-4029/Apollo_01a_Summary.htm>; *Challenger STS 51-L Accident, January 28, 1986*. Disponível em: <www.history.nasa.gov/sts511.html>; e *Report of Columbia Accident Investigation Board*, v. 1. Disponível em: <www.nasa.gov/columbia/home/CAIB_Vol1.html>.
33. DRUCKER, Peter. *The age of discontinuity*. Brunswick, NJ: Transaction, 2008.
34. Drucker, *The age of discontinuity*, p. 101.
35. Drucker, *The age of discontinuity*, 212-233.
36. Drucker, *The age of discontinuity*, p. 234.
37. Drucker, *The age of discontinuity*, p. 241.
38. REAGAN, Ronald. Discurso de posse, 20 jan. 1981. Ronald Reagan, Presidential Library & Museum. Disponível em: <www.reaganlibrary.archives.gov/archives/speeches/1981/12081a.htm>.
39. SALAMON, Lester. *Beyond privatization*: the tools of government action. Washington, DC: Urban Institute Press, 1989. p. 245.
40. SMITH, Geoffrey. *Reagan & Thatcher*: the balance Sheet. The Eighties Club, 1991. Disponível em: <http://eightiesclub.tripod.com/id133.htm>.
41. GRANT, Michael. Financing Eurotunnel. *Japan Railway & Transport Review*, v. 47, abr. 1997. Disponível em: < www.jrtr.net/jrtr11/pdf/f46_gra.pdf>.
42. OSBORNE, David. *Laboratories of democracy*. Brighton, Mass.: Harvard Business School Press, 1988.
43. OSBORNE, David; GAEBLER, Ted. *Reinventing government*. Boston, Mass.: Addison-Wesley, 1992.
44. Osborne e Gaebler, *Reinventing government*, p. ix-x.
45. William Eimicke foi selecionado para trabalhar com Osborne como especialista em voluntariado e concentrou-se em oportunidades de reinvenção nos órgãos federais associados a moradia.
46. GOLDSMITH, Stephen. *The twenty-first century city*. Washington, DC: Regnery, 1997. Goldsmith atualmente ocupa a cátedra Daniel Paul de Prática de Governo e é diretor do Programa de Inovações no Governo Americano na Kennedy School of Government, em Harvard. Anteriormente foi vice-prefeito da cidade de Nova York no governo do prefeito Michael Bloomberg e presidente da Corporation for National and Community Service no governo do presidente George W. Bush.
47. SAVAS, Emanuel S. *Privatization in the city*. Washington, DC: CQ Press, 2005.
48. FAITH-BASED AND COMMUNITY INITIATIVE. United States Government Accountability Office. *Improvements in monitoring grantees and measuring performance could enhance accountability*. Washington, DC: U.S. G.A.O., 2006.

49. RUNDE, Daniel F. (com Aaron Milner e Jena Santoro). *The millennium challenge corporation in the Trump era*. Washington, DC: Center for Strategic and International Studies, 2017. p. 1.
50. Runde, *The millennium challenge corporation*, p. 7.
51. Ver BUFFETT, Howard W. *MCC's impact evaluations challenge Us all to do better*. 6 dez. 2012. Disponível em: <www.mcc.gov/blog/entry/entry-120612-howard-w-buffett-on--impact-evaluations>.
52. ROSE, Sarah; WIEBE, Franck. *Defining the next ten years of the Millennium Challenge Corporation, Center for Global Development*. 2016. p. 4. Disponível em: <www.cgdev.org/sites/default/files/whw-mcc.pdf>.
53. U.S. DEPARTMENT OF STATE. Secretary's Office of Global Partnerships. *About us*. Disponível em: <www.state.gov/s/partnerships/mission/index.htm>.
54. Vice-secretário de Defesa Ashton Carter e vice-presidente dos Chefes do Estado-Maior, almirante James Winnefeld. Public-private partnerships supporting the DoD mission. DoD Memorandum, 25 abr. 2013.
55. Ver *US Pacific Command's J92 Partnering Division*. Disponível em: <www.pacom.mil/Contact/Directory/J9/Strategic-Partnerships>; e *US Southern Command's J7/9 Coalition Affairs Directorate statement on partnership*. Disponível em: <www.southcom.mil/Focus--Areas/Partner-of-Choice/>.
56. NATIONAL INTELLIGENCE COUNCIL. *Global trends*: paradox of progress. 3 jan. 2017. Disponível em: <www.dni.gov/files/documents/nic/GT-Full-Report.pdf>.
57. National Intelligence Council. *Global trends*, p. 28.
58. Esse foi um tema-chave num conjunto de recomendações de gestão preparado para o U.S. Strategic Command a respeito da adaptação de princípios de investimento em valor social ao comando nuclear e às operações de controle do comando nuclear norte-americano. Ver mais em: BUFFETT, Howard W. (Ed.). *Innovating U.S. strategic command's deterrence and assurance operations*. Columbia University School of International and Public Affairs, primavera de 2017. Disponível em: <http://stratcom.mil/Portals/8/Documents/Columbia University Sipa USSTRATCOM Final Report.pdf>.
59. Para um editorial sobre o assunto, ver WATSON, Tom. Philanthropy in a time of turmoil: 3 cheers for the establishment. *The Chronicle of Philanthropy*. 28 jun. 2016. Opinion. Disponível em: <www.philanthropy.com/article/Opinion-3-Cheers-for-the/236937/>.

CAPÍTULO 2: INVESTIMENTO EM VALOR SOCIAL

1. FLEISHMAN, Joel L. *The foundation*: a great American secret; how private wealth is changing the world. Nova York: PublicAffairs, 2007.
2. FLEISHMAN, Joel L. *Putting wealth to work*: philanthropy for today or investing for tomorrow? Nova York: PublicAffairs, 2017.
3. O'BRIEN, Timothy; SAUL, Stephanie. Buffett to give bulk of his fortune to gates charity. *New York Times*, 26 jun. 2006.
4. RICHARDSON, Karen. Warren Buffett gives $30 billion to Gates Foundation. *Wall Street Journal*, 26 jun. 2006.

5. COLUMBIA BUSINESS SCHOOL. Heilbrunn Center for Graham & Dodd Investing. *Value investing history*. Disponível em: <https://www8.gsb.columbia.edu/valueinvesting/about/history>.
6. GREENWALD, Bruce; JOHNSON, Paul. Value investing. In; THOMAS, Brian (Ed.). *A century of ideas*. Nova York: Columbia University Press, 2016. cap. 2.
7. Benjamin Graham e David Dodd escreveram juntos *Security analysis*; Benjamin Graham escreveu *The intelligent investor*.
8. GRAHAM, Benjamin. *The intelligent investor*. 4. Ed. rev. Nova York: Harper & Row, 1973.
9. DEALBOOK. Buffett Beats gates to become world's richest person. *New York Times*, 6 mar. 2008.
10. BBC NEWS. "Buffett donates $37bn to charity. 26 jun. 2006. Disponível em: <http://news.bbc.co.uk/2/hi/5115920.stm>.
11. Cada carta está disponível no website da Berkshire Hathaway: <http://berkshirehathaway.com/donate/webdonat.html>.
12. Ver, por exemplo, a carta de Warren E. Buffett a Howard G. Buffett, 26 jun. 2006, em: <www.berkshirehathaway.com/donate/hgbltr.pdf>.
13. HOWARD G. BUFFETT FOUNDATION. *2006 Annual report*. Disponível em: <www.thehowardgbuffettfoundation.org/>.
14. Dados compilados de vários relatórios anuais da Fundação Howard G. Buffett Foundation e confirmados pela equipe da fundação em 31 de agosto de 2016.
15. Dados compilados de vários relatórios anuais da Fundação Howard G. Buffett Foundation e confirmados pela equipe da fundação em 31 de agosto de 2016.
16. Para informações mais detalhadas sobre a Global Water Initiative, visitar: <http://globalwaterinitiative.org/>.
17. Essa reunião inicial aconteceu em Omaha, Nebraska, em 25 e 26 de setembro de 2006.
18. Embora seja menos comum no setor filantrópico, esses tipos de colaboração ocorrem frequentemente no setor privado. Por exemplo, ver a discussão de "Redes" e "Consórcios" em BARRINGER Bruce R.; HARRISON, Jeffrey S. Walking a tightrope: creating value through interorganizational relationships. *Journal of Management*, v. 26, n. 3, p. 367-403 2000, em p. 387-391. Disponível em: <https://doi.org/10.1177/014920630002600302>.
19. Para uma narrativa desse processo, incluindo os desafios enfrentados, ver BUFFETT, Howard G. (com Howard W. Buffett). *40 Chances*: finding hope in a hungry world. Nova York: Simon & Schuster, 2013. ca. 26, "Less than sparkling".
20. Para um exemplo adicional dessa abordagem, ver BUFFETT, Howard W.; STEPAN, Adam. *Aid or investment?* Post-conflict development in DRC and Rwanda. Columbia University School of International and Public Affairs Case Consortium, SIPA-18-0016.0, 2018.
21. Princípio 4, "Princípios de negócios relativos ao proprietário", em *Berkshire Hathaway's Owner's manual*. jun. 1996, atualizado em 25 fev. 2012. Disponível em: <www.berkshirehathaway.com/ownman.pdf>.
22. Seção "The managing of berkshire", em *Berkshire Hathaway's Owner's manual*.
23. Ver também LARCKER, David F.; TAYAN, Brian. *Trust and consequences*: a survey of berkshire hathaway operating managers. Stanford University Closer Look Series, CGRP52,

20 out. 2015. Disponível em: <www..gsb.stanford.edu/faculty-research/publications/trust-consequences-survey-berkshire-hathaway-operating-managers>.

24. Princípio 1, Princípio 12 e Princípio 14, em *Berkshire Hathaway's Owner's manual.*
25. Por exemplo, a liderança da empresa comunica-se de maneira aberta e sincera, com uma propensão a apontar erros, falhas e oportunidades perdidas. A carta anual do meu avô aos acionistas é escrita como se os acionistas fossem eles mesmos membros da família. E a reunião anual dos acionistas em Omaha, Nebraska, instila seu próprio sentido de comunidade e de camaradagem. Muitos consideram esses atributos peculiares para uma organização com o tamanho e a complexidade da Berkshire Hathaway, e acreditamos que são aspectos importantes de seu foco nos acionistas e cruciais para seu sucesso geral.
26. Princípio 7 (discussão de diferimento de tributos e de "flutuação") e Princípio 14, em *Berkshire Hathaway's Owner's manual.*
27. Princípio 3, Princípio 6, e seção "Intrinsic value", em *Berkshire Hathaway's Owner's manual.*
28. Por exemplo, em 2007, a Fundação Rockefeller reuniu um pequeno grupo de filantropos e de investidores para discutir as práticas emergentes do investimento de impacto. Isso levou à criação do Global Impact Investing Network (Giin), discutido no cap. 12. Mais informações estão disponíveis em: <https://thegiin.org/giin/history>.
29. "Taxa de Retorno de Impacto" [*Impact Rate of Return*] é uma marca registrada junto ao governo federal americano pela Global Impact LLC, com todos os direitos reservados.
30. Para informações sobre o trabalho atual do Unops, visitar: <www..un.org/partnerships/>.
31. Report of the Secretary-General, United Nations Office for Partnerships, A/64/91, Assembleia Geral das Nações Unidas, 12 ago. 2009.
32. Organization of the United Nations Office for Partnerships, boletim do secretário-geral, ST/SGB/2009/14, Secretariado das Nações Unidas, 18 dez. 2009.
33. Para uma lista de projetos e de balanços de fundos das áreas de programas do Unops, ver "Report of the Secretary-General, United Nations Office for Partnerships", A/64/91, Assembleia Geral das Nações Unidas, 12 ago. 2009.
34. Essas prioridades informaram o desenvolvimento da perspectiva "Parcerias" do Conselho de Políticas Domésticas da Casa Branca, com contribuições ou coautorias de Howard W. Buffett. Disponível em: <https://obamawhitehouse.archives.gov/administration/eop/sicp/initiatives/partnerships>.
35. Ver mais em *Recovery Act*, Department of the Treasury. Disponível em: <www.treasury.gov/initiatives/recovery/Pages/recovery-act.aspx>.
36. Por exemplo, a equipe PTIR organizou importantes atividades de alcance e de envolvimento com várias partes interessadas não governamentais a fim de informar melhor suas estratégias de parceria. Esses envolvimentos estenderam-se às áreas de tecnologia, de filantropia, de inovação social e de negócios impelidos por missões, entre outras.
37. White House officials discuss plans for social-innovation office. *The Chronicle of Philanthropy*, 28 maio 2009. Disponível em: <www.philanthropy.com/article/White-House--Officials-Discuss/162587>.
38. O presidente Barack Obama assinou a Lei Edward M. Kennedy Serve America em 22 de abril de 2009, criando o Fundo de Inovação Social.

39. BUFFETT, Howard W. *Promoting partnerships for innovation in energy*. Casa Branca, 10 maio 2010. Disponível em: <www..whitehouse.gov/blog/2010/05/10/promoting-partnerships-innovation-energy>; e BUFFETT, Howard W. *Partnerships for regional energy innovation in Omaha, Nebraska*. Casa Branca, 17 jun. 2010. Disponível em: <www.whitehouse.gov/blog/2010/06/17/partnerships-regional-energy-innovation-omaha-nebraska>.
40. BUFFETT, Howard W. *Conference on next generation leadership*. Casa Branca, 28 jul. 2010. Disponível em: <www.whitehouse.gov/blog/2010/07/28/conference-next-generation-leadership>.
41. Robert M. Gates, secretário de Defesa, *Continuation of task force for business and stability operations* (Memorando), 25 mar. 2010.(Washington, DC: U.S. Department of Defense).
42. Por exemplo, ver a seção intitulada "Rebuilding Afghanistan's agriculture sector" em Department of State, Office of the Special Representative for Afghanistan and Pakistan, "Afghanistan and Pakistan regional stabilization strategy", fev. 2010.
43. Isso foi feito em alinhamento com o U.S. Government Counterinsurgency Guide, publicado em janeiro de 2009 por U.S. Agency for International Development, U.S. Department of Defense e U.S. Department of State.
44. Entre os apoiadores não governamentais do programa estavam a Fundação Norman Borlaug, a Fundação Howard G. Buffett, o Programa Alimentar Mundial da ONU, e outros.
45. Ver a seção "Advocacy and Awareness" em Howard G. Buffett Foundation, *2011 Annual Report*, <http://www..thehowardgbuffettfoundation.org/>.
46. Por exemplo, ver Buffett, *40 Chances*, cap. 29, "Chains that unlock potential".
47. HOWARD G. BUFFETT FOUNDATION. *Ag leaders announce partnership to promote conservation agriculture adoption*. 17 out. 2013. Disponível em: <www.prnewswire.com/news-releases/ag-leaders-announce-partnership-to-promote-conservation-agriculture-adoption-228166511.html>.
48. WORLD BANK GROUP. *World Bank Group agriculture action plan, 2013-2015*. 25 jul. 2012. Disponível em: <http://siteresources.worldbank.org/.../WBG_AgricultureActionPlan-FY13-15-7-25-2012[1]>. Para informações adicionais e frequentemente atualizadas sobre o assunto, visitar: <www.worldbank.org/en/topic/agriculture/overview>.
49. TOWNSEND, Robert. *Ending poverty and hunger by 2030*: an agenda for the global food system. Washington, DC: World Bank Group, 2015. Disponível em: <http://documents.worldbank.org/curated/en/700061468334490682/Ending-poverty-and-hunger-by-2030-an-agenda-for-the-global-food-system>.
50. UN FAO. *Contribution of agricultural growth to reduction of poverty, hunger and malnutrition*. 2012. Disponível em: <www.fao.org/docrep/016/i3027e/i3027e04.pdf>.
51. Para mais informações sobre essa parceria, ver BUFFETT, Howard W.; STEPAN, Adam. *Saved by the soil?* Africa's frontier for conservation-based agriculture. Columbia University School of International and Public Affairs Case Consortium, SIPA-17-0011.01, 2017.
52. Ver a carta de Warren Buffett a seus filhos, 30 ago. 2012. Disponível em: <http://berkshirehathaway.com/donate/shpltr.pdf>.

53. Ver HOWARD G. BUFFETT FOUNDATION. *2014 Annual report*. Disponível em: <www.thehowardgbuffettfoundation.org/>.
54. Para acesso ao material suplementar do livro, visitar: <www.socialvalueinvesting.com>.

CAPÍTULO 3: O CASO DO PROCESSO

1. Para uma maravilhosa história desse período, ver JAMES, Lawrence. *Raj, the making and unmaking of British India*. Nova York: St. Martin's Griffin, 1997.
2. James, *Raj*, 642-647.
3. Uma grande intuição da promessa e das contradições da Índia moderna está em KHILANNAI, Sunil. *The idea of India*. Nova York: Farrar, Straus and Giroux, 1999.
4. BANCO MUNDIAL. *Overview of India*. 17 out. 2016. Disponível em: <www.worldbank.org/en/country/india>.
5. CENTRAL INTELLIGENCE AGENCY. *The world factbook*. Gini Index. Disponível em: <www.cia.gov/library/publications/the-world-factbook/rankorder/2172rank.html>.
6. CENTRAL INTELLIGENCE AGENCY. *The world factbook*. Gini Index. Disponível em: <www.cia.gov/library/publications/the-world-factbook/rankorder/2172rank.html>; ver também BANCO MUNDIAL. *Poverty & equity data*. 17 out. 2016. Disponível em: <http://povertydata.worldbank.org/poverty/country/IND>.
7. BANCO MUNDIAL. *Overview of India*.
8. USDA FOREIGN AGRICULTURAL SERVICE. *India's agricultural exports climb to record high*. ago 2014. Disponível em: <www.fas.usda.gov/sites/default/files/2015-02/india_iatr_august_2014.pdf>.
9. Usda Foreign Agricultural Service, *India's Agricultural exports climb*.
10. Ver também o curta metragem de estudo de caso do Sipa da Universidade de Colúmbia, *Digital India*, Picker Center, 2015.
11. GOVERNO DA ÍNDIA. *About the digital India programme*. 11 out. 2016. Disponível em: <http://digitalindia.gov.in/print/node/2>.
12. Governo da Índia, *About the digital India programme*.
13. Nardai Nilekani, bilionário de tecnologia da Índia, recebeu o crédito pela ideia original de uma identidade universal indiana e serviu como presidente da Uidai entre 2009 e 2014. Para mais informações, ver BOWEN, Ted Smalley; STEPAN, Adam. Digital India. Picker Center for Executive Education na Columbia University's School of International and Public Affairs (Sipa) Case Study, Sipa-15-0009.0, 2015.
14. UIDAI. *About Aadhaar*. 11 out. 2016. Disponível em: <https://uidai.gov.in/beta/your-aahaar/about-aadhaar.html>.
15. Uidai, *About Aadhaar*.
16. LALMALSWAMA, David. India speaks 780 languages, 220 lost in last 50 years. *Thomson Reuters*, 7 set 2013. Disponível em: <http://blogs.reuters.com/india/2013/09/07/india-speaks-780-languages-220-lost-in-last-50-years-survey/>.
17. Bowen e Stepan, *Digital India*, p. 6.
18. AADHAAR now most widely held ID with 92cr [920 million] holders. *Times of India*, 2 out. 2015.
19. 92 PERCENT of India's adult population has Aadhaar Card. *Times of India*, 21 jan. 2016.

20. BANCO MUNDIAL. *WDR16 Spotlight on digital identity*. maio 2015. Disponível em: <http://pubdocs.worldbank.org/en/959381434483205387/WDR16-Spotlight-on-Digital--ID-May-2015-Mariana-Dahan.pdf>.
21. UIDAI. *About Uidai*. 3 fev. 2017. Disponível em: <www.UIDIA.gov.in>.
22. Uidai, *About Uidai*.
23. DEPARTMENT OF INFORMATION TECHNOLOGY. *National population register*. Disponível em: <http://ditnpr.in/faqs.aspx>. Acesso em: 2 fev. 2017.
24. DHARMAKUMAR, Rohin; SINGH, Seema; RAMNATH, N. S. How Nandan Nilekani took Aadhaar past the tipping point. 8 out. 2013. Disponível em: <www.forbesindia.com/article/big-bet/how-nandan-nilekani-took-aadhaar-past-the-tipping-point/36259/1>.
25. PUNJ, Shweta. How the UID project can transform India. *Business Today*, 22 fev. 2012. Disponível em: <www.businesstoday.in/storyprint/22288>; ver também Bowen e Stepan, Digital India, p. 6.
26. Bowen e Stepan, *Digital India*, p. 7-8; ET BUREAU. *HCL infosystems bags Rs 2,200 cr Aadhaar contract from Uidai*. 2 mar. 2012. Disponível em: <www.gadgetsnow.com/it-services/HCL-Infosystems-bags-Rs-2200-cr-Aadhaar-contract-from-UIDAI/articleshowprint/12108328.cms?null>.
27. BARNWAL, Prabhat. *Curbing leakage in public programs with biometric identification systems: evidence from India's fuel subsidies*. maio 2015. Disponível em: <www.med.uio.no/helsam/english/research/news-and-events/events/conferences/2015/vedlegg-warsaw/subsidy-leakage-uid.pdf>.
28. GEORGE, Siddharth; SUBRAMAMIAN, Arvind. Transforming the fight against poverty in India. *New York Times*, 22 jul. 2015.
29. BANERJEE, Shweta S. From cash to digital transfers in India: the story so far. *CGAP Brief*, fev. 2015. Disponível em: <www.cgap.org/sites/default/files/Brief-From-Cash-to--Digital-Transfers-inIndia-Feb-2015_0.pdf>.
30. BHAGWATI, Jhagdish; PANAGARIYA, Arvind. *Why growth matters*: how economic growth in India reduced poverty and the lessons for other developing countries. Nova York: PublicAffairs, 2013.
31. George e Subramamian, Transforming the Fight Against Poverty In India.
32. George e Subramamian, Transforming the fight against poverty in India.
33. NAIR, Vishwanath. Over 70 percent of accounts opened under Jan Dhan are now active. *live Mint*, 29 fev. 2016. Disponível em: <www.livemint.com/Politics/uhXJMepfwvOsWDHuRhhj6l/Over-70-accounts-opened-under-Jan-Dhan-are-now-active.html>.
34. Aadhaar Dashboard. 11 out. 2016. Disponível em: <https://portal.uidai.gov.in/uidwebportal/dashboard.do>.
35. CHAUHAN, Karn. Indian smartphone premium segment grew 180% annually in Q3 2017. *Counterpoint Research*, 14 nov. 2017. Disponível em: <www.counterpointresearch.com/three-brands-control-indias-premium-smartphone-segment/>.
36. SCOTT, Mark. In the battle for Digital India, Vodafone teams up with idea cellular. *New York Times*, 20 mar. 2017.
37. WHAT is the impact of mobile telephone on economic growth? Relatório feito à Associação GSM pela Deloitte e pela Cisco, nov. 2012.

38. LIVE MINT. Govt launches 22 new schemes under Digital India programme. 29 dez. 2015. Disponível em: <www.livemint.com/Home-Page/QgFspv8UzykQP99AukcSjI/Govt-launches-22-new-schemes-under-Digital-India-programme.html>.
39. LAKSHMAN, Narayan. Modi boots up "Digital India" with high-profile silicon valley show. *The Hindu*, 27 set. 2015.
40. Ministro das Comunicações Ravi Shankar Prasad, citado em *live Mint*. govt launches 22 new schemes under Digital India programme.
41. SHAH, Aman; BHATTARCHARJEE, Nivedita. After WiFi at the Taj, Modi revives campaign for "Digital India". *Reuters*, 1º jul. 2015.
42. "É uma plataforma confiável e segura", disse Sidharth Vishwanath, sócio da Pricewaterhouse Coopers, citado em TANEJA, Mansi. India to set up digital locker authority for e-Governance. *VCCIRCLE*. Disponível em: <www.vccircle.com/iinfracircle/india/india-set-digital-locker-authority-e-governance/>.
43. LIVE MINT. How digilocker can make driving without documents easy. Disponível em: <www.livemint.com/Leisure/SjclOod37q9km216iirtWJ/How-can-DigiLocker-make-driving-without-documents-easy-html>.
44. DIGILOCKER, FAQS & CUSTOMER SUPPORT. Disponível em: <https://digilocker.gov.in/faq.php>. Acesso em: 8 fev. 2017.
45. DIGILOCKER NATIONAL STATISTICS. 2016. Disponível em: <https://digilocker.gov.in/>.
46. MANUEL, Anja. Tackling graft in India. *New York Times*, 19 abr. 2016.
47. Manuel, Tackling graft in India.
48. Manuel, Tackling graft in India.
49. Bowen and Stepan, Digital India, p. 14.
50. ROWE, Duncan Grahan. Ageing eyes hinder biometric scans. *Nature*, maio 2012.
51. O Depósito de Dados da Central de Identidades da Audii compõe-se de três subsistemas de identidade biométrica automatizados funcionando em paralelo, o que aumenta a precisão e permite que a Audii limite o risco de depender de apenas um parceiro ou terceirizado privado.
52. Bowen e Stepan, Digital India, p. 14.
53. DEONAS, Neha Pandey. Endgame Aadhaar? The SC's latest order may put paid to the one identity number for all transactions vision for the card. *Business Standard*, 24 mar. 2014.
54. JAIN, Aknksha. Use Aadhaar to identify accident victims. *The Hindu*, 10 maio 2015.
55. Bowen e Stepan, Digital India, p. 16.
56. TIWAR, Dheeraj. Government asks central public sector enterprises to enroll employees under Aadhaar. *Economic Times*, 5 maio 2015.
57. Em 2015, o BJP caiu de 91 assentos para 53 assentos na Assembleia de Bihar, e de 32 assentos para três assentos na Assembleia de Dhéli. Disponível em: <www.elections.in/bihar/#info_id2> e <www.elections.in/delhi/#info_id2>. Em 2016, o BJP conquistou apenas três dos 294 assentos na Assembleia de Bengala Ocidental. Disponível em: <www.elections.in/west-bengal/assembly-constituencies/2016-election-results.html>.
58. ANAND, Geeta ."Modi's party wins big in India's largest state. *New York Times*, 12 mar. 2017.

59. NAJAR, Nida. Modi retains broad support in india despite criticism, poll finds. *New York Times*, 19 set. 2016.
60. Najar, Modi retains broad support.
61. BOWEN, Ted Smalley; STEPAN, Adam. *eDoctors*: primary care innovation in Brazil and India. School of International and Public Affairs, Picker Center for Executive Education, SIPA-15-0008.0. (Nova York: Columbia University, 2015.
62. APOLLO HOSPITALS. *Company overview*. 26 out. 2016. Disponível em: <www.apollo-hospitals.com/corporate/company-overview>.
63. MINISTRY OF ELECTRONIC AND INFORMATION TECHNOLOGY. *Common service centers*. Disponível em: <http://www.Meity.gov.in>.
64. DIGITAL INDIA. *Common services centers*. 26 out. 2016. Disponível em: <www.digita-lindia.gov.in/content/common-service-centers>.
65. Entrevistas com o dr. Prathap Reddy, presidente e fundador da Apollo Hospitals, e com o dr. Krishnan Ganapathy, da Apollo Telemedicine Networking Foundation, realizadas em Chennai, na Índia, e em Nova York, em 2014 e 2015, por membros da equipe de estudos de casos do Picker Center da Sipa, e citadas em Bowen e Stepan, *eDoctors*: primary care innovation in Brazil and India, p. 10-11.
66. Bowen and Stepan, *eDoctors*, p. 12. O governo exige que a Apollo trate os pacientes que procuram cuidados mas que não conseguem pagar nem as taxas mínimas.
67. Bowen e Stepan, *eDoctors*, p. 12.
68. Bowen e Stepan, *eDoctors*, p.13.
69. INDIA MINISTRY OF HEALTH & FAMILY WELFARE. *Telemedicine division*. Disponível em: <http://mohfw.nic.in/index1.php?lang=1&level=4&sublinkid=6165&lid=4006>. Acesso em: 26 out. 2016.
70. PTI. Government, Apollo Hospitals partner to launch telemedicine services. *Economic Times*, 23 ago. 2015.
71. FP STAFF. LS passes Aadhaar Bill, rejects RS recommendations; all you need to know about the law. *First Post*, 17 mar. 2016.

CAPÍTULO 4: O ARCABOUÇO DE PROCESSO

1. WADDOCK, Sandra A. Building successful social partnerships. *Sloan Management Review*, v. 29, n. 4, p. 22, 1988.
2. ARMISTEAD, Colin; PETTIGREW, Paul; AVES, Sally. Exploring leadership in multi-sectoral partnerships. *Leadership*, v. 3, n. 2, p. 211-230, ago. 2016. Disponível em: <https://doi.org/10.1177/1742715007076214>.
3. TODEVA, Emanuela; KNOKE, David. Strategic alliances and models of collaboration. *Management Decision*, v. 43, n. 1, p. 123-125, 2005.
4. Todeva e Knoke, Strategic alliances.
5. Uma discussão dessa questão é apresentada desde a perspectiva de empresas do setor privado que operam em mercados de baixa renda ou de "base da pirâmide" em SCHUSTER, Tassilo. Benefits of cross-sector partnerships in markets at the base of the pyramid. *Business Strategy and the Environment*, v. 23, p. 188-203, 2014. Disponível em: <https://doi.org/10.1002/bse.1780>.

6. PTI. Government, Apollo Hospitals partner to launch telemedicine services. *Economic Times*, 23 ago. 2015.
7. Armistead, Pettigrew e Aves, Exploring leadership in multi-sectoral partnerships.
8. Essas diferenças são intrínsecas às preocupações causadas pelo papel cada vez maior do setor privado na governança multilateral. Ver BULL, Benedicte et al. Private sector influence in the multilateral system: a changing structure of world governance? *Global Governance*, v. 10, n. 4, p. 481-498, 2004.
9. Carta de Warren Buffett a Bill e Melinda Gates, 12 dez. 2016. Disponível em: <www.gatesnotes.com/2017-Annual-Letter>.
10. BENDETT, Samuel. Defense partnerships: documenting trends and emerging topics for action. *Defense Horizons*, v. 78, p. 1-12, 2015.
11. Existem inúmeras definições do termo "parceria"; para uma revisão abrangente da literatura a respeito, incluindo definições, ver WILDRIDGE, Valerie et al. How to create successful partnerships — a review of the literature. *Health Information & Libraries Journal*, v. 21, p. 3-19, 2004. Disponível em: <https://doi.org/10.1111/j.1740-3324.2004.00497.x>.
12. INTERNAL revenue servisse. *Partnerships*, 24 out. 2016. Disponível em: <www.irs.gov/businesses/small-businesses-self-employed/partnerships>.
13. Ver seção sobre "Joint ventures" em BARRINGER, Bruce R.; HARRISON, Jeffrey S. Walking a tightrope: creating value through interorganizational relationships. *Journal of Management*, v. 26, n. 3, p. 367-403, jun. 2000, p. 384. Disponível em: <https://doi.org/10.1177/014920630002600302>.
14. A falta de coerência é discutida em WELLS II, Linton; BENDETT, Samuel. Public-private cooperation in the Department of Defense: a framework for analysis and recommendations for action. *Defense Horizons*, out. 2012. Disponível em: <http://ndupress.ndu.edu/Portals/68/Documents/defensehorizon/DH-74.pdf?ver=2014-03-06-114916-250>.
15. Descrição básica adaptada da perspectiva "Partnerships" do Conselho de Política Doméstica da Casa Branca, com contribuições ou coautoria de Howard W. Buffett. Disponível em: <https://obamawhitehouse.archives.gov/administration/eop/sicp/initiatives/partnerships>.
16. Muitas das parcerias que informaram nossa definição compartilham características com o conceito de "impacto coletivo"; porém, discordamos do delineamento entre problemas "técnicos" e "de adaptação" descritos por KANIA, John; KRAMER, Mark. Collective impact. *Stanford Social Innovation Review*, inverno 2011. Disponível em: <https://ssir.org/articles/entry/collective_impact>.
17. Adaptado de Ashton Carter e almirante James Winnefeld. *Public-private partnerships supporting the DoD Mission, United States Department of Defense*. 2013. Disponível em: <www.defensecommunities.org/wp-content/uploads/2011/.../OSD004391-13-RES.pdf>.
18. Para diretrizes simples sobre linguagem relacionada a acordos não vinculantes, ver U.S. DEPARTMENT OF STATE. *Guidance on non-binding documents*. Disponível em: <www.state.gov/s/l/treaty/guidance/>.
19. Para uma série de modelos relevantes e de exemplos de acordos, ver U.S. DEPARTMENT OF STATE. *Policy framework and legal guidelines for partnerships*. fev. 2011, p. 21-71.
20. Para uma discussão de parcerias público-privadas, ver o relatório branco sobre parcerias preparado pelo National Council for Public-Private Partnerships. *For the good of the*

people: using public-private partnerships to meet America's essential needs. v. 4, 2002. Disponível em: <www.ncppp.org/wp-content/uploads/2013/03/WPFortheGoodofthe-People.pdf>.

21. SEITANIDI; MAY, M.; CRANE, Andrew (Ed.). *Social partnerships and responsible business*: a research handbook. Nova York: Routledge, 2013. p. 1-12, 36, 60-85.
22. O capital baseado em capacidades é categoricamente similar ao "capital baseado em capacidade", mas ainda mais amplamente definido do que este, encontrado em: TAYLOR, Lester. *Capital, accumulation, and money*: an integration of capital, growth, and monetary theory. Boston, Mass.: Springer Verlag, 2010. p. 12.
23. FRISCHMANN, Brett M. Environmental infrastructure. *Ecology Law Quarterly*, v. 35, n. 2, p. 151-178, 2008. Disponível em: <http://scholarship.law.berkeley.edu/elq/vol35/iss2/1>.
24. Esse é um aspecto central da definição de uma parceria intersetorial: "um grupo intersetorial, intraorganizacional, que trabalha junto sob alguma forma de governança reconhecida, a fim de atingir objetivos comuns que seriam extremamente difíceis, se não impossíveis de atingir caso enfrentados por uma organização isolada": ARMISTEAD, Colin; PETTIGREW, Paul; AVES, Sally. Exploring leadership in multi-sectoral partnerships. *Leadership*, v. 3, n. 2, p. 211-230, ago. 2016. p. 212. Disponível em: <https://doi.org/10.1177/1742715007076214>.
25. Ver a discussão de metodologias de mensuração relevantes para o setor social em ANTADZE, Nino; WESTLEY, Frances R. Impact metrics for social innovation: barriers or bridges to radical change? *Journal of Social Entrepreneurship*, v. 3, n. 2, p. 133-150, 2012.
26. Por exemplo, Sandra Waddock caracterizou as parcerias sociais como "os esforços colaborativos voluntários de atores de organizações em dois ou mais setores econômicos num fórum em que elas tentam cooperativamente resolver um problema ou questão de preocupação mútua que de algum modo se identifica com um item da agenda de políticas públicas". WADDOCK, Sandra. A typology of social partnership organizations. *Administration & Society*, v. 22, n. 4, p. 480-516, 1991. p. 481-482.
27. Características sobrepostas de parcerias intersetoriais incluem "1) elas têm atores formais autônomos, cada um dos quais com [...] objetivos e recursos, decidindo [...] oferecer certos serviços em intercâmbio com outros atores. 2) As interações entre os participantes são emolduradas por [...] uma organização contratual ou informal — [por meio da qual] combinam-se recursos complementares a fim de servir funções definidas conjuntamente. 3) Atores participantes são unidos em arranjos institucionais distintos, descritos grosseiramente pelos termos genéricos 'governo', 'mercado', e 'sociedade'": OPPEN, Maria; SACK, Detlef; WEGENER, Alexander. German public-private partnerships in personal social services: new directions in a corporatist environment. In: HODGE, Graeme; GREVE, Carsten (Ed.). *The challenge of public-private partnerships*: learning from international experience. Cheltenham, UK: Edward Elgar, 2005. p. 269-289. p. 270.
28. Essas características são adaptadas da perspectiva "Partnerships" do Conselho de Política Doméstica da Casa Branca, com contribuições ou com a coautoria de Howard W. Buffett. Disponível em: <https://obamawhitehouse.archives.gov/administration/eop/sicp/initiatives/partnerships>.

29. Essa característica é semelhante a como organizações empenham-se em "atividades que se reforçam mutuamente", segundo a descrição de KANIA, John; KRAMER, Mark. Collective impact. *Stanford Social Innovation Review*, inverno 2011. Disponível em: <https://ssir.org/articles/entry/collective_impact>.
30. Ver o conceito de risco de investimento compartilhado na "perspectiva de cooperação" (6) e também em "reforço mútuo incremental" (52), em GULATI, Ranjay; WOHLGE-ZOGEN, Franz; ZHELYAZKOV, Pavel. *The two facets of collaboration: cooperation and coordination in strategic aliances*. 2012. Disponível em: <http://nrs.harvard.edu/urn-3:HUL.InstRepos:10996795>.
31. Essa característica é semelhante ao "estágio integrativo" do contínuo de colaboração intersetorial descrito em AUSTIN, James. Connecting with non-profits. *Working knowledge*: business research for business leaders. out. 2001. Disponível em: <http//hbswk.hbs.edu/item/connecting-with-nonprofits>.
32. Essas vantagens são adaptadas da perspectiva "Partnerships" do Conselho de Política Doméstica da Casa Branca, com contribuições ou com a coautoria de Howard W. Buffett. Disponível em: <https://obamawhitehouse.archives.gov/administration/eop/sicp/initiatives/partnerships>.
33. AUSTIN James E.; SEITANIDI, Maria May. Collaborative value creation: a review of partnering between nonprofits and businesses. Part 2: Partnership processes and outcomes. *Nonprofit and Voluntary Sector Quarterly*, v. 41, n. 6, p. 929-968, 2012. Disponível em: <http://journals.sagepub.com/doi/pdf/10.1177/0899764012454685>.
34. PEARCE II, John A.; DOH, Jonathan P. The high impact of collaborative social initiatives. *MIT Sloan Management Review*, v. 46, n. 3, p. 30, 2005. Disponível em: <www.researchgate.net/profile/John_Pearce4/publication/242424545_The_High_Impact_of_Collaborative_Social/links/02e7e529bc6e5b3450000000.pdf>.
35. Adaptado de DEPARTMENT OF STATE. *Quadrennial diplomacy and development review, leading through civilian power*. 15 dez. 2010. p. 68. Disponível em: <www.state.gov/documents/organization/153108.pdf>.
36. WOOD, Donna J.; GRAY, Barbara. Toward a comprehensive theory of collaboration. *Journal of Applied Behavioral Science*, v. 27, n. 2, p. 139-162, 1991. Disponível em: <https://doi.org/10.1177/0021886391272001>.
37. Pearce e Doh, The high impact of collaborative social initiatives.
38. NAHAPIET, Janine; GHOSHAL, Sumantra. Social capital, intellectual capital, and the organizational advantage. *Academy of Management Review*, v. 23, n. 2, p. 242-266, 1998. Disponível em: <http://eli.johogo.com/Class/p18.pdf>.
39. Essas funções são adaptadas do U.S. Department of State's Policy Framework and Legal Guidelines for Partnerships, fev. 2011.
40. STREETS, Julia. Partnerships for sustainable development: on the road to implementation. *The Seed Initiative Partnerships Report 2006*, Global Public Policy Institute, 2006. Disponível em: <www.gppi.net/fileadmin/user_upload/media/pub/2006/Steets_2006_Partnerships.pdf>.
41. WADDOCK, Sandra A.; POST, James E. Catalytic alliances for social problem solving. *Human Relations*, v. 48, n. 8, p. 951-973, ago. 1995. Disponível em: <https://doi.org/10.1177/001872679504800807>.

42. Ver discussão da "Social Issues Platform", em SELSKY, John W.; PARKER, Barbara. Cross-sector partnerships to address social issues: challenges to theory and practice. *Journal of Management*, v. 31, n. 6, p. 849-873, dez. 2005. p. 852.
43. ROBERTS, Nancy C.; BRADLEY, Raymond Trevor. Stakeholder collaboration and innovation: a study of public policy initiation at the state level. *Journal of Applied Behavioral Science*, v. 27, n. 2, p. 209-227, jun. 1991.
44. Beth Eschenfelder, "Funder-Initiated Integration", *Nonprofit Management and Leadership* 21, nº 3 (primavera de 2011), p. 273-288. <https://doi.org/10.1002/nml.20025>.
45. Ver a discussão de papéis de implementação na seção intitulada "The developmental process of successful partnership working", em CHILDS, Sue; DOBBINS, Sharon. The research-practice spiral. *Vine*, v. 33, n. 2, p. 51-64, 2003. Disponível em: <https://doi.org/10.1108/03055720310509073>.
46. MCQUAID, Ronald. The theory of partnerships — why have partnerships?. In: OSBORNE, S. P. (Ed.). *Managing public-private partnerships for public services*: an international perspective. Londres: Routledge, 2000. p. 9-35.
47. Uma definição formal de parte interessada [*stakeholder*] é dada por Herman Brouwer e Jim Woodhill: "alguém que pode afetar ou que é afetado por decisões a respeito de uma questão que lhe diz respeito". Em: BROUWER; WOODHILL. *The MSP Guide*: how to design and facilitate multi-stakeholder partnerships. Rugby, UK: Wageningen University and Research, 2015. p. 18. Como essa classificação é extremamente ampla, delinear um interesse declarado é importante para definir o escopo do empenho ativo de uma parte interessada. Para uma discussão maior desse assunto e das estratégias para identificar e mapear partes interessadas, ver Brouwer e Woodhill.
48. Gulati, Wohlgezogen e Zhelyazkov, The two facets of collaboration.
49. Howard W. Buffett atuou como juiz na rodada final do prêmio. Para mais informações, ver HAGER. Mark A.; CURRY, Tyler. *Models of collaboration; nonprofit organizations working together*. The Collaboration Prize, ASU Lodestar Center. Disponível em: <https://lodestar.asu.edu/sites/default/files/coll_models_report-2009.pdf>.
50. Em Hager e Curry, *Models of collaboration*, esse modelo é intitulado "Joint Program Office". p. 4.
51. Esse modelo era um dos mais comuns nas cerca de 600 parcerias inscritas no Collaboration Prize. Ela é referida como uma "Parceria conjunta com programas afiliados" em Hager e Curry, *Models of collaboration*, p. 5.
52. Essa pode ser uma estrutura útil quando as organizações se dedicam a fazer *lobby*. Esse modelo é referido como "Parceria conjunta para promoção de causas" em Hager e Curry, *Models of collaboration*, p. 6.
53. O Modelo 6 é também denominado "Parceria conjunta com o nascimento de uma nova organização formal" em Hager e Curry, *Models of collaboration*, p. 7.
54. Esse modelo é de natureza semelhante ao modelo de Programas Afiliados, mas centra-se na administração organizacional. É referido como "Escritório conjunto administrativo e operações de *back office*" em Hager e Curry, *Models of collaboration*, p. 8.
55. Descrito simplesmente como "Confederação" em Hager e Curry, *Models of collaboration*, p. 8. Um exemplo desse tipo de organização é a Independent Sector, uma organização

nacional cujos membros são organizações filantrópicas. Ver mais em: <http://independentsector.org/>.

56. Isso é referido como "Fusão parcialmente integrada" em Hager e Curry, *Models of collaboration*, p. 3.
57. Para recursos relacionados adicionais, visite o Collaboration Hub, hospedado no Grant Space do Foundation Center em: <http://grantspace.org/collaboration>.
58. WEISS, Carol Hirschon. Nothing as practical as good theory: exploring theory-based evaluation for comprehensive community initiatives for children and families. In: CONNELL, James et al. (Ed.). *New approaches to evaluating community initiatives*: concepts, methods, and contexts. Washington, DC: Aspen Institute, 1995.
59. ANDERSON, Andrea. An introduction to theory of change. *The Evaluation Exchange*, v. 11, n. 2, 2005. Disponível em: <www.hfrp.org/evaluation/the-evaluation-exchange/issue-archive/evaluation-methodology/an-introduction-to-theory-of-change>.
60. Para mais detalhes sobre a realização de uma análise de teoria de mudança, ver CONNELL, James P.; KUBISCH, Anne C. Applying a theory of change approach to the evaluation of comprehensive community initiatives: progress, prospects and problems. In: FULLBRIGHT-ANDERSON, K.; KUBISCH, Anne C.; CONNELL, James P. (Ed.). *New approaches to evaluating community initiatives*. Vol. 2: Theory, measurement and analysis. Washington, DC: Aspen Institute, 1998.
61. CENTERS FOR DISEASE CONTROL AND PREVENTION. *A structured approach to effective partnering; lessons learned from public and private sector leaders*. Disponível em: <www.cdc.gov/phpr/partnerships/documents/a_structured_approach_to_effective_partnering.pdf>.
62. INSTITUTE FOR STRATEGY AND COMPETITIVENESS. *The value chain*. Disponível em: <www.isc.hbs.edu/strategy/business-strategy/pages/the-value-chain.aspx>.
63. Descrição adaptada de UNITED NATIONS GLOBAL COMPACT. *Unchaining value; innovative approaches to sustainable supply*. Disponível em: <www.unglobalcompact.org/library/99>.
64. PRESKILL, Hallie; GOPAL, Srik. Evaluating complexity propositions for improving practice. *FSG*. Disponível em: <www.thecapacitygroup.org/uploads/2/0/9/3/20932388/evaluating_complexity.pdf>.
65. GOPAL, Srik. Evaluating complex social initiatives. *Stanford Social Innovation Project Review*, v. 4, mar. 2015. Disponível em: <http://ssir.org/articles/entry/evaluating_complex_social_initiatives>.
66. KANIA, John; KRAMER, Mark. Collective impact. *Stanford Social Innovation Review*, 2011. Disponível em: <http://ssir.org/articles/entry/collective_impact>.
67. SPRADLIN, Dwayne. Are you solving the right problem? *Harvard Business Review*, set. 2012. Disponível em: <http://hbr.org/2012/09/are-you-solving-the-right-problem>.
68. Para mais discussões relacionadas no contexto de cadeias de fornecimento de respostas humanitárias, ver CHANDES, Jérôme; PACHÉ, Gilles. Investigating humanitarian logistics issues: from operations management to strategic action. *Journal of Manufacturing Technology Management*, v. 21, n. 3, p. 320-340, 2010. Disponível em: <http://dx.doi.org.ezproxy.cul.columbia.edu/10.1108/17410381011024313>.

69. Dos 2,5 bilhões de pessoas em países pobres que vivem diretamente do setor alimentar e agrícola, 1,5 bilhão delas vive em famílias que operam pequenas fazendas. UN FAO. *Smallholders (fact sheet)*. Disponível em: <www.fao.org/fileadmin/templates/nr/sustainability_pathways/docs/Factsheet_SMALLHOLDERS.pdf>.
70. Para maiores discussões deste assunto, ver BUFFETT, Howard W.; CHAVEZ, Erik; CONWAY, Gordon. How partnerships can create resilient food supply chains. *The Aspen Institute Journal of Ideas*, 31 out. 2016. Disponível em: <www.aspeninstitute.org/aspen-journal-of-ideas/partnerships-create-resilient-food-supply-chains/>.
71. Para uma discussão e um estudo de desafios similares no contexto da colaboração entre ONGs e governos em resposta a necessidades de entrega de assistência médica no Sudão, ver:I A YAGUB A. Collaboration between government and non-governmental organizations (NGOs) in delivering curative health services in North Darfur State, Sudan — a national report. *Iranian Journal of Public Health*, v. 43, n. 5, p. 561-571, 2014.
72. SORENSEN, Eva; TORFING, Jacob. Introduction: collaborative innovation in the public sector. *Innovation Journal*, v. 17, n. 1, p. 1-14, 2012. Disponível em: <www.innovation.cc/volumes-issues/intro_eva_sorensen_torfing_17v1i1.pdf>.
73. LAZEGA, Emmanuel; MOUNIER, Lise. Interdependent entrepreneurs and the social discipline of their cooperation: a research programme for structural economic sociology in a society of organizations. In: *Conventions and structures in economic organization*: markets, networks, and hierarchies. Cheltenham, Reino Unido: Edward Elgar, 2002.

CAPÍTULO 5: O PAPEL DAS PESSOAS

1. CENTRAL PARK. *Visitor information*. Disponível em: <www.centralparknyc.org/visit/faq.html#visit>.
2. MILLER, Sara Ceder. *Seeing Central Park*. Nova York: Abrams, 2009. p. 10.
3. BOWEN, Ted Smalley; STEPAN, Adam. Public-private partnerships for green space in NYC. 2014. School of International and Public Affairs, Columbia University, Case Study, SIPA-14-0005.4.
4. Miller, *Seeing Central Park*, p. 26.
5. Tammany Hall era o apelido comum para a máquina de corrupção do Partido Democrata, que geriu a cidade de Nova York do período do pós-guerra até as primeiras décadas do século XX. Sua ascensão coincidiu com as ondas de imigrantes católicos irlandeses que chegaram à cidade naquele período. Para muitos, os *cartuns* de Thomas Nast que representavam o chefe Tammany William M. Tweed simbolizam a ganância, a corrupção e a fraude eleitoral associadas com a máquina. O movimento de reforma da era progressista, liderado pelo Escritório de Pesquisas Municipais [Bureau of Municipal Research] e pela Citizens Union, marcou o início do declínio de Tammany Hall com a eleição de Seth Low, presidente da Universidade de Colúmbia, para prefeito em 1902, mas Tammany tomou de volta a prefeitura dois anos depois. O poder de Tammany foi basicamente usurpado pelos programas do New Deal de Franklyn Roosevelt. Mesmo assim, a máquina seguiu, cambaleante, primariamente nos níveis de distritos e de comunidades, até a década de 1960. Para uma breve história de Tammany Hall e da reforma do Partido Democrata da

cidade de Nova York, ver CANNATO, Vincent J. Big blue machine. *The Weekly Standard*, 14 abr. 2014.

6. NEW YORK CITY DEPARTMENT OF PARKS AND RECREATION. Olmstead — designed New York City Parks. Disponível em: <www.nycparks.org/about/history/olmstead-parks>. Acesso em: 15 mar. 2017.
7. New York City Department of Parks and Recreation, Olmstead.
8. Miller, *Seeing Central Park*, p. 27.
9. CARO, Robert. *The power broker*. Nova York: Alfred A. Knopf, 1974. p. 331.
10. Caro, *The power broker*, p. 331.
11. Caro, *The power broker*, p. 335.
12. Caro, *The power broker*, p. 336.
13. Caro, *The power broker*, p. 356-363.
14. THE living New Deal. *Central Park Improvements — New York NY*, 23 jul. 2015. Disponível em: <https://livingnewdeal.org/projects/central-park-improvements-new-york-ny/>.
15. Caro, *The power broker*, pp. 378-379. Segundo Caro, Moses apareceu nos jornais de Nova York ainda mais do que J. Edgar Hoover e sua campanha de "Inimigos Públicos".
16. Miller, *Seeing Central Park*, p. 28.
17. Miller, *Seeing Central Park*, p. 28.
18. Caro, *The power broker*, p. 1026-1239.
19. A posição na Exposição Mundial deu a Moses poder e reconhecimento mundial, e o salário e o contrato de 14 anos deram-lhe os recursos financeiros para cuidar de sua esposa muito doente, da filha igualmente doente e das anuidades universitárias do neto e da neta. Caro, *The power broker*, p. 1040-1066. Para um resumo excelente da Exposição Mundial, ver COLANGELO, Lisa L. 1964 World's Fair: when the world came to queens. N*ew York Daily News*. Disponível em: <http://creative.nydailynews.com/worldsfair>. Acesso em: 29 mar. 2017.
20. AMERICAN PLANNING ASSOCIATION. *Central Park*: New York, New York. Great Places in America: Public Spaces. Disponível em: <www.planning.org/greatplaces/spaces/2008/centralpark.htm>. Acesso em: 28 mar. 2017.
21. PHILLIPS-FEIN, Kim. The legacy of the 1970s fiscal crisis. *The Nation*, 16 abr. 2013.
22. Phillips-Fein, The legacy of the 1970s fiscal crisis.
23. THE NEW YORK PRESERVATION ARCHIVE PROJECT. *Central Park*. Disponível em: <www.nypap.org/preservation-history/central-park/>. Acesso em: 29 mar. 2017.
24. Bowen e Stepan, Public-private partnerships for green space in NYC, p. 2.
25. ZIMRING, Franklin E. *The city that became safe*. Nova York: Oxford University Press, 2012. p. 116, 232, 125-132; WILSON, James Q.; KEILING, George. Broken windows, the police and neighborhood safety. *Atlantic Monthly*, mar. 1982.
26. *PUBLIC private partnerships for parks*. School of International and Public Affairs Video Case Study, Sipa-14-0005.4, 2014.
27. CENTRAL PARK CONSERVANCY. *History*. Disponível em: <http://centralparknyc.org/about/history.html>.
28. CENTRAL Park Jogger case (1989). *New York Times*, 6 jul. 2017. Disponível em: <www.nytimes.com/topic/subject/central-park-jogger-case-1989>.

29. JAMES, George. New York killings set a record, while other crimes fell in 1990. *New York Times*, 23 abr. 1991.
30. PARK Haeyoun; KATZ, Josh. Murder rates rose in a quarter of the nation's 100 largest cities. *New York Times*, 8 set. 2016.
31. Mais de meio milhão de pessoas vive a 10 minutos a pé do parque, e mais de 1,1 milhão de pessoas pode chegar a ele em menos de 30 minutos usando o transporte público. CENTRAL PARK CONSERVANCY. *2014 press kit*. Disponível em: <www.centralparknyc.org>.
32. Um guia abrangente do que o Central Park significa para Nova York é Miller, *Seeing Central Park*.
33. SAVAS, E. S. et al. *A study of Central Park*. Nova York: Columbia University, 1976.
34. Savas et al., *A study of Central Park*, p. 3-45.
35. Eimicke serviu no governo Koch entre 1978 e 1982, no Escritório de Gestão e Orçamento [Office of Management and Budget], e depois como vice-comissário de Gestão Imobiliária no Departamento de Preservação e Desenvolvimento de Moradias [Department of Housing Preservation and Development]. Assim como Gordon Davis, Eimicke percebeu que o único modo de fazer significativamente mais com menos verbas municipais era encontrar parceiros. Quanto a moradias, os parceiros incluíam grupos comunitários de moradia, bancos, fundações, empreiteiros privados e verbas de Concessões Específicas para Construção Comunitária [Community Development Block Grant].
36. *PUBLIC private partnerships for parks*, School of International and Public Affairs.
37. Bowen e Stepan, Public-private partnerships for green space in NYC, p. 3.
38. Bowen e Stepan, Public-private partnerships for green space in NYC, p. 3-4.
39. *PUBLIC private partnerships for parks*, School of International and Public Affairs.
40. *PUBLIC private partnerships for parks*, School of International and Public Affairs.
41. Bowen e Stepan, Public-private partnerships for green space in NYC, p. 4.
42. Bowen e Stepan, Public-private partnerships for green space in NYC, p. 4.
43. Entrevista com Doug Blonsky, 28 mar. 2017.
44. Entrevista com Doug Blonsky, 1º dez. 2016.
45. Bowen e Stepan, Public-private partnerships for green space in NYC, p. 5.
46. Bowen e Stepan, Public-private partnerships for green space in NYC.
47. Bowen e Stepan, Public-private partnerships for green space in NYC, p. 6.
48. YARROW, Andrew L. In New York's parks, more litter and less money. *New York Times*, 13 ago. 1990.
49. Entrevista com Douglas Blonsky, 1º dez. 2016.
50. MARTIN, Douglas. Private group signs Central Park deal to be its manager. *New York Times*, 12 fev. 1998.
51. Martin, Private group signs Central Park deal, p. 7.
52. CPC. *Financial and legal info*. Disponível em: <http://www.centralparknyc.org/about/about-cpc/financial-legal-information.html>. Acesso em: 14 set. 2016; e entrevista com Doug Blonsky, 5 abr. 2017.
53. Entrevista com Doug Blonsky, 1º dez. 2016.
54. Central Park Conservancy, *History*.

55. FODERARO, Lisa W. A $100 million thank-you for a lifetime's Central Park memories. *New York Times*, 23 out. 2012.
56. POGREBIN, Robin. Central Park, bucolic but aging, is in a quest for $300 million. *New York Times*, 13 jul. 2016.
57. Entrevista com Doug Blonsky, 29 mar. 2017.
58. CENTRAL PARK CONSERVANCY. *Institute for Urban Parks* (folheto), 2015.
59. APPLESEED. *The Central Park effect*. nov. 2015, p. 10. Disponível em: <http://assets.centralparknyc.org/pdfs/about/The_Central_Park_Effect.pdf>.
60. EMPA CAPSTONE CLASS. The certified urban park manager. Sipa, Universidade de Colúmbia, abr. 2016.
61. APPLESEED. *Valuing Central Park's contribution to New York's economy*. 2009. Disponível em: <http://landscapeperformance.org/fast-fact-library/property-value-premium--within-3-blocks-of-central-park>.
62. Entrevista com Doug Blonsky, 30 jan. 2018.
63. Appleseed, *The Central Park effect*, p. 10; e entrevista com Doug Blonsky, 5 abr. 2017.
64. Appleseed, *The Central Park effect*, p. 9.
65. Central Park Conservancy, *History*.
66. Em 12 de dezembro de 2017, a Central Park Conservancy anunciou que Elizabeth Smith, ex-comissária assistente do Departamento Municipal de Parques de Nova York durante o mandato do prefeito Michael Bloomberg, e membro do conselho do Instituto de Parques Urbanos, seria a sucessora de Doung Blonsky, que se aposentava como CEO da CPC. Ela indicou que permaneceria no conselho do instituto, assinalando a importância do papel cada vez maior da CPC na formação e no compartilhamento de melhores práticas para aprimorar os parques urbanos na cidade de Nova York e no mundo. BARRON, James. A new leader for Central Park. *New York Times*, 12 dez. 2017.
67. DAVID, Joshua; HAMMOND, Robert. *High line*: the inside story of New York City's Park in the sky. Nova York: Farrar, Straus and Giroux, 2011. p. vii.
68. GRAY, Christopher. As high line park rises, a time capsule remains. *New York Times*, 28 maio 2008.
69. Inicialmente conhecida apenas como um trilho elevado quando foi construída na década de 1930, David e Hammond dizem que o apelido de High Line começou a ser usado no fim da década de 1980. Ver David e Hammond, *High Line*, p. ix.
70. John Alschuler, ex-presidente da Friends of the High Line, comentários por e-mail recebidos em 1º maio 2017.
71. Em 1983, o Congresso aprovou a Lei do Sistema Nacional de Caminhos [National Trails System Act], que permitiu que linhas ferroviárias fossem "guardadas" para o futuro uso ferroviário; nesse meio-tempo, elas podem ser usadas para caminhos de pedestres ou de bicicletas. Os trilhos não estão "abandonados", podendo ser vendidos, alugados ou doados. A CSX assumiu o controle da Conrail em 1999. Ver David e Hammond, *High Line*, p. x.
72. Bowen e Stepan, Public-private partnerships for green space in NYC, p. 8.
73. Bowen e Stepan, Public-private partnerships for green space in NYC, p. 70-71.
74. Bowen e Stepan, Public-private partnerships for green space in NYC, p. 8.
75. David e Hammond, *High Line*, p. 46.

76. TATE, Alan (com Marcella Eaton). *Great city parks*. 2. ed. Nova York: Routledge, 2015. p. 45.
77. David e Hammond, *High Line*, p. 8.
78. David e Hammond, *High Line*, p. 38-42.
79. David e Hammond, *High Line*, p. 54, 69, 71, 78.
80. Comentário de Lisa Switkin, diretora da James Corner Urban Designers, no filme *Public private partnerships for parks*, School of International and Public Affairs Video Case Study, Sipa-14-0005.4, 2014.
81. Bowen e Stepan, Public-private partnerships for green space in NYC, p. 9.
82. BENFIELD, Kaid. The original High Line: La promenade plantee in Paris. *The Atlantic*, 14 jul. 2011.
83. Benfield, The original High Line.
84. Bowen e Stepan, Public-private partnerships for green space in NYC, p. 9.
85. CHABAN, Matt . Good news and bad news for the High Line as Chelsea Market approved by city planning. *New York Observer*, 5 set. 2012.
86. *HIGH Line fact sheet*. Disponível em: <www.thehighline.org/about>.
87. NYC PARKS. *City acquires third section of the High Line*. Disponível em: <www.nycgovparks.org/parks/the-high-line/dailyplant/22715>. Acesso em: 2 maio 2017; ver também NYC. *Mayor Bloomberg, Speaker Quinn and friends of the High Line announce opening of first section of New York City's newest park*. 8 jun. 2009. Disponível em: <www1.nyc.gov/office-of-the-mayor/news/257-09/mayor-bloomberg-speaker-quinn-friends-the-high-line-opening-first-section-of>; e David e Hammond, *High Line*, p. 116-117.
88. David e Hammond, *High Line*, p. 71.
89. *The High Line*, New York City Economic Development Corporation, atualização em 12 set. 2016. Disponível em: <www.nycedc.com/project/high-line>.
90. NYC MAYOR'S OFFICE. *Mayor Bloomberg, Speaker Quinn and Friends of the High Line break ground on the third and final section of the High Line at the rail yards*. Release para imprensa, 20 set. 2012.
91. RAVER, Anne. Upstairs, a walk on the wild side. *New York Times*, 3 set. 2014.
92. KIMMELMAN, Michael. The climax in a tale of green and gritty. *New York Times*, 19 set. 2014.
93. Kimmelman, The climax in a tale of green and gritty.
94. FODERARO, Lisa. Record $20 Million gift to help finish the High Line Park; *New York Times*, 26 out. 2011. Ver também David e Hammond, *High Line*, p. 91, 93, 94.
95. David e Hammond, *High Line*, p. 115.
96. David e Hammond, *High Line*, p. 93-94.
97. David e Hammond, *High Line*, p. 114-115.
98. TAYLOR, Kate. After High Line's success, other cities look up. *New York Times*, 14 jul. 2010.
99. Bowen e Stepan, Public-private partnerships for green space in NYC, p. 11.
100. Estatísticas fornecidas pela Friends of the High Line. Disponível em: <www.highline.org/about/high-line-food>.
101. Foderaro, Record $20 million gift to help finish the High Line Park.

102. BARBANEL, Josh. The High Line's "halo effect" on property: residential values along the park appreciate faster than those farther away. *Wall Street Journal*, 7 ago. 2016.
103. Barbanel, The High Line's "halo effect" on property.
104. Barbanel, The High Line's "halo effect" on property.
105. SATOW, Julie. Home on the High Line. *New York Times*, 17 maio 2013.
106. BOWEN e STEPAN. Public private partnerships for green space in hye, p.12
107. MY NYCHA DEVELOPMENT PORTAL. Disponível em: <http://my.nycha.info/DevPortal/Portal>.
108. NAVARRO, Mireya. In Chelsea, a great wealth divide. *New York Times*, 23 out. 2015.
109. Navarro, In Chelsea, a great wealth divide.
110. UNITED NATIONS. *World urbanization prospects*, 2014 revision. Nova York: United Nations, 2014.
111. Algumas pessoas acusam as *conservancies* de serem elitistas e interessadas apenas em parques conhecidos em bairros ricos. Na cidade de Nova York, já foram propostas leis para tributar as *conservancies* e mandar parte das doações recebidas para parques com menos recursos. Ver POWELL, Michael. Parks department takes a seat behind nonprofit conservancies. *New York Times*, 3 fev. 2014. Porém, como observa John Alshuler, presidente emérito da Friends of the High Line, desincentivar ou eliminar as *conservancies* apenas agrava a carência de fundos dos parques mais pobres. Ver Bowen e Stepan, Public-private partnerships for green space in NYC, p. 13.
112. NEUMAN, William. 5 Neglected New York city parks to get $150 million for upgrades. *New York Times*, 18 ago. 2016.
113. Neuman, 5 neglected New York City parks to get $150 million for upgrades.

CAPÍTULO 6: O ARCABOUÇO DE PESSOAS

1. ARMISTEAD, Colin; PETTIGREW, Paul; AVES, Sally. Exploring leadership in multi-sectoral partnerships. *Leadership*, v. 3, n. 2, p. 211-230, ago. 2016. Disponível em: <https://doi.org/10.1177/1742715007076214>.
2. DRUCKER, Peter. *Management challenges for the 21st century*. Nova York: HarperBusiness, 199. p. 9-17.
3. O escopo deste capítulo não inclui uma revisão da teoria ou da história da liderança. Para uma análise abrangente desses temas, ver BOLDEN, Richard et al. *A review of leadership theory and competency frameworks*. Centre for Leadership Studies, University of Exeter, 2003. Disponível em: <www.researchgate.net/publication/29810623_A_Review_of_Leadership_Theory_and_Competency_Frameworks>.
4. Para uma discussão da descentralização e também de como ela se relaciona com a performance social corporativa, ver WONG, Elaine M. et al. The effects of top management team integrative complexity and decentralized decision making on corporate social performance. *Academy of Management Journal*, v. 54, n. 6, p. 1207-1228, 2011.
5. Ver Princípio 1. Concentrar a Colaboração na Obtenção de Resultados Empresariais, em BEYERLEIN, Michael M. et al. The ten principles of collaborative organizations. *Journal of Organizational Excellence*, v. 22, n. 2, p. 51-63, 2003.
6. ANBUVELAN, K. *Principles of management*. Boston: Firewall Media, 2007. p. 108.

7. Wong et al., The effects of top management team integrative complexity, p. 1211.
8. Os benefícios listados aqui também são discutidos em MALONE, Thomas W. *The future of work*: how the new order of business will shape your organization, your management style, and your life. Brighton, Mass.: Harvard Business School Press, 2004.
9. FODERARO, Lisa. With 843 acres buffed, Central Park leader will step down. *New York Times*, 6 jun. 2017.
10. KIRKPATRICK Shelley A.; LOCKE, Edwin A. Leadership: do traits matter? *The Executive*, v. 5, n. 2, p. 48-60, maio 1991.
11. GARDNER, Lisa; STOUGH, Con. Examining the relationship between leadership and emotional intelligence in senior level managers. *Leadership & Organization Development Journal*, v. 23, n. 2, p. 68-78, 2002.
12. Por exemplo, muitas dessas características são encontradas nos cinco temas de liderança colaborativa analisados em ALEXANDER, Jeffery A. et al. Leadership in collaborative community health partnerships. *Nonprofit Management and Leadership*, v. 12, p.159-175, 2001. Disponível em: <https://doi.org/10.1002/nml.12203>.
13. Essas características têm natureza semelhante ao estilo de "liderança compartilhada", que contrasta com formas de "liderança tradicional". Para um estudo do tema, ver WOOD, Michael Shane. Determinants of shared leadership in management teams. *International Journal of Leadership Studies*, v. 1, n. 1, p. 64-85, 2005.
14. Isso é semelhante, em teoria, à ideia de "criar o espaço para a mudança", como discutido em SENGE, Peter; HAMILTON, Hal; KANIA, John. The dawn of system leadership. *Stanford Social Innovation Review*, inverno 2015. Disponível em: <https://ssir.org/articles/entry/the_dawn_of_system_leadership>.
15. Para uma discussão dos desafios e das recomendações relacionados com a gestão descentralizada de equipes, ver SMITH, Preston G.; BLANCK, Emily L. From experience: leading dispersed teams. *Journal of Product Innovation Management*, v. 19, p. 294-304, 2002. Disponível em: <https://doi.org/10.1111/1540-5885.1940294>.
16. Por exemplo, ver MCKINSEY & COMPANY. *Organizational capacity assessment tool*. Disponível em: <http://mckinseyonsociety.com/ocat/>; ou MCKINSEY & COMPANY. *Social impact assessment portal*. Disponível em: <http://mckinseyonsociety.com/social-impact-assessment/>. As empresas sociais podem usar a plataforma de Avaliação de Impacto da B-Lab. Disponível em: <http://bimpactassessment.net/>.
17. No caso da High Line, o governo da cidade instituiu uma taxa de zoneamento de US$ 50 por pé quadrado para novas construções acima dos limites de altura daquela zona a fim de ajudar a financiar a parceria.
18. Por exemplo, ver ALBAREDA et al. The changing role of governments in corporate social responsibility: drivers and responses. *Business Ethics: A European Review*, v. 17, p. 347-363, 2008. Disponível em: <https://doi.org/10.1111/j.1467-8608.2008.00539.x>.
19. Ver o exemplo na seção 4.2.2. e a discussão em 4.2.4 em WARHURST, Alyson. Future roles of business in society: the expanding boundaries of corporate responsibility and a compelling case for partnership. *Futures*, v. 37, n. 2, p. 151-168, 2005. p. 161-162, 163-164.
20. Por exemplo, Nadan Nilekani, líder empresarial de tecnologia, trouxe essas capacidades para os programas do Digital India (cap. 3).
21. Para uma discussão desse assunto, concentrada em parcerias intersetoriais relacionadas com pesquisas, ver HERTZFELD, Henry R.; LINK, Albert N.; VONORTAS,

Nicholas S. Intellectual property protection mechanisms in research partnerships. *Research Policy*, v. 35, n. 6, p. 825-838, 2006. Disponível em: <https://doi.org/10.1016/j.respol.2006.04.006>.

22. Vemos isso no breve exemplo da Global Water Initiative, liderada pela Howard G. Buffett Foundation (cap. 2).
23. Para maiores discussões desse assunto, ver: MAKING markets work for the poor; how the Bill & Melinda Gates Foundation uses program-related investments. *Stanford Social Innovation Review*, verão 2016. Disponível em: <www.omidyar.com/sites/default/files/file_archive/Pdfs/MakingMarketsWorkforthePoor.pdf>.
24. FLEISHMAN, Joel L. *The foundation*: a great American secret; how private wealth is changing the world. Nova York: PublicAffairs, 2007.
25. No programa brasileiro Juntos, descrito no capítulo 9, vemos isso no trabalho da organização sem fins lucrativos Comunitas, e na capacidade de sua equipe de trabalhar eficientemente em várias cidades e com vários parceiros.
26. Para informações sobre o papel de organizações sem fins lucrativos nas parcerias intersetoriais, particularmente em relação ao setor público, e também para quatro exemplos específicos de certos países, ver YOUNG, Dennis R. Alternative models of government-nonprofit sector relations: theoretical and international perspectives. *Nonprofit and Voluntary Sector Quarterly*, v. 29, n. 1, p. 149-172, 2000.
27. Para uma discussão e um estudo de caso de parcerias universitárias, ver SILKA, Linda et al. Community-university partnerships: achieving the promise in the face of changing goals, changing funding patterns, and competing priorities. *New Solutions: A Journal of Environmental and Occupational Health Policy*, v. 18, n. 2, p. 161-175, 2008.
28. No caso do Afeganistão discutido no capítulo 7, a Faculdade de Agricultura da Universidade Herat foi um parceiro crucial para o desenvolvimento dos projetos regionais daquela área.
29. Para uma discussão que se aplica, ver FRIEDMAN, Joseph; SILBERMAN, Jonathan. University technology transfer: do incentives, management, and location matter? *Journal of Technology Transfer*, v. 28, n. 1, p. 17-30, 2003.
30. Ver Princípio 2. Sistema de Liderança, em Beyerlein et al., The ten principles of collaborative organizations.
31. Para uma revisão da literatura e um estudo de qualidades de liderança colaborativa, incluindo cinco tipos de configurações de liderança, ver SULLIVAN, Helen; WILLIAMS, Paul; JEFFARES, Stephen. Leadership for collaboration. *Public Management Review*, v. 14, n. 1, p. 41-66, 2012. p. 52-55. Disponível em: <https://doi.org/10.1080/14719037.2011.589617>.
32. O capital baseado em habilidades é categoricamente similar ao "capital baseado em habilidade" encontrado em TAYLOR, Lester. *Capital, accumulation, and money*: an integration of capital, growth, and monetary theory. Boston: Springer Verlag, 2010. p. 12.
33. Consideramos isso distinto do tipo de capital baseado em habilidades descrito em MCELWEE, Gerard; SMITH, Robert. Researching rural enterprise. In: FAYOLLE, Alain (Ed.). *Handbook of research on entrepreneurship*: what we know and what we need to know. Northampton, Mass.: Edward Elgar, 2014. p. 322.
34. A importância do capital baseado em conhecimento ou intelectual (especialmente para a inovação organizacional) é discutida em SUBRAMANIAM, Mohan; YOUNDT, Mark

A. The influence of intellectual capital on the types of innovative capabilities. *Academy of Management Journal*, v. 48, n. 3, p. 450-463, 2005.

35. Existem algumas semelhanças teóricas com o tipo de liderança capital discutido em BENNISTER, Mark; HART, Paul 't; WORTHY, Bem. Assessing the authority of political office-holders: the leadership capital index. *West European Politics*, v. 38, n. 3, p. 417-440, 2015. Disponível em: <https://doi.org/10.1080/01402382.2014.954778>.
36. Para uma visão alternativa da liderança representativa, oferecendo uma análise interorganizacional, ver CLARKE, Martin. A study of the role of "representative" leadership in stimulating organization democracy. *Leadership*, v. 2, n. 4, p. 427-450, 2006.
37. Uma visão tradicional da liderança transacional é discutida em contraste com a liderança transformadora em BURNS, James MacGregor. *Transforming leadership*. Nova York: Grove Press, 2003. p. 22-25, 43, 48, 136, 171, 176, 180.
38. Ver NYC PARKS. *The High Line*. Disponível em: <www.nycgovparks.org/parks/the-high-line>.
39. Isso tem similaridades com a "liderança transformativa" descrita por Warren Bennis e Burt Nanus, *Leaders: Strategies for Taking Charge* (Nova York: HarperCollins, 2007), p. 200-217.
40. Para uma discussão aprofundada do capital social, ver GLAESER, Edward L.; LAIBSON, David; SACERDOTE, Bruce. An economic approach to social capital. *The Economic Journal*, v. 112, p. F437-F458, 2002. Disponível em: <https://doi.org/10.1111/1468-0297.00078>.
41. Para informações adicionais, ver SHAMIR, Boas et al. The motivational effects of charismatic leadership: a self-concept based theory. *Organization Science*, v. 4, n. 4, p. 577-594, 1993.
42. Para uma discussão de atributos de liderança relacionados, ver também Drucker, *Management challenges for the 21st century*, p. 33-40.
43. Uma boa discussão básica da liderança organizacional por meio do gerenciamento de equipes, e de seu uso eficiente, pode ser encontrada em COHEN, Steven; EIMICKE, William; HEIKKULA, Tanya. *The effective public manager*. 5. ed. San Francisco, Calif.: Jossey-Bass, 2013. p. 130-139.
44. CENTRAL PARK CONSERVANCY. Park history. Disponível em: <www.centralparknyc.org/visit/park-history.html>.
45. Com base em análise e em entrevistas. MCKINSEY & COMPANY. *A guide to measuring advocacy and policy*, Annie E. Casey Foundation by organizational research services. Disponível em: <http://mckinseyonsociety.com/downloads/tools/LSI/McKinsey_Learning_for_Social_Impact_white_paper.pdf>.
46. Ver casos 2 e 4, em McKinsey & Company, *A guide to measuring advocacy and policy*, p. 10-11.
47. A experiência com desenvolvimento de conhecimento com frequência alinha-se com capacidades de liderança intelectual e também com o capital intelectual ou baseado em conhecimento, ambos descritos anteriormente neste capítulo.
48. Para uma visão mais ampla do capital baseado em conhecimento, ver SCHIUMA, Giovanni; LERRO, Antonio. Knowledge-based capital in building regional innovation capacity. *Journal of Knowledge Management*, v. 12, n. 5, p. 121-136, 2008. Disponível em: <http://dx.doi.org.ezproxy.cul.columbia.edu/10.1108/13673270810902984>.

49. SAVAS, E. S. et al. *A study of Central Park*. Nova York: Columbia University, 1976.
50. Adaptado de Policy Development and Implementation, casos 2 e 4, McKinsey & Company, *A guide to measuring advocacy and policy*, p. 10-11.
51. Como exemplo, ver o trabalho conjunto da Lilly Family School of Philantropy da Universidade de Indiana e do Independent Sector, ROONEY, Patrick M. et al. *Tax policy and charitable giving results*. maio 2017. Disponível em: <https://scholarworks.iupui.edu/bitstream/handle/1805/12599/tax-policy170518.pdf>.
52. Líderes com experiência no desenvolvimento e na implementação de políticas públicas muitas vezes possuem capacidades de liderança representativa e têm um capital político bem estabelecido.
53. Adaptado da categoria Capacitando Sistemas e Desenvolvimento de Infraestrutura, casos 2 e 4, McKinsey & Company, *A guide to measuring advocacy and policy*, p. 10-11.
54. Como exemplo, ver o trabalho perfilado em BUFFETT, Howard W.; STEPAN, Adam. *Aid or investment?* Post-conflict development in DRC and Rwanda. Columbia University School of International and Public Affairs Case Consortium, 2018, Sipa-18-0016.0.
55. A experiência com a capacitação de sistemas e desenvolvimento de infraestrutura pode alinhar-se com uma combinação de capacidades e de capital descrita anteriormente, incluindo capacidades de liderança transacional desde uma perspectiva de financiamento de sistemas ou de infraestrutura.
56. Apresentação, CENTRAL Park Conservancy Institute for Urban Parks; Programming in Central Park, seção intitulada "A Look Into The Future", p. 30, 16 out. 2014.
57. Adaptado das categorias combinadas de Aguçamento de Capacidade, Desenvolvimento de Habilidades e Programas de Mudança de Comportamento, casos 2 e 4, McKinsey & Company, *A guide to measuring advocacy and policy*, p. 10-11.
58. Como exemplo, ver SHECHTMAN, Nikki et al. *Empowering adults to thrive at work*: personal success skills for 21st century jobs. A report on promising research and practice. Chicago, Ill.: Joyce Foundation, 2016.
59. A experiência programática nessa categoria costuma ser associada aos tipos de capacidades de liderança inspiradora e de capital social descritos na seção anterior.
60. Adaptado da categoria Desenvolvimento e Entrega de Serviço /Produto, casos 2 e 4, McKinsey & Company, *A guide to measuring advocacy and policy*, p. 10-11.
61. Para um exemplo desses serviços, ver FEEDING America, uunger in America 2014. Disponível em: <http://help.feedingamerica.org/HungerInAmerica/hunger-in-america-2014-full-report.pdf>.
62. A experiência com o desenvolvimento ou com a entrega de serviços e produtos com frequência alinha-se com capacidades de liderança organizacional, como o sequenciamento e planejamento eficiente de atividades numa parceria.
63. DRUSKAT, Vanessa Urch; WOLFF, Steven B. *Building the emotional intelligence of groups*. mar. 2001. Disponível em: <https://hbr.org/2001/03/building-the-emotional-intelligence-of-groups>.
64. PUBLIC private partnerships for parks. School of International and Public Affairs Video Case Study, Sipa-14-0005.4, 2014.
65. SHAPIRO, Daniel. *Negotiating the nonnegotiable; how to resolve your most emotionally charged conflicts*. Nova York: Viking, 2016. p. 13.

66. Shapiro, *Negotiating the nonnegotiable*, p. 15.
67. Shapiro, *Negotiating the nonnegotiable*, p. 15.
68. Em *Negotiating the nonnegotiable*, Shapiro chama isso de "lealdades", p. 15.
69. Em *Negotiating the nonnegotiable*, Shapiro chama isso de "experiências emocionalmente significativas", p. 15.
70. Ver a discussão de "influência recíproca emergente" e da maneira como ela se relaciona com a liderança distribuída num contexto colaborativo. WATSON, Sheldon T.; SCRIBNER, Jay Paredes. Beyond distributed leadership: collaboration, interaction, and emergent reciprocal influence; *Journal of School Leadership*, v. 17, n. 4, p. 443-468, 2007. p. 461.
71. WALKER, Bryan; SOULE, Sarah. Changing company culture requires a movement, not a mandate. *Harvard Business Review*, 20 jun 2017. Disponível em: <https://hbr.org/2017/06/changing-company-culture-requires-a-movement-not-a-mandate>.
72. BOWEN, Ted Smalley; STEPAN, Adam. Public-private partnerships for green space in NYC. 3, 2014, School of International and Public Affairs, Columbia University, Case Study, Sipa-14-0005.4.
73. Isso foi feito sob a Lei Federal Abrangente de Emprego e Formação. Para mais informações, ver THE Labor Department in The Carter Administration: a summary report — january 14, 1981. U.S. Department of Labor. Disponível em: <www.dol.gov/oasam/programs/history/carter-eta.htm>.
74. Os Guardas de Parques Urbanos também serviram como importante presença uniformizada e visível para ajudar a monitorar atividades no parque. Para mais informações, ver NEW YORK CITY DEPARTMENT OF PARKS & RECREATION. *Urban park rangers*. Disponível em: <www.nycgovparks.org/programs/rangers>.
75. Algumas dessas estratégias, incluindo os itens um e dois, sobrepõem-se ou reforçam aqueles identificados por KOTTER, John. P. *Leading change*. Brighton, Mass.: Harvard Business Review Press, 2012.
76. Ver os princípios de liderança colaborativa e a discussão sobre o papel do líder na construção de um envolvimento de base ampla. CHRISLIP David D.; LARSON, Carl E. *Collaborative leadership:* how citizens and civic leaders make a difference. San Francisco, Calif.: Jossey-Bass, 1994. p. 138-146.
77. Ver o Princípio 6. Padrões de Discussões, de Diálogo, e de Compartilhamento de Informações. Beyerlein et al., The ten principles of collaborative organizations, p. 51-63.
78. Ver o Princípio 9. Tratar a Colaboração como Processo Disciplinado. Beyerlein et al., The ten principles of collaborative organizations, p. 51-63.
79. Um exemplo disso aconteceu na parceria da High Line quando Joshua David e Robert Hammond organizaram e lideraram sua comunidade na luta para preservar a High Line e para superar os desafios apresentados pela prefeitura.
80. Ver os princípios de liderança colaborativa e a discussão do papel do líder na sustentação da esperança e na participação entre membros da equipe, Chrislip and Larson, *Collaborative leadership*, p. 138-146.
81. Talvez o apoiador mais visível da parceria da High Line tenha sido o prefeito Michael Bloomberg, que dedicou tempo e energia para reconhecer progressos significativos (por exemplo, anunciando grandes doações feitas à parceria). Ele também reconheceu publicamente a qualidade do trabalho e a importância da parceria (como se viu em

2010, quando ele entregou o Prêmio Freedman à Friends of the High Line). Ver MAYOR Bloomberg presents 2010 Doris C. Freedman Award to Friends of the High Line. City of New York, 16 jun. 2010. Disponível em: <www1.nyc.gov/office-of-the-mayor/news/270-10/mayor-bloomberg-presents-2010-doris-c-freedman-award-friends-the-high-line#/6>.

82. Para mais informações, ver BUCHANAN, David A. et al. No going back: a review of the literature on sustaining organizational change. *International Journal of Management Reviews*, v. 7, p. 189-205, 2005. Disponível em: <https://doi.org/10.1111/j.1468-2370.2005.00111.x>.
83. Porém, os líderes devem estar atentos aos riscos da escalada dos compromissos. Para mais informações, ver BROCKNER, Joel. The escalation of commitment to a failing course of action: toward theoretical progress. *Academy of Management Review*, v. 17, n. 1, p. 39-61, 1992.
84. Isso não diz respeito à história de marca de uma parceria em si, mas é uma perspectiva útil sobre o tema da narrativa e da longevidade de uma marca. SMITH, Terry. Brand salience not brand science: a brand narrative approach to sustaining brand longevity. *The Marketing Review*, v. 11, n. 1, p. 25-40, primavera 2011. Disponível em: <https://doi.org/10.1362/146934711X565279>.
85. Esta é outra adaptação da discussão em Shapiro, *Negotiating the nonnegotiable*.
86. Bowen e Stepan, *Public-private partnerships for green space in NYC*.
87. BARRON, James. A new leader for Central Park. *New York Times*, 12 dez. 2017.
88. Howard W. Buffett trabalhou com Daniel Shapiro para adaptar ideias de seu livro *Negotiating the nonnegotiable* e do trabalho do Programa Internacional de Negociação de Harvard <http://inp.harvard.edu/>. O conceito de identidade de equipe intersetorial resultou de várias discussões e entrevistas, incluindo uma sessão de um dia inteiro em Cambridge, Massachusetts, em 30 de novembro de 2017.
89. Anbuvelan, *Principles of management*, p. 105.
90. Por exemplo, há limites estatutários para o número e para a composição das equipes nos escritórios e nos departamentos da Casa Branca. Ver "3 U.S. Code § 107 — Domestic Policy Staff and Office of Administration; Personnel", Cornell Law School, Legal Information Institute. Disponível em: <www.law.cornell.edu/uscode/pdf/uscode03/lii_usc_TI_03_CH_2_SE_107.pdf>.
91. Desenvolvido como Programa de Formação, Treinamento, Exame e Certificação da Certificação de Gestores de Parques Urbanos (CGPU) por meio do Instituto de Parques Urbanos. A CPC agora usa o currículo desenvolvido por ele e seu "corpo docente" prático em treinamentos *in-house* em horticultura, gestão de gramado, gestão de zona e gestão de lixo para treinar o pessoal do Departamento de Parques que trabalha em parques públicos menores da cidade.
92. DAVISON, Mark L. The challenges we face managing those external (and internal) consultants! Artigo apresentado no PMI® Global Congress, 2009, Orlando, Florida. Disponível em: <www.pmi.org/learning/library/challenges-managing-external-internal-consultants-6670>.
93. O construto Convocar, Coordenar, Catalisar é adaptado de LALKA, Robert. Tilting the balance away from a multi-polar world and toward a multi-partner world, U.S. Department of State Global Partnership Initiative. *UN-Business Focal Point*, v. 12, p. 57, ago. 2009.

94. VANGEN, Siv; HUXHAM, Chris. Enacting leadership for collaborative advantage: dilemmas of ideology and pragmatism in the activities of partnership managers. *British Journal of Management*, v. 14, p. S61-S76, dez. 2003.

CAPÍTULO 7: O CASO DO LUGAR

1. INTERAGENCY COUNTERINSURGENCY INITIATIVE. *U.S. Government counterinsurgency guide*. jan. 2009. Disponível em: <www.state.gov/documents/organization/119629.pdf>.
2. Robert M. Gates, Secretário de Defesa, "Continuation of Task Force for Business and Stability Operations", Memorando. Washington, DC: U.S. Department of Defense, 25 mar. 2010.
3. BERTEAU, David J. et al. *Final report on lessons learned*: Department of Defense Task Force for Business and Stability Operations. Center for Strategic and International Studies, 14 jun. 2010. Disponível em: <www.csis.org/analysis/final-report-lessons-learned>.
4. Interagency Counterinsurgency Initiative, *U.S. Government counterinsurgency guide*.
5. GHANI, Ashraf; LOCKHART, Clare. *Fixing failed states*: a framework for rebuilding a fractured world. Oxford, England: Oxford University Press, 2008. p. 48.
6. ZIMMERMAN, S. Rebecca; EGEL, Daniel; BLUM, Ilana. *Task force for business and stability operations*: lessons from Afghanistan. Santa Monica, Calif.: Rand Corporation, 2016.
7. Baseado em várias discussões com o general David Petraeus entre 24 de fevereiro de 2010 e 28 de setembro de 2016. O general Petraeus serviu como Comandante Combatente encarregado do Comando Central dos Estados Unidos durante o desenvolvimento inicial da estratégia para o setor agrícola da equipe do Departamento de Defesa.
8. Alguma adaptação de princípios de investimento em valor social a ambientes relacionados com conflitos resultou de uma reunião na Casa Branca a respeito de uma proposta de grupo de trabalho: "A Working Group for Coordinating Stability", 22 de junho de 2010, que contou com a presença de mais de 20 agências ou escritórios federais.
9. CIA WORLD FACTBOOK. *Afghanistan country profile*. Disponível em: <www.cia.gov/library/publications/the-world-factbook/geos/af.html>.
10. UNESCO. *Afghanistan country profile*. Disponível em: <www.uis.unesco.org/DataCentre/Pages/country-profile.aspx?code=AFG&regioncode=40535>.
11. CIA World Factbook, *Afghanistan country profile*.
12. U.S. DEPARTMENT OF AGRICULTURE. Foreign Agricultural Service. *2011 Afghan agricultural economy update*. 4, 9 jul. 2011.
13. WORLD BANK. *Afghanistan — agricultural sector review*: revitalizing agriculture for economic growth, job creation, and food security. Washington, DC: World Bank Group, 2014. Disponível em: <http://documents.worldbank.org/curated/en/245541467973233146/Afghanistan-Agricultural-sector-review-revitalizing-agriculture-for-economic-growth-job-creation-and-food-security>.
14. WARD, Christopher et al. *Afghanistan*: economic incentives and development initiatives to reduce opium production. Washington, DC: DFID; World Bank, 2008. Disponível em: <http://documents.worldbank.org/curated/en/992981467996725814/pdf/424010fullrepo1mIncentives01PUBLIC1.pdf>.

15. WORLD BANK. *Afghanistan* — state building, sustaining growth, and reducing poverty, a World Bank country study. Washington, DC: The World Bank, 2005. p. 92. Ver também REVITALIZING agriculture for growth, jobs, and food security in Afghanistan. 2015. Disponível em: <www.worldbank.org/en/country/afghanistan/publication/revitalizing-agriculture-for-growth-jobs-and-food-security-in-afghanistan>.
16. WORLD BANK. *Islamic Republic of Afghanistan agricultural sector review*. jun. 2014. Disponível em: <http://documents.worldbank.org/curated/en/245541467973233146/pdf/AUS9779-REVISED-WP-PUBLIC-Box391431B-Final-Afghanistan-ASR-web-October-31-2014.pdf>.
17. Estimativa de pesquisa do Instituto Norman Berlaug, citando dados do Ministério de Reabilitação e Desenvolvimmento Rural, Governo do Afeganistão, 2009.
18. MARTINS, Vinicius J. B. et al. Long-lasting effects of undernutrition. *International Journal of Environmental Research and Public Health*, v. 8, n. 6, p. 1817-1846, 2011. Disponível em: <https://doi.org/10.3390/ijerph8061817>.
19. UNITED NATIONS WORLD FOOD PROGRAM. *Purchase for progress*. Afghanistan Implementation Plan, 31 ago. 2009.
20. COLLIER, Paul.*The bottom billion*: why the poorest countries are failing and what can be done about it. Oxford, England: Oxford University Press, 2007.
21. JACKSON, Ashley. *The cost of war; Afghan experiences of conflict*, 1978-2009. nov. 2009. Disponível em: <www.oxfam.org/sites/www.oxfam.org/files/afghanistan-the-cost-of-war.pdf>.
22. BOPRA, Saswati et al. *Food security and conflict*. World Development Report 2011, 22 out. 2010. Disponível em: <https://openknowledge.worldbank.org/bitstream/handle/10986/9107/WDR2011_0031.pdf;sequence=1>.
23. E-AFGHAN AG. *Afghan agriculture*. Disponível em: <http://afghanag.ucdavis.edu/>. Acesso em: 6 out. 2017.
24. Emprego provincial estimado com base em cifras de população e emprego da MMRD escalados até 2010 usando projeções de crescimentno nacional do Banco Mundial e da CIA. A STRATEGY for Herat's Economic Development. Relatório inédito, fev. 2011.
25. Estimativa de pesquisa do Instituto Norman Berlaug, 2010.
26. Estimativa de pesquisa do Instituto Norman Berlaug, 2010.
27. Renda extrapolada a partir de dados fornecidos em WORLD BANK'S TRUST FUND FOR ENVIRONMENTAL AND SOCIALLY SUSTAINABLE DEVELOPMENT et al. *Randomized impact evaluation of Afghanistan's National Solidarity Programme*. 1º jul. 2013.
28. Ministério de Reabilitação e Desenvolvimento Rural, Governo do Afeganistão.
29. Para uma discussão da instabilidade no distrito de Guzara, ver MURTAZASHVILI, Jennifer Brick. *Informal order and the State in Afghanistan*. Nova York: Cambridge University Press, 2016. p. 237-239.
30. A escala definia o risco indo de verde (seguro) a amarelo (cuidado) e a vermelho (perigoso).
31. Mais informações sobre o assunto podem ser encontradas em WORLD FOOD PROGRAMME. *Women and hunger*: 10 facts. Disponível em: <www.wfp.org/our-work/preventing-hunger/focus-women/women-hunger-facts>.

32. QUISUMBING Agnes; PANDOLFELLI, Lauren. *Promising approaches to address the needs of poor female farmers:* resources, constraints, and interventions. Science Direct, 2009. Disponível em: <www.sciencedirect.com/science/article/pii/S0305750X09001806>.
33. UN expert calls on countries to empower women to tackle hunger and malnutrition. UN News Centre, 4 mar. 2013. Disponível em: <www.un.org/apps/news/story.asp?NewsID=44270#.WfAIDmiPJ3g>.
34. MINISTÉRIO DE AGRICULTURA, IRRIGAÇÃO E GADO DO AFEGANISTÃO. *National strategy on women in agriculture.* 29 set. 2015. p. 7. Disponível em: <http://extwprlegs1.fao.org/docs/pdf/afg156955.pdf>.
35. BEZEMER Dirk J.; HEADEY, Derek. *Agriculture, development and urban bias.* MPRA Paper 7026. Munique, Alemanha: Biblioteca da Universidade de Munique, 2007.
36. INSTITUTE FOR STRATEGY AND COMPETITIVENESS. Harvard Business School. *The value chain.* Disponível em: <www.isc.hbs.edu/strategy/business-strategy/pages/the-value-chain.aspx>. Essa descrição é adaptada da definição do Pacto Global da ONU, encontrada em UNCHAINING value: innovative approaches to sustainable supply. Disponível em: <www.unglobalcompact.org/library/99>.
37. HEALTHY food for a healthy world: leveraging agriculture and food to improve global nutrition. Chicago Council on Global Affairs, 16 abr. 2015.
38. A Equipe do Instituto Norman Borlaug realizou avaliações locais em oito províncias do Afeganistão durante 2010.
39. USAID AFGHANISTAN. *Accelerating sustainable agriculture program, Herat province agricultural profile 2008.* Disponível em: <http://afghanag.ucdavis.edu/country-info/Province-agriculture-profiles/reports-usaid-nais/Ag_brief_2008_Herat_rev1.doc>.
40. Estimativa de pesquisa do Instituto Norman Berlaug, 2010.
41. HOFFMAN, Frank G. Neo-classical counterinsurgency? *Parameters,* v. 11, verão 2007. Disponível em: <http://ssi.armywarcollege.edu/pubs/parameters/articles/2011winter/hoffman.pdf>.
42. Houve avaliações agrícolas detalhadas nas províncias de Herat, Kabul, Nangarhar e Balkh, com uma análise de programa conduzida em outras províncias, como Bamyan.
43. A Equipe do Instituto Norman Borlaug referia isso como "Modelo Integrado de Produção Agrícola".
44. MALETTA, Hector; FAVRE, Raphy. *Agriculture and food production in post-war Afghanistan:* a report on the winter agricultural survey 2002-2003. Cabul: FAO, 2003.
45. A STRATEGY for Herat's economic development. Relatório de pesquisa inédito, fev. 2011.
46. Ver a seção intitulada "Rebuilding Afghanistan's Agriculture Sector" em Afghanistan and Pakistan Regional Stabilization Strategy, Department of State, Office of the Special Representative for Afghanistan and Pakistan, fev. 2010.
47. Descrição adaptada do National Institute of Food and Agriculture da Usda. Disponível em: <https://nifa.usda.gov/extension>.
48. Isso incluiu um programa piloto para oferecer às Equipes de Desenvolvimento de Agribusiness (EDAs) do Departamento de Defesa acesso direto ao conhecimento de extensão cooperativa da Universidade de Nebraska-Lincoln, e também um agente incorporado de extensão cooperativa designado para uma EDA, em bases exploratórias.

49. Para mais informações sobre o Centro de Conflito e Desenvolvimento, visite: <http://condevcenter.org/>.
50. Para maiores informações, ver Local Governance and Community Development (Ficha de Informações), U.S. Agency for International Development. Disponível em: <www.usaid.gov/sites/default/files/documents/1871/Fact%20sheet%20LGCD%20FINAL%20June%202011.pdf>.
51. MARTINS, Mark. The Commander's Emergency Response Program. *Joint Forces Quarterly*, v. 37, n. 2, p. 46-52, 2005. Disponível em: <www.dtic.mil/dtic/tr/fulltext/u2/a523853.pdf>.
52. ORGANIZAÇÃO DAS NAÇÕES UNIDAS PARA ALIMENTAÇÃO E AGRICULTURA. *Irrigation water management*: irrigation water needs. Manual de Treinamento n. 3, 1986. Disponível em: <www.fao.org/docrep/S2022E/s2022e06.htm>.
53. KELSO, Paul. Taliban secret weapon: ancient irrigation trenches. *National Geographic News*, 5 nov. 2001. Disponível em: <http://news.nationalgeographic.com/news/2001/11/1105_wirekarez.html>.
54. U.S. GEOLOGICAL SURVEY. *Irrigation techniques*. 2 dez. 2016. Disponível em: <https://water.usgs.gov/edu/irmethods.html>.
55. VALLEY IRRIGATION. *Choosing the right irrigation system; a comparison of center pivot irrigation and flood irrigation*. Disponível em: <ww2.valmont.com/valley-irrigation/us/irrigation-management/irrigation-comparisons/center-pivot-vs-flood>.
56. A grafia da aldeia varia. Este uso está de acordo com o Conselho de Toponímicos dos Estados Unidos [U.S. Board on Geographic Names]. Informações fornecidas por Scott A. Zillmer, Editor-Sênior de Pesquisas, Mapas, e Gráficos na National Geographic.
57. SHINN, Glen C. et al. Understanding Afghan opinion leaders' viewpoints about post-conflict foreign agricultural development: a case study in Herāt province, Afghanistan. *Journal of International Agricultural & Extension Education*, v. 19, n. 2, p. 27-38, verão 2012. Disponível em: <www.aiaee.org/attachments/article/1475/Shinn-1.pdf>.
58. Uma empresa de construção e de perfuração de Herat forneceu um orçamento inicial de perfuração de poços em 9 de maio de 2011 para uma profundidade de perfuração máxima de 120 metros.
59. Entrevistas e pesquisas de campo de membros da equipe, 2011.
60. Entrevistas posteriores ao projeto com Ghulam Jalani, líder da shura de Rabāṭ-e Pīrzādah, agosto de 2013 (por Elaha Mahboob) e julho de 2017 (por Masoud Soheili), Herat, Afghanistan. Traduções de Roya Mahboob.
61. Para mais informações, ver o Instituto de Pesquisas Agrícolas do Afeganistão, Fazenda de Pesquisas Urdu Khah, 2017: <http://aria.gov.af/?page_id=190>.
62. Entrevista posterior ao projeto com Habibullah Sabiri, líder da Fazenda de Pesquisas Urdu Khan, agosto de 2013 (por Elaha Mahboob), Herat, Afeganistão. Traduções de Roya Mahboob.
63. MINISTÉRIO DA AGRICULTURA, IRRIGAÇÃO E GADO DO AFEGANISTÃO. *Request for expressions of interest*. Projeto de Insumos Agrícolas do Afeganisitão (Piaa). Disponível em: <http://mail.gov.af/en/tender/arm-lands-irrigation-systems-and-buildings>.
64. MINISTÉRIO DA AGRICULTURA, IRRIGAÇÃO E GADO DO AFEGANISTÃO. *Procurement of works for construction of west farms* (Herat Urdo Agricultural Farm)-MAIL/

WB/AAIP/ICB-006/W.006.1. Disponível em: <http://mail.gov.af/en/tender/procurement--of-works-for-construction-of-west-farms-herat-urdo-agricultural-farm-mailwbaaipicb--006w0061>.

65. A perda e a deterioração de alimentos são problemas globais persistentes. Para mais informações, ver GLOBAL food losses and food waste. Nova York: UN FAO, 2011. Disponível em: <www.fao.org/docrep/014/mb060e/mb060e00.pdf>.
66. Entrevistas e pesquisas de campo de membros da equipe, 2011.
67. Entrevistas posteriores ao projeto com Zainab Sufizada, chefe do Centro de Processamento Alimentar de Ziaratja, agosto de 2013 (por Elaha Mahboob) e julho de 2017 (por Masoud Soheili), Herat, Afeganistão. Traduções de Roya Mahboob.
68. Estimativa de pesquisa do Instituto Norman Berlaug, 2010.
69. Avaliações provinciais da província de Herat, Instituto Norman Borlaug.
70. Estimativa de pesquisa do Instituto Norman Berlaug, 2010.
71. Entrevistas e pesquisas de campo de membro da equipe, 2011.
72. Entrevista posterior ao projeto com Glen Shinn, ex-membro da equipe de Agricultura Internacional do Instituto Norman Borlaug de Agrcultura, julho de 2017 (por Adam Stepan), College Station, Texas.
73. Estimativa de pesquisa do Instituto Norman Berlaug, 2010.
74. Estimativa de pesquisa do Instituto Norman Berlaug, 2010-2011.
75. Baseado em entrevistas com a equipe de Agricultura da Universidade Herat, fevereiro de 2010.
76. Ag College groundbreaking plants seeds for Afghan agriculture. *AgriLife Today*, 8 dez. 2010. Disponível em: <https://today.agrilife.org/2010/12/08/ag-college-afghan-agriculture/>.
77. Entrevista posterior ao projeto com o dr. Abdullah Faiz, decano do corpo docente de agricultura da Unversidade Herat, julho de 2017 (por Masoud Soheili), Herat, Afeganistão. Traduções de Roya Mahboob.
78. Entrevista posterior ao projeto com M. Yousof Amini, membro do corpo docente do programa de agricultura da Universidade Herat (por Elaha Mahboob), Herat, Afeganistão. Traduções de Roya Mahboob.
79. Segundo um relatório de campo posterior ao projeto feito por um membro do Instituto Norman Borlaug.
80. Entrevistas e pesquisas de campo de membros da equipe, 2011.
81. Dados fornecidos pela Universidade Herat, 2012, incluindo um "Herat basic laboratory training and course syllabus".
82. Dados fornecidos pela Universidade Herat, "Basic laboratory training report, Dail & AG Faculty", maio de 2012.
83. Com base em pesquisas e em conhecimento das equipes do Departamento de Defesa em diversas áreas de programas e no Afeganistão.
84. Por exemplo, em 2011, a equipe do Departamento de Defesa passou pela prática de catalogar reuniões e colaborações interagências. O programa de desenvolvimento agrícola por si tinha interagido com mais de 20 agências governamentais e intergovernamentais distintas, e também as orientado, ao longo de cinco meses entre outubro de 2010 e fevereiro de 2011.

85. Zimmerman, Egel e Blum, *Task force for business and stability operations.*
86. Por exemplo, ver KOLK, Ans; LENFANT, François. Business-NGO collaboration in a conflict setting. *Business & Society*, v. 51, n. 3, p. 478-511, 6 jun. 2012. Disponível em: <https://doi.org/10.1177/0007650312446474>.
87. Por exemplo, ver BUFFETT, Howard W.; CHAVEZ, Erik; CONWAY, Gordon. How partnerships can create resilient food supply chains. *Aspen Institute Journal of Ideas*, 31 out. 2016. Disponível em: <www.aspeninstitute.org/aspen-journal-of-ideas/partnerships--create-resilient-food-supply-chains/>.
88. Segundo uma entrevista de 2010 com Din Mohammed, vice-presidente de uma associação de plantadores de tomate de Guzara.
89. Gerry Brown e Robert Lalka foram dois pesquisadores e editores que contribuíram para uma versão pré-publicação deste caso.

CAPÍTULO 8: O ARCABOUÇO DE LUGAR

1. BARCA, Fabrizio; MCCANN, Philip; RODRÍGUEZ-POSE, Andrés. The case for regional development intervention: place-based versus place-neutral approaches. *Journal of Regional Science*, v. 52, p. 134-152, 2012. Disponível em: <https://doi.org/10.1111/j.1467-9787.2011.00756.x>.
2. ORGANISATION FOR ECONOMIC CO-OPERATION AND DEVELOPMENT. *How regions grow*. Informe sobre Políticas Públicas, mar. 2009. Disponível em: <www.oecd.org/regional/searf2009/42576934.pdf>.
3. Ver a iniciativa baseada em lugar em Detroit, Michigan. FUNDAÇÃO KRESGE. *Detroit.* Disponível em: <http://kresge.org/programs/detroit>.
4. WHITE HOUSE. *Developing effective place-based policies for the FY 2011 budget.* 11 ago. 2009. Disponível em: <https://obamawhitehouse.archives.gov/sites/default/files/omb/assets/memoranda_fy2009/m09-28.pdf>.
5. WORLD BANK. *World development report 2009*: reshaping economic geography. Washington, DC: World Bank, 2009. Disponível em: <http://siteresources.worldbank.org/EXTAR2009/Resources/6223977-1252950831873/AR09_Complete.pdf>.
6. ASPEN INSTITUTE FORUM FOR COMMUNITY SOLUTIONS AND THE NEIGHBORHOOD FUNDERS GROUP. *Towards a better place*: a conversation about promising practice in place-based philanthropy. 8-10 set. 2014. Disponível em: <http://aspencommunitysolutions.org/wp-content/uploads/2015/03/Towards_a_Better_Place_Conference_Report.pdf>.
7. HOPKIS, Elwood M.; FERRIS, James M. (Ed.). *Place-based initiatives in the context of public policy and markets*: moving to higher ground. mar. 2015. Disponível em: <http://emergingmarkets.us/wp-content/uploads/2015/03/MovingToHigherGround.pdf>.
8. Para uma discussão mais detalhada sobre a localidade geográfica, ver PIKE, Andy; RODRÍGUEZ-POSE, Andrés; TOMANEY, John. *Local and regional development*. Londres: Routledge, 2006. p. 35-39.
9. Descrição adaptada de CHOI, Laura. Place-based initiatives. *Community Investments*, v. 22, n. 1, primavera 2010. Disponível em: <www.frbsf.org/community-development/files/Spring_CI_2010a.pdf>.

10. Descrição adaptada de TACKETT, Larkin. *Impact in place*: a progress report on the department of education's place-based strategy. jun. 2012. Disponível em: <https://obamawhitehouse.archives.gov/blog/2012/06/08/impact-place-ed-releases-report-place-based-strategy>.
11. Ver MACK, Katelyn et al. Redefining expectations for place-based philanthropy. *The Foundation Review*, v. 6, n. 4, 2014. artigo 6. Disponível em: <http://scholarworks.gvsu.edu/cgi/viewcontent.cgi?article=1224&context=tfr>.
12. Para maiores discussões do "sentido de lugar" e de seu valor econômico, ver BOLTON, Roger. "Place prosperity vs people prosperity" revisited: an old issue with a new angle. *Urban Studies*, v. 29, n. 2, p. 185-203, 1992.
13. ZIMMERMAN, S. Rebecca; EGEL, Daniel; BLUM, Ilana. *Task force for business and stability operations*: lessons from Afghanistan. Santa Monica, Califórnia: RAND Corporation, 2016.
14. Para uma discussão do ciclo de vida de uma parceria, ver LOWNDES, Vivien; SKELCHER, Chris. The dynamics of multi-organizational partnerships: an analysis of changing modes of governance. *Public Administration*, v. 76, p. 313-333, verão 1998. p. 320-330.
15. FORRER, John J. *Global governance enterprises*: creating multisector collaborations. Nova York: Taylor & Francis, 2016. p. 44.
16. Existem, porém, exemplos notáveis, como as diretrizes "Partnerships and partnership management" em World Wildlife Fund, "Resources for implementing the WWF project & programme standards", abr. 2007. Disponível em: <www.panda.org/standards/3_4_partnerships_and_partner_management>.
17. Para definições, instrumentos e uma discussão da inclusão de partes interessadas, ver a seção intitulada "Who is involved in an MSP?", em BROUWER, Herman; WOODHILL, Jim. *The MSP guide*: how to design and facilitate multi-stakeholder partnerships. 2. ed. Wageningen, The Netherlands: Wageningen University & Research, 2015. p. 18. Disponível em: <www.mspguide.org>.
18. BÄCKSTRAND, Karin. Multi-stakeholder partnerships for sustainable development: rethinking legitimacy, accountability and effectiveness. *European Environment*, v. 16, p. 290-306, 2006. Disponível em: <https://doi.org/10.1002/eet.425>.
19. Por exemplo, considere as implicações das descobertas em EASTERLY, William. Can foreign aid buy growth? *Journal of Economic Perspectives*, v. 17, n. 3, p. 23-48, 2003.
20. IRWIN, Elise R.; KENNEDY, Kathryn D. Mickett. Engaging stakeholders for adaptive management using structured decision analysis. In: WEBB, Richard M. T.; SEMMENS, Darius J. (Ed.). *Planning for an uncertain future-monitoring, integration, and adaptation*. Relatório de Investigações Científicas n. 2009-5049. Washington, DC: U.S. Geological Survey, 2009.
21. SCHIFFER, Eva; WAALE, Douglas. *Tracing power and influence in networks*. International Food Policy Research Institute (IFPRI), "Discussion Paper 00772", jun. 2008, p. 3.
22. Ver as discussões "Resources Count" e "Partner Alignment & Power" em ZADEK, Simon; RADOVICH, Sasha. *Governing collaborative governance*: enhancing development outcomes by improving partnership governance and accountability. AccountAbility and the Corporate Social Responsibility Initiative, Working Paper n. 23. Cambridge, Mass.: John F. Kennedy School of Government, Harvard University, 2006. p. 11-16.

23. PIKE, Andy; RODRÍGUEZ-POSE, Andrés; TOMANEY, John. What kind of local and regional development and for whom? *Regional Studies*, v. 41, n. 9, p .1253-1269, 2007. p. 1260.
24. Barca, McCann e Rodríguez-Pose, The case for regional development intervention.
25. Para discussões detalhadas em primeira mão do assunto, ver BUFFETT, Howard G. (com Howard W. Buffett). *40 Chances*: finding hope in a hungry world. Nova York: Simon & Schuster, 2013.
26. BARCA, Fabrizio. *An agenda for a reformed cohesion policy*: a place-based approach to meeting European Union challenges and expectations. Relatório independente preparado a pedido do comissário europeu de Política Regional. Bruxelas: Comissão Europeia, 2009.
27. STEETS, Julia. *The seed initiative partnerships report 2006; partnerships for sustainable development*: on the road to implementation. Global Public Policy Institute, 2006. Disponível em: <www.gppi.net/fileadmin/user_upload/media/pub/2006/Steets_2006_Partnerships.pdf>.
28. PITTZ, Thomas G.; ADLER, Terry. An exemplar of open strategy: decision-making within multi-sector collaborations. *Management Decision*, v. 54, n. 7, p. 1595-1614, 2016.
29. RODRÍGUEZ-POSE, Andrés; STORPER, Michael. Better rules or stronger communities? On the social foundations of institutional change and its economic effects. *Economic Geography*, v. 82, n. 1, p. 1-25, 2006.
30. As identidades nucleares das equipes são adaptadas de SHAPIRO, Daniel. *Negotiating the nonnegotiable*: how to resolve your most emotionally charged conflicts. Nova York: Viking, 2016.
31. Existem muitas listas de princípios. Por exemplo, ver "Eight Factors for Effective Partnerships", em KPMG INTERNATIONAL. *Unlocking the power of partnership* — a framework for effective cross-sector collaboration to advance the global goals for sustainable development. 2016. p. 12-18. Disponível em: <https://home.kpmg.com/conten/dam/kpmg/pdf/2016/01/unlocking-poer-of-partnesship.pdf>.
32. Brouwer e Woodhill, *The MSP guide*, p. 14.
33. U.S. DEPARTMENT OF INTERIOR. *What are the keys to creating and managing a successful partnership?* Disponível em: <www.doi.gov/partnerships/keys-to-successfull-partnerships.cfm>. Acesso em: 9 jan. 2015.
34. TENNYSON, Ros. *The partnering toolbook*: an essential guide to cross-sector partnering. The Partnering Initiative (IBLF), 2011, p. 17. Disponível em: <https://thepartneringinitiative.org/wp-content/uploads[1]2014/08/Partnering-Toolbook-en-20113.pdf>.
35. KOTTER, John. *Leading change*. Brighton Watertown, Massachusetts: Harvard Business Review Press, 2012.
36. MALENA, Carmen. *Strategic partnership*: challenges and best practices in the management and governance of multi-stakeholder partnerships involving UN and civil society actors. Artigo de fundo para a Oficina Multipartes Interessadas sobre Parcerias e Relações entre a ONU e a Sociedade Civil, Pocantico, Nova York, fev. 2004, p. 9.
37. WILDRIDGE, Valerie et al. How to create successful partnerships — a review of the literature. *Health Information & Libraries Journal*, v. 21, p. 3-19, 2004. p. 9. Disponível em: <https://doi.org/10.1111/j.1740.3324.00497.x>.

38. RAMIREZ, Ricardo. Stakeholder analysis and conflict management. In: BUCKLES, Daniel (Ed.). *Cultivating peace*: conflict and collaboration in natural resource management. Ottawa, Ontario: International Development Research Center, 1999. cap. 5.
39. Ver a seção "Setting ground rules for partnerships: accountability, capacity building, and evaluation", em WITTE, Jan Martin; STRECK, Charlotte; BENNER, Thorsten. The road from Johannesburg: what future for partnerships in global environmental governance? In: BENNER, Thorsten; STRECK, Charlotte; WITTE, Jan Martin (Ed.). *Progress or peril?* Networks and partnerships in global environmental governance. The post-Johannesburg agenda. Berlim: Global Public Policy Institute, 2003.
40. Pittz e Adler, An exemplar of open strategy.
41. Ver seção "Building GGEs", em FORRER, John J. *Global governance enterprises*: creating multisector collaborations. Nova York: Taylor & Francis, 2016. p. 244.
42. Brouwer e Woodhill, *The MSP guide*, p. 84.
43. Ver o tipo de *responsabilização externa* discutido em BÄCKSTRAND, Karin. Multi-stakeholder partnerships for sustainable development: rethinking legitimacy, accountability and effectiveness. *European Environment*, v. 16, p. 295, 2006. Disponível em: <https://doi.org/10.1002/eet.425>.
44. Ver a discussão de organizações que colaboram por meio de uma "strategic alliance" (p. 195-196) e alcançam pontos de responsabilização comum ao longo do Contínuo de Colaboração (p. 197) em MAYHEW, Fred. Aligning for impact: the influence of the funder-fundee relationship on evaluation utilization. *Nonprofit Management and Leadership*, v. 23, n. 2, p. 193-217, 2012. Disponível em: <https://doi.org/10.1002/nml.21045>.
45. Witte, Streck, and Benner, "The Road from Johannesburg".
46. Ver a seção "Allow Self-Determination", em READE, Carol et al. Poverty and the multiple stakeholder challenge for global leaders. *Journal of Management Education*, p. 820-840, 2008. Disponível em: <https://doi.org/10.1177/1052562908317445>.
47. Em alguns casos, as parcerias intersetoriais usam uma entidade independente dedicada a organizar e a gerir as atividades da parceria (muitas vezes referida como organização dorsal ou secretariado). Por exemplo, ver "The Aspen Institute Partners for a New Beginning Secretariat", esforço colaborativo estabelecido pelo Aspen Institute como apoio ao U.S. State Department. Disponível em: <https://2009-2017.stage.gov/s/partnerships/newbeginning/>.
48. Ver a seção "Resources Count" em Zadek e Radovich, Governing collaborative governance, p. 11.
49. Isso é conceitualmente similar a "Guiamento estratégico", discutido em Brouwer e Woodhill, *The MSP guide*, p. 129.
50. Ver *Developing local knowledge to inform action*, Sumário do Programa Construção de Capacidade de Bairros. Disponível em: <www.cssp.org/community/neighborhood-investment/place-based-initiatives/body/Developing-Local-Knowledge-to-Inform-Action-Practice-Brief.pdf>.
51. Bäckstrand, Multi-stakeholder partnerships for sustainable development.
52. Para uma discussão das vantagens e desvantagens de obter acesso a recursos específicos numa parceria intersetorial, ver BARRINGER, Bruce R.; HARRISON, Jeffrey S. Walking

a tightrope: creating value through interorganizational relationships. *Journal of Management*, v. 26, n. 3, p. 367-403, jum. 2000. tab 3.

53. Barca, McCann e Rodríguez-Pose, The case for regional development intervention.
54. Esse aspecto do planejamento e do processo decisório participatórios é discutido em Pittz e Adler, An exemplar of open strategy", p. 1604.
55. Ver BNCP toolkit — resident engagement, dez. 2014. Disponível em: <www.cssp.org/community/neighborhood-investment/place-based-initiatives/building-neighborhood--capacity>.
56. Shapiro, *Negotiating the nonnegotiable.*
57. Pike, Rodríguez-Pose e Tomaney, *Local and regional development.*
58. Neste caso, Zainab Sufizada ofereceu guiamento para o redesenho do projeto.
59. HAMILTON, Geoffrey. *United Nations Economic Commission for Europe's Guidebook on Promoting Good Governance in Public-Private Partnerships.* Genebra, 2008.
60. Para um breve resumo de vários instrumentos de tomada de decisão participatória, ver LYNAM, Timothy et al. A review of tools for incorporating community knowledge, preferences, and values into decision making in natural resources management. *Ecology and Society*, v. 12, n. 1, artigo 5, 2007.
61. A teoria da utilidade multiatributos ajuda os tomadores de decisão a especificar condições ou pesos variáveis de um conjunto de preferências e facilita a mensauração dessas preferências ou de outros valores. Ver SARIN, Rakesh K. Multi-attribute utility theory. In: GASS, Saul I.; FU, Michael C. (Ed.). *Encyclopedia of operations research and management science.* Boston, Mass.: Springer, 2013. p. 1004-1006.
62. Para um exemplo aplicado de uma análise tradicional de matriz Pugh, ver CERVONE, H. Frank. Applied digital library project management. *OCLC Systems & Services*, v. 25, n. 4, p. 229-232, 2009. Disponível em: <doi.org/10.1108/10650750911001815>.
63. RAMESH, Ramaswamy; ZIONTS, Stanley. Multiple criteria decision making. In: GASS, Saul I.; FU, Michael C. (Ed.). *Encyclopedia of operations research and management science.* Boston, Mass.: Springer, 2016. p. 1007-1013.
64. Mayhew, Aligning for impact.
65. Desenvolvido em 2007-2008 como parte de um projeto de equipe de Iniciativas Especiais da Fundação Bill & Melinda Gates. A equipe trabalhou liderada por ex-funcionários da fundação, incluindo Patty Stonesifer (CEO), e incluiu Cheryl Scott (COO), Alex Friedman (CFO), Lowell Weiss (diretor sênior de Políticas Públicas e de Promoção), Olivia Leland, Greg Cain e outros no grupo de trabalho do projeto.
66. A descrição do arcabouço é baseada numa visão geral de projeto inédita, e adaptada dela, com contribuições de Howard W. Buffett, 31 ago. 2007.
67. As categorias do arcabouço são baseadas numa visão geral de projeto inédita, e adaptadas dela, com contribuições de Howard W. Buffett, 31 de agosto de 2007.
68. CREECH; HEATHER; PAAS, Leslie; OANA, Miruna. *Typologies for partnerships for sustainable development and for social and environmental enterprises*: exploring Seed winners through two lenses. Relatório para o Programa Seed de Pesquisa de Iniciativas, International Institute for Sustainable Development, 2008.
69. Pittz e Adler, An exemplar of open strategy, p. 1601.
70. Barca, An Agenda for a reformed cohesion policy.

71. Reade et al., Poverty and the multiple stakeholder challenge for global leaders.
72. HAGGARD, Stephan; MACINTYRE, Andrew; TIEDE, Lydia. The rule of law and economic development. *Annual Review of Political Scienc*, v. 11, p. 205-234, 2008.
73. BUFFETT, Howard W.; STEPAN, Adam. Aid or investment? Post-conflict development in DRC and Rwanda. Columbia University School of International and Public Affairs Case Consortium, 2018, Sipa-18-0016.0.
74. Ver seção"Some negative aspects of partnerships", em BOYDELL, Leslie R.; RUGKÅSA, Jorun. Benefits of working in partnership: a model. *Critical Public Health*, v. 17, n. 3, p. 217-228, 2007. p. 224-225.

CAPÍTULO 9: O CASO DO PORTFÓLIO

1. A fundação desse caso tem origem na pesquisa realizada por Bruna Santos, Nora Shannon, Adam Stepan, Thomas Trebat e William B. Eimicke durante o desenvolvimento de um pequeno documentário, caso de estudo acadêmico e *white paper* sobre a Comunitas e o Juntos para o Programa de Casos de Estudos do Centro Picker, da Sipa, da Universidade de Columbia.
2. Entrevista com o professor de Colúmbia Rodrigo Soares, professor da Cátedra Lemann de Políticas Públicas Brasileiras e Relações Internacionais e Governamentais, citado em SANTOS, Bruna; SHANNON, Nora; STEPAN, Adam. *Juntos*: mentoring cities in Brazil. School of International and Public Affairs, Case Consortium@Columbia, Columbia University, 2017, p. 2, Sipa-17-0013.1.
3. Santos, Shannon e Stepan, *Juntos*, p. 2.
4. PRICEWATERHOUSECOOPERS; WORLD BANK. *Paying taxes 2014:* the global picture. Disponível em: <http://documents.worldbank.org/curated/en/143331468313829830/Paying-taxes-2014-the-global-picture>.
5. PricewaterhouseCoopers e World Bank, *Paying taxes 2014*, p. 21.
6. WORLD BANK GROUP. *Doing business 2017*: equal opportunity for all. Economy Profile Brazil, p. 2. Disponível em: <www.doingbusiness.org/data/exploreeconomies/brazil>.
7. World Bank Group, *Doing business 2017*, p. 2.
8. ANTUNES, Anderson. *The 20 companies that own Brazil.* Forbes.com, 23 jan. 2014. Disponível em: <www.forbes.com/sites/andersonantunes/2014/01/23/the-20-companies--that-own-brazil/#37235ea82ec9>.
9. Comunitas, Mission. Disponível em: <www.comunitas.org/portal/?s=mission>.
10. Comunitas, *Benchmarking report on corporate social investment (Bisc)*, 2014. Disponível em: <www.comunitas.org>.
11. Entrevista com Regina Celia Esteves, diretora-presidente da Comunitas, citada em Santos, Shannon e Stepan, *Juntos*, p. 3.
12. Ver o website da Comunitas para saber mais sobre a associação: <www.comunitas.org/portal/parceiros-2/>.
13. Entrevista com Pedro Jereissati, membro do conselho do Juntos e líder empresarial, em Santos, Shannon e Stepan, *Juntos*, p. 4.
14. Entrevista com o dr. Thomas Trebat em Santos, Shannon e Stepan, *Juntos*, p. 5.
15. Entrevista com Pedro Jereissati, em Santos, Shannon e Stepan, *Juntos* , p. 5-6.

16. Santos, Shannon e Stepan, *Juntos*, p. 6-9.
17. Santos, Shannon e Stepan, *Juntos*, p. 7.
18. Entrevista com Silvio Roberto Bernardin, Secretário Administrativo de Campinas, citado em Santos, Shannon e Stepan, *Juntos* , p. 7.
19. Santos, Shannon e Stepan, *Juntos*, p. 7.
20. Santos, Shannon e Stepan, *Juntos*, p. 8.
21. Santos, Shannon e Stepan, *Juntos*, p. 9.
22. Em janeiro de 2016, Bill Eimicke visitou Campinas a convite do professor Thomas Trebat, diretor do Centro Global da Universidade de Columbia no Rio de Janeiro; de Regina Celia Esteves, diretora-presidente e CEO da Comunitas; e do prefeito de Campinas Jonas Donizette, para ver as inovações que estavam acontecendo na cidade e conversar com eles a respeito dos benefícios de se desenvolver um plano estratégico como próximo passo da modernização.
23. Entrevista com Eduardo Leite, ex-prefeito de Pelotas, em 31 de maio de 2017. A Comunitas financiou a visita acadêmica de Leite ao Sipa durante o trimestre letivo de primavera de 2017, após seu mandato como prefeito.
24. Quero ser um prefeito amigo, diz Eduardo Leite após vitoria em Pelotas. *Eleições 2012 no Rio Grande do Sul*, 28 out. 2012.
25. SANTOS, Bruna. *Juntos*: building governance for the 21st century: public private coalition to reform local government in Brazil. Picker Center Case Collection White Paper, Sipa, Columbia University, jan. 2017. p. 16-17.
26. Entrevista com o ex-prefeito Eduardo Leite, 31 maio 2017.
27. Santos, *Juntos*: building governance for the 21st century, p. 17.
28. BANERJI, Robin. Niemeyer's Brasilia: does it work as a city? *BBC Magazine*, 7 dez. 2012.
29. ADLER, David. Story of cities, #37: how radical ideas turned Curitiba into Brazil's "Green Capital". *The Guardian*, 6 maio 2016.
30. REED, Drew. How Curitiba's BRT stations sparked a transport revolution — a history of cities in 50 buildings, day 43. *The Guardian*, 26 maio 2015.
31. Reed, How Curitiba's BRT stations sparked a transport revolution, p. 4.
32. Santos, *Juntos*: building governance for the 21st century, p. 11-12.
33. Santos, *Juntos*: building governance for the 21st century, p. 12.
34. Ver ROMERO, Simon .Michel Timer government in Brazil reels as dozens face new graft investigations. *New York Times*, 11 abr. 2017; e TAUB, Amanda. How Fighting Corruption Could Imperil Brazil's political stability. *New York Times*, 28 maio 2017.
35. RIOS, Jesus; RAY, Julie. *Brazilians' trust in country's leadership at record low*. Gallup News, 7 abr. 2016. Disponível em: <www.gallup.com/poll/190481/brazilians-trust-country-leadership-record-low.aspx>.
36. PHILLIPS, Dom. Brazil president endorsed businessman's bribes in secret tape, newspaper says. *New York Times*, 17 maio 2017.
37. EDUARDO Leite lidera disputa em Pelotas, aponta pesquisa., *Correio do Povo*, 21 dez. 2017. Disponível em: <www.correiodopovo.com.br/Noticias/Pol%C3%ADtica/2016/5/587418/Eduardo-Leite-lidera-disputa-em-Pelotas,-aponta-pesquisa>.
38. SCRUGGS, Gregory. Latin America's new superstar. *Next City*, 31 mar. 2014. Disponível em: <https://nextcity.org/features/view/medellins-eternal-spring-social-urbanism-trans-

forms-latin-america>; ASHOKA. The transformation of Medellin, and the surprising company behind it. *Forbes*, 27 jan. 2014; e MCBAINS Cooper wins PPP consultancy contract in Medellin, Colombia. 20 set. 2017. Disponível em: <www.worldhighways.com/categories/auctions-equipment-supply-servicing-finance/news/mcbains-cooper-wins-ppp-consultancy-contract-in-medellin-colombia/>.

39. Santos, Shannon e Stepan, *Juntos*, p. 11-12.
40. Santos, Shannon e Stepan, *Juntos*, p. 17.
41. YUK, Pan Kwan. Brazil's economy shrinks 3.6% in 2016. *Financial Times* (online), 7 mar. 2017. Disponível em: <www.ft.com/content/e1c89278-c33c-3fbe-83ae-985497365cf6>.
42. COMUNITAS lança Cartilha de Replicabilidade de equilíbrio fiscal. Comunitas.org. Disponível em: <www.comunitas.org/portal/comunitas-lanca-cartilha-de-replicabilidade-de-equilibrio-fiscal-2/>. Acesso em: 21 jun. 2017.

CAPÍTULO 10: O ARCABOUÇO DE PORTFÓLIO

1. A teoria moderna do portfólio foi desenvolvida pelo economista americano Harry Markowitz, que posteriormente ganhou o Prêmio Nobel de Economia em 1990. MARKOWITZ, Harry. Portfolio selection. *Journal of Finance*, v. 7, n. 1, p. 77-91, 1952.
2. SHIPWAY, Ian. Modern portfolio theory. *Trusts & Trustees*, v. 15, n. 2, p. 66-71, 2009. Disponível em: <https://doi.org/10.1093/tandt/ttn129>.
3. Para expressar suas opiniões sobre o tema, Markowitz afirmou: "uma regra de comportamento que não implica a superioridade da diversificação deve ser rejeitada como hipótese e também como máxima". Harry Markowitz, Portfolio selection, p. 77.
4. ELTON, Edwin J. et al. Simple criteria for optimal portfolio selection: tracing out the efficient frontier. *Journal of Finance*, v. 33, p. 296-302, 1978. Disponível em: <https://doi.org/10.1111/j.1540-6261.1978.tb03407.x>.
5. Alguns tipos de exemplos de alocação são discutidos na seção sobre "Concessionary investments" em BREST, Paul; BORN, Kelly. When can impact investing create real impact? *Stanford Social Innovation Review*, outono 2013. Disponível em: <https://ssir.org/index_dev.php/up_for_debate/article/impact_investing>.
6. Isso faz parte de uma Iniciativa de Sistema do Fórum Econômico Mundial, *SHAPING the future of long-term investing, infrastructure and development*. Disponível em: <www.weforum.org/system-initiatives/shaping-the-future-of-long-term-investing-infrastructure-and-development>.
7. WORLD ECONOMIC FORUM. *Overview*: redesigning development finance. Disponível em: <www3.weforum.org/docs/WEF_ReDesigningDevelopmentFinance_Overview.pdf>.
8. Para uma discussão específica sobre esse contexto, ver ADDIS Ababa Action Agenda of the Third International Conference; Financing for Development. Nova York, NY: United Nations. 13-16 jul. 2015. p. 22, 24-25.
9. WORLD ECONOMIC FORUM. *Blended finance*. Vol. 1: A primer for development finance and philanthropic funders. set. 2015. Disponível em: <www3.weforum.org/docs/WEF_Blended_Finance_A_Primer_Development_Finance_Philanthropic_Funders_report_2015.pdf>.

10. OECD. *Blended finance*: mobilising resources for sustainable development and climate action in developing countries. out. 2017.
11. WORLD ECONOMIC FORUM; OECD. *A How-to guide for blended finance*. set. 2015. Disponível em: <www3.weforum.org/docs/WEF_Blended_Finance_How_To_Guide.pdf>.
12. Brian Dunn discute o papel do filantropo na criação de uma "nova fronteira eficiente". Discordamos de algumas de suas interpretações sobre as limitações do capital filantrópico na aplicação à sua tese. No entanto, a premissa geral do *white paper* é relevante. DUNN, Brian. *Modern portfolio theory — with a twist*. ago. 2006. Disponível em: <www.americansforcommunitydevelopment.org/downloads/NewEfficientFrontier.pdf>.
13. Para uma discussão adicional sobre esse tema, ver MCCRELESS, Michael. Toward the efficient impact frontier. *Stanford Social Innovation Review*, inverno 2017. Disponível em: <https://ssir.org/articles/entry/toward_the_efficient_impact_frontier>.
14. THE GLOBAL IMPACT INVESTING NETWORK. *Catalytic first-loss capital*. out. 2013. Disponível em: <https://thegiin.org/assets/documents/pub/CatalyticFirstLossCapital.pdf>.
15. Esse exemplo é análogo à parceria descrita em BUFFETT, Howard W.; STEPAN, Adam. Saved by the soil? Africa's frontier for conservation-based agriculture. Columbia University School of International and Public Affairs Case Consortium, Sipa-17-0011.01, 2017.
16. SYSTROM, Nicole; KEARNEY, Sarah; MURRAY, Fiona. *Foundations*: exploring the emerging practice of philanthropic investing to support innovation in science and engineering. Practice Briefing, jun. 2017. p. 3. Disponível em: <https://innovation.mit.edu/assets/MIT-PRIME_Foundations.pdf>.
17. DEES, J. Gregory. Philanthropy and enterprise: harnessing the power of business and social entrepreneurship for development. *Innovations*, v. 3, n. 3, p.119-132, 2008.
18. Não estamos dizendo que as fundações podem ser descuidadas com suas estratégias de investimento nem que elas não têm nenhum limite. As fundações não podem arriscar sua missão de caridade com certos investimentos de alto risco. As regulações do Internal Revenue Service sobre o tema podem ser encontradas em: <www.irs.gov/charities-non-profits/private-foundations/private-foundation-jeopardizing-investments-defined>.
19. Para uma descrição mais detalhada, ver OLSON, Sara; BETANCOURT, Aislinn; KEMP, Courtney. *The pulse of impact management*. Middlebury Institute of International Studies at Monterey, 24 fev. 2017. Disponível em: <https://drive.google.com/file/d/0B1vHuHdX1l33ejJzakZfVzJVWEU/view>.
20. Para uma discussão sobre várias ferramentas públicas de financiamento e teoria sobre o financiamento público, ver SALAMON, Lester M. The new governance and the tools of public action: an introduction. *Fordham Urban Law Journal*, v. 28, n. 5, p. 1611-1674, jun. 2001.
21. COMUNITAS. *Comunitas lança Cartilha de Replicabilidade de Equilíbrio Fiscal*. Disponível em: <www.comunitas.org/portal/comunitas-lanca-cartilha-de-replicabilidade-de-equilibrio-fiscal-2/>. Acesso em: 21 jun. 2017
22. OVERSEAS private investment corporation. *Issue: A Journal of Opinion*, v. 8, n. 2/3, p. 101-103, 1978. Disponível em: <https://doi.org/10.2307/1166668>.

23. Para exemplos e análises adicionais, ver os gráficos em EMERSON, Jed. The blended value proposition: integrating social and financial returns. *California Management Review*, v. 45, n. 4, p. 35-51, 2003. p. 37-39.
24. Ver também DEES, J. Gregory. Enterprising nonprofits. *Harvard Business Review*, p. 57-67, jan./fev. 1998.
25. A seguir, temos um subconjunto dos instrumentos disponíveis que não representa o universo completo das opções de alocação.
26. Artigo apresentado a Comunitas, Juntos pelo Desenvolvimento Sustentável, Pelotas (RS), mar., 2016. p. 13-15.
27. Bruna Santos, gerente de Informações, Comunitas, comentários recebidos por e-mail, 3 jan. 2018.
28. Por exemplo, doadores privados garantiram o financiamento de infraestruturas de irrigação que as comunidades não teriam sido capazes de pagar de outra maneira. Isso aumentou a renda dos fazendeiros e expandiu a produção de matérias-primas a ponto de possibilitar empreendimentos locais de processamento de alimentos. A assistência técnica, o treinamento e o compartilhamento de informações — atividades que não teriam apoio do mercado comercial no oeste rural do Afeganistão — foram financiados por meio de subvenções à Universidade Herat. Juntas, essas contribuições criaram um ambiente para a participação do setor privado e aumentaram a probabilidade de que o restante da parceria entre os diferentes setores seria bem-sucedida.
29. Ver, por exemplo, a discussão sobre o uso de um parceiro intermediário com esse objetivo em: Prime Coalition e MIT Sloan School of Management, seção intitulada "Option B — issue a grant that qualifies as charitable to a non-profit intermediary that supports market-based solutions", em FOUNDATIONS: exploring the emerging practice of philanthropic investing to support innovation in science and engineering, Practice Briefing. jun. 2017. p. 8.
30. INTERNAL REVENUE SERVICE. *Taxes on failure to distribute income — private foundations*. Atualizado em: 3 ago. 2017. Disponível em: <www.irs.gov/charities-non-profits/private-foundations/taxes-on-failure-to-distribute-income-private-foundations>.
31. THE FOUNDATION CENTER. *Aggregate fiscal data of foundations in the U.S.* 2014. Disponível em: <http://data.foundationcenter.org/>; ver também THE FOUNDATION CENTER. *Foundation research*. 2017. Disponível em: <http://foundationcenter.org/gain-knowledge/foundation-research>.
32. Em comparação, $ 865 bilhões equivalem aproximadamente ao PIB combinado dos 96 países de menor produção. Dados analisados do International Monetary Fund, *World economic outlook database*, out. 2017. Disponível em: <www.imf.org/external/pubs/ft/weo/2017/02/weodata/download.aspx>.
33. GREENBLATT, Jonathan. *Opening the door for program related investments*. 4 maio 2012. Disponível em: <www.whitehouse.gov/blog/2012/05/04/opening-door-program-related-investments>.
34. WORTHY, K. Martin. The Tax Reform Act of 1969: consequences for private foundations. *Law and Contemporary Problems*, v. 39, n. 4, p. 232-254, 1975.
35. ROSENFIELD, Patricia L.; WIMPEE, Rachel. The Ford Foundation: themes 1936-2001. The Rockefeller Archive Center, 2015. Disponível em: <http://rockarch.org/publications/resrep/niedfeldt.pdf>.

36. FORD FOUNDATION. *Program-related investments*: a different approach to philanthropy. out. 1974. Disponível em: <https://community-wealth.org/sites/clone.community-wealth.org/files/downloads/report-ford74.pdf>.
37. FORD FOUNDATION. *New opinions in the philanthropic process*. A Ford Foundation Statement of Policy. Nova York, NY: Ford Foundation, 1968.
38. FORD FOUNDATION. *Investing for social gain*: reflections on two decades of program-related investments. Nova York, NY: Ford Foundation, 1991. p. 7.
39. Worthy, The Tax Reform Act of 1969.
40. Ford Foundation, *Investing for social gain*.
41. LOONEY, Christine. *Inclusive economies*. Ford Foundation, 3 nov. 2017.
42. GLOBAL IMPACT INVESTING NETWORK. *Ford Foundation — PRI Fund Iris profile*. Disponível em: <https://iris.thegiin.org/users/profile/the-ford-foundation-pri-fund>.
43. Entrevista por telefone com Christine Looney, diretora do Programa de Investimentos, Economias Inclusivas, Fundação Ford, 22 jun. 2017.
44. Ford Foundation, *Investing for social gain*, p. 34.
45. SILVERMAN, Robert Mark (Ed.). *Community-based organizations*: the intersection of social capital and local context in contemporary urban society. Detroit, Mich.: Wayne State University Press, 2004. p. 40.
46. Christine Looney, mensagem por e-mail a Howard W. Buffett, 9 nov. 2017.
47. Ford Foundation, *Investing for social gain*, p. 35.
48. BANK, Grameen. *Monthly report: 2017-09*, ed. n. 453 em USD. Disponível em: <www.grameen.com/monthly-report-2016/>.
49. GRAMEEN BANK. *About us*. Disponível em: <www.grameen-bank.net/about-us/>.
50. GRAMEEN BANK. *FAQ*. Disponível em: <www.grameen-bank.net/faq/>.
51. Prêmio Nobel da Paz de 2006, Comitê Norueguês do Nobel. Disponível em: <www.nobelprize.org/nobel_prizes/peace/laureates/2006/press.html>.
52. Para informações adicionais, incluindo exemplos detalhados sobre a estratégia de investimentos relacionados com programas (PRI) da Fundação Gates, ver MAKING markets work for the poor: how the Bill & Melinda Gates Foundation uses program-related investments. *Stanford Social Innovation Review*, verão 2016.
53. Conversa com Ryan Kreitzer, diretor de Investimentos Relacionados com Programas, e outros na Fundação Bill & Melinda Gates em 21 de julho de 2017, que teve continuidade em 8 de novembro de 2017.
54. PRIME COALITION; MIT SLOAN SCHOOL OF MANAGEMENT. Option C — issue a recoverable grant or loan that qualifies as charitable to a non-profit intermediary intermediary that supports market-based solutions. *Practice Briefing*, p. 8, jun. 2017.
55. GREEN, Echoing. *Deviation from the standard*: funding and supporting emerging social entrepreneurs. 2015. Disponível em: <www.echoinggreen.org/pubs/Echoing-Green--Deviation-Standard-Impact-Investing.pdf>.
56. WALKER, John. *Introducing recoverable grants*. Disponível em: <www.echoinggreen.org/ideas/introduction-to-recoverable-grants>.
57. BAXTER, Christie. A basic guide to program-related investments. *The Grantsmanship Center Magazine*, outono1997.

58. BAXTER, Christie. *Program-related investments*: a technical manual for foundations. Hoboken, NJ: Wiley, 1997.
59. NICHOLLS, Alex; PHAROAH, Cathy. *The landscape of social investment*: a holistic topology of opportunities and challenges. 2008. Disponível em: <http://eureka.sbs.ox.ac.uk/760/1/Landscape_of_Social_Investment.pdf>.
60. Baxter, *Program-related investments*.
61. SOCIAL FINANCE. *Social impact bonds*: the early years. jul. 2016. Disponível em: <www.socialfinance.org.uk/wp-content/uploads/2016/07/SIBs-Early-Years_Social--Finance_2016_Final-003.pdf>.
62. Para mais informações, ver NONPROFIT FINANCE FUND. *Pay for success scorecard*: lessons from the vanguard of the outcomes movement. set. 2017. Disponível em: <www.nff.org/sites/default/files/paragraphs/file/download/Pay%20for%20Success%20Scorecard_0.pdf>.
63. NICHOLLS, Alex; TOMKINSON, Emma. The Peterborough pilot social impact bond. *Said Business School University of Oxford Case Study*, out. 2013. p. 39.
64. Ver "Overview" em ROCKEFELLER FOUNDATION. Social impact bonds: helping state and local governments fund critical social programs. Disponível em: <www.rockefellerfoundation.org/our-work/initiatives/social-impact-bonds/>.
65. MALONEY, Jennifer. Goldman to invest in rikers program. *Wall Street Journal*, 2 ago. 2012.
66. COHEN, Donald; ZELNICK, Jennifer. What we learned from the failure of the Rikers island social impact bond. *Nonprofit Quarterly*, 7 ago. 2015.
67. PORTER, Eduardo. Wall Street money meets social policy at Rikers island. *New York Times*, 28 jul. 2015.
68. Impact evaluation of the Adolescent Behavioral Learning Experience (Able) program at Rikers island. Summary of findings. jul. 2015. Disponível em: <http://archive.vera.org/sites/default/files/resources/downloads/adolescent-behavioral-learning-experience--evaluation-rikers-island-summary.pdf>.
69. Bloomberg, Michael R. *Bringing social impact bonds to New York City*. Disponível em: <https://emmatomkinson.com/2015/07/30/rikers-island-sib-success-or-failure/>.
70. PORTER, Eduardo. Wall Street money meets social policy at Rikers island. *New York Times*, 28 jul. 2015.
71. Nicholls e Tomkinson, The Peterborough pilot social impact bond, p. 28-29.
72. Para saber mais sobre Títulos de Impacto Social, ver GUSTAFSSON-WRIGHT, Emily; GARDINER, Sophie; PUTCHA, Vidya. *The potential and limitations of impact bonds*: lessons from the first five years of experience worldwide. Washington, DC: Brookings Institute, jul. 2015.
73. RAND CORPORATION. *Evaluating the world's first social impact bond*. Disponível em: <www.rand.org/randeurope/research/projects/social-impact-bonds.html>.
74. DISLEY, Emma et al. *The payment by results social impact bond pilot at HMP Peterborough*: final process evaluation report. Rand Europe and the Ministry of Justice Analytical Series, 2015. Disponível em: <www.gov.uk/government/uploads/system/uploads/attachment_data/file/486512/social-impact-bond-pilot-peterborough-report.pdf>.

75. ANDERS, Jake; DORSETT, Richard. *HMP peterborough social impact bond* — cohort 2 and final cohort impact evaluation. National Institute of Economic and Social Research, 11 jun. 2017. Disponível em: <www.gov.uk/government/uploads/system/uploads/attachment_data/file/633243/peterborough-social-impact-bond-cohort-2-results-report.pdf>.
76. SOCIAL FINANCE. *World's 1st social impact bond shown to cut reoffending and to make impact investors a return*. Comunicado de imprensa. 27 jul. 2017. Disponível em: <www.socialfinance.org.uk/sites/default/files/news/final-press-release-pb-july-2017.pdf>.
77. SOCIAL FINANCE IMPACT BOND GLOBAL DATABASE. Disponível em: <http://sibdatabase.socialfinance.org.uk/>. Acesso em: 26 fev. 2018.
78. INSTIGLIO. *Social impact bonds and development bonds worldwide*. Disponível em: <http://instiglio.org/en/sibs-worldwide/>.
79. RAMSDEN, Peter. *Social impact bonds*: state of play & lessons learnt. OECD, 2016. Disponível em: <http://www.oecd.org/cfe/leed/SIBs-State-Play-Lessons-Final.pdf>.
80. EDMISTON, Daniel; NICHOLLS, Alex. Social impact bonds: the role of private capital in outcome-based commissioning. *Journal of Social Policy*, v. 47, n. 1, p. 57-76, 2017. Disponível em: <https://doi.org/10.1017/S0047279417000125>.
81. EXAMPLES of program-related investments: a rule by the internal revenue service on 04/25/2016. *The Federal Register*, v. 81, p. 24014-24019. Disponível em: <www.federalregister.gov/documents/2016/04/25/2016-09396/examples-of-program-related-investments>.
82. COUNCIL ON FOUNDATIONS. *New examples of permissible program-related investments*. Disponível em: <www.cof.org/page/new-examples-permissible-program-related-investments>.
83. MAKING markets work for the poor: how the Bill & Melinda Gates Foundation uses program-related investments. *Stanford Social Innovation Review*, p. 8, verão 2016.
84. Council on Foundations, *New examples of permissible program-related investments*.
85. INTERNAL REVENUE SERVICE. *Program-related investments*. Atualizado em 29 set. 2017. Disponível em: <www.irs.gov/charities-non-profits/private-foundations/program-related-investments>.
86. Nos termos da gama variada de ferramentas financeiras intersetoriais apresentadas neste capítulo.
87. As prioridades dos investimentos das fundações variam consideravelmente. Para exemplificar, uma fundação pode, hipoteticamente, almejar 0-3% de rendimentos para investimentos relacionados com programas (PRIs) e 4-10% (ou mais) para investimentos relacionados com missões (MRIs), dependendo da classe dos bens.
88. Ver as regulações da Receita Federal americana sobre o tema. INTERNAL REVENUE SERVICE. *Private foundation* — jeopardizing investments. Disponível em: <www.irs.gov/charities-non-profits/private-foundations/private-foundation-jeopardizing-investments-defined>.
89. Nenhuma informação nesta publicação tem o objetivo de servir de conselho jurídico, tributário ou de investimentos. Também não se trata de uma oferta para vender títulos nem de um pedido ou oferta para comprar títulos. As informações e referências aqui incluídas pelos autores não são recomendadas, patrocinadas nem financiadas por empresas, organizações ou títulos.

90. ROCKEFELLER BROTHERS FUND. *Fund announces plans to divest from fossil fuels.* 22 set. 2014. Disponível em: <www.rbf.org/news/fund-announces-plans-divest-fossil-fuels>.
91. Para mais informações, ver *Principles for responsible investment.* PRI Association. Disponível em: <www.unpri.org/>.
92. ROCKEFELLER BROTHERS FUND. *The fund joins as a signatory to the United Nations-supported principles for responsible investment.* 6 mar. 2017. Disponível em: <www.rbf.org/news/fund-joins-signatory-united-nations-supported-principles-responsible-investment>.
93. Entrevista por telefone com Christine Looney, diretora do Programa de Investimentos, Economias Inclusivas, Fundação Ford, 22 jun. 2017.
94. FORD FOUNDATION *Ford Foundation commits $1 billion from endowment to mission-related investments.* 5 abr. 2017. Disponível em: <www.fordfoundation.org/the-latest/news/ford-foundation-commits-1-billion-from-endowment-to-mission-related-investments/>.
95. Uma pesquisa realizada pela Iniciativa de Reestruturação das Finanças do Desenvolvimento, do Fórum Econômico Mundial, identificou 10 tipos de riscos associados. ECONOMIC FORUM; OECD. *Insights from blended finance investment vehicles & facilities.* 25 jan. 2016. Disponível em: <www3.weforum.org/docs/WEF_Blended_Finance_Insights_Investments_Vehicles_Facilities_report_2016.pdf>.
96. Isso é uma adaptação do princípio orientador "Influência da ação coletiva" dentro da perspectiva "Parcerias" do Conselho de Política Interna da Casa Branca, com contribuições ou coautoria de Howard W. Buffett. Disponível em: <https://obamawhitehouse.archives.gov/administration/eop/sicp/initiatives/partnerships>.
97. Isso é uma adaptação do princípio orientador "Envolver um amplo espectro de atores" dentro da perspectiva "Parcerias" do Conselho de Política Interna da Casa Branca, com contribuições ou coautoria de Howard W. Buffett. Disponível em: <https://obamawhitehouse.archives.gov/administration/eop/sicp/initiatives/partnerships>.
98. Isso é semelhante a "Enhancing impact", em WORLD ECONOMIC FORUM; OECD. *A how-to guide for blended finance.* set. 2015. p. 4. Disponível em: <www3.weforum.org/docs/WEF_Blended_Finance_How_To_Guide.pdf>.

CAPÍTULO 11: O CASO DO DESEMPENHO

1. O Departamento de Operações do prefeito da cidade de Nova York foi criado por uma Ordem Executiva do prefeito Edward I. Koch em 1977. Hoje, por contar com a autorização das leis locais e de ordens executivas para realizar várias funções, o departamento é mais conhecido por seu Relatório Administrativo do Prefeito (MMR), publicado duas vezes ao ano. De início, o relatório se baseava em um sistema administrativo de desempenho relativamente simples com indicadores de processo e produtividade, com as agências governamentais respondendo ao prefeito e ao público em relação à quantidade de trabalho realizada por elas e à eficiência com que administravam os recursos recebidos. O impacto do relatório foi limitado pelo fato de ele não estar ligado ao processo orçamentário municipal (o método por meio do qual recursos são alocados) nem vinculado a nenhum planejamento estratégico formal (que especificaria objetivos, resultados esperados e

horizonte temporal de cada agência). No entanto, o relatório existe até hoje e se expandiu, passando de algumas dezenas a mais de algumas centenas de páginas no início do século XXI. Embora houvesse comunicação e colaboração entre o Departamento de Operações do prefeito, que era responsável pelo MMR, e as agências governamentais que coletavam as informações e relatavam os indicadores (trimestral e anualmente), os funcionários das agências da cidade de Nova York costumavam considerar o relatório uma tarefa administrativa desnecessária e uma tentativa da prefeitura de microgerenciá-los. Os funcionários da agência focavam mais no processo orçamentário municipal, administrado pelo Departamento de Administração e Orçamento (OMB) do prefeito, porque esse processo determinava o nível de financiamento do próximo ano fiscal. O MMR recebe da mídia uma atenção moderada no momento da publicação do relatório anual, e a cobertura costuma focar em medidas que ela considera curiosas ou tolas ou em "grandes erros" — como déficits consideráveis nas inspeções que ainda serão feitas ou o número de unidades habitacionais.

2. Para uma análise de por que e como o sistema de Bratton funcionava, ver ZIMRING, Franklin E. *The city that became safe*. Nova York: Oxford University Press, 2012.
3. Jack Maple era um personagem excêntrico da cidade de Nova York que sempre usava chapéu de feltro, sapatos caros de duas cores e gravata borboleta. Ele era cliente frequente do renomado restaurante e bar "Elaine's", onde celebridades da política e do entretenimento costumavam ficar até de madrugada para se verem e serem vistas pelos colunistas sociais e autores de tabloides. Maples conheceu Bratton na Polícia de Trânsito da Cidade de Nova York, para a qual este último foi nomeado diretor em 1990. Mesmo enquanto tenente no departamento, Maple já tentava mapear padrões criminais para se antecipar ao que poderia ser a próxima onda de crimes. Ver MARTIN, Douglas. Jack Maple, 48, a designer of city crime control strategies. *New York Times*, 6 ago. 2001.
4. NYPD COMPSTAT UNIT. *City wide crime statistics weekly*. Disponível em: <www1.nyc.gov/site/nypd/stats/crime-statistics/crime-statistics-landing.page>.
5. BUNTIN, John. *Assertive policing, plummeting crime*: the NYPD takes on crime in New York City. Harvard Kennedy School of Government Case Study, 9 ago. 1999. p. 22.
6. SMITH, Dennis; BRATTON, William J. Performance management in New York City: Compstat and the revolution in police management. In: FORSYTHE, Dall (Ed.).*Quicker, better, cheaper?* Managing performance in American government. Nova York: Rockefeller Institute Press, out. 2001. p. 455.
7. Smith e Bratton, Performance management in New York City.
8. CDC. *Preliminary results from the World Trade Center evacuation study* — New York City. 2003. Disponível em: <www.cdc.gov/mmwr/preview/mmwrhtml/mm5335a3.htm>.
9. CNN.COM/U.S. *September 11*: chronology of terror. 12 set. 2001. Disponível em: <http://edition.cnn.com/2001/US/09/11/chronology.attack/>.
10. PRINCE, Rosa. 9/11 Death toll rises as cancer cases soar among emergency workers. *The Telegraph*, 27 jul. 2014. Disponível em: <www.telegraph.co.uk/news/worldnews/northamerica/usa/10994227/911-death-toll-rises-as-cancer-cases-soar-among-emergency-workers.html>.
11. UNIFORMED FIREFIGHTERS ASSOCIATION OF GREATER NEW YORK. *FDNY line of duty deaths*. Disponível em: <www.ufanyc.org/lodd/>. Acesso em: 15 mar. 2017.

12. THE MCKINSEY REPORT. *Increasing FDNY's Preparedness*, 13, p. 16-17.
13. The McKinsey Report, *Increasing FDNY's Preparedness*.
14. FDNY. *Vital statistics 2014*. Disponível em: <www1.nyc.gov/site/fdny/about/resources/vital-statistics/vital-statistics.page>; FDNY. *Strategic plan 2015-2017*. 2015. p. 39. Disponível em: <www.nyc.gov/html/fdny/pdf/ofc/FDNY_strategic_plan_2015_2017.pdf>.
15. Esse programa foi desenvolvido por William Eimicke no Centro Picker de Educação Executiva, Sipa, Universidade Columbia, e por Don Shacknai, comandante adjunto do Corpo de Bombeiros de Nova York, em parceria com muitos oficiais uniformizados das divisões do Corpo de Bombeiros e dos serviços médicos de emergência.
16. Para que todos os líderes do Corpo de Bombeiros de Nova York (FDNY) se beneficiassem do Fomi em 2002, foram dois grupos de 16 no primeiro ano de 2002-2003.
17. Os grupos passaram uma semana por mês, durante seis meses, no programa externo a fim de completar um projeto de equipe que durou todo o programa e fazer cursos de administração e liderança. Alguns exemplos de projetos implementados posteriormente pelo FDNY são: o processo de planejamento estratégico do departamento (2003); a compra de diversas unidades de RAC (Reabilitação e Cuidado) para uso em emergências para tratar dos incêndios e dos funcionários dos serviços médicos de emergência (SMEs) trabalhando em ambientes extremos (2009); e alterações nos protocolos de resposta dos SMEs nas chamadas de baixa prioridade (segmentos 7, 8 e 9, como casos de tornozelos quebrados em que está claro que não há ninguém correndo risco de vida) e no desligamento dos faróis e das sirenes quando o risco de demorar mais para prestar atendimento é menor do que o risco de acidente/lesões com os faróis e as sirenes ligadas — resposta em velocidade máxima (2010).
18. STEVENSON, Seth. How do you make better managers? *Slate*, 9 jun. 2014. Disponível em: <www.slate.com/articles/business/psychology_of_management/2014/06/ge_s_crotonville_management_campus_where_future_company_leaders_are_trained.html>.
19. Em 1995, o ex-prefeito Giuliani transferiu os serviços médicos de emergência (EMS) da Corporação de Saúde e Hospitais da Cidade de Nova York, igualmente problemática, para o renomado Corpo de Bombeiros da cidade (FDNY), a fim de melhorar os tempos de resposta dos EMS e o desempenho geral. No entanto, tanto o FDNY quanto os EMS se opuseram privadamente à fusão e, antes do Fomi, as duas organizações funcionaram essencialmente como duas agências separadas, com procedimentos muito diferentes de recrutamento e promoção, poucos edifícios e estações em comum e até mesmo sindicatos diferentes.
20. William Eimicke ensinou o curso de planejamento estratégico desde o primeiro ano do IGOC, e o chefe Pfeifer posteriormente trabalhou com Eimicke e um grupo de gestores do CBNY para criar o primeiro plano e ajudar a institucionalizá-lo no departamento. O Plano Estratégico para o período de 2015 a 2017 do CBNY orienta o departamento atualmente.
21. NEWS REPORT. *New York unveils new fire department operations center*. 25 set. 2006. Disponível em: <www.governing.com/templates/gov_print_article?id=99391429>.
22. FIRERESCUE1. *FDNY announces citywide disaster preparedness plan*. 25 abr. 2007. Disponível em: <www.firerescue1.com/terrorism-wmd-response/articles/284459-FDNY-commissioner-announces-city-wide-disaster-preparedness-plan/>.

23. Durante sua carreira, o comandante Pfeifer comandou a resposta a alguns dos maiores incêndios e emergências da história da cidade de Nova York. Na manhã de 11 de setembro de 2001, ele foi o primeiro comandante a chegar no World Trade Center depois dos ataques.
24. Entrevista com Nicholas Scoppetta, comandante do Corpo de Bombeiros, em BAKER, Al. 7 Fire Dept. Officers censured in Bank Blaze inquiry. *New York Times*, 25 jun. 2009.
25. RIVERA, Ray. 2 Firefighters are dead in Deutsche Bank fire. *New York Times*, 18 ago. 2007.
26. BAKER, Al. City agencies faulted in Deutsche Bank fire. *New York Times*, 19 jun. 2009.
27. Baker, City agencies faulted in Deutsche Bank fire.
28. Baker, City agencies faulted in Deutsche Bank fire.
29. GILSINAN, Kathleen; STEPAN, Adam. *From Compstat to Gov 2.0*: big data in New York City management. SIPA Case Study, Columbia University, Sipa-14-0004.4, 2014.
30. Desde então, Gerola foi para a Microsoft e tem trabalhado com projetos semelhantes de megadados e comunicação para o Departamento de Polícia de Nova York (NYPD).
31. Gilsinan e Stepan, *From Compstat to Gov 2.0*, p. 7.
32. Baker, City agencies faulted in Deutsche Bank fire.
33. Entrevista com Nicholas Scoppetta, comandante do Corpo de Bombeiros, em BAKER, Al. 7 Fire Dept. Officers censured in Bank Blaze inquiry.
34. Formado na Universidade Harvard e na Faculdade de Direito da Universidade de Chicago, Holloway foi chefe de gabinete e assessor de Edward Skyler, que era o diretor de operações de Bloomberg (e hoje é um executivo do Citibank). Em seguida, ele foi comissário do Departamento de Proteção Ambiental da Cidade de Nova York (NYC DEP) e diretor de operações (2011-2013). Holloway deixou de trabalhar para o governo municipal em dezembro de 2013, quando foi nomeado vice-chefe de operações da Bloomberg LP. Ele tinha 40 anos na época. Ver GAY, Mara. Bloomberg LP taps mayor's deputy. *Wall Street Journal*, 29 dez. 2013.
35. Gilsinan e Stepan, *From Compstat to Gov 2.0*, p. 7.
36. FEUER, Alan. The mayor's geek squad. *New York Times Magazine*, 23 mar. 2013.
37. GARTLAND, Michael. City deaths caused by fires hits record low in 2016. *New York Post*, 10 jan. 2017. Disponível em: <https://nypost.com/2017/01/10/city-deaths--caused-by-fires-hits-record-low-in-2016/>; GEORGES, Gigi; GLYNN-BURKE, Tim; MCGRATH, Andrea. *Improving the local landscape for innovation (part 3)*: assessment and implementation. 1º nov. 2013. Disponível em: <www.socialinnovationsjournal.org/social-issues/100-human-services/1668-improving-the-local-landscape-for-innovation--part-3-assessment-and-implementation>.
38. GOLDSMITH, Stephen; CRAWFORD, Susan. *The responsive city*. São Francisco, Calif.: Jossey-Bass, 2014. p. 119.
39. Gilsinan e Stepan, *From Compstat to Gov 2.0*, p. 11-12.
40. Entrevista e troca de e-mails entre Stephen Goldsmith e William Eimicke, 21 abr. 2017.
41. ROBERTS, Sam. Statistics, beloved by mayor, show a slump in city services. *New York Times*, 29 ago. 2011.
42. POWELL, Nick. Three years later, it's Still Michael Bloomberg's New York. *City and State*, 26 set. 2016. Disponível em: <http://http://cityandstateny.com/articles/politics/

new-york-city/its-still-his-new-york-why-michael-bloomberg-is-the-runner-up-for--newsmaker-of-the-decade.html#.WmXxaq6nGUk>.

43. O prefeito Bloomberg também criou o Centro de Fundos de Inovações de Oportunidades Econômicas da Cidade de Nova York, que financiava programas focados em desempenho para reduzir a pobreza. A cidade fornecia o financiamento juntamente com fundações privadas, e os projetos eram selecionados por meio de um processo competitivo que focava em parcerias entre agências governamentais e filantrópicas. Indicadores de impacto foram aplicados e avaliações externas foram realizadas. As iniciativas eram experimentais e frequentemente controversas, nem sempre sendo bem-sucedidas. As tentativas de aplicar critérios baseados em desempenho aos grandes contratos de serviço social da cidade foram limitadas devido aos desafios de vincular ações a resultados e também às restrições das ferramentas analíticas e dos funcionários da época. Para mais informações sobre o NYC Opportunity, visitar: <www1.nyc.gov/site/opportunity/about/about-nyc-opportunity.page>. Ver também PROJECT on social innovation. *NYC Center for Economic Opportunity*. Disponível em: <www.socialinnovation.ash.harvard.edu/featured-profile/nyc-ceo-innovation-fund.html>. Acesso em: 24 abr. 2017.
44. Por exemplo, o vice-prefeito Goldsmith nos disse que costumava ficar impressionado com o grande número de indicadores incluídos nos relatórios de desempenho que tinham impacto limitado ou nulo nos resultados. Mesmo quando as medidas estavam diretamente ligadas aos resultados, era extremamente difícil melhorar o desempenho, em parte porque a Cidade de Nova York tinha dificuldades de vincular os melhores resultados à remuneração dos funcionários. Entrevista e troca de e-mails entre Stephen Goldsmith e William Eimicke, 21 abr. 2017.

CAPÍTULO 12: O ARCABOUÇO DE DESEMPENHO

1. SELSKY, John W.; PARKER, Barbara. Cross-sector partnerships to address social issues: challenges to theory and practice. *Journal of Management*, v. 31, n. 6, p. 849-873, dez. 2005. p. 851.
2. Taxa de Retorno de Impacto e TRi são marcas registradas federalmente pela Global Impact LLC, e todos os direitos são reservados.
3. Para um debate sobre como empresas de estruturas organizacionais e tamanhos variados abordam esse tema, ver STEIN, Jeremy C. Information production and capital allocation: decentralized versus hierarchical firms. *Journal of Finance*, v. 57, n. 5, p. 1891-1921, 2002.
4. Na ausência dessa medida, muitos observadores julgam as organizações do setor filantrópico comparando a porcentagem do orçamento delas que é destinada a gastos operacionais com a porcentagem destinada a gastos programáticos. Para mais sobre isso, ver BOWMAN, Woods. Should donors care about overhead costs? Do they care? *Nonprofit and Voluntary Sector Quarterly*, v. 35, n. 2, p. 288-310, 2006.
5. O resultado uniforme da TRi difere de outras tentativas similares como o cálculo do retorno social de um investimento ou uma abordagem de monetização. Esse tema será discutido posteriormente neste capítulo. Isso acontece porque a TRi não estima o valor do bem social criado; em vez disso, estima o desempenho relativo de um dado programa em comparação a um objetivo estabelecido para o bem social, usando análise

comparativa. Na verdade, isso leva ao cálculo do valor de impacto de um dólar, o que é, de certa forma, o oposto da monetização.

6. Para referência, uma definição geral de avaliação do impacto social é "o processo de identificar as consequências futuras de uma ação atual ou proposta que estão relacionadas com indivíduos, organizações e macrossistemas sociais". BECKER, Heck. Social impact assessment. *European Journal of Operational Research*, v. 128, n. 2, p. 311-321, 16 jan. 2001. Disponível em: <https://doi.org/10.1016/S0377-2217(00)00074-6>.
7. MULGAN, Geoff. Measuring social value. *Stanford Social Innovation Review*, verão 2010. Disponível em: <https://ssir.org/articles/entry/measuring*social*value>.
8. Não queremos desvalorizar as muitas tentativas atuais ou anteriores de proporcionar definições comuns ou consolidar o trabalho do campo. Por exemplo, a Associação Internacional de Avaliação de Impacto (Iaia) tem funcionado desde a década de 1980. A Iaia adotou a seguinte definição: "A Avaliação de Impacto Social inclui os processos de analisar, monitorar e gerir as consequências sociais voluntárias e involuntárias, tanto positivas quanto negativas, das intervenções planejadas (políticas, programas, planos, projetos) e de quaisquer processos de mudança social causados por essas intervenções". A definição também inclui uma declaração de meta: "Seu objetivo principal é originar um ambiente humano e biofísico mais sustentável e igualitário". Para mais informações, ver VANCLAY, Frank. International principles for social impact assessment. *Impact Assessment and Project Appraisal*, v. 21, n. 1, p. 5-12, 2003. Disponível em: <https://doi.org/10.3152/147154603781766491>.
9. Ver a descrição em WORLD HEALTH ORGANIZATION. *Metrics*: Disability-Adjusted Life Year (Daly): quantifying the burden of disease from mortality and morbidity. Disponível em: <www.who.int/healthinfo/global_burden_disease/metrics_daly/en/>.
10. Para informações adicionais sobre o cálculo relacionado dos anos de vida ajustados por qualidade (Avaqs), ver CALCULATING Qalys, comparing Qaly and Daly calculations. *Health Policy and Planning*, v. 21, n. 5, p. 4-2-408, 1º set. 2006. Disponível em: <https://doi.org/10.1093/heapol/czl018>.
11. Para uma discussão adicional sobre o Daly, ver INTERPRETING the Disability-Adjusted Life-Year (Daly) metric. GiveWell. Disponível em: <www.givewell.org/research/DALY>.
12. LI, Veronica. The rise, critique and persistence of the Daly in global health. *Journal of Global Health*, 2014. Disponível em: <www.ghjournal.org/the-rise-critique-and-persistence-of-the-daly-in-global-health/>.
13. Acumen. *Who we are*. 2017. Disponível em: <https://acumen.org/wp-content/uploads/2017/10/About-Acumen-One-Pager-Q2-2017.pdf>.
14. ACUMEN FUND. *The best available charitable option*. jan. 2007. Disponível em: <https://acumen.org/wp-content/uploads/2013/03/BACO-Concept-Paper-final.pdf>.
15. "Custo irrecuperável" é o termo usado pelo Acumen Fund, *The best available charitable option*, p. 1.
16. O cenário do Acumen demonstrou como o empréstimo deles (depois dos descontos apropriados) custaria menos de $ 0,02 para prevenir malária em uma pessoa durante um ano. Em comparação, para os mesmos resultados, o custo do que eles chamam de melhor opção caridosa disponível era de $ 0,84. Acumen Fund, *The best available charitable option*, p. 2-4.

17. Ver discussão sobre o Baco em MORAN, Michael. *Private foundations and development partnerships*: American philanthropy and global development agendas. Nova York: Routledge, 2014. p. 127-128.
18. OECD. *Education at a glance 2005*: OECD indicators. Paris: OECD Publishing, 2005. p. 126. Disponível em: <http://dx.doi.org/10.1787/eag-2005-en>.
19. OECD. *Education at a glance 2005*: OECD indicators, glossary. p. 13. Disponível em: <http://www.oecd.org/edu/skills-beyond-school/35325710.pdf>.
20. CANNING, David; BENNATHAN, Esra. *The social rate of return on infrastructure investments*. World Bank Policy Research Working Paper n. 2390, 2000. Disponível em: <https://openknowledge.worldbank.org/handle/10986/19820>.
21. Matthew Bishop, mensagem por e-mail a Howard W. Buffett, 14 nov. 2017. Bishop é membro do conselho de diretores da Social Progress Imperative, que publica o Índice de Progresso Social.
22. Para informações adicionais, visite o website do Índice de Progresso Social em: <www.socialprogressindex.com/>.
23. Para uma visão geral da metodologia do Índice de Progresso Social, ver: <www.social-progressindex.com/methodology>.
24. Ver SOCIAL PROGRESS INDEX. *Exclusively social and environmental indicators*. Seção sobre "Key design principles. Disponível em: <www.socialprogressindex.com/methodology>.
25. Andrew Kassoy, mensagem por e-mail a Howard W. Buffett, 10 nov. 2017. Kassoy é cofundador da B Lab.
26. Para mais informações sobre a Avaliação de Impacto B, incluindo a metodologia da avaliação, visitar: <www.bimpactassessment.net>.
27. Para mais informações sobre a B Lab, visite: <www.bcorporation.net/what-are-b-corps/about-b-lab>.
28. Para mais informações sobre a história da Rede Global de Investimento de Impacto (RGII), visite: <https://thegiin.org/giin/history>.
29. BUGG-LEVINE, Antony. EMERSON, Jed. Impact investing: transforming how we make money while making a difference. *Innovations*, v. 6, n. 3, p. 9-18, 2011.
30. GLOBAL IMPACT INVESTING NETWORK. *The business value of impact measurement*. Sumário temático. ago. 2016. Disponível em: <https://thegiin.org/assets/GIIN*Impact-MeasurementReport*webfile.pdf>.
31. Global Impact Investing Network, *The business value of impact measurement*.
32. Como "impacto positivo social ou ambiental" não é definido nem quantificado, esse pré-requisito está aberto a muitas interpretações. No entanto, o aspecto mais importante é que o investidor tenha estabelecido a intenção de causar um impacto positivo com o investimento. A noção de intencionalidade é fundamental por ser um elemento-chave que separa o que, de outra maneira, seriam dois investimentos idênticos. Para outro debate sobre o tema, ver BREST, Paul; BORN, Kelly. When can impact investing create real impact? *Stanford Social Innovation Review*, outono 2013.
33. Hoje em dia, muitos investidores associam o conceito de retornos concessionários ou abaixo do mercado ao objetivo do impacto social. Isso vem de uma escola de pensamento um tanto tradicional (às vezes chamada de "mito do *trade-off*") que afirma que só existem

duas maneiras de alocar capital — maximizando o retorno financeiro ou maximizando o retorno social — sem nenhuma opção intermediária. Porém, quase todos os investidores de impacto têm algum nível de expectativa de retorno financeiro. Na verdade, os dados mostram que as estratégias de investimento de impacto podem ter um desempenho superior em comparação aos investimentos tradicionais em campos específicos. Ver THE financial performance of real assets impact investments; introducing the timber, real estate, and infrastructure impact benchmarks. The GIIN and Cambridge Associates, 3 maio 2017. Disponível em: <https://thegiin.org/knowledge/publication/real-assets-impact-investments>.

34. Esse pré-requisito está diretamente relacionado com o ponto anterior: há uma variedade de ferramentas de investimentos que podem ser usadas para o impacto social, e muitas delas não se encaixam no sistema binário tradicional de retorno/sem retorno. Assim como há uma série de ferramentas financeiras nos investimentos tradicionais que variam quanto ao risco esperado e perfil de retorno, também há uma variação no espaço dos investimentos de impacto. Para um exemplo, leia mais sobre a estrutura da Omidyar Network em BANNICK, Matt et al. Across the returns continuum. *Stanford Social Innovation Review*, inverno 2017. Disponível em: <https://ssir.org/articles/entry/across_the_returns_continuum#>.
35. Há algumas dificuldades inerentes a esse pré-requisito. A própria medida pode ter um custo alto demais para um dado investimento. Ademais, uma situação pode claramente satisfazer os três primeiros pré-requisitos e não o último, por causa da complexidade e da falta de informação. Isso não é um argumento contra a medida como um pré-requisito; estamos apenas reconhecendo seus desafios no escopo do investimento de impacto de acordo com a definição aqui apresentada.
36. USAID. *Usaid launches new public-private partnership to facilitate impact investing that addresses social and environmental challenges*. Comunicado de imprensa. 30 set. 2009. Disponível em: <www.usaid.gov/content/usaid-launches-new-public-private-partnership-facilitate-impact-investing-addresses-social>.
37. BOURI, Amit. How standards emerge: the role of investor leadership in realizing the potential of Iris. *Innovations: Technology, Governance, Globalization*, v. 6, n. 3, p. 117-131, 2011.
38. Em 2018, o catálogo continha 559 entradas, disponíveis em: <https://iris.thegiin.org/metrics>.
39. Por exemplo, os setores de foco abrangem agricultura, educação, energia, serviços financeiros, saúde, água e outros. Ver mais em GETTING started with Iris. 2017. Disponível em: <https://iris.thegiin.org/guide/getting-started-guide>.
40. Por exemplo, a plataforma iPar proporciona análises de impacto de portfólios financeiros. Ela se baseia no catálogo Giin Iris, mas reduzindo o número geral a 39 métricas essenciais (como empregos criados ou energia poupada) e 115 submétricas adicionais (até 2018). A iPar foca na intersecção de tema e geografia e usa uma interface altamente visual para refletir a intenção de impacto do investimento e também os riscos ou ameaças ao sucesso de sua implementação. Ver IPAR, *I.pact portfolio allocation review*. Disponível em: <https://iparimpact.com/>.

41. Ver mais sobre o trabalho da Robin Hood em ROBIN HOOD. *What we do*. 2017. Disponível em: <www.robinhood.org/what-we-do/>.
42. Para informações sobre programas e parceiros específicos, ver ROBIN HOOD. *Who we fund*. Disponível em: <www.robinhood.org/programs/who-we-fund/#all>.
43. WEINSTEIN, Michael M.; BRADBURD, Ralph M. *The Robin Hood rules for smart giving*. Nova York: Columbia University Press, 2013.
44. As "Equações de métricas" da Robin Hood de setembro de 2014 estão disponíveis em: <https://robinhoodorg-production.s3.amazonaws.com/uploads/2017/04/Metrics-Equations-for-WebsiteSept-2014.pdf>.
45. Weinstein e Bradburd, *The Robin Hood rules for smart giving*.
46. Ver métrica 46, "Dental care: impact on earnings, adults". set. 2014. p. 50-51. Disponível em: <https://robinhoodorg-production.s3.amazonaws.com/uploads/2017/04/Metrics-Equations-for-WebsiteSept-2014.pdf>.
47. Todos os dados desse exemplo foram retirados do infográfico no website da Fundação Robin Hood, acessado em 19 out. 2016.
48. Note-se que o "retorno social do investimento" pode ser usado para descrever uma medida ou um *output*, assim como um processo formal de "SROI". Este último é definido pelo Social Value UK (antes conhecido como SROI Network). Mais informações disponíveis em: <www.socialvalueuk.org/>.
49. Para informações e ferramentas adicionais sobre a medida baseada nos custos da criação do valor social, ver TUAN, Melinda. *Measuring and/or estimating social value creation*: insights into eight integrated cost approaches. The Bill & Melinda Gates Foundation, Impact Planning and Improvement, 15 dez. 2008. Disponível em: <https://docs.gatesfoundation.org/documents/wwl-report-measuring-estimating-social-value-creation.pdf>.
50. GIBBON, Jane; DEY, Colin. Developments in social impact measurement in the third sector: scaling up or dumbing down? *Social and Environmental Accountability Journal*, v. 31, n. 1, p. 63-72, 12 abr. 2011. Disponível em: <http://dx.doi.org/10.1080/0969160X.2011.556399>.
51. Por exemplo, lembre-se do Índice de Progresso Social mencionado anteriormente. A abordagem dele para a monetização é muito diferente, desassociando muitos aspectos do desenvolvimento social daqueles do desenvolvimento econômico.
52. Isso também é aplicável a casos de colaboração no setor privado. Barringer e Harrison argumentam que, "considerando o potencial que as relações entre organizações têm de criar valor, uma simples análise de custo-benefício não basta [...] é impossível atribuir um valor em dólar aos resultados potenciais". BARRINGER, Bruce R.; HARRISON, Jeffrey S. Walking a tightrope: creating value through interorganizational relationships. *Journal of Management*, v. 26, n. 3, p. 367-403, 1º jun. 2000. p. 396.
53. A Robin Hood, por exemplo, incorpora em seu programa uma medida de força de liderança e inclui outras variáveis no numerador do seu cálculo da razão benefício-custo. A organização também determina um "fator Robin Hood" para avaliar que porcentagem de sucesso pode ser atribuída diretamente ao seu envolvimento, ajustando sua avaliação dependendo da influência da Robin Hood no sucesso do programa sendo analisado. Wes Moore, CEO da Robin Hood, mensagem por e-mail a Howard W. Buffett, 28 nov. 2017.

54. Nesses casos, é possível usar o preço-sombra ou virtual. No entanto, assim se presume que as medidas desses fatores são eficazes quando convertidas para termos financeiros. Para informações adicionais sobre o tema, ver KAROLY, Lynn A. Valuing benefits in benefit-cost studies of social programs. Santa Mônica, Calif.: Rand Corporation, 2008. Disponível em: <www.rand.org/pubs/technical*reports/TR643.html*>.
55. Um grupo de trabalho de empresas e instituições financeiras holandesas desenvolveu um conjunto central de indicadores de impacto agregados para os Objetivos de Desenvolvimento Sustentável da ONU, remetendo ao catálogo Giin Iris e tendo um conceito similar à abordagem do Indicador-Chave de Impacto da TRi. Ver o documento SDG impact indicators; a guide for investors and companies. Disponível em: <www.dnb.nl/en/about-dnb/co-operation/platform-voor-duurzame-financiering/werkgroepen/index.jsp#>.
56. Para mais informações sobre a certificação Leda (Liderança em Energia e Design Ambiental), visite o website do Conselho de Negócios Sustentáveis dos Estados Unidos: <https://new.usgbc.org/leed>.
57. De início, isso pode não parecer muito lógico. Um valor mais baixo da Eficiência do Impacto está representando um custo mais baixo por unidade. Portanto, um valor mais baixo reflete, na verdade, uma eficiência de custos maior (ou mais alta).
58. GILSINAN, Kathleen; STEPAN, Adam. *From Compstat to Gov 2.0*: big data in New York City management. Sipa Case Study, 2014, Columbia University, Sipa-14-0004.4.
59. O exemplo do TRi do FDNY foi desenvolvido com a consultoria de Joseph Pfeifer, chefe de Contraterrorismo do FDNY.
60. GOODMAN, J. David. New York City's fire deaths reach lowest point in over 100 years. *New York Times*, 9 jan. 2017.
61. Entrevista e troca de e-mails com Joseph Pfeifer, chefe de Contraterrorismo do CBNY, 18 jan. 2017.
62. Para uma cronologia dos primeiros anos do programa, ver: PLANYC update april 2011; a greener, greater New York. City of New York, p. 12. Disponível em: <www.nyc.gov/html/planyc/downloads/pdf/publications/planyc*2011*planyc*full*report.pdf>.
63. Ver, por exemplo, uma lista dos programas e boas práticas destacadas em: BEST practice: PlaNYC: NYC's long-term sustainability plan. New York City Global Partners. Disponível em: <www.nyc.gov/html/ia/gprb/downloads/pdf/NYC*Environment*PlaNYC.pdf>.
64. Um componente do PlaNYC, chamado GreeNYC, focava na conscientização e educação do público em relação ao objetivo de reduzir emissões. Para mais sobre isso, ver GREENYC, NYC Mayor's Office of Sustainability. Disponível em: <www.nyc.gov/html/gbee/html/initiatives/greenyc.shtml>.
65. O MillionTreesNYC registrou sua milionésima árvore plantada em 2015, aproximadamente dois anos antes do planejado. Há mais informações sobre a iniciativa aqui: <www.nycgovparks.org/trees/milliontreesnyc>. Além disso, o Departamento de Parques e Recreação tem milhares de voluntários encarregados de catalogar e mapear as árvores nas ruas dos cinco distritos da cidade. As informações sobre as árvores individuais da Cidade de Nova York podem ser visualizadas em um mapa dinâmico online. O website a seguir, por exemplo, refere-se a uma figueira-dos-pagodes japonesa na parte externa da Escola de Relações Internacionais e Governamentais, no campus da Universidade de Colúmbia: <https://tree-map.nycgovparks.org/#treeinfo-2129084>.

66. A diretora de transportes da Cidade de Nova York na época, Janette Sadik-Khan, fez um trabalho vigoroso. Ela escreve a respeito disso no seguinte artigo: SADIK-KHAN, Janette. The bike wars are over, and the bikes won. *New York Magazine*, 8 mar. 2016. Disponível em: <http://nymag.com/daily/intelligencer/2016/03/bike-wars-are-over-and-the-bikes-won.html>.
67. Em 2009, a Cidade de Nova York realizou um estudo de viabilidade sobre um sistema de bicicletas públicas, com um esforço considerável de conscientização que incluiu mais de 350 reuniões, mais de 10 mil sugestões para estações de bicicletas públicas e 60 mil comentários do público. Para mais informações sobre o envolvimento da comunidade no planejamento e sobre o estudo de viabilidade, ver: NYC bike share, designed by new yorkers. New York City Department of Transportation, 2013. Para um relatório sobre os dois primeiros anos do programa, ver: KAUFMAN, Sarah M. et al. *Citi bike*: the first two years. Nova York: NYU Wagner Rudin Center, jun. 2015. p. 7.
68. Benepe lançou uma força-tarefa em 2010 e anunciou oficialmente o programa em 2010. Ver: A plan for sustainable practices within NYC parks. 7, NYC Parks Sustainable Parks Task Force. Disponível em: <www.nycgovparks.org/sub*about/sustainable*parks/Sustainable*Parks*Plan.pdf>.
69. Veja o quadro de resultados, os indicadores e a metodologia em: A Plan for sustainable practices within NYC parks. p. 36-38, 50-52. NYC Parks Sustainable Parks Task Force: <www.nycgovparks.org/sub_about/sustainable_parks/Sustainable_Parks_Plan.pdf>.
70. MAYOR de Blasio commits to 80 percent reduction of greenhouse gas emissions by 2050, starting with sweeping green buildings plan. 21 set. 2014. Disponível em: <www1.nyc.gov/office-of-the-mayor/news/451-14/mayor-de-blasio-commits-80-percent-reduction-greenhouse-gas-emissions-2050-starting-with#/0>.
71. Especificamente, o plano do prefeito de Blasio demandava um aumento de 100 MW na capacidade solar descentralizada das construções que pertenciam à cidade, e um aumento de 250 MW na capacidade de energia solar das propriedades privadas. Ver: ONE city built to last. p. 14 e 16. The City of New York Mayor's Office of Long-Term Planning and Sustainability. Disponível em: <www.nyc.gov/html/builttolast/assets/downloads/pdf/OneCity.pdf>.
72. GOVERNOR Cuomo announces establishment of clean energy standard that mandates 50 percent renewables by 2030. 1º ago. 2016. Disponível em: <www.governor.ny.gov/news/governor-cuomo-announces-establishment-clean-energy-standard-mandates-50-percent-renewables>.
73. Para um debate mais detalhado sobre o tema, ver: COHEN, Steve. *The sustainable city*. Nova York: Columbia University Press, 2017.
74. As estimativas de custo e financiamento para projetos de desenvolvimento solar se basearam em BLOOMBERG NEW ENERGY FINANCE. *About*. 2017. Disponível em: <https://about.newenergyfinance.com/about/>; e em INTERNATIONAL FINANCE CORPORATION. *Utility-scale solar photovoltaic power Plants—A project developer's guide*. 2015. Disponível em: <www.ifc.org/wps/wcm/connect/f05d3e00498e0841bb6fbbe54d141794/IFC+Solar+Report*Web*+08+05.pdf?MOD=AJPERES>.
75. International Finance Corporation, *Utility-scale solar photovoltaic power plants*.

76. Para um estudo de caso sobre um tipo semelhante de iniciativa de desenvolvimento, ver BUFFETT, Howard W.; STEPAN, Adam. *Aid or investment?* Post-conflict development in DRC and Rwanda. Columbia University School of International and Public Affairs Case Consortium, 2018, Sipa-18-0016.
77. As estimativas variam. O Instituto de Estatística do governo de Ruanda relata que mais de 70% da população do país é empregada pela agricultura. (Seasonal Agricultural Survey 2016, National Institute of Statistics of Rwanda, 7. Kigali: Ruanda, dez. 2016.) A FAO da ONU estima que, no Afeganistão, esse valor é de 80%. (The FAO Component of the Consolidated Appeals 2012, Afghanistan. The Food and Agriculture Organization of the United Nations, 6. Roma: Itália, 2011.)
78. Ver RWANDA vision 2020. rev. 2012, Republic of Rwanda, p. 16; e a seção "Key indicators". p. 25. Disponível em: <www.minecofin.gov.rw/fileadmin/templates/documents/NDPR/Vision*2020*.pdf>.
79. Em Ruanda, Simbwa Cell, em Kabarore Sector, Gatsibo District, Eastern Province, tem 10.091 acres e uma grande área apropriada para o desenvolvimento agroflorestal. Dados fornecidos por Scott A. Zillmer, editor de pesquisa sênior, Mapas e Gráficos da National Geographic, 8 jan. 2018. Um mapa administrativo do distrito pode ser encontrado em: <http://gatsibo.gov.rw/fileadmin/templates/document/MapofGatsiboDistrict.pdf>.
80. Em projetos assim, uma ONG ou agência de desenvolvimento internacional pode preferir usar o número de agricultores ou domicílios como Indicador Chave de Impacto (ICI). No entanto, o Ministério de Agricultura e Recursos Animais do governo de Ruanda costuma usar hectares de terra como métrica principal. Assim, esse cenário usa a área da terra como seu ICI. Ver: RWANDA irrigation master plan. The Government of Rwanda, Ministry of Agriculture and Animal Resources, Ebony Enterprises Ltd. e World Agroforestry Centre. Nairóbi: Quênia, 2010. Disponível em: <www.amis.minagri.gov.rw/documents/rwanda-irrigation-master-plan>.
81. Mais mulheres do que homens participam da agricultura de subsistência em Ruanda (RWANDA vision 2020, p. 17). Para um artigo que recomenda que os projetos de desenvolvimento foquem em mulheres agricultoras, ver RANDOLPH, Sheron; SANDERS, Rickie. Female farmers in the Rwandan farming system: a study of the Ruhengeri Prefecture. *Agriculture and Human Values*, v. 9, n. 1, p. 59-66, 1992. Disponível em: <https://doi.org/10.1007/BF02226504>.
82. NATIONAL agricultural survey 2008. National Institute of Statistics of Rwanda. p. 2. fev. 2010. Disponível em: <www.statistics.gov.rw/publication/national-agricultural-survey-report-nas-2008>.
83. Por exemplo, o Vision 2020 de Ruanda definiu a meta de aumentar de 7 para 40% a porcentagem de operações agrícolas mecanizadas no país. RWANDA vision 2020. rev. 2012. Republic of Rwanda. Ver indicador 17, p. 27. Disponível em: <www.minecofin.gov.rw/fileadmin/templates/documents/NDPR/Vision*2020*.pdf>.
84. Para um debate sobre a importância das agroflorestas para os fazendeiros de pequenas propriedades em Ruanda, ver BUCAGU, Charles et al. Assessing farmers' interest in agroforestry in two contrasting agro-ecological zones of Rwanda. *Agroforestry Systems*, v. 87, n. 1, p. 141-158, 2013.

85. Comunitas. *Comunitas*. Disponível em: <www.comunitas.org/portal/comunitas/>. Acesso em: 9 jan. 2018.
86. Para informações sobre um empreendimento intersetorial comparável e atual, liderado pelo Centro Médico da Universidade de Nebraska, a Med Center Development Corporation, ver GONZALEZ, Cindy. UNMC plans partnership to create Omaha's next Aksarben Village or midtown crossing. *Omaha World Herald*, Omaha: NE, 24 maio 2014.
87. Os números para esse cenário foram calculados com base nas estimativas de Turner & Townsend em International Construction Market Survey 2016. Os custos de construção em São Paulo para esse cenário de TRi se baseiam em um conjunto de médias de várias categorias (por exemplo, Parque Empresarial, Educação e Hospital) e também nos custos adicionais para construção de acordo com os padrões de certificação do Leed. Ver TURNER & TOWNSEND. *International construction market survey 2016*. jun. 2016. p. 24-25. Disponível em: <www.turnerandtownsend.com/media/1518/international--construction-market-survey-2016.pdf>.
88. Ver, por exemplo, Global ESG Benchmark for Real Assets, Real Estate Assessment: <https://gresb.com/gresb-real-estate-assessment/>.
89. Isso pode ser particularmente útil em casos como os indicadores agregados de impacto do Objetivo de Desenvolvimento Sustentável da ONU, mencionados anteriormente.
90. Os *insights* agregados com base nesse tipo de análise, particularmente ao longo do tempo e envolvendo diferentes organizações e temas de impacto, seriam especialmente úteis para melhorar a precisão da TRi em aplicações futuras.
91. Por exemplo, felicidade, dor ou amor. No entanto, reconhecemos que há tentativas atuais de medir esses fatores. Ver HELLIWELL, John; LAYARD, Richard; SACHS, Jeffrey. *World happiness report 2017*. Nova York: Sustainable Development Solutions Network, 2017.

CAPÍTULO 13: O CASO QUE SERVE DE ADVERTÊNCIA

1. WINTER, Brian; GRUDGINGS, Stuart. Brazil's economy goes from "great" to "good". *Thomson Reuters*, 18 ago. 2011. Disponível em: <www.reuters.com/article/us-brazil--economy-idUSTRE77H6CQ20110818>.
2. TED. Mayor Eduardo Paes is on a mission to ensure that Rio's renaissance creates a positive legacy for all of its citizens. abr. 2012. Disponível em: <www.ted.com/speakers/mayor_eduardo_paes>.
3. C40 CITIES. *Chair of the C40*: a strong advocate for cities. Disponível em: <http://www.c40.org/leadership>. Acesso em: 31 out. 2016.
4. ENCYCLOPEDIA BRITANNICA. *Rio de Janeiro*. Disponível em: <www.britannica.com/place/Rio-de-Janeiro-Brazil>.
5. MURRAY, Lorranine. Christ the Redeemer. In: ENCYCLOPEDIA Britannica. Disponível em: <www.britannica.com/topic/Christ-the-Redeemer>. Acesso em: 31 out. 2016.
6. EDNEY, Lacy; POIRIER, Segolene. A visit to Christ the Redeemer in Rio. *The Rio Times*, 27 mar. 2012.
7. Num dado momento, a Petrobras foi a sexta maior empresa do mundo em capitalização do mercado, representando 10% do PIB brasileiro. Após o escândalo, a empresa perdeu

cerca de metade do seu valor de mercado. Ver SEGAL, David. Petrobras oil scandal leaves Brazilians lamenting a lost dream. *New York Times*, 7 ago. 2015.

8. THE WORLD BANK. *Brazil overview*. Acesso em: 17 out. 2016. Disponível em: <www.worldbank.org/en/country/brazil/overview>.
9. BNP PARIBAS. *Brazil*: a crucial turning point ahead. Relatório do 4º trim. 2016. Disponível em: <www.economic-research.bnpparibas.com/views/lDisplayPublication.aspx?type=document&IdPdf=29170>.
10. THE WORLD BANK. *Brazil overview*. Acesso em: 17 out. 2016. Disponível em: <www.worldbank.org/en/country/brazil/overview>.
11. GEBARA, Maria Fernanda; THUAULT, Alice. GHG mitigation in Brazil's land use sector. World Resources Institute, dez. 2013.
12. SANDOVAL, Lindsay. The effect of education on Brazil's economic development. *Global Majority E-Journal*, v. 3, n. 1, p. 4-19, jun. 2012. Ver também o estudo de caso em forma de curta-metragem da Sipa, Universidade de Colúmbia, chamado "Schools of tomorrow?". Picker Center, 2015.
13. STEVENS, Andrew. Mayor of the month for january 2013: Eduardo Paes, mayor of Rio de Janeiro. 4 jun. 2013. Disponível em: <www.citymayors.com/mayors/rio-mayor-paes.html>.
14. Stevens, Mayor of the month for January 2013.
15. ROMERO, Simon. Shepherd of the city's rebirth, Rio's Mayor feels the strains, too. *New York Times*, 28 fev. 2014.
16. Romero, Shepherd of the city's rebirth.
17. Romero, Shepherd of the city's rebirth.
18. BILLER, David. Mayor bets big on Rio de Janeiro's Broken-down port area: cities. *Bloomberg.com*, 20 fev. 2015.
19. C40 Cities, *Chair of the C40*.
20. WHITEFIELD, Mimi. Porto Maravilha: reclaiming Rio de Janeiro's neglected port. *Miami Herald*, 3 jun. 2014.
21. Whitefield, Porto Maravilha.
22. Biller, Mayor bets big on Rio de Janeiro's broken-down port area.
23. RIO PREFEITURA. *The Porto Maravilha urban operation*. Disponível em: <http://portomaravilha.com.br/summary>. Acesso em: 22 ago. 2017.
24. Rio Prefeitura, *The Porto Maravilha urban operation*.
25. É semelhante à abordagem usada para a obtenção de renda adicional para a parceria da High Line no caso dos parques, cap. 5.
26. Rio Prefeitura, *The Porto Maravilha urban operation*.
27. HORCH, Dan. Corruption scandal at Petrobras threatens Brazil's economy. *New York Times*, 11 fev. 2015.
28. Horch, Corruption scandal at Petrobras threatens Brazil's economy.
29. Horch, Corruption scandal at Petrobras threatens Brazil's economy.
30. CONNORS, Will. 5 things to know about Brazil's corruption scandal. *Wall Street Journal*, 4 mar. 2016.
31. RIO PREFEITURA. *Porto Maravilha*: continuities and changes. Disponível em: <www.portomaravilha.com.br>. Acesso em: 10 fev. 2017.

32. WATTS, Jonathan. Museum of Tomorrow: a captivating invitation to imagine a sustainable world. *The Guardian*, 17 dez. 2015.
33. Watts, Museum of Tomorrow.
34. GARCIA-NAVARRO, Lulu. What Brazil's Museum of Tomorrow means to locals today. *NPR*, 26 dez. 2015.
35. Watts, Museum of Tomorrow.
36. Watts, Museum of Tomorrow.
37. Watts, Museum of Tomorrow.
38. MUSEUM of Tomorrow, Rio de Janeiro, Brazil. *World Architecture News.com*, 22 fev. 2017. Disponível em: <www.worldarchitecturenews.com/project/2017/27600/santiago--calatrava/museum-of-tomorrow-in-rio-de-janeiro.html>.
39. MUSEU DO AMANHÃ. *About the museum*. Disponível em: <http://museudoamanha.org.br/en/about-the-museum>. Acesso em: 23 ago. 2017.
40. Museu do Amanhã, *About the museum*.
41. Garcia-Navarro, What Brazil's Museum of Tomorrow means to locals today.
42. FRANCO, Luiza. Após cinco anos de obras, Museu do Amanhã será inaugurado no Rio. *Folha Digital*, 15 dez. 2015. Disponível em: <www1.folha.uol.com.br/ilustrada/2015/12/1719040-apos-cinco-anos-de-obras-museu-do-amanha-sera-inaugurado-no-rio.shtml>.
43. Garcia-Navarro, What Brazil's Museum of Tomorrow means to locals today.
44. LONG, Clara. Rio's Museum of Tomorrow celebrates one year anniversary. *Rio Times Online*, 19 dez. 2016.
45. KAISER, Anna Jean. Legacy of Rio Olympics so far is a series of unkept promises. *New York Times*, 15 fev. 2017.
46. RAPOZA, Kenneth. Short term, Olympics might do Brazil economy more harm than good. *Forbes*, 4 ago. 2016.
47. BARNES, Taylor. Rio's Olympic legacy largely falls short of bid promises. *USA Today*, 9 fev. 2016.
48. ROMERO, Simon. Dilma Rouseff of Brazil says she won't be silenced in impeachment trial. *New York Times*, 29 ago. 2016.
49. ROMERO, Simon. Dilma Rousseff is ousted as Brazil's president in impeachment vote. *New York Times*, 31 ago. 2016.
50. Romero, Dilma Rousseff is ousted as Brazil's president in impeachment vote.
51. BELEN, Nelson. Rio officials negotiating sale of Olympic apartments to civil workers. *Rio Times Online*, 2 fev. 2017.
52. JONES, Alex; KATZ, Bruce. What's next for Rio? *Brookings Institution*, 18 ago. 2016. Disponível em: <www.brookings.edu/blog/metropolitan-revolution/2016/08/18/whats--next-for-rio>.
53. KANE, Joseph. Aligning Olympic ambitions with urban-access concerns in Rio and beyond. *Brookings Institution*, 12 ago. 2016. Disponível em: <www.brookings.edu/blog.the-avenue/2016/08/12/aligning-olympic-ambitions-with-urban-access-concerns-in--rio-and-beyond/>.
54. LINDAU, Toni; FELIN, Bruno. Rio Olympics' legacy: urban mobility. *World Resources Institute*, 22 ago. 2016. Disponível em: <www.wri.org/blog/2016/08/rio-olympics-legacy--urban-mobility>.

55. Lindau e Felin, Rio Olympics' legacy.
56. BELEN, Nelson. Visitors disappointed with Rio's abandoned Olympic Park. *Rio Times Online*, 2 fev. 2017.
57. Belen, Visitors disappointed with Rio's abandoned Olympic Park.
58. SAAD, Calo. Cost of Rio's 2016 Olympics rises by almost $100 million. *Reuters.com*, 29 jan. 2016.
59. PHILLIPS, Mark. London Olympics billions over budget, study shows. *CBS News*, 28 jun. 2012. Disponível em: <www.cbsnews.com/news/london-olympics-billions-over-budget-study-shows/>.
60. SETTIMI, Christinia. The 2016 Rio Summer Olympics: by the numbers. *Forbes*. Disponível em: <www.forbes.com/sites/christinasettimi/2016/08/05/the-2016-summer-olympics-in-rio-by-the-numbers/#67e8d710fa18>.
61. KAO, Joanna S. The cost of building the 2016 Rio Olympics. *Financial Times*, 5 ago. 2016; ver também WATTS, Jonathan. Rio mayor Eduardo Paes: "The Olympics are a missed opportunity for Brazil". *The Guardian*, 11 jul. 2016.
62. ZIMBALIST, Andrew. *Circus maximus*: the economic gamble behind hosting the Olympics and the World Cup. Washington, DC: Brookings Institution Press, 2016. p. 95-113.
63. Zimbalist, *Circus maximus*, p. 154.
64. BARBARA, Vanessa. I criticized the Olympics. That doesn't make me a traitor. *New York Times*, 20 ago. 2016.
65. WATTS, Jonathan. Have the Olympics been worth it for Rio? *The Guardian*, 21 ago. 2016.
66. JACOBS, Andrew. After Olympics, Rio is altered if not reborn. *New York Times*, 21 ago. 2016.
67. Watts, Have the Olympics been worth it for Rio?
68. Jacobs, After Olympics, Rio is altered if not reborn.
69. Jacobs, After Olympics, Rio is altered if not reborn.
70. BELEN, Nelson. Exploring the New Centro and Port Zone of Rio de Janeiro. *Rio Times Online*, 9 dez. 2016.
71. Jacobs, After Olympics, Rio is altered if not reborn.
72. SANDY, Matt. The Rio Olympics could be the next victim of Brazil's corruption scandal; *Time.com*, 24 mar. 2016.
73. CHADE, Jamil. Stadium deals, corruption and bribery: the questions at the heart of Brazil's Olympic and World Cup "miracle". *The Guardian*, 23 abr. 2017.
74. Chade, Stadium deals, corruption and bribery.
75. Chade, Stadium deals, corruption and bribery.
76. ROMERO, Simon. Scandal in Brazil raises fear of turmoil's return. *New York Times*, 19 maio 2017.
77. BBC NEWS. *Brazil's president Temer avoids corruption trial*. 26 out. 2017. Disponível em: <www.bbc.com/news/world-latin-america-41755666>.
78. PARAGUASSU, Lisandra; BRITO, Ricardo. Brazil Police request Temer answer questions in alleged graft probe. 5 jan. 2018. Disponível em: <www.reuters.com/article/us-brazil-corruption-temer/brazil-police-request-temer-answer-questions-in-alleged-graft-probe-idUSKBN1EV01S>.

79. BRAZIL president Michel Temer's approval rating slumps to staggering 3% in poll. *Buenos Aires Times*, 28 set. 2017. Disponível em: <http://batimes.com.ar/news/latin-america/brazil-presidents-approval-rating-at-just-3.phtml>.

CONCLUSÃO

1. Ver CARTER, Andrew; ROBERTS, Peter. Strategy and partnership in urban regeneration. In: ROBERTS, Peter; SYKES, Hugh; GRANGER, Rachel (Ed.). *Urban regeneration.* Thousand Oaks, Calif.: Sage 2017. p. 44-67.
2. Para um breve debate sobre a lacuna que as ONGs preenchem na prestação de serviços de bem-estar social, ver READE, Carol et al. Poverty and the multiple stakeholder challenge for global leaders. *Journal of Management Education*, p. 820-840, 2008. Disponível em: <https://doi.org/10.1177/1052562908317445>.
3. BÄCKSTRAND, Karin. Multi-stakeholder partnerships for sustainable development: rethinking legitimacy, accountability and effectiveness. *Environmental Policy and Governance*, v. 16, n. 5, p. 290-306, 2006.
4. PITTZ, Thomas G.; ADLER, Terry. An exemplar of open strategy: decision-making within multi-sector collaborations. *Management Decision*, v. 54, n. 7, p. 1595-1614, 2016.
5. VALUE investing history. Columbia Business School, Heilbrunn Center for Graham & Dodd Investing, 2017. Disponível em: <www8.gsb.columbia.edu/valueinvesting/about/history>.
6. GOVERNMENT OF INDIA. Ministry of Electronics & Information Technology. *Vision and vision areas.* 11 out. 2017. Disponível em: <http://digitalindia.gov.in/content/vision-and-vision-areas>.
7. MARTIN, Douglas. Private group signs Central Park deal to be its manager. *New York Times*, 12 fev. 1998.
8. Ver CENTRAL PARK CONSERVANCY; INSTITUTE FOR URBAN PARKS. *Livreto.* Disponível em: <http://assets.centralparknyc.org/pdfs/institute/Institute_for_Urban_Parks.pdf>.
9. BUFFETT, Howard W.; NAIR, Nitasha; STEPAN, Adam. *Social value investing in Afghanistan.* Columbia University School of International and Public Affairs Case Consortium, 2018, Sipa-18-0015.0.
10. SANTOS, Bruna; SHANNON, Nora; STEPAN, Adam. *Juntos*: mentoring cities in Brazil. Columbia University School of International and Public Affairs Case Consortium, 2017, Sipa-17-0013.1.
11. NEW York City's fire deaths reach lowest point in over 100 years. *New York Times*, 9 jan. 2017.
12. SANDY, Matt. The Rio Olympics could be the next victim of Brazil's corruption scandal. *Time.com*, 24 mar. 2016. Disponível em: <http://time.com/4271376/brazil-corruption-scandal-olympics/>.
13. BABIAK, Kathy; THIBAULT, Lucie. Challenges in multiple cross-sector partnerships. *Nonprofit and Voluntary Sector Quarterly*, v. 38, n. 1, p. 117-143, 12 dez. 2007.
14. Para um debate detalhado sobre administração estratégica e implementação de parcerias intersetoriais, tanto da perspectiva das organizações quanto das parcerias, ver CLARKE,

Amelia; FULLER, Mark. Collaborative strategic management: strategy formulation and implementation by multi-organizational cross-sector social partnerships. *Journal of Business Ethics*, v. 94, p. 85-101, 2010.

15. Para uma série de modelos relevantes e exemplos de acordos, ver POLICY framework and legal guidelines for partnerships. Washington, DC: U.S. Department of State, fev. 2011. p. 21-71.
16. Para exemplos e orientação sobre esse processo, ver "Phase 2: adaptive planning", em BROUWER, Herman; WOODHILL, Jim (Ed.). *The MSP guide*: how to design and facilitate multi-stakeholder partnerships. Wageningen, Países Baixos: Wageningen UR, 2016. p. 28. Também ver os recursos online em: <www.mspguide.org>.
17. CASSANO, Salvatore. *FDNY 2010 annual report on CDA inspections*. 2010, p. 3. Disponível em: <www.nyc.gov/html/fdny/pdf/cda/cy_2010_cda_report_123010.pdf>.
18. Para uma noção geral dos vários tópicos que fazem parte de uma "estratégia de regeneração abrangente de longo prazo", no contexto dos tipos de parceria do capítulo, ver MCQUAID, Ronald W. The theory of partnerships — why have partnerships. In: OSBORNE, P. (Ed.). *Managing public-private partnerships for public services*: an international perspective. Londres, Reino Unido: Routledge, 2000. p. 9-35.
19. Ver o debate e o material de referência sobre "chefes de rede" em WILDRIDGE, Valerie et al. How to create successful partnerships — a review of the literature. *Health Information & Libraries Journal*, v. 21, p. 3-19, 2004. p. 7. Disponível em: <https://doi.org/10.1111/j.1740-3324.2004.00497.x>.
20. DAVID, Joshua; HAMMOND, Robert. *High Line*: the inside story of New York City's park in the sky. Nova York: Farrar, Straus and Giroux, 2011.
21. THE trust for public land. *2017 City Park Facts*, abr. 2017. Disponível em: <www.tpl.org/2017-city-park-facts>.
22. CHADE, Jamil. Stadium deals, corruption and bribery: the questions at the heart of Brazil's Olympic and World Cup "miracle". *The Guardian*, 23 abr. 2017.
23. Em uma pesquisa com líderes de negócios, "integridade" foi um item universalmente citado como princípio fundamental de negócios em uma rede de filiais relacionadas. Ver LARCKER, David F.; TAYAN, Brian. *Trust and consequences*: a survey of Berkshire Hathaway operating managers. Stanford University Closer Look Series, CGRP52, 20 out. 2015.
24. ROMERO, Simon. Shepherd of the city's rebirth, Rio's mayor feels the strains, too. *New York Times*, 28 fev. 2014.
25. VANGEN, Siv; HUXHAM, Chris. Enacting leadership for collaborative advantage: dilemmas of ideology and pragmatism in the activities of partnership managers. *British Journal of Management*, v. 14, supl. 1, p. S61-S76, 2003.
26. CHOI, Laura. Place-based initiatives. *Community Investments*, v. 22, n. 1, primavera 2010. Disponível em: <www.frbsf.org/community-development/files/Spring_CI_2010a.pdf>.
27. Para um debate sobre interdependência organizacional, ver LOWNDES, Vivien. The dynamics of multi-organizational partnerships: an analysis of changing modes of governance. *Public Administration*, v. 76, p. 313-333, verão 1998. p. 315 e 319.
28. Ver GOLDSMITH, Stephen; CRAWFORD, Susan. *The responsive city*: engaging communities through data-smart governance. Hoboken, NJ: Wiley, 2014.
29. AP analysis: Rio de Janeiro Olympics cost US$13.1 billion. *USA Today*, 14 jun. 2017.

30. Ver a seção "Implementation" para um debate e uma pesquisa sobre a necessidade de "valores compartilhados" na implementação de uma "visão comum entre atores independentes". SELSKY, John W.; PARKER, Barbara. Cross-sector partnerships to address social issues: challenges to theory and practice. *Journal of Management*, v. 31, n. 6, p. 849-873, 1º dez. 2005. p. 856.
31. Reconhecemos que a maioria das doações de fundações privadas não são investidas de uma maneira que seria classificada como assumir ou buscar riscos (com as limitações definidas pela Receita Federal americana). No entanto, os bens filantrópicos têm essa flexibilidade, e esperamos ver no futuro o uso de mais ferramentas financeiras inovadoras.
32. Isso é listado simplesmente como "Investimento", indicando um "sinal de compromisso" entre os parceiros em KANTER, Rosabeth. How to strike effective alliances and partnerships. *Harvard Business Review*, 13 abr. 2009. Disponível em: <https://hbr.org/2009/04/how-to-strike-effective-allian.html>.
33. Ver os debates "Contribute 'what we do", e "Contribute specialized services to a large-scale undertaking" em PEARCE II, John A.; DOH, Jonathan P. The high impact of collaborative social initiatives. *MIT Sloan Management Review*, v. 46, n. 3, p. 30-39, 2005. p. 34-35.
34. Para um debate sobre esse tema no contexto de empreendimentos sociais, ver BUGG-LEVINE, Antony; KOGUT, Bruce; KULATILAKA, Nalin. A new approach to funding social enterprises. *Harvard Business Review*, v. 90, n. ½, p. 118-123, 2012.
35. Para uma análise detalhada relacionada com isso que discute os indicadores de impacto social e as categorias de indicadores de diversos retornos sociais de investimentos (SROI) entre 2002 e 2012, ver KRLEV, Gorgi; MÜNSCHER, Robert; MÜLBERT, Katharina. *Social return on investment (SROI)*: state-of-the-art and perspectives—a meta-analysis of practice in social return on investment (SROI) studies published 2002-2012. CSI Advisory Services, 2013, p. 39-42. Disponível em: <www.csi.uni-heidelberg.de/downloads/CSI_SROI_Meta_Analysis_2013.pdf>.
36. Para um debate relacionado e dois estudos de caso sobre o setor público do estado de Nova York, ver PARDO, Theresa A. et al. Knowledge sharing in cross-boundary information system development in the public sector. *Information Technology and Management*, v. 7, n. 4, p. 293-313, 2006.
37. O trabalho do prefeito Bloomberg relacionado com dados abertos teve continuidade até mesmo após seu mandato. Ver DE Blasio administration unveils new open data homepage as New York City celebrates 5 years of open data. Comunicado de imprensa. 7 mar. 2017. Disponível em: <www1.nyc.gov/office-of-the-mayor/news/137-17/de-blasio-administration-new-open-data-homepage-new-york-city-celebrates-5-years-open>.
38. Para um estudo de caso relacionado com isso sobre o setor público no Reino Unido, ver WASTELL, David et al. Information systems and partnership in multi-agency networks: an action research project in crime reduction. *Information and Organization*, v. 14, n. 3, p. 189-210, 2004. Disponível em: <https://doi.org/10.1016/j.infoandorg.2004.01.001>.
39. IEG WORLD BANK GROUP. *World Bank Group support to public-private partnerships*: lessons from experience in client countries, F02-12. Washington, DC: International Bank for Reconstruction and Development/The World Bank, 2015. p. xiii.
40. IEG World Bank Group, *World Bank Group support to public-private partnerships*, p. xiii-xix.

41. Para um debate sobre a importância do capital social para as parcerias colaborativas a fim de superar os desafios complexos das políticas sociais, incluindo problemas relacionados com ações coletivas, ver a seção "How social capital can contribute to sustainable development", em RYDIN, Yvonne; HOLMAN, Nancy. Re-evaluating the contribution of social capital in achieving sustainable development. *Local Environment*, v. 9, n. 2, p. 117-133, 2004. p. 127-131.
42. DRUCKER, Peter F. *Management*: tasks, responsibilities, practices. Nova York: HarperCollins, 1974.
43. Para um debate adicional, ver BASSEN, Alexander; KOVACS, Ana Maria Masha. Environmental, social and governance key performance indicators from a capital market perspective. *Zeitschrift für Wirtschafts—und Unternehmensethik*, v. 9, n. 2, p. 182-192, 2008.
44. Considere o Pacto Global das Nações Unidas, uma iniciativa para estimular práticas de negócios éticas e sustentáveis, focando principalmente no setor privado. Como programa regulatório voluntário, há certas limitações, mas hoje são aproximadamente 13 mil organizações comprometidas (das quais 9 mil são empresas) em 170 países. Os signatários concordam em realizar "práticas de negócios responsáveis, associadas a colaboração e inovação", por meio do compromisso a 10 princípios nas áreas de direitos humanos, trabalho, meio ambiente e anticorrupção. Para informações mais detalhadas, ver 2017 UNITED Nations global compact progress report; business solutions to sustainable development. United Nations Global Compact, set. 2017. Disponível em: <www.unglobalcompact.org/library/5431>.
45. Considere-se, por exemplo, um grupo de trabalho composto de instituições e empresas financeiras europeias que gerencia investimentos e atividades em prol dos Objetivos de Desenvolvimento Sustentável das Nações Unidas. Entre outras coisas, o grupo definiu indicadores e métricas fundamentais de desempenho a fim de promover os objetivos de desenvolvimento sustentável. Ademais, os investidores institucionais do grupo se comprometeram a "apoiar a geração de impactos positivos sociais e/ou ambientais por meio de seus produtos e serviços". Esses grupos também se comprometeram a "colaborar ativamente com outros investidores de opiniões semelhantes a fim de acelerar os investimentos para tornar o mundo mais sustentável". Essa afirmação está disponível em: <www.pggm.nl/wie-zijn-we/pers/Documents/Institutional-investment-into-the-Sustainable-Development-Goals-statement.pdf>.
46. Somente nos países da OCDE, por exemplo, os fundos de pensão têm mais de $ 30 trilhões em bens. *ANNUAL survey of large pension funds*. OECD, 2014. Disponível em: <www.oecd.org/g20/topics/financing-for-investment/survey-large-pension-funds.htm>.
47. RADELET, Steven. *The great surge*: the ascent of the developing world. Nova York: Simon and Schuster, 2015. p. 3-42.
48. Ver PIKETTY, Thomas. *Capitalism in the twenty-first century*. Cambridge, Mass.: Harvard College, 2014; ver também a seção "Distribution of wealth across individuals and wealth inequality", p. 9, em: GLOBAL wealth report 2017. Research Institute, CreditSuisse, nov. 2017. Disponível em: <http://publications.credit-suisse.com/tasks/render/file/index.cfm?fileid=168E2808-9ED4-5A5E-19E43EA2A731A4ED>.
49. STIGLITZ, Joseph E. *The price of inequality*. Nova York: Norton, 2013. p. xxix.

50. Stiglitz, *The price of inequality*, p. 336-355.
51. Stiglitz, *The price of inequality*, p. 354.
52. Ver a seção "'New governance' and 'new public management'" em McQuaid, Theory of organisational partnerships, p. 125-146.
53. Drucker, *Management*: tasks, responsibilities, practice.
54. Ver o debate sobre a evolução dos papéis e das expectativas dos negócios na sociedade em WARHURST, Alyson. Future roles of business in society: the expanding boundaries of corporate responsibility and a compelling case for partnership. *Futures*, v. 37, n. 2, p. 151-168,(2005.
55. Além de mudar as normas sociais e as perspectivas distintas da geração de *millennials*, considere a Giving Pledge, iniciativa relativamente recente. Lançado em 2010, a Giving Pledge pede que bilionários comprometam pelo menos metade de suas riquezas com causas filantrópicas em vez de acumulá-las para maximizar as transferências de riqueza entre gerações. Quase 200 bilionários do mundo assumiram esse compromisso, totalizando aproximadamente US$ 1 trilhão em ativos. Para mais informações, visite o website da Giving Pledge em: <http://givingpledge.org/>.

Índice

Números de página em *itálico* indicam figuras ou tabelas.

F

G

S

Esta obra foi produzida nas
oficinas da Imos Gráfica e Editora na
cidade do Rio de Janeiro